HARRY
SCHRAEMLI

Von
Lukullus
zu
Escoffier

HARRY SCHRAEMLI

VON LUKULLUS ZU ESCOFFIER

Ceres-Verlag
Bielefeld

VORWORT ZUR ERSTEN AUFLAGE

Der Autor dieses Buches ist, wie sein Urgroßvater, Großvater und Vater, Hotelier und Gastwirt. Darüber hinaus ist er Bibliophile und gastronomischer Schriftsteller. Sein Topf und seine Feder genießen besten Ruf, und seine Bibliothek ist die reichste gastronomische Büchersammlung unseres Landes. Die Bibliophilie und die Schriftstellerei sind die elementaren Liebhabereien dieses Gastwirtes, der sich weigert, stumpf in der Tagesprosa seines Berufes aufzugehen, und den es treibt, dem Kochen und der Küche den kulturgeschichtlichen Aspekt abzugewinnen.

In dem alten, ehrwürdigen Zunfthaus «Zur Schmiden» steigt man unter das Dach hinauf und befindet sich dort plötzlich in einer kostbaren Bibliothek, die uns davon überzeugt, daß man allein an Hand der gastronomischen Bücher Welt- und Kulturgeschichte studieren könnte. Die Science de gueule, wie Montaigne die Gastronomie nannte, ist in seltenen und kostbaren Handschriften, Inkunabeln, Luxus- und Sonderausgaben da. Von einigen Büchern gibt es nur noch wenige Exemplare auf der Welt, denn im Ruch und Rauch der Küchen sind die Bücher den Strapazen erlegen. Auch einige Kostbarkeiten aus der berühmten Bibliothek des Barons Jerôme de Pichon, des Begründers der französischen bibliophilen Gesellschaft, stehen auf diesen Regalen. Harry Schraemli ist der belesenste gastronomische Bibliophile unseres Landes, aber was seiner Belesenheit den Zauber gibt, ist eben das, daß dieser Homme de lettres die Küche nicht nur aus den Büchern, sondern wirklich aus der Küche kennt.

Nie trifft es sich so schön, daß der Besitzer einer Bibliothek auch zugleich ihr bester und klügster schriftstellerischer Nutznießer ist. Mit dem gastronomischen Wissen dieser Bücher belegt der Schriftsteller Schraemli seine ungezählten und so gern gelesenen Artikel, Bücher und fachlichen Publikationen, und so kann man sagen, daß er aus seiner Bibliothek nicht einen Büchersarg, sondern eine lebendige Fundgrube für uns alle mache. Die kulinarischen Schriftsteller unseres Landes sind an einer Hand abzuzählen, zumal jene, die über den bluttriefenden Fachernst hinaus noch die charmante Gabe des Sichausdrückens haben. Und diese Gabe ist Schraemli eigen. Sein Stil ist lebendig, anregend, und auf seinem Grund liegt Humor. Meistens verlieren Leute, wenn sie über ihr Fach schreiben, die Distanz zur Sache, Schraemli aber besitzt sie immer, und manchmal hat er sogar die wohltuendste ironische Distanz; wie entzückend kann er sich etwa über die Auswüchse der Gastronomie mokieren! Rares, Seltsames, Abstruses aus der Kochkunstgeschichte erzählt er mit schmunzelndem Behagen. Am meisten interessiert ihn die Gastronomie dort, wo sie zur Kulturgeschichte wird und wo das Essen Kultur besitzt. Dabei hält er es durchaus nicht mit Schlemmern, bei denen «Katzenjammer die Prostitution des Magens» ist, sondern mit jenen reflektierenden Essern, die vor ihren Platten an die Geschichte der Speise, an die alten Eß- und Trinksitten, an die Koch- und Tranchierkünste eßverliebter Zeiten und an die großen Köche und Gourmets der Vergangenheit zurückdenken.

Dieses Buch ist alles andere als eine trockene Dissertation über das Essen, auch wenn es voller fachlicher Tatsachen ist. Wir hören hier vielmehr, über ein leckeres Dessert gebeugt, einem gastronomischen Schriftsteller zu, der die Gastronomie fast mit welscher Unpedanterie als lachende Wissenschaft lehrt.

Edwin Arnet

VORWORT ZUR DEUTSCHEN AUFLAGE

In der Schweiz hat dieses Buch zwei Auflagen erlebt. Da die Nachfrage aus Kreisen kultivierter Esser und natürlich auch aus allen Bereichen der Gastronomie unverändert anhält, haben wir uns entschlossen, daß Werk ohne wesentliche Änderungen neu aufzulegen und dem deutschen Publikum zugänglich zu machen. Dabei sind manche Informationen wie z. B. Geldangaben verständlicherweise inzwischen überholt. Das Lesevergnügen an Harry Schraemlis kenntnisreichem und humorvollem Stil erfährt dadurch aber keinen Abbruch.

Die Sammlung von über 5000 Bänden, die im Vorwort zur 1. Auflage und in einzelnen Kapiteln erwähnt wird, ist 1971/72 aufgelöst worden. Harry Schraemli rief 1975 das «Schweizerische Kochkunst-Archiv» ins Leben, das 1985 zu einem «Museum der Gastronomie» im idyllisch gelegenen Schloß Schadau in Thun erweitert wurde. Dieses Archiv besitzt eine vieltausendbändige Bibliothek, die den Namen «Harry Schraemli» trägt und neben weiteren Sammlungen der Öffentlichkeit zugänglich ist.

MEISTER DER
KELLE

Adam, unser Stammvater, wird in der Bibel als Rohköstler geschildert; er war demnach zwar der erste Mensch, aber nicht der erste Koch. Die von ihm vorrätig gehaltene Rippe wurde bekanntlich nicht kulinarischen Genüssen zugeführt, was bis heute noch kein aufrechter Mann bedauert hat. Auch sein überstürzter Biß in den ominösen Apfel läßt kaum darauf schließen, daß er zum Koch prädestiniert gewesen wäre. Ausgehend von der Ansicht des irischen Physikers Graves, daß der Mensch ein «kochendes Tier» sei, könnte man die These aufstellen, daß eigentlich gar nicht Adam, sondern der erste Koch der erste Mensch gewesen sei.

Die Tätigkeit von Berufsköchen läßt sich aus naheliegenden Gründen nicht bis in die graueste Vorzeit zurückverfolgen. Nicht uninteressant ist immerhin der vage Sprung einiger gastronomischer Schriftsteller in die griechische Mythologie, demzufolge Kadmo, der Bruder der Europa, als Begründer des Kochberufes zu gelten habe. Die auf uns gekommenen spärlichen Hinweise auf die Köche der Antike verdanken wir fast restlos dem griechischen Rhetor *Athenäus,* der uns in seinem *Deipnosophistai* (Gastmahl der Gelehrten) viel Ergötzliches zu berichten weiß. Die Griechen bewarben sich erst im perikleischen Zeitalter um die Gunst der Göttin Gasterea. Allerdings sollen die Berufsköche dann bald durch ihre Arroganz und Überheblichkeit zu einem kleinen Staatsübel geworden sein, und nicht wenige Komödiendichter benützten deren Unarten als dankbare Zielscheibe ihres beißenden Spottes. Bezeichnend ist das attische Sprichwort der damaligen Zeit: «Wenn der Koch einen Fehler begeht, erhält der Flötenspieler die Prügel».

Athenäus übermittelt uns die Namen einer ganzen Anzahl von Köchen, die entweder durch die Erfindung eines delikaten Gerichtes oder die Herausgabe eines Kochbuches berühmt wurden. (Über die Bücher findet der geneigte Leser ein besonderes Kapitel in diesem Buche.)

Wie ein roter Faden ziehen sich durch die gesamte Geschichte der kultivierten Menschheit Lob- und Tadelsreden an die Adresse der Köche. Das ist nichts Besonderes, wenn man bedenkt, daß der Wunsch nach guter Nahrung unser ganzes Leben beherrscht. Vom ersten Schrei des

Neugeborenen nach Muttermilch bis zum Seufzer des Sterbenden, der einer letzten Erfrischung gilt, steht der Mensch im Banne der Gastronomie. Nichts ist so stark wie das Verlangen nach Speise und Trank – nicht einmal die Liebe. Selbst die glücklichste Ehe ist gefährdet, wenn Schmalhans Küchenmeister wird.

Bezeichnend ist übrigens das geflügelte Wort, das man Ludwig XV. unterschiebt, «Gebt mir gut zu essen, und ich mache euch gute Politik».

Daß die römische Kaiserzeit ihre großen Küchenmeister hatte, ist einleuchtend. Aber auch hier ist uns rein nichts überliefert worden. Der oft zu schlemmerischen Vergleichen herangezogene Apicius, dessen Bücher an anderer Stelle besprochen werden, war kein Koch, sondern ein sehr verwöhnter, literarisch begabter Feinschmecker, und auch Petronius, der «Arbiter elegantiarum» am neronischen Hofe, schwang nie die Kochkelle um des Lohnes willen.

In einem Prunkkochbuch des späten Mittelalters wird uns von Markus Rumpoldt eine recht drastische Beschreibung von dem gegeben, was man von einem «Mundtkoch» erwarten durfte:

Es ist an einem Mundkoch / welchem Fürsten und Herren sich vertrauwen müssen / nicht weniger / sondern mehr dann an allen andern Dienern / sie seyen so hoch unnd geheim als sie immer mögen / gelegen. Darumb sol ein Mundkoch ein fein ehrlicher / ansehnlicher / auffrichtiger / trewer / gesunder / sauberer / fleißiger / freundtlicher / unnd im kochen ein wolerfahrner / geschickter und geübter Mann seyn / und dieweil ihm ein hohes schweres Amt befohlen und vertrauwet ist / so sol er sich umb so viel desto freundlicher / gütiger / williger / bescheidenlicher / sanfftmütiger und Gottesförchtiger / in allem seinen thun unnd lassen erzeigen / unnd seines Herrn Hertz und Gemüt mit seinem wolhalten / trewen fleiß / ehrbarn Gottesförchtigen handel / wandel und leben / dermaßen eynnemmen und versichern / daß er ihm daher gnedig und günstig zu seyn / und alles guts anzutrawen / billich unnd hoch genugsam geursachet werde. Es sol ein Herr nicht leichtlich einen Koch / so ein Wein und Vollsäufer / unnd sich mit Wein auß dermaßen zu überfüllen gewehnet ist / welcher viel ehe / als die Vorspeiß / gekochet sei / annemmen und halten. So auch der Ober oder Mundkoch eines Herrn alt were / und nicht wol außhalten und außthauren köndte / sol er allzeit / großer stadtlicher und vielfaltiger Küchengeschäfft wegen / einen feinen / wackern / saubern und jungen Unterkoch bey sich haben / welcher ihm / so offt es die notturfft erheischen würde / täglich zur Hand lauffen / und sein geheiß trewlich und willig verrichten sol. Die andern Unterköch sollen auch im kochen fein sauber und erfaren seyn. Die Köche sollen täglich mit saubern weißen Servietten / Für- (Feuer) und Kochtüchern / und andern reinen weißen Hand- und Absaubertüchern / wol und genugsam versehen seyn. Ire Bärthe auch das Haar auff dem Haupt / sollen fein zierlich / Manquesot / abgekürzt und abgekolbert seyn / und sollen fein weiße saubere Hembder / auch nicht schmutzige / rotzige unnd beschmirige / sondern fein reine / hübsche / saubere / kurtzte

nicht weite / zotende / hangende und lumpende / sondern wolgemachte enge Kleyder /
an Hosen und Wammes antragen. Sie sollen fein holdselig / leutselig / gehorsam /
willig / freundtlich und frölich seyn. Wenn dann die Speiß allerdings bereitet und
fertig / und an dem ist / daß man dieselbige anrichten wil / so sol man zuvor eine
Anricht oder Küchentisch / mit einem saubern weißen Tischtuch / fein zierlich
bedecken und zurüsten / und alle Küchennotturfft / als Limonien / Pomerantzen /
Olivenkapern / Käß und Zucker / unnd allerley Specerey / Messer / Pironen oder
kleine Gäblin / weiße saubere Servietten / Brotschnitten und allerley Salsen (Sau-
cen) fein ordentlich darauff stellen / Und für allen dingenist zu sehen / daß man
den Koch frölich und lustig behalte / doch nicht so frölich daß er darob sauvoll
werde.

Diesen Wunschzettel an die Köche könnte man auch heute noch in jedes Kochlehrbuch einheften, wenn man sich vielleicht auch teilweise höflicher, teilweise weniger «zierlich» ausdrücken würde. Daß diese Worte – die vor vierhundert Jahren niedergelegt wurden – auch heute noch ihre Bedeutung haben, beweist uns die überaus wichtige Stellung, die der Koch seit Jahrhunderten inne hat.

Ein chinesischer Kochbuchautor – der allerdings selbst kein Koch, sondern ein Dichter war – geht mit der hochlöblichen Zunft der Köche etwas weniger glimpflich um. In diesem vor zweihundert Jahren geschriebenen Buche steht folgendes:

STRENG SEIN GEGEN DIE KÖCHE

Nirgends darf man leichtfertig sein, aber am wenigsten beim Essen und Trinken!
Alle Köche sind kleine Leute von niederen Qualitäten. Sie werden sofort faul oder
lässig, wenn man sie einen Tag nicht lobt oder tadelt. Schlingt man ein Essen
herunter, obwohl es noch nicht richtig gekocht ist, wird morgen das Gericht noch
ganz roh auf den Tisch kommen. Schmeckt ein Essen nicht wie es soll, und man
sagt aus Rücksicht nichts, dann macht der Koch das nächste Mal die Brühe noch
flüchtiger. Auch soll man sich nicht mit bloßen Belohnungen und Strafen begnügen.
Man soll ihm bei einem guten Essen die Gründe aufzeigen, warum es so gut wurde;
bei einem schlechten Essen soll man prüfen, warum es schlecht wurde. Ein Essen
muß richtig gesalzen sein, so daß man nichts daran ändern muß. Es muß richtig
gekocht sein, so daß man nichts daran ändern muß. Ist aber der Koch faul, und

und Trinken. Sich erkundigen, genau nachdenken, klug entscheiden: Das ist Sache des Schülers; zur rechten Zeit Hinweise geben, belehren, das ist die Sache des Lehrers. Und beim Essen muß es genau so sein.

Das klingt nicht gerade verlockend, beweist aber, daß die chinesische Kochkunst damals schon nicht mehr auf der von ihr im Altertum beherrschten Höhe stand. «Sic transit gloria mundi!»

Genau hundert Jährchen später befaßte sich der große deutsche Gastrosoph Freiherr von Rumohr mit derselben Angelegenheit. In seinem alle ähnlichen Bücher überragenden Werk «Joseph Königs Geist der Kochkunst» (1822) finden wir folgendes Kapitel:

VON DER ERZIEHUNG ZUM KOCHEN

Die Erziehung zum Kochen findet in Beziehung auf die Kochkunst selbst ganz und gar keine Schwierigkeit. Nichts ist wohl leichter als die Auffassung des Grundsatzes: «Entwickle aus jedem eßbaren Dinge, was dessen natürlicher Beschaffenheit am meisten angemessen ist.» Auch enthält kein Fach des menschlichen Wissens und Treibens mehr Verwandschaften und Anreihungen als gerade die Kochkunst, in der man so leicht, nach wenig Erfahrungen, von Einem auf das Andere fortschließen kann. Die Schwierigkeit liegt also nicht in der Kunst selbst, sondern in der Fähigkeit oder vielmehr in der Unfähigkeit der Menschen, welche sie zu erlernen bemüht sind.

Viele Jünglinge und Jungfrauen welche unserm Kunstfache sich widmen wollen, bringen nicht immer eine recht Lust und Liebe hinzu, und denken sogleich auf das an und für sich selbst ganz achtbare liebe Brot, während sie vorerst nur um die Kunst bemüht sein sollen, welche einmal erlernt, das Brot schon hervorbringen wird, wie der Baum die Frucht. Nun wird man es in keiner Sache jemals zu etwas Genüglichem bringen, wenn es an rechter Lust zu Sache gefehlt hat.

Andere, denen eine gar zu knechtische Verehrung des Meisters eingeprägt worden, verlieren sich in unnützen Weitläufigkeiten und Pedantereien der längst veralteten Kochmanieren und verhärten sich gegen alle bessere Einsicht, gegen alle fernere Entwicklung durch eigene Erfahrung und eigenes Nachdenken. Ich habe in der Tat junge Köche Tage lang sich in der Kunst üben sehen, das Salz mit guter Manier an die Speisen zu streuen. Zweifle aber, ob sie den Brei deshalb weniger werden versalzen haben.

Dann kommen endlich die rechten wahren Pilz- und Schwammgewächse unserer Zeit: die Vorwitzigen, Frühalten, Gleichklugen. Mit diesen ist nun ganz und gar nichts anzufangen. Von dem Lebensalter, in welchem ich noch munter Schüsseln und Näpfe aufwusch, Spinat verlas und andere notwendige Elementarübungen vornahm, ist heutzutage schon gar kein Küchenjunge mehr aufzutreiben. Ohne vorerst an Reinlichkeit und Ordnung von Grund aus gewohnt zu sein, ohne durch fleißiges Zusehen und Hören die Grundbegriffe recht gefaßt zu haben, will der Küchenjunge schon ins Handwerk pfuschen, dem Meister vorgreifen. Das ist nun ganz und gar nicht mehr zu ertragen. Die Natur hat sich umgewendet und die Geschichte geht rückwärts.

Den Köchinnen fehlt es vollends an aller Gründlichkeit der Bildung. Putz und Modesucht, verliebte Narrheiten und mehr dergleichen lassen gar keinen rechten Zusammenhang der Begriffe in ihnen aufkommen. Vergebens habe ich viele hundert deutsche Köchinnen zum Besseren zu leiten versucht. Was ich auch sagen und durch Beispiele belegen mochte, so sah doch jede deutsche Frauenküche in die ich morgens hineinlugte, jederzeit aus wie ein Waschhaus. Hier ein Napf voll Küchenkräuter die im Wasser schwammen, dort flutete der künftige Salat: hier laugte das Suppenfleisch, dort der Braten und Fisch im kalten Wasser.

Wer nun der Kochkunst sich widmen soll, der werde frühzeitig an Ordnung, Reinlichkeit und Pünktlichkeit gewöhnt. Man verbiete ihm Romane zu lesen: will er seinen Geist bilden, so treibe er Naturwissenschaften, Geschichte, Mathematik: sie werden seinen Verstand üben, sein Gedächtnis stärken, ihm endlich in der Kochkunst anwendbare Kenntnise zuführen. Übrigens lese er mein Buch und nichts als mein Buch.

Der letzte Satz imponiert mir: Ich wollte, mir geschähe Gleiches.

Nach all diesen kritischen Stimmen ist es an der Zeit, nun das Hohelied der Meister der Kelle zu singen, wobei wir jene herausgreifen, von denen uns Konkretes bekannt ist, und die zur Entwicklung der Kochkunst Entscheidendes beigetragen haben.

TAILLEVENT

Greifen wir gerade den Mann heraus, dem wir das erste in einer modernen Sprache – nämlich der französischen – abgefaßte komplette Kochbuch verdanken. Es handelt sich um Guillaume Tirel, den man seit Beginn seiner abwechslungsreichen Kochkarriere *Taillevent*, also «Schneidewind», nannte. Die Geschichte dieses Künstlers, die längst in den französischen Legendenkreis eingegangen ist, wurde Mitte des vergangenen Jahrhunderts von Baron Pichon, einem leidenschaftlichen Kochbuchsammler, ausgegraben und in zwei Prachtwerken in den Jahren 1891/2 der Öffentlichkeit übergeben.

Meister Taillevent's Grabplatte

Taillevent begann mit zwölf Jahren seinen Dienst als Küchenjunge am Hofe der Königin Johanna von Evreux, der Gemahlin Karls des Schönen. Sein Name wird erstmals im Jahre 1326 erwähnt. Zwanzig Jahre lang hören wir nichts von ihm, erst im Jahre 1346 nennt ihn ein Dokument *Keu* (Koch) bei Philipp VI. von Valois. Im Jahre 1355 ist er ebenfalls als Koch beim Dauphin de Vienneois, und vier Jahre später tritt er in den Haushalt des Herzogs der Normandie, des nachmaligen Königs Karl V., genannt der Gelehrte. Hier machte er Fortschritte fachlicher und finanzieller Natur, wie aus einer großen Zahl vorgefundener Zahlungsanweisungen ersichtlich wird. So erhält er im Jahre 1361 «cent francs d'or pour ses bons et agréables services». Zu wiederholten Malen nennt ihn der König seinen «geliebten Koch» und pumpte ihn einmal für siebenundsechzig Franken an, – was an königlichen Höfen nicht oft vorkam – die Taillevent in seinem Namen an einen getreuen Bürger auszahlen mußte. Zur Ehre des Königs sei gesagt, daß er sie sechs Wochen später prompt zurückzahlte.

Im Jahre 1368 wird Taillevent *sergent d'armes* und wenige Jahre später Erster Leibkoch.

König Karl V. war der Bibliophilie zugetan und ließ eine ganze Anzahl Handbücher niederschreiben, unter anderem sogar über die Aufzucht von Hammelherden, und seiner Initiative ist es wohl zu verdanken, daß Taillevent sein Kochsystem und seine Rezepte schriftlich festlegte.

Nach dem Ableben Karls V. wechselte Taillevent hinüber zu dessen Sohn und Nachfolger Karl VI. Hier bringt er es zur höchsten Stellung, die ein Koch überhaupt erreichen konnte, nämlich zum *Maistre des garnisons de cuisine du Roi*. Ein auf diesen Posten hinweisendes Dokument trägt die Jahreszahl 1392.

Die Sonderrechte, die ein solcher *Maistre* beanspruchen konnte, sind irgendwo festgelegt, und ich glaube, sie meinen Lesern nicht vorenthalten zu dürfen.

Nach diesen Aufzeichnungen durfte der Meisterkoch eine Platte direkt an den Tisch des Königs bringen und einen ständigen Sitz am großen Küchenkamin beanspruchen. (Sehr wahrscheinlich war dies der einzige Ort in einem Schloß, wo es wirklich gemütlich warm war, und gar mancher «Höhere» wird sich fröstelnd zum Kamin gedrängt haben – daher wohl die ausdrückliche Festlegung dieses Rechtes.) Im weiteren durfte der Meisterkoch sich setzen, wann immer es ihm paßte (!), auch war ihm die Überwachung der Gewürzkammer anvertraut, damals eine kostspielige Vorratshaltung. Er stand auch allen in der Küche Tätigen vor; um ihn als solchen ohne weiteres kenntlich zu machen, trug er einen großen Holzlöffel bei sich, den er zum Kosten der Speisen und zum Austeilen von Schlägen an seine Untergebenen benutzte. Ihm oblag es in Begleitung des Saucenkoches auch, im Vorzimmer des eigentlichen Speisesaales das

Tischtuch aufzulegen, und zwar doppelt gefaltet; auf diesen Tisch stellten dann seine Getreuen die Speisen, die nun vom Haushofmeister gekostet und dann unter Wahrung eines gewissen Hofzeremoniells aufgetragen wurden. In Gänsemarschordnung stellten sich die Pagen auf: An der Spitze stand ein bewaffneter Gardist, den Schluß aber bildete unser *Maistrekeu.* Letzterem fiel auch noch die überaus undankbare Aufgabe zu, darüber zu wachen, daß die abgetragenen Speisen wieder in die Küche zurückkamen und nicht unterwegs spurlos verschwanden; eine Beschäftigung, die auch heutzutage noch manchen Oberkellner an den Rand der Verzweiflung bringt.

Taillevent starb als gutsituierter Mann im Jahre 1395; dieses Datum glaubt Baron Pichon dem von ihm entdeckten Grabstein Taillevents entnehmen zu können. Es steht einwandfrei fest, daß dieser große Koch vom Jahre 1326 bis 1392 beruflich in der Küche tätig war, also eine Zeitspanne von sechsundsechzig Jahren, was eine ganz enorme Leistung ist, die, wie wir später erfahren werden, auch von einem Großmeister unserer Zeit beinahe erreicht wurde.

Der erwähnte Grabstein, der heute im Museum von St. Germain zu sehen ist, zeigt den Kochkünstler im Ritterkostüm zwischen seinen beiden Gemahlinnen (er war zweimal verheiratet). Im Wappen führt er drei Kochtöpfe, die oben und unten von je drei Rosen flankiert sind.

Worin liegt nun eigentlich das Verdienst Taillevents im Hinblick auf die Kochkunst? Sein Werk, auf dessen Rezepte wir an anderer Stelle zu sprechen kommen, ist das Bindeglied zwischen der Kochkunst der Römer und der Kochkunst des Mittelalters. Dieses Buch, genannt *Le Viandier* wurde zum Fundament für den Aufbau der modernen Kochkunst. Obschon kulinarische Dokumente gefunden wurden, welche früher entstanden sind, war es doch seinem Werke vorbehalten, bahnbrechend zu werden.

Seine Lebensgeschichte, welche spannend wie ein Roman zu lesen ist, kann in den beiden Bänden nachgeschlagen werden, die folgende Titel tragen:

Le Viandier de Guillaume Tirel, dit Taillevent. Publié sur le Manuscrit de la Bibliothèque Nationale, avec les variantes de Mss. de la Bibliothèque Mazarine et des Archives de la Manche, précédé d'une introduction et accompagné de notes par Le Baron Jérôme, Président de la Société des Bibliophiles Francois et Georges Vicaire. (Band 1). Supplément. Le Manuscrit de la Bibliothèque du Vatican. (Band 2).

Da diese Bände in nur dreihundertfünfzig Exemplaren gedruckt wurden, zum Teil als numerierte Vorzugsausgabe (meine tragen die Nr. 37), sind sie recht rar geworden.

ANTOINE CARÊME – DAS GENIE

Ein feuchtkalter Novemberwind fegte durch die verlassenen Straßen der Seinestadt. Fröstelnd drückte sich ein etwa neunjähriger Knabe an einen mittelgroßen hageren Mann, der, dem Gespräch nach zu schließen, sein Vater sein mußte. Das Gesicht des Mannes war vom Alkohol gezeichnet, und die glanzlos gewordenen Augen flackerten unstet. Während er seine Schritte beschleunigte, und der Knabe Mühe hatte mitzukommen, stieß er keuchend Verwünschungen auf Gott und die Welt aus. Plötzlich blieb er stehen und griff sich mit beiden Händen an den Kopf, wie wenn ihm ein ganz besonders guter Gedanke gekommen wäre. Angsterfüllt schaute der Junge mit seinen großen Rehaugen zum Vater auf. «Komm, mein kleiner Antoine!» sprach dieser mit ungewohnt entschlossener Stimme und steuerte auf eine der in diesem Quartier zahlreichen Tavernen zu. Im Inneren des überfüllten Lokals herrschte eine Luft, die die auf großen Eigenwillen hindeutende Nase des kleinen Antoine nur widerwillig einsog. Die beiden fanden Platz an einem unsauberen Tisch. Von der pompösen Theke her fragte die gutgenährte Wirtin nach den Wünschen der Herren. Monsieur Carême schien der Wirtin nicht unbekannt zu sein, und sie gab seine Bestellung schmunzelnd in die hinter dem Buffet liegende, mehr als primitive, rauchgeschwängerte Küche weiter. Nach einigen Minuten brachte sie die bestellte Spezialität *Noix de bœuf en surprise,* und Vater und Sohn griffen ohne Zeremonien wacker zu. Da auch Antoine ein Gläschen des rubinroten Weines bekam, nahmen seine bleichen Wangen bald das liebliche Rot der Äpfel an. Das scharfgeschnittene Gesicht des Kleinen und seine lebhaften Bewegungen ließen auf einen Überschuß an Energie und Temperament schließen. Die außergewöhnlich hohe Stirne aber verriet die Intelligenz des kleinen Mannes. Der Vater glaubte, in dem Jungen sein Ebenbild zu sehen, und das war der Grund, warum er unter seinen achtzehn Kindern gerade ihn, den Zweitjüngsten, so ins Herz geschlossen hatte. Bei Carêmes war Schmalhans Küchenmeister. Der Lohn des Gelegenheitsarbeiters reichte bei weitem nicht aus, um die große Kinderschar zu erhalten. Zudem nahm er es mit den ehelichen, den väterlichen und auch den bürgerlichen Pflichten nicht so genau. Nie endender Familienzwist und Polizeistrafen waren das Fazit dieses mehr als traurigen Daseins.

ANTONIN CARÈME
1783 – 1833

Mit unsicherer Hand streichelte er das lockige Haar seines schönen Kindes. «Mein lieber kleiner Antoine», raunte er ihm zu, «paß auf, was dir dein Vater zu sagen hat. Draußen in der großen Welt ist es herrlich schön, es lebt sich gut, und für kluge Menschen hat man immer Platz. Bei uns in der Rue Bac, diesem Drecksträßchen, herrscht Elend und Not. Kaum ein Sonnenstrahl findet seinen Weg in unsere düsteren Zimmer, und bis das letzte von euch Kindern das Maul vollgestopft hat, schreit das erste schon wieder nach Brot. Für Dummköpfe ist dieses Dasein gerade gut genug, für helle Menschen aber, mein Sohn, ist es eine Hölle. Du, mein Kleiner, wirst im Juni zehn Jahre alt; mit zehn Jahren kann man schon ein Mann sein, wenn man will.» Antoine schaute seinen Vater erstaunt an, und sein kleines Hirn mühte sich ab, dem wirren Gedankengang zu folgen. Was wollte der Vater wohl sagen?

Als beide wieder draußen in der eisigen Brise standen, spürte der Kleine instinktiv, daß ein Wendepunkt in seinem Schicksal eingetreten sei. In einer ihm völlig unbekannten Gegend hielt der Vater den Schritt an. Er zog den zarten Knaben an sich heran, küßte ihn auf die Stirn, und während ihm Tränen die zerfurchten Wangen herabliefen, sprach er gedämpften Tones: «Lieber Kleiner, ziehe hinaus in die Welt, in eine bessere Welt. Vergiß Vater und Mutter, vergiß wer du warst. Strebe hinauf, werde ein Licht am Himmel unseres Landes, so du es vermagst, erobere die Welt. Eine große Zeit naht, die Welt scheint zu gären, das Schlechte sinkt zu Boden, das Gute steigt hinauf. Antoine, ich überlasse dich deinem Schicksal. Lebe wohl.» Und ehe sich der Junge dessen bewußt wurde, was vorging, war der Vater seinem Gesichtskreis entschwunden. Verlassen stand er da, kein Heim mehr, keine Eltern mehr. Sein kleines Herz krampfte sich zusammen bei dem Gedanken, nun immer so einsam und allein sein, vielleicht gar auf der Straße schlafen zu müssen. Die Tränen, die dieses Kind vergoß, waren vielleicht die bittersten, die je geflossen waren.

Doch sein trostloses Weiterpilgern in der kalten Novembernacht wurde durch einen Anruf unterbrochen. Ein wohlbeleibter Mann rief ihn aus der Dämmerung eines Hausflurs; zögernd ging Antoine auf ihn zu. Als der Mann über das herzlose Vorgehen des Vaters unterrichtet war, nahm er das Kind mit sich in die gutgewärmte Stube. Wie sich herausstellte, befand sich Antoine in der Behausung eines Garkochs, der der Nachbarschaft billige Gerichte über die Gasse verkaufte. Kaninchenfrikassee und *Bœuf au gros sel* waren seine in der Gegend berühmten Spezialitäten. Der Knabe faßte impulsiv Zuneigung zu dem grauhaarigen, munteren Gargotier, und als ihm dieser anbot, doch bei ihm sein neues Heim aufzuschlagen, schlug Antoine mit Freuden ein. Der Tränenstrom war versiegt, in eines Kindes zartes Herz zog Friede ein. Als man Antoine später ein bescheidenes Kämmerlein anwies, konnte er sich nicht zur Ruhe begeben, ohne einen Blick in das Dunkel der Nacht geworfen zu haben. Eine geisterhafte Nebelschicht schien Himmel und Erde zu trennen; ein einziger Stern aber leuchtete durch eine Nebellücke herunter, und es war ihm, wie wenn dieser ihm winkte. Ob auf diesem Sternlein wohl sein Schutzengel saß?

Am nächsten Tage begann die brillanteste Karriere, die je ein Koch gemacht hat, aber es begann auch ein Berufsleben, wie es strenger und aufopfernder nie vorher geführt worden war. Wer hätte es ahnen können, daß aus der primitiven Küche dieser Nebenstraße der Koch hervorgehen sollte, der später an sämtlichen Höfen Europas berühmt wurde? Ja, hier nahm das Schicksal einen Lauf, wie wir ihn heute nicht einmal mehr zu erträumen wagen. Vielleicht waren die Zeiten anders? Nein, denn selten hatten zwei Epochen mehr Ähnlichkeit miteinander, als die damalige und die jetzige. Als Antoine Carême sechs Jahre alt war, begann die Französische Revolution, und als er im Jahre 1833 die müden Augen schloß, gärte und brodelte es in Frankreich immer noch. Genau wie heute trachteten einzelne danach, eine neue Welt zu zimmern. Könige wurden entrechtet, ganze Völker geknechtet. Die Kriegsfackel wurde durch ganz Europa und bis in das Herz Rußlands geschleudert. Wer einmal wohlhabend war, wurde zum Bettler. Raufbolde wurden zu Generälen, Handwerker zu Ministern, und ein Wirtssohn brachte es sogar zum König. Doch lassen wir die Vergleiche, da doch alle hinken; verfolgen wir das Leben des einzigartigen Kochgenies.

Sechs lange Jahre verbrachte Carême im Hause des Mannes, der für diese Zeit Vaterstelle an ihm vertrat. Mit fünfzehn Jahren, also im Jahre 1798, trat ein zweiter Wendepunkt in seinem Leben ein. Er begann eine Lehrzeit in der Confiserie Bailly, einer der ersten und bekanntesten der französischen Haupstadt. Hier konnte sich nun das offenbar angeborene Talent des Jünglings schnell entfalten, und so sehen wir ihn nach zwei Jahren bereits als einen der ersten und geschätztesten Arbeiter der *Maison Bailly*. Die Berufslaufbahn Carêmes beginnt nun andere Wege einzuschlagen, als man sie sonst gewöhnt ist. Anstatt sich mit seinem jungen Ruhm zufriedenzugeben, wurde er erst recht vom Berufseifer erfüllt, und er begann, unterstützt durch Monsieur Bailly, ein täglicher Besucher der großen Bibliothek und des Stahlstichkabinettes zu werden. Marie-Antoine – so lautet eigentlich sein Name – kopierte hier hauptsächlich Motive geschichtlicher Art, und sein verständnisvoller Patron gab ihm Gelegenheit, diese Motive dann als *pièce montée* auszuführen. Fanden in einem illustren Palast der Hauptstadt festliche Anlässe statt, so wurde Carême als *extra* hingesandt, um den Aufbau des Buffets zu überwachen und um seine Prunktstücke zur richtigen Geltung zu bringen. Er lernte so nicht nur alle fürstlichen Hofhaltungen, sondern auch eine Reihe äußerst tüchtiger Köche kennen, und von diesen wiederum ließ er sich in der allgemeinen Kochkunst aufklären. Es verging kein Tag, an dem er nicht Neues hinzugelernt hätte, und allgemach bekam sein Name einen guten Klang. 1801 verließ er das Haus Bailly, um als Chef einem anderen importanten Betriebe vorzustehen. Er hatte seine Abmachungen so getroffen, daß er jederzeit als *extra* bei seiner auswärtigen Kundschaft arbeiten konnte. Im Hause des Prinzen Talleyrand fand kein Fest mehr ohne die kunstvollen Arrangements von Carême statt. Nach einem knappen Jahr gab er aber diese Stellung auf und arbeitete in der Folge nur als *extraordinaire,* was ihm nach seinen eigenen Angaben sehr viel Geld einbrachte. In seinen «Reflexionen» erzählt er uns, daß sich um diese Zeit seine ersten Feinde regten. So warf man ihm vor, daß er schließlich sehr wohl schöne *pièces montées* schaffen könne, denn er besuche ja die Bibliothek. (Der Besuch der Bibliothek war jedem zugänglich, es hätten also alle Patissiers profitieren können.) Die Konkurrenz war auch damals schneller mit der bösen Zunge zur Stelle als mit einer besseren Arbeit. (Es gab immerhin schon zweihundertachtundfünfzig Confiserien in Paris.)

Carême machte sich bald darauf selbständig und betrieb bis im Jahre 1813 eine gutgehende Confiserie in der Rue de la Paix. Während dieser Zeit machte seine Weiterbildung riesige Fortschritte. So studierte er die Sitten und Gebräuche der alten Römer und Griechen. Er legte sich eine Fachbibliothek an, die ihresgleichen suchte. Jedes ihm erreichbare Buch wurde erworben, die anderen studierte er in den öffentlichen oder privaten Bibliotheken. Gegen Ende dieser Periode beginnt Carême seine fachschriftstellerische Tätigkeit, und wir erleben es hier zum ersten Male, daß ein Mensch, dem fast jede Schulbildung mangelte, die stilistisch und fachlich hervorragendsten Bücher über die Gastronomie schrieb. Seine kulinarischen und seine literarischen Werke entstanden in der Küche. Diese Küche enthielt kein überflüssiges Möbelstück, sie war sauber und adrett wie ein Salon. Ein kleines Tischlein genügte ihm als Schreibtisch, und nach des Tages allgemeiner Arbeit widmete er sich oft bis spät in die Nacht hinein seinen Studien und fachschriftstellerischen Arbeiten. In seinem ersten Werke, mit dem er die Fachwelt überraschte, propagierte er die Schaffung einer Akademie, die sich mit der Herausgabe eines Sammelwerkes über die Gastronomie zu befassen hätte.

Dank seinem großen Können hatte er immer das Glück, einmal erworbene theoretische Kenntnisse auch in die Praxis umsetzen zu können. So sehen wir ihn Glanzleistungen in der Küche der Tuilerien, im Hôtel de la Ville, bei Talleyrand und selbst im Elysée-Napoléon vollbringen. Hier lernte er einen Menschen kennen, den er, abgesehen von Monsieur Bailly, wie keinen anderen verehrte und schätzte. Es war der Küchenchef Laquipièrre, den Carême selbst bei einer späteren Gelegenheit als seinen Meister und Lehrer nannte. (Laquipièrre begleitete König Murat während des russischen Feldzuges; auf dem schrecklichen Rückzug fand er, wie viele andere Köche, den Erfrierungstod.)

Durch Talleyrand wurde Carême immer wieder gerühmt und empfohlen, und so sehen wir ihn im Jahre 1814 als Küchenchef des russischen Zaren ins Elysée-Napoléon einziehen. Nach der Unterzeichnung des Friedens kehrte der Zar nach Rußland zurück, und Carême wurde von Talleyrand bereits sehnlichst erwartet. Ein Jahr später versuchte Napoleon zwar noch einmal, dem Schicksal eine andere Wendung zu geben – vergeblich. Der Zar kam wieder nach Paris und ließ den vortrefflichen Chef sofort zu sich kommen. Großen Ruhm erwarb er sich durch die Organisation einiger großer militärischer Banketts, die während des Aufenthaltes des Zaren auf dem Lande stattfanden. Nach der Abreise des Zaren nahm Carême wieder seine schriftstellerische Tätigkeit auf und arbeitete sehr intensiv an seinem *Maître d'hôtel,* das jedoch erst einige Jahre später erscheinen konnte. Im Jahre 1816 nahm er die Offerte des königlichen Hofes von England an und wurde Küchenchef beim damaligen Regenten und späteren König Georg IV. Die Hofhaltung des Fürsten war berühmt wegen ihrer Verschwendung und Üppigkeit, die nicht ohne Folgen auf die Gesundheit des Regenten blieb. Dieser lebenslustige König, den man auch *The first gentleman of Europe* nannte, hatte einen delikaten Magen, und es gelang Carême – dem Feind aller überwürzten Speisen – ihn wieder in Ordnung zu bringen. Der ruhelose Geist des Kochkünstlers hielt es jedoch im nebligen England nicht allzu lange aus. Schon nach acht Monaten kehrte er nach Paris zurück, denn seit dem ersten Tage seiner Anwesenheit auf der Insel litt er an Heimweh. Der Regent ließ ihn nur ungern scheiden, alle Versuche, ihn umzustimmen, blieben jedoch fruchtlos.

Zehn Jahre später versuchte der inzwischen König gewordene Feinschmecker, Carême nach England zurückzuholen, aber ohne Erfolg. Im Jahre 1818 fand in Aachen ein Kongreß statt, an dem auch der Zar teilnahm. Carême wurde von diesem eingeladen und amtierte als Leibkoch des Kaisers. Von Aachen begab er sich als Küchenchef zu Lord Steward nach Wien, der dort die englischen Interessen vertrat. Während eines Aufenthaltes in Paris vernahm er, daß der Zar ihn als Chef für den kaiserlichen Palast gewinnen wolle. Kurzentschlossen reiste er auf eigene Kosten nach Petersburg, traf dort aber in einem äußerst ungünstigen Moment ein, trat der Zar doch gerade eine längere Reise an. Carême lebte allerdings im Palast und konnte sich mit der Hofhaltung vertraut machen. Wie wir aus seinen Memoiren erfahren, war er alles andere als begeistert. Es herrschte ein außerordentliches Mißtrauen im Palast und hinter jeder Schüssel wurde hergeschnüffelt; eine große Erniedrigung für einen Mann seines Formats. Im Jahre 1819 kehrte er nach Frankreich zurück, ohne das Engagement am Hofe angetreten zu haben. Er trat wieder in den Dienst des englischen Lords ein und besuchte mit ihm London, um später nochmals nach Wien zurückzukehren. Sein ruheloses

Streben ließ ihn auch hier auf die Dauer nicht glücklich sein, und so wechselte er wieder Ort und Arbeitgeber. Wir sehen ihn in der Folge als Mundkoch des Prinzen von Württemberg, als Chef bei der Prinzessin Bagration, und dann, in der letzten Phase seiner Karriere, im Hause der steinreichen Rothschilds in Paris. Hier arbeitete er sechs Jahre lang und rundete sein praktisches und theoretisches Können und Wissen ab. Er wurde berühmt nicht nur als der beste Koch in ganz Europa, sondern auch als der geistreichste und belesenste. Er kannte sich nämlich nicht nur in der alten und zeitgenössischen Fachliteratur aus, auch alle anderen literarischen Erscheinungen von Geltung waren ihm bekannt. So erzählt die bereiste Lady Morgan (1783 bis 1859) in einem ihrer Werke: «Nach dem Essen (bei Madame de Rothschild) sah ich Carême. Ich fand einen intelligenten, höchstgebildeten Herrn vor. Ich sprach ihm von seinen Werken, und er von den meinen, und zwar tat er dies, wie ein Mensch, der sich in der Literatur sehr gut auskennt.»

Im Jahre 1829 zog sich Carême endgültig vom Berufe zurück und lebte nur noch seiner fachschriftstellerischen Tätigkeit und seinen gastronomisch-wissenschaftlichen Studien. Seine Gesundheit war stark angegriffen, seine Widerstandskraft hatte den Höhepunkt überschritten. Vielleicht waren es weniger die körperlichen Strapazen, die ihn zermürbten, als die seelischen. Die ewigen Anfeindungen seiner Gegner, die impertinente Eifersucht seiner «Kollegen» übten auf die Dauer ihre vergiftende Wirkung aus. Carême wurde ein Eigenbrötler und von vielen, denen er Gutes getan hatte, gar schnell vergessen. In seinem bescheidenen Heim in der Rue Gaumartin 18 diktierte er der geliebten Tochter seine letzten Werke (*La Cuisine française au XIXe siècle*). Die letzten Monate seines Lebens war er bettlägerig. Einige treue Freunde besuchten ihn regelmäßig; dann lebte er in angeregter Fachdiskussion wieder auf. Manche Leckerbissen wurden ihm, dem nun fast mittellos gewordenen, durch diese Anhänger zugetragen.

Was verdanken wir nun Carême? Abgesehen von seinen zahlreichen Büchern, die an anderer Stelle Erwähnung finden, verdanken wir ihm die vollständige Reformation der Küche. Er brachte der französischen Küche Grundsätze bei. Durch ihn wurde die Küche hygienisch, die Köche wurden aus der Sklaverei erlöst und zum Künstlertum geführt, die Patisserie wurde ein anerkannter Zweig der Architektur, und der Tafeldienst wurde in die Bahn gelenkt, auf der wir uns heute noch bewegen. Carême schuf den Typ des perfekten *Maître d'hôtel,* der frei von Lakaientum seine Anordnungen traf und jede Situation dominierte. Hätte Vatel unter Carême gelebt, so wäre sein Selbstmord ungeschehen geblieben. Natürlich verdanken wir diesem großen Lehrer noch eine Unmenge kleinerer Wichtigkeiten. Um seinem Wirken gerecht zu werden, müßte man ihm ein dickleibiges Werk widmen.

Am 11. Januar 1833 brachte ihm ein alter Freund ein Gericht von *Quenelles de sole.* Als dieser Kochkünstler ihm am nächsten Tage wiederum seine Aufwartung machte, hatte sich der Zustand des Patienten bedenklich verschlimmert. Carême fühlte sein Ende herannahen. Er empfing den Freund mit den Worten: «Deine Klößchen waren ausgezeichnet zubereitet, jedoch schlecht gewürzt. Auch die Sauce war nicht gut gebunden. Weißt du, das nächste Mal solltest du ...» Carême wollte ihm mit den Händen die Bewegung einer Kasserolle vordemonstrieren – diese Demonstration jedoch beendete er nicht mehr. Verbrannt vom Feuer der Kohle und von der Flamme eines heiligen Berufseifers, zermürbt von der Mentalität kleinlicher Menschen, seiner Mission als Küchenreformator getreu bis in die letzte Minute, so gab der größte Koch aller Zeiten seinen Geist auf. Als er von dannen gegangen war, trat das ein, was berühmte Menschen während ihres Lebens ersehnen, aber selten erreichen: Im ganzen Lande wurde sein Loblied gesungen, seine Feinde verstummten verschämt und leisteten innerlich Abbitte. Die Tochter des großen Meisters erhielt über dreihundert Briefe aus aller Welt. Der Marquis de Cussy schrieb unter anderem: «Ich hatte zwei große Zuneigungen auf dieser Welt, Napoleon und ihr Vater.» Talleyrand schrieb, daß man in den nächsten Jahrhunderten vergeblich auf einen Carême warten werde, und der Verfasser der *Gastronomie,* Joseph Berchoux, schrieb: «Die Kochkunst verliert einen großen Mann, und ich einen großen Freund. Carêmes Talent hat mich bei dem Verfassen meiner *Gastronomie* inspiriert.» Grimod de la Reynière aber schrieb: «Hätte ich Ihrem Vater immer gefolgt, so hätte ich nie Magenstörungen gekannt. Er starb zwar jung, aber bedeckt mit Ruhm.»

Im Jahre 1894 wurde ihm zu Ehren eine Straße in Paris *Rue Carême* benannt. Es besteht ein Fonds, der mit dem Zweck vermehrt wird, ihm ein Denkmal zu setzen. Seinen 200. Geburtstag feierte man im Jahre 1983 in Paris, und sein Lob wurde in allen Medien laut gesungen.

Zum Schluß gestatte ich mir noch einen Satz aus Carêmes Maximen zu zitieren, der deutlich zeigt, wie wenig sich unsere Fachwelt in den letzten hundert Jahren geändert hat: «Die Konfusion wird ungeheuerlich für den Gastgeber, wenn er bei Tisch den Servierenden über ein Gericht ausfragt, das dieser nicht kennt.»

ALEXIS SOYER,
DER GIL-BLAS DER KÜCHE

Hier stellen wir einen Mann vor, der ein ebenso großer Koch wie Abenteurer war. Sein Leben lang ging er eigene Wege, wobei Glück und Unglück sich in bunter Wechselfolge an seine Fersen heftete.

Als im Jahre 1830 in Paris die Revolution ausbrach, war er Küchengehilfe im Ministerium des Äußern. Der erzürnte Mob stürmte das Palais, drang in die Küche ein und begann, aus Inventar und Köchen Kleinholz zu machen. Soyer erkannte die Gefahr und sprang mit einem leeren Suppentopf und einer Holzkelle bewaffnet behend auf den Tisch. Wie verrückt hämmerte er auf diese improvisierte Trommel los und sang dabei aus Leibeskräften die Marseillaise. In wenigen Minuten ward eine herzliche Bruderschaft geschlossen, und der wackere Tambour wurde im Triumph durch die Straßen getragen.

Alexis Soyer wurde im Jahre 1809 in Meaux geboren. Er absolvierte seine Lehrzeit in einem der besten Restaurants in Paris und wurde mit knapp zwanzig Jahren schon Küchenmeister.

Seine Verbrüderung mit dem revolutionierenden Volke war nicht von langer Dauer, was in der Natur der Sache liegt, denn die Kochkunst ist die Krönung der Beständigkeit und geht unter, wo Gewalt herrscht. Soyer wanderte wie viele andere Künstler nach England aus und biß sich einige Jahre recht und schlecht durch. Im Jahre 1840 kam die große Berufung als Küchenmeister an den hochfeudalen Reform-Club in London, und von diesem Momente an war der Name Soyer im Munde aller Gastrosophen.

Die reichen Mitglieder dieses aristokratischen Clubs gaben dem exzentrischen Manne freie Hand. Das erste, was er tat, war, daß er die mittelalterliche Küche von Grund auf neu erbauen ließ. Ohne Rücksicht auf die Kosten, ließ er sich eine wahre Märchenküche bauen. Der *Spectator* brachte damals ein Bild dieser Küche, dem folgende Legende beigefügt war:

Dieses merkwürdige Bild ist einzig in seiner Art. Es zeigt einen Blick aus der Vogelschau in die prachtvollen Küchenräume des Reform-Club, welche die ganzen Untergeschoße des großen Gebäudes einnehmen. Auf dem Bilde sind alle Mauern weggelassen, um zu ermöglichen, den interessanten Betrieb mit einem Blick zu

ALEXIS SOYER

1809 – 1857

überfliegen. Die verschiedenen Funktionäre sind auf ihren Posten, und der große Meister Soyer führt gerade einen bevorzugten Gast durch das seiner Genialität zu verdankende Küchenreich, das die Bewunderung aller gelehrten Feinschmecker und den Neid aller Köche hervorruft.

Diese Küche ward in der Folge das Modell für alle Großküchen, und sie ist noch heute, hundert Jahre später, in jeder Beziehung als *up-to-date* anzusprechen. (Sie hatte sogar schon Gasöfen.)

Während der Hungersnot in Irland (1848) machte er der englischen Regierung den Vorschlag, große Volksküchen in Dublin zu eröffnen. Mit allen Vollmachten ausgestattet, begab sich Soyer nach Irland und stellte auf einem der Hauptplätze seine Küche auf. Die Einweihung erfolgte unter dem Jubel einer vieltausendköpfigen Menge. Der Erzbischof und der Vizekönig hatten das Patronat übernommen. In acht riesigen Kesseln wurden ebensoviele Suppen zubereitet; an jedem Kessel war eine Tafel mit dem Namen der Suppe angebracht. Am ersten Tag gab es Kohlsuppe, Erbsensuppe, Zwiebelsuppe, Bohnensuppe, Linsensuppe, Hammel-Bouillon und Ochsen-Bouillon. Bei der Eröffnung konnte Jedermann an den auf dem Platze aufgestellten Tischen Platz nehmen und bekam eine Kostprobe, die helle Begeisterung auslöste. Am nächsten Tage war die Speisung öffentlich für die Armen, die, mit einem Gutschein der Stadtgemeinde versehen, in endlosen Prozessionen heranrückten. Dank der mustergültigen Organisation, die Soyers Talent hell erstrahlen ließ, liefen diese nun täglich stattfindenden Speisungen reibungslos ab.

Soyer wurde zum Held des Tages. Der Vizekönig gab ihm zu Ehren ein Bankett, die Reichen suchten seine Gunst, und die Armen beteten für ihn. Die Regierung ließ Pläne ausarbeiten, um solche Volksküchen auch in anderen Städten und auf dem Lande aufstellen zu lassen. Aber es sollte anders kommen!

Der betriebseifrige Soyer hatte schnell ein kleines Büchlein geschrieben, das er *Die Küche der Armen* betitelte. Es wurde zu einem billigen Preis abgegeben und fand reißenden Absatz. In diesem Büchlein hatte er auch Rezepte für die Armensuppe angegeben, und er wies nach, daß diese Suppen so kräftig und so wohlschmeckend seien, trotzdem er fast kein Fleisch dafür verwendet habe. Auf dieses Eingeständnis stürzten sich nun die irischen Nationalisten: irische Ärzte schrieben sich die Finger wund, um nachzuweisen, daß solche Suppen keinen Nährwert hätten, im Gegenteil mit der Zeit organische Krankheiten hervorrufen würden und dergleichen mehr. Ganz rabiate Fanatiker warfen der englischen Regierung klipp und klar vor, daß sie mit diesen «Hungersuppen» das irische Volk habe ausrotten wollen.

Das Ende vom Lied war, daß sich Soyer verkleidet bei Nacht und Nebel auf ein Schiff retten mußte, um nicht an Ort und Stelle gelyncht zu werden.

Im Jahre 1851 – auf die Weltausstellung hin – baute Soyer in London eine riesige Gaststätte, die alles bisher Gesehne in den Schatten stellte. Das Gebäude stand in der Nähe des Kristall-Palastes und wurde von ihm *Symposium* genannt. Die Innenwände waren mit Fresken geschmückt, welche die bekanntesten Denkmäler aller Nationen darstellte. Eine Unmenge verschiedener Speisesäle waren ebenfalls den verschiedensten Ländern geweiht; so gab es einen russischen, einen japanischen, einen türkischen und einen maurischen Saal. Hochelegante Salons waren der Sonne, dem Mond, Jupiter und einer Menge anderer Sterne gewidmet.

Im Garten war eine Eisgrotte eingerichtet, in welcher man die delikatesten Erfrischungsgetränke genießen konnte. Ein Riesenzelt, das ebenfalls im Garten aufgestellt war, faßte zweitausend Personen und war für große Bankette reserviert. Das erste große Festmahl gab der splendide Gastgeber der Weltpresse. Auch hier war es bahnbrechend, denn damals war die Zeitungswelt noch nicht so angesehen wie heute.

Daß die Küche dieses Wunder-Restaurants ebenfalls an das Märchenhafte grenzte, sei nur nebenbei erwähnt. Auch hier ließ er große Gasherde installieren. (Er war der erste Koch, der auf Gas kochte.) Im Garten hatte er noch einen Spezialherd aufgestellt, der eine wahre Attraktion bildete. In diesem Herd ließ er einmal wöchentlich einen ganzen Ochsen braten, natürlich unter Beiziehung der Öffentlichkeit, der ein solches Schauspiel hoch willkommen war. Sobald der Ochse *au point* war, wurde er mittels eines Laufkrans herausgehoben und in das Speisezelt transportiert, woselbst er zu den Klängen der Nationalhymne kunstgerecht zerlegt wurde.

Trotz allen seinen Bemühungen war ihm das Glück hier nicht hold. Der «Kulinarische Zirkus», wie ihn das Volk bald nannte, machte Bankrott, und der gute Soyer und seine Freunde verloren Hab und Gut.

Während des Krimkrieges erhielt Soyer von der Königin Victoria den Auftrag, die Militär- und Spitalküchen der englischen Armee zu inspizieren und neu zu organisieren. Anlaß hierzu gaben einige Briefe an die *Times,* welche die Zustände im englischen Spital in Skutari sehr stark kritisierten. Diesem Spital stand die später weltberühmt gewordene Florence Nightingale vor (1820–1910). Soyer schrieb am 2. Februar 1855 der *Times* einen Brief, der in Hofkreisen große Beachtung fand.

Soyer löste die ihm gestellte Aufgabe glänzend. Überhäuft mit Ehren aller Art, mit Empfängen bei Kaisern und Königen, kehrte er nach England zurück. Über seine Erlebnisse schrieb er ein äußerst spannendes Buch, das man als literarisch-kulinarisches Denkmal ansprechen darf. *(Soyer's Culinary Campaign. London 1857).*

Soyer war immer geschäftig. Nach seinem ersten literarischen Versuch – der glückte, verkaufte er doch innerhalb kurzer Zeit sechzigtausend Exemplare – löste ein Werk das andere ab. Im Jahre 1846 gab er sein Hauptwerk heraus, das sich *The Gastronomical Regenerator* nannte.

Innerhalb eines Jahres erlebte es die vierte Auflage, obwohl das Exemplar ein Pfund Sterling kostete (damals fünfundzwanzig Franken). Die siebente Auflage erschien im Jahre 1850. Unter den Subskribenten figurierten die höchsten Fürstlichkeiten fast aller europäischen Länder.

Soyer hatte im Jahre 1836 die englische Malerin Emma Jones geheiratet. Seine Ehe war überaus glücklich, und als die geliebte und inzwischen berühmt gewordene Frau ihm sechs Jahre später durch den Tod entrissen wurde, trauerte ganz London mit ihm. Die Zeitungen brachten spaltenlange Artikel in Würdigung ihrer großen Kunst.

Soyer selbst starb am 5. August 1858 trotz aller Erfolge und Ehrungen als armer Mann.

Neben den vielen Büchern, die er geschrieben hat, erfand er eine delikate Sauce, genannt *Sultana's Sauce,* einen heute noch gebräuchlichen Teekocher und die Geflügelschere, die ebenfalls noch in vielen Häusern verwendet wird. Seine Neukonstruktionen von Schiffsküchen wurden für die englische Handelsschiffahrt bahnbrechend.

Sein Name aber wäre trotz allem vergessen, lebte er nicht noch in einem von ihm erfundenen Getränk weiter, das *Soyer au champagne* heißt, und das eine beliebte Spezialität in seinem *Symposium* war.

AUGUSTE ESCOFFIER – KAISER DER KÖCHE

In welchem Maß der Name dieses im Jahre 1847 geborenen Großmeisters der Kochkunst zum Begriff geworden ist, erfuhr ich, als ein angesehener Magistrat unseres Landes ihn allen Ernstes als denjenigen Schweizer reklamierte, dem unsere Hotellerie ihren guten Ruf zu verdanken habe.

Nun, ganz Unrecht hatte dieser Volksvertreter nicht, denn das Gastgewerbe aller Kulturstaaten hat diesem wahrhaft großen Könner vieles zu verdanken, und vielleicht haben wir eine leise Berechtigung, ihn als einen der unsrigen zu betrachten, denn es waren nicht zuletzt Schweizer, die ihm seine große Karriere ermöglichten oder besser gesagt, die ihm ihre volle Unterstützung schenkten.

Escoffier, dessen Werdegang weniger durch geniale Einzelleistungen als durch ein geradezu klassisch anmutendes Gesamtwerk gekennzeichnet ist, muß unseren Köchen mit aller Dringlichkeit als ein leuchtendes Vorbild empfohlen werden, ein Vorbild, dem nachzueifern sich gerade heute,

AUGUSTE ESCOFFIER

1847 – 1935

in einer der Kochkunst nicht holden Zeit, unbedingt lohnt. Dieser Mann, klein von Gestalt, Sohn eines bescheidenen Hufschmiedes, machte aus der Kochkelle ein Instrument der Kunst. War der Kochkünstler vorher Bildhauer, Architekt und Modelleur zugleich, so verhalf Escoffier der *Zunge* zum Sieg. Er war der erste Koch, dem es gelang, kulinarische Kompositionen ausschließlich aus *eßbaren* Stoffen zu kreieren. Die felsenfeste Überzeugung von einer ethischen Mission des Koches, eine begnadete Zunge und das unbestechliche Auge des Künstlers bildeten das Fundament zu einer Berufskarriere, die sozusagen aus den Tiefen eines Suppenkessels in den höchsten Ehrenhof des Landes führte. Interessant ist, daß sein Drang zum Künstlertum so groß war, daß er zuerst auf Wege geriet, von deren Begehen er später entschieden abriet.

So war eine der fachlichen Attraktionen der ersten französischen Kochkunstausstellung (Paris 1882) – die übrigens auf die Initiative des Schweizers Josef Favre zustande kam – das von Escoffier demonstrierte Verzieren von Sockeln und Platten mit Blumen aus Wachs. Diese bis dahin kaum beachtete Kunst wurde plötzlich zum Tagesgespräch der Fachleute, und der junge Künstler dadurch in den Brennpunkt der nach Weiterentwicklung heischenden *Art culinaire* gerückt. Im Jahre 1885 veröffentlichte er sein Erstlingswerk unter dem Titel *Traité sur l'art de travailler les fleurs en cire*. Es umfaßte sechsunddreißig Seiten, erschien ein Jahr später in zweiter Auflage und im Jahre 1910 zum fünften Male in einer der großen Tragödin Sarah Bernard gewidmeten Auflage.

Doch greifen wir nicht vor, sondern lassen wir den hochinteressanten Lebensfilm des Großmeisters in chronologischer Folge hier ablaufen: den Alten zur besinnlichen Erinnerung, den Jungen zu feurigem Ansporn. So wie es sich damals lohnte, mehr als nur «kochen» zu können, so lohnt es sich auch heute noch, tiefer in die Geheimnisse dieses Berufes zu dringen, der, wie wenig andere, talentierten Menschen großen Spielraum bietet. Wissen und Können unterliegen keiner Inflation und sind auch hier die sicherste Versicherungspolice.

Im Jahre 1859 trat der zwölfjährige Knirps in die Lehre ein, und zwar bei seiner Tante, die in Nizza ein recht bescheidenes Kleinhotel besaß. Daß seine Schulbildung in diesem Alter nicht gerade hervorragend gewesen sein kann, ist begreiflich, daß aber reines Schulwissen nicht allzu hoch eingeschätzt werden darf, scheint erwiesen, denn der Knirps wurde trotzdem zum meistgelesenen gastronomischen Schriftsteller seiner Zeit. Wie weit er sich an der schönen Meeresküste seiner engeren Heimat in der Kunst des Kochens ausbilden konnte, steht nicht ganz fest, immerhin aber wurde er mit achtzehn Jahren von Ulysse Rohant, dem Chef des Restaurants *Petit Moulin rouge,* nach Paris geholt. Diese berufliche Bindung hielt ein Leben lang an und ist ein leuchtendes Beispiel des Dankes, ja man kann sagen, ein Denkmal der Dankbarkeit geworden. Escoffier, der hier seine Kenntnisse solide untermauern konnte, blieb dem Manne, der ihm dies ermöglichte, ein vorbildlicher Schüler. Als in späteren Jahren das Unglück Rohant verfolgte, und er in große Bedrängnis geriet, war es Escoffier, der sich für ihn einsetzte. Durch Überlassen der Lizenzen seines ersten Werkes und durch weitere Zuwendungen ermöglichte er ihm einen einigermaßen ungetrübten Lebensabend. Auch als Escoffier auf dem Zenith seines Ruhmes stand, galt sein erster Besuch in Paris immer wieder dem verehrten Lehrmeister von einst.

Im Jahre 1867 rief ihn das Vaterland zum obligatorischen Militärdienst auf, den er bei der Infanterie zu absolvieren hatte. Als 1870 der Deutsch-Französische Krieg ausbrach, holte ihn ein feinschmeckerischer Oberst direkt aus seiner Arbeitsstelle im *Petit Moulin rouge* heraus und siedelte mit ihm in die Festung Metz über. Nach der Kapitulation ging Escoffier nach Mainz, wo es dem jungen Koch allerdings nicht immer gut erging, wie er später in der Fachzeitschrift *L'Art culinaire* anschaulich zu berichten wußte. Der deutsche Direktor des Kursaals Wiesbaden, der französischen Kochkunst besonders zugetan, entführte ihn aus seinem Kriegsgefangenenelend und reihte ihn in den Küchenstab des berühmten Generals Mac Mahon, des späteren Präsidenten der Republik ein.

Nach sieben langen Jahren Militärdienst war er wohl froh, wieder in die ihm so vertraute Küche der «Kleinen Mühle» in den Champs-Elysées zurückkehren zu dürfen, umsomehr, als er diesmal den Platz des Küchenmeisters einnahm. 1875 zog es ihn wieder an die geliebte Riviera, zu den so übermütig stürzenden Fluten des *Loup,* mit dessen Wassern er als Kind gespielt hatte. Im *Hôtel du Luxembourg* konnte er nun erstmals beweisen, daß er auch über alle Fähigkeiten verfügte, die von einem erstklassigen Hotelkoch verlangt werden. Vier Jahre später zog er weiter südlich nach Cannes, wo er das Restaurant *Faison doré* zu großem Ruf brachte. Nun scheint ihn aber die Kapitale des Landes doch wieder gelockt zu haben, vielleicht vermißte er auch den fachlichen Kontakt, der in Paris seit jeher stärker war als anderswo; kurzum, im Jahre 1881 kehrt er nach Paris zurück, und damit beginnt der große Aufstieg. Hier kommt er mit einer Gruppe Kollegen zusammen, die für die Kochkunst bis heute nicht nur richtungsweisend geblieben sind, sondern die das Problem der guten Küche auch von einer anderen Seite – nämlich von der sozialen – anpackten und eigentlich bahnbrechend wirkten.

Vorerst ist Escoffier noch Chef im Restaurant *Maire,* bald aber wechselt er in das weltberühmte Lieferantenhaus *Chevet* im *Palais Royal* hinüber. Hier ist er mit fünfunddreißig Jahren Küchenmeister, eine berufliche Glanzleistung, ist dieses Haus doch mit tausend Fäden mit allem, was in Europas Gastronomie überhaupt Bedeutung hat, verbunden. Der Gründer der *Maison Chevet,* ein talentierter, aber armer Rosenzüchter, wurde zum Hoflieranten ganz Europas. Aus den beiden bescheidensten Anfängen heraus wurde ein Unternehmen gegründet, das heute nicht mehr seinesgleichen findet. Chevet begeisterte einen Brillat-Savarin, einen Talleyrand und Orloff: bis nach Petersburg lieferte er komplette Diners mit allem Silber, Geschirr und den nötigen Köchen. Die exotischsten Menus servierte er zu den unmöglichsten Zeiten an jedem gewünschten Orte der Welt. Es war *Chevet,* der 1898 die beiden ersten Diners auf den Eiffelturm, von dessen Erbauer offeriert, servierte. Hier war Escoffier in seinem Element, denn er konnte probieren, laborieren, entwerfen und nach Herzenslust kreieren.

Das Haus Chevet hat für die Weiterentwicklung der Konserven sehr viel geleistet, und Escoffier selbst ist der Verbesserer sehr vieler Methoden und hat allein dadurch seinem Lande sehr große Dienste geleistet. Vielleicht wäre sein Genie nie zur vollen Entfaltung gekommen, hätte er hier nicht solch profunde Studien betreiben können. Im Jahre 1883 gründete er mit einigen Freunden die Fachschrift *L'Art culinaire,* die einmal Weltruf genoß. Im Jahre 1885 kam er erstmals zu einer Saison in die Schweiz und zwar während des Sommers ins Hotel National nach Luzern. Hier fand er dann den Kontakt, der für ihn zum Schicksal wurde, nämlich mit Cäsar Ritz, unserem berühmten Landsmann. Für einige Jahre führte er nun das Leben aller *Saisonniers,* das heißt im Sommer erfreute er sich am Anblick des Pilatus, und im Winter ließ er sich die milden Lüfte des Mittelmeeres um die Nase wehen. Der große Wendepunkt kann im Jahre 1890, als Ritz ihm die Küchenleitung des eben eröffneten Savoy-Hotels in London übertrug. Hier blieb der große Meister, immer an sich selbst schaffend, bis im Jahre 1898. Unannehmlichkeiten administrativer Natur führten einen kompletten Wechsel herbei, und Escoffier siedelte mit seiner ganzen Brigade nach Paris über, wo er seinem Kollegen Ouzeaux bei der Einweihung des luxuriösen Ritz-Hotels an der Place Vendôme in Paris half. Ein Jahr später aber zog er mit Ritz wiederum nach London zurück, und man kann sagen, daß es ein Triumphzug wurde. Das Carlton-Ritz-Hotel, eines der berühmtesten Häuser der Welt, wurde eröffnet, und hier wickelte sich nun fast ein Menschenleben lang sozusagen die Weltgeschichte der Kochkunst ab, denn erst im Jahre 1921 trat Escoffier von seinem so verantwortungsreichen, aber dankbaren Posten zurück. Man bedenke: Zweiundsechzig Jahre lang hatte der Großmeister die Kochkelle geführt.

In diesen sechs Dezennien hat die Kochkunst vielleicht die größte Metamorphose seit der Erfindung des Kochtopfes durchgemacht. Aus einer noch mit mittelalterlichem Beiwerk behafteten Kocherei war eine klassisch-zweckmäßige Kunst geworden. Keine unnützen Belastungen, keine unappetitlichen Beigaben, kein Schnörkel zuviel, kein Jota zu wenig: Ein Konzentrat durchdachter Arbeit, vom ernährungsphysiologischen und künstlerischen Standpunkt aus gleich meisterhaft gelungen. Zur

Eröffnung des Carlton-Hotels brachte er seine berühmte Schöpfung *Pêches à la Melba* heraus, die nach seinem Rezept wie ein bescheidenes Dessert aussieht, in Wirklichkeit aber ein kulinarischer Markstein geworden ist. Daß er sie erstmals in einem aus Eis gemeißelten, formschönen Schwan auftragen ließ, war eine Huldigung nicht nur an die begnadete australische Sängerin Nellie Melba, sondern auch an Wagners große Kunst. Die Melba sang damals die Elsa in *Lohengrin* und machte auf den Meister einen nachhaltigen Eindruck. (Nellie Melba starb im Jahre 1931.) Seiner Landsmännin Sarah Bernard widmete er übrigens eine nicht weniger köstliche Komposition, nämlich die *Fraises à la Sarah Bernard.*

Zahlreiche Rufe ergingen an Escoffier, immer wieder wurde er zu Neueröffnungen geholt. Im Jahre 1913 rief man ihn nach Hamburg, um die Küche des schönen Passagierdampfers *Imperator* zu inaugurieren. Am Vorabend der Jungfernfahrt, als Escoffier in einem Hamburger Restaurant zu Nacht speiste, wurde er stürmisch gefeiert, aber etwa nicht in seiner Eigenschaft als Meisterkoch, sondern als... Graf Zeppelin, sah er doch dem Erfinder des lenkbaren Luftschiffes wie ein Zwillingsbruder ähnlich. Der stolze Kaiser ließ sich Escoffier vorstellen und unterhielt sich längere Zeit mit ihm. Escoffier war tief bewegt von dieser Unterredung. Wilhelm II., der übrigens recht leutselig war, sagte ihm im Laufe der Unterhaltung: «Nun, wir sind beide Kaiser, ich Kaiser aller Deutschen, Sie Kaiser aller Köche.»

Im Jahre 1920 wurde Escoffier zum Ritter der Ehrenlegion ernannt, und der damalige Präsident der Französischen Republik, Poincaré, heftete ihm in London das Abzeichen persönlich an die Brust. Acht Jahre später war es der Minister Herriot, der ihm auf einem der schönsten und würdigsten Bankette der Weltgeschichte die Rosette der Ehrenlegion anheftete. Am 22. März 1928 fand in Paris im *Hôtel du Palais d'Orsay* das von der Pariser Köcheschaft offerierte Essen statt, das von Köchen serviert, und dessen künstlerische Umrahmung ebenfalls von Köchen bestritten wurde. Der Kochbuchautor Henri Reboul zeichnete für die Küche verantwortlich.

Dutzende von Köchen hatten zu diesem Essen Meisterwerke ihrer Kunst geliefert, ein jeder betrachtete es als seine eigene Ehrensache, und wenn der Großmeister auch nicht ohne Feinde war, so lag ihm doch an diesem, seinem großen Ehrentage, die ganze kulinarische Welt zu Füßen.

Die Speisen- und Weinfolge dieses festlichen Banketts will ich meinen Lesern nicht vorenthalten:

Menu

Crème de volaille – Consommé riche
Saumon de la Loire braisé au Cliquot
accompagné d'écrevisses de l'Isole
Baron de Béhague garnis aux primeurs de la Provence
Coq en pâte Palais d'Orsay
Salade Rosette
Glace Légion d'Honneur
Roseaux pralinés des bords du Loup
Corbeilles de fruits
Friandises

Vins

Médoc et Graves
Bâtard Montrachet
La Tache Monopole 1921

Les Champagnes

De Saint Marceaux en Magnum
G. H. Mumm, Cordon rouge
Delbeck brut 1919
Veuve Cliquot brut 1920, en Magnum
Heidsieck Monopole brut 1919

Als im Jahre 1930 die schönste Schweizer Kochausstellung, die «ZIKA» stattfand, zögerte Escoffier nicht, das Ehrenpräsidium zu übernehmen, hatte er doch für unser Land und seine Köche eine ganz besondere Verehrung, die nicht von ungefähr kam. Es darf hier festgehalten werden, daß die auf knappen Grundsätzen fußende Escoffier'sche Lehre der Kochkunst von seinen eigenen Landsleuten nicht immer befolgt, oft sogar direkt mißachtet wurde. Es waren gerade Schweizer Köche, die, bis zu Beginn unseres Jahrhunderts international stets das «fünfte Rad» am Wagen, sich diese einleuchtenden Grundsätze zu Herzen nahmen und sich an ihnen empor- schwangen, mit dem verblüffenden Erfolg, daß sie ab 1925 in Europa die Führung übernahmen und diese seither nicht mehr aus den Händen gaben. Man wird mir vielleicht vorwerfen, daß ich die Sache doch wohl zu einseitig beurteile, aber jeder Fachmann, der die seither stattgefundenen Ausstellungen besucht hat – ich meine die internationalen – muß sich meiner Ansicht anschließen. Auch das kommt nicht von ungefähr, der Schweizer ist durch Tradition ein Präzisionsarbeiter; seine Pünktlichkeit und Exaktheit sind sprichwörtlich geworden, und gerade diese Tugenden sind in der kulinarischen Kunst von heute wichtige, wenn nicht gar entscheidende Faktoren.

Als Escoffier am 12. Februar 1935 die Augen für immer schloß, trauerten um ihn nicht nur die Köche der ganzen Welt, sondern die gesamte Kulturwelt überhaupt. Sein Sarg versank in einem Meer von Blumen, jenen zarten Gebilden, denen seine erste Kunstfertigkeit gegolten hat. Sein Hauptwerk jedoch, der *Guide culinaire,* hat die kulinarische Welt erobert, wurde er doch in über ein Dutzend Sprachen übersetzt und immer wieder neu verlegt. Leider war auch diesem Meister das Glück nicht immer hold: er teilte das Los aller Künstler, die materiellen Dingen gegenüber meistens recht hilflos sind.

Wir aber wollen dem Manne, der das schöne Wort prägte: «Eine gute Küche ist das Fundament allen Glücks», ein ehrendes Gedenken bewahren. Mir selbst war es eine große Freude, sein Andenken durch Aufnahme im *Schweizer Lexikon* festhalten zu dürfen.

Das literarische Werk Escoffiers umfaßt folgende Bücher und Broschüren:

Traité sur l'art de travailler les fleurs en cire
Mémoires d'un Cuisinier de l'Armée du Rhin
Le Guide culinaire
Le Livre des Menus
Le Carnet d'Epicure
L'aide mémoire culinaire
Le riz, l'aliment le meilleur, le plus nutritif
La morue: La vie à bon marché
Ma Cuisine

Escoffiers *Guide culinaire* war das erste französische Prunkkochbuch, das in die deutsche Sprache übersetzt wurde, verlegt durch den Internationalen Verband der Köche, dessen Gründung auf die Initiative des Schweizers Favre erfolgte. Das Buch kam unter dem Titel *Kochkunstführer* heraus und hatte einen riesigen Erfolg. Die französischen Köche schwankten ihr Leben lang mit ihrer Gunst zwischen Escoffier und dem andern großen Meister, Prosper Montagné. Die deutschen Köche aber gingen mit fliegenden Fahnen zu Escoffier über; das gleiche taten die Engländer und Amerikaner, und 1946 erschien der *Guide* in elfter Auflage wieder neu in einem amerikanischen Verlag. Die deutschen Ausgaben sind übrigens sehr gesucht.

KLEINER SPAZIERGANG
DURCH ESCOFFIERS KÜCHENGARTEN

Die Kochkunst hängt in ihrer Entwicklung vom psychologischen Stand der Gesellschaft ab und folgt notwendigerweise den von ihr empfangenen Impulsen. Wo keinerlei Besorgnisse bestehen, sich das Leben angenehm zu gestalten, wo die Vermögensverhältnisse für die Zukunft gesichert sind, mit einem Wort, wo man nicht auf das Geld zu sehen braucht, hat die Kochkunst das beste Feld zu ihrer Entwicklung, weil sie den wichtigsten Faktor bei einem der angenehmsten Vergnügen, die den Menschen gegeben sind, bildet. Wo aber reges Geschäftsleben, wo die Sorgen des Alltags den Menschen ganz in Anspruch nehmen, kann dieser, durch seine Beschäftigung gehemmt, den Tafelfreuden nur einen beschränkten Raum gewähren. Oft erscheint sogar dem im Arbeitsdrang stehenden Geschäftsmann die Notwendigkeit, sich durch essen erhalten zu müssen, eher lästig und hinderlich, als daß er sich durch diese angenehme Abwechslung ein Vergnügen machte. Er betrachtet fälschlicherweise die bei Tisch zugebrachte Zeit als verloren und verlangt daher, rasch bedient zu werden. So bedauernswert ein solcher Standpunkt nicht nur im Interesse der Kochkunst, sondern auch im Hinblick auf die Gesundheit des Gastes ist, so liegt es doch nicht in unserer Macht, hier Einhalt zu gebieten. Wir können aber die Folgen dieser oberflächlichen Behandlung des Essens durch die Vervollkommnung der von uns gebotenen Gerichte zu mildern suchen.

Seit diese Zeilen geschrieben wurden, sind vier Jahrzehnte ins Land gegangen; die Jagd nach dem Gelde hat nicht ab-, sondern zugenommen; zugegeben, der erfolgreiche Busineßman von heute bemüht sich, auch den kulinarischen Genüssen des Lebens Beachtung zu schenken. Erfolgreiche Geschäftsleute sind in unserem Zeitalter nicht selten große Mäzene der Kochkunst, und die Umsicht und Gewissenhaftigkeit, mit der sie ein Menu zusammenstellen, ist ein Lichtblick in einer Zeit, in welcher ganze Kulturstätten mit einem Bombenregen zugedeckt wurden.

Wir werden die Vereinfachung des Anrichtens und des Servierens soweit nur irgend möglich weiterführen, aber gleichzeitig auch die Schmackhaftigkeit und den Nährwert der Gerichte auf die höchste Stufe zu bringen suchen, wobei wir jedoch danach trachten, die Speisen leichter und für den Magen leichtverdaulicher zu machen. Die Kochkunst muß sich – ohne ihren Charakter als Kunst einzubüßen – zur Wissenschaft erheben und ihre Rezepte, die oft noch zu empirisch sind, einer

Methode und Präzision unterwerfen, welche jeden unliebsamen Zufall ausschließt.

Heute stehen wir wieder am Ausgangspunkt der Kochkunst, der von den Ärzten der Antike, vor allem Hippokrates, bestimmt wurde. Noch nie war der Einfluß – wohlgemerkt: der wohltuende Einfluß – der Medizin in der Kochkunst so ausgesprochen zu spüren, wie dies heute der Fall ist. Der Wunsch des großen Küchenmeisters kann als in Erfüllung gegangen betrachtet werden; an den Köchen liegt es, ihre Kunstfertigkeit mit den Vorschriften der Jünger Äskulaps in Einklang zu bringen.

Die überwürzte Kochweise ging einstmals mit dem Römerreich unter, erlebte aber im Mittelalter eine Renaissance, der erstmals der französische Koch de la Varenne zu Leibe rückte. Meister Carême führte dessen reformatorisches Werk weiter, und über einige andere berühmte Köche, wie Vincent de la Chapelle, Jules Gouffé usw., stoßen wir auf Escoffier, der diese Reform glücklich beendete. Neue Materien werden immer wieder auftauchen, bessere Erkenntnisse scheinen mir nicht möglich.

Der Zweck, den ein Koch beim Anrichten einer schönen Platte verfolgt, soll immer und ausschließlich durch eßbare, harmonisch aufgelegte Beigaben erreicht werden. Die absolute Regel für die Zukunft soll sein, daß alles Uneßbare von der Platte verbannt bleibt und eine geschmackvolle Einfachheit das Anrichten charakterisiert.

Dieses kochkünstlerische Verlangen ist heute weitgehend zu einem kulinarischen Gesetz geworden, besonders in Frankreich, der Schweiz und Deutschland. Nach dem ersten Weltkrieg stieß man in großen Hotels, bei denen meist ein alter Fachmann das Zepter schwang, immer noch auf Garnierungen, die aus Wachsblumen, Gips, Stearin und dergleichen bestanden. Ein Mittelding blieben die knallfarbigen Rosen aus rohen Kartoffeln, die in den meisten Platten als ungenießbare Beigabe schwammen. Nicht eßbar und ungenießbar sind nun zwei verschiedene Begriffe. Eine Blume aus Wachs ist wirklich nicht eßbar, eine Blume aus Kartoffeln ist zwar eßbar, aber nicht genießbar.

Der moderne Koch (natürlich auch die kochende Hausfrau) schmückt seine Gerichte vornehmlich mit den dazu passenden natürlichen Beigaben wie Gemüsen usw. Soll die Platte künstlerisch dekoriert werden, so geschehe dies mit formschönen eßbaren Beilagen, z. B. Tomaten, Champignons, Trüffeln, hartgekochten Eiern, gefüllten Blätterteigschiffen, gefüllten Artischockenböden, Spargelspitzen und selbst mit schön zugeschnittenen Zitronen und Orangen. Niemals aber verwende man natürliche Blumen: diese gehören immer *auf* die Tafel.

Hühnerbrüstchen nach Pojarski. *Die Brüstchen werden gehackt, und während dem Hacken fügt man nach und nach – pro Pfund Huhn – 125 Gramm in Milch* eingeweichte weiße Semmel (die man vorher ausdrückt), 125 Gramm frische Butter und 1 Deziliter frischen Rahm bei. Mit Salz, Pfeffer und Muskatnuß wird nun gewürzt. Hierauf formt man aus der Hackmasse wieder Hühnerbrüstchen – in Form und Größe möglichst gleich – paniert diese und brät sie in geklärter Butter.

Tournedos Mistinguette. *Bereite erst folgende Gewürzmischung, genügend für 6 Tournedos: 30 Gramm Karotten, 15 Gramm Zwiebeln, 30 Gramm mageren Schinken, eine Idee Thymian werden möglichst fein gehackt und dann $\frac{1}{2}$ Blatt Lorbeer beigefügt. Das Ganze wird dann in Butter, auf kleinem Feuer, gekocht. Nach Verlauf von etwa $\frac{1}{2}$ Stunde löscht man mit 2 Eßlöffeln Cognac, 4 Eßlöffeln Weißwein und 3 Eßlöffel eingedicktem Fleischsaft ab und fügt gleichzeitig ganz wenig feingehackte Petersilie hinzu. Diese Sauce bindet man nun mit 60 Gramm Butter und 125 Gramm durch ein Haarsieb getriebene Gänseleberpastete.*

Ist diese delikate Sauce fertig, so würzt man die Tournedos und brät sie rasch in reiner Butter. Auf einer heißen Platte richtet man sie an und übergießt sie mit der Sauce.

Als Beigabe serviert man Macaire-Kartoffeln. *(Diese Kartoffeln werden in der Schale im Ofen gebacken. Wenn sie gar sind, wird oben ein Deckel abgeschnitten, das Innere herausgenommen, mittels einer Gabel mit Butter und Gewürz (Salz, Pfeffer, Muskat) verarbeitet und wieder in die Schalen gefüllt und dann serviert. Da dieses Originalrezept kompliziert ist, ohne einen kulinarischen Vorteil zu bieten, ist man dazu übergegangen, den mit der Gabel verarbeiteten Kartoffelbrei zu würzen, mit angebratenen Speckwürfelchen zu verfeinern, zu kleinen Törtchen zu formen und dann in Butter zu backen. Zum Verarbeiten nimmt man einfach abge-kochte Kartoffeln.)*

Flambierte Bananen. *Man schält die Bananen und schneidet sie der Länge nach in Hälften. Diese überstreut man mit Puderzucker, dreht sie in Mehl und brät sie in geklärter Butter. Hierauf legt man sie auf eine sehr heiße Platte, überstreut sie wiederrum mit Zucker und übergießt sie mit Kirschwasser. Am Tisch zündet man den Branntwein an.*

Ich nehme zu dieser leckeren Komposition eine Mischung aus $\frac{1}{6}$ Crème de Bananes und $\frac{5}{6}$ allerfeinsten Rum; überdies gebe ich pro Person noch 6 entsteinte Herzkirschen bei. Flambieren soll man direkt in der Bratpfanne und zwar erst dann, wenn der Zucker stark karamelisiert ist. Sobald der Alkohol brennt, übergießt man die Früchte damit und legt sie noch brennend auf die Teller. Die verbleibende Sauce verteilt man über die Bananen.)

Der Schlemmer

GOURMAND, GOURMET UND SYBARIT

Mit Recht rief der alte Cato einmal aus: «Wie schwer ist es, zum Bauch zu reden, der keine Ohren hat!» Mir scheint freilich, es sei noch schwerer, zum Kopf zu reden, der wohl Ohren, aber keinen Verstand hat.

Um es vorwegzunehmen, sei festgestellt, daß sich das Wort *Gourmand* unter der ominösen Bezeichnung «Vielfraß» in die deutsche Sprache eingeschlichen und sich hier, im wahren Sinne des Wortes «festgefressen» hat. *Gourmandise* bedeutet aber im Französischen kurz und bündig Feinschmeckerei, und demnach ist ein *Gourmand* ein Feinschmecker, und eine *Gourmande* eine Feinschmeckerin, denn auch diesen Ausdruck kennt die französische Sprache. Daß im deutschen Sprachgebrauch ein Mensch, der gerne gut ißt, als Vielfraß hingestellt wird, ist wenig verwunderlich, wird doch bekanntlich nördlich der Alpen sehr oft die Quantität mit der Qualität verwechselt. Wenn so ein Sohn des Nordens erklären will, wie «gut» er gegessen habe, benötigt er beide Hände, um die Größe der Portionen demonstrieren zu können. Da nun, wie man weiß, die kulinarischen Grenzen nicht so fein abgesteckt werden können wie die politischen, gilt das Gesagte nicht etwa nur für die Deutschen. Letztere haben immerhin einige große Gastrosophen hervorgebracht, von denen an dieser Stelle nur der Arzt Julius Blumröder genannt sei, der unter dem Pseudonym Antonius Anthus das geistreichste Buch geschrieben hat, welches sich überhaupt mit der Gastronomie befaßt.

Doch nicht nur in deutschen Sprachbüchern stoßen wir auf Fehlbezeichnungen, selbst in anerkannten französischen Fachwerken liest man mit Erstaunen, daß der biedere Gourmand nun plötzlich ein Vielfraß sein soll. Auch der Schweizer Joseph Favre, der größte Enzyklopädist der Gastronomie, unterliegt diesem Sprachirrtum in seinem 1883 erschienen Monumentalwerk *Dictionnaire universel de Cuisine*. Schlage ich andere Wörterbücher auf, so ergeht es mir nicht besser; köstlich ist der berühmte *Larousse gastronomique,* der in seiner französischen Ausgabe die richtige Definition, in der deutschen jedoch die falsche bringt, offenbar unter dem Einfluß des deutschen Sachberaters. Doch, man mag sich trösten, die gleichen Erfahrungen, die wir heute machen, hat der große Feinschmecker Brillat-Savarin schon vor hundertzwanzig Jahren gemacht, schreibt er doch in der elften Betrachtung seiner *Physiologie des Geschmacks* über die *Gourmandise:*

Ich habe die Wörterbücher nach dem Wort «Gourmandise» durchstöbert und bin von dem, was ich darüber gefunden, mit nichten befriedigt gewesen. Fortwährend wurde der Begriff «Feinschmeckerei» (Gourmandise) mit «Völlerei» (Gloutonnerie) und «Gefräßigkeit» (Voracité) in sinnentstellender Weise verwechselt, woraus ich den Schluß gezogen habe, daß die Lexikographen, die sonst gewiß höchst schätzbare Herrn sein mögen, keineswegs liebenswerte Gelehrte sind, die verstehen, den Flügel eines köstlich zubereiteten Rebhuhns mit Anmut zum Munde zu führen, um ihn danach mit abgespreiztem kleinem Finger mit einem Glase Lafite oder Clos Vougeot zu begießen. Definieren wir also und verständigen wir uns.

Die Feinschmeckerei (la Gourmandise) ist eine leidenschaftliche, begründete und gewohnheitsmäßige Vorliebe für Dinge, welche dem Geschmackssinn schmeicheln. Die Feinschmeckerei ist eine Feindin von Ausschreitungen: jedermann, der sich überißt oder betrinkt, läuft Gefahr ... aus den Listen der Zünftigen gestrichen zu werden.

Der geistreiche Autor, der vielleicht voraussah, daß sein Werk auch die Gemüter späterer Generationen bewegen werde, gibt zum Schluß des betreffenden Kapitels noch folgenden Ratschlag:

Wir raten also allen denjenigen, die in die Versuchung kommen sollten, dieses lehrreiche Buch zu übersetzen, das französische Hauptwort beizubehalten und nur die Artikel zu ändern, denn das französische Wort «gourmandise» kann weder durch das lateinische Wort «gula» (Schlemmerei), noch durch das englische «gluttony» (Gier, Gefräßigkeit), noch durch das deutsche «Lüsternheit» bezeichnet werden.

Daß «Vielfraß» und «Gourmand» nicht gleichbedeutend sind, kann auch noch durch andere Zeugen erhärtet werden. Der ausgefallenste aller Gastrosophen, Grimod de la Reynière, gab von 1803–1812 einen *Almanach des Gourmands* heraus, dessen acht Bände eine gesuchte bibliophile Leckerei sind. In diesem «Alkoran der Feinschmecker» finden wir das geistreichste und frechste, was damals über dieses Gebiet geschrieben wurde, und es ist kaum denkbar, daß man diesen Aufwand für stumpfsinnige Vielfraße gemacht hätte. Der gleiche Autor gab aber, ebenfalls in acht Bänden, das *Journal des Gourmands et des Belles* heraus, das noch den Untertitel *Epicurien Français* führt. Kann man sich vorstellen, daß man frauliche Schönheit in einen Topf mit gierigen Fressern wirft? Nein, niemals!

Eine der Grimod'schen Maximen lautet:

Die größte Tugend des wahren Feinschmeckers (Gourmand) ist die: nie mehr zu essen, als er mit Andacht verdauen, und nie mehr zu trinken, als er mit vollem Bewußtsein vertragen kann.

Der *Almanach des Gourmands* wurde unter dem gleichen Titel von 1869–1871 durch Charles Monselet weitergeführt, unter Mitarbeit von Alexandre Dumas (Vater), der einige ergötzliche Rezepte und Studien beisteuerte. Auch später wurden einige Versuche unternommen, diese amüsanten Sammelsurien wieder ins Leben zurückzurufen, jedoch mit wenig Erfolg, denn hierzu gehört eben nicht nur Papier und Druckerschwärze, sondern auch Geist, sogar viel Geist. Nicht verschwiegen sei, daß der erwähnte Charles Monselet, der sich selbst für einen großen Feinschmecker hielt, im Jahre 1858 eine Wochenzeitung gründete, welcher er den Titel *Le Cormet* gab. Sie sollte jeden Sonntag erscheinen; die erste Nummer kam am 21. Februar heraus, die letzte am 1. August. Im ganzen brachte er es auf vierundzwanzig Nummern. Leider verschweigt er uns, warum er seine Zeitung nicht *Le Gourmand* nannte; ich vermute, daß es eine Geste gegenüber den wirklichen *Gourmets* sein sollte, denn auch solche gibt es.

Ja, welche Bewandtnis hat es nun mit dem *Gourmet,* den man heute gegen besseres Wissen zum Feinschmecker stempeln will? Das Wort selbst entstammt der englischen Sprache und hat sich aus *groomet* (Diener, Knecht), in einen *gourmet* verwandelt. In alten Zeiten waren die *gourmets* in Frankreich vereidigte Wein- und Spirituosenkoster, also eine Art Lebensmittelpolizisten. Man nannte sie *gourmets-piqueurs,* und unter diesem Namen bildeten sie in Paris eine Zunft. Ein *Gourmet* war also eine Person, die etwas vom Wein verstehen mußte. Aber auch die Kellerburschen, welche für den Weinnachschub aus dem Hauptkeller zum Tageskeller verantwortlich waren, nannte man *gourmets,* und daß diese Leute öfter zu einer Kostprobe kamen als andere Sterbliche, dürfte auch schon damals der Fall gewesen sein.

Bei den Neureichen der Französischen Revolution tauchte nun erstmals die Bezeichnung *Gourmet* im Sinne eines Weinkenners auf, und es soll Tallien gewesen sein, der sich rühmte, es in Bezug auf Kennerschaft mit jedem *gourmet* aufnehmen zu können. Lange Zeit blieb das Wort unangefochten für «Weinkenner» stehen, bis es dann irgend einem der vielen französischen Culinographen einfiel, es für die Bezeichnung *gourmand* einzusetzen; heute bilden sich die Leute auf diese falsche Definition sogar etwas ein. Wer sich von rohköstlerischen Lexikographen und studienfaulen Skribenten nicht an der Nase herumführen lassen will, merke sich folgenden Slogan:

> *Gourmand ist, wer mäßig, gute Dinge liebt,*
> *Gourmet nur, wer allerbestem Wein die Ehre gibt.*

Ein Feinschmecker vor Carême's Pasteten-Laden

Wer aber klug und weise wie ein Philosoph
Gleich beides liebt, heißt Gastrosoph.

Ach, dieser Gastrosoph bedarf natürlich auch noch einer kurzen Erklärung. Er und alles, was mit *gastro* zusammenhängt, sind Sprößlinge griechischen Ursprungs, nämlich von *gaster,* das heißt Bauch oder Magen. Da gibt es eine ganze Sammlung von biologischen, medizinischen und kulinarischen Fachausdrücken wie z. B. Gastralgie (Magenschmerzen), Gastrilogie (Kunst des Bauchredens), Gastritis (Magenentzündung), Gastronomie (Kenntnis der Tafelkunst), Gastrosophie (Weisheit der Tafelfreuden), und demzufolge ist ein Gastrosoph ein *Weiser der Tafelfreuden*. Die oft zitierten *Jünger Epikurs* verdanken diesen Namen dem griechischen Philosophen Epikuros, welcher von 341–271 v. Chr. lebte und eine sehr vernünftige Lebensweisheit lehrt. Leider haben die Menschen seine Lehre später falsch verstanden, und aus dem Epikureismus wurde eine ganz profane Lustlehre. Wer seine Stunden, anstatt arbeitend, prassend verbrachte, nannte sich *Epikureer,* obschon seine Lebensform der Lehre Epikurs geradezu diametral gegenüberstand.

Heute hat sich der Sinn des Wortes wieder modifiziert, das heißt, wenn man von Jüngern Epikurs spricht, meint man damit hochgebildete Menschen, die auch den Vergnügen des Lebens nicht ablehnend gegenüberstehen, ohne denselben aber ein Primat einzuräumen.

Ganz anders verhält es sich mit den *Sybariten,* deren Name hier und da auch im Zusammenhang mit gastronomischen Belangen auftaucht. Ein *Sybarit* ist tatsächlich ein maßloser Trinker und nimmersatter Fresser, also eigentlich das, was die Unbelehrbaren fälschlicherweise unter *gourmand* verstehen.

Sybaris war eine Stadt, die im Jahre 700 v. Chr. von Achäern in Süditalien gegründet wurde und sich im Laufe eines Jahrhunderts zu einer der größten Städte Italiens entwickelte. Die außergewöhnliche Fruchtbarkeit, das Blühen von Handel und Gewerbe, mit anderen Worten der zuströmende Reichtum aber stieg den guten Leuten nicht nur in den Kopf, sondern auch in die Kehle und den Magen. Ihre Üppigkeit im Wohlleben nahm derartige Formen an, daß *Sybarit* zu einem Schimpfnamen wurde und es bis auf den heutigen Tag geblieben ist.

Grimod de la Reynière, dem wir auf unserer Wanderung durch das Reich der Göttin Gasterea noch mehrmals begegnen werden, hat einem seiner Bücher den Titel *Manuel des Amphitryons* gegeben und tat dies, wie so vieles andere, mit einem Hintergedanken. Dieser *Manuel* ist ein Handbuch für Gastgeber, die, wie er schreibt, «eifersüchtig darüber wachen, eine gute Küche zu geben und dies auch anderen beibringen wollen».

Wie kam er nun auf den Namen Amphitryon? Dieser mythische König von Tiryns hat die Schriftsteller seit alters her beschäftigt; nach Plautus waren es unter anderen Molière und Heinrich von Kleist, die ihn eine nicht gerade rühmenswerte Figur spielen ließen.

Molière ist schuld, daß sein Name etwas in Verruf kam, denn er schildert ihn als einen derartig gutmütigen Gastgeber, daß er sogar seine Frau auslieh. Es gibt pikante Gerichte, die man seinem Andenken gewidmet hat, wobei nicht ganz feststeht, ob aus Mitleid oder Schadenfreude.

Wer heute als Amphitryon angesprochen werden will, muß vor allen Dingen eine hübsche Frau sein eigen nennen. Ferner muß er seine Freunde oft einladen und fürstlich bewirten. Sobald diese nun beginnen, sein Loblied laut schallend im ganzen Land zu verkünden, so ist er wirklich ein Amphitryon. Er werfe sich stolz in die Brust, behalte aber seine Frau scharf im Auge, ohne seine Freunde aus den Augen zu lassen. Denn ein feiner Mann läßt sich nicht anmerken, daß er etwas merkt.

Die Gattin des Amphitryon war die anbeißenswerte Alkmene, die Mutter des Herakles, dessen Vater eben... Zeus war.

Wenn ich meinen Lesern noch verrate, daß man mit «Jünger Ganymeds» einen besonders flinken und gewandten Kellner bezeichnet, weil Ganymed des schlimmen Herrn Zeus Mundschenk war, und daß man aus ähnlichen Gründen ein Servierfräulein oft als «Hebe» anspricht, dann dürften ihre Kenntnisse hübsch abgerundet sein. Ob sie sich lieber von einer hübschen Hebe oder einem galanten Jünger Ganymeds bedienen lassen, das bleibt meinen Lesern freigestellt.

Meister der Gabel

Vorsichtshalber, um jedem Verdacht der Leichtfertigkeit zu begegnen, will ich gleich zu Beginn dieser Lebensbeschreibung auf den Anachronismus zwischen Überschrift und Geschriebenem hinweisen. Wenn nämlich hier wirklich nur jener kulturbewußten Männer gedacht würde, die sich bei ihren verdienstvollen Gastereien einer Gabel bedient haben, so müßte ich einige der berühmtesten und geistvollsten um ihren Ruhm betrügen.

Konnten wir die Frage nach dem ersten berühmten Koch der Weltgeschichte nicht zufriedenstellend abklären, so soll uns dies aber nicht abschrecken, den Spuren der ersten Feinschmecker zu folgen. Man muß nicht besonders bibelfest sein, um sich des Linsengerichtes zu erinnern, das Esau recht teuer erstand. So sehr ich selbst Linsen schätze – allerdings nur als Beigabe zu herrlichem Ochsenfleisch und auch dann nur, wenn sie mit Zungenwurst üppig getarnt sind – scheint mir doch ein anderer Mann Anspruch auf den Titel des ersten Gastrosophen erheben zu dürfen. Es ist dies Solon, einer der Weisen der alten Griechen, der vor zweieinhalbtausend Jahren lebte und bestimmte, daß die Bräute vor dem Hymensfest einen Quittenapfel essen mußten, um die Lieblichkeit des entscheidenden Kusses zu erhöhen. Selten wohl hat es einen größeren kulinarischen Unterschied gegeben als zwischen dem pradiesischen und dem Solon'schen Apfelbiß. Der erste, zu Unrecht berühmt, führte aus –, der zweite, zu Unrecht nicht berühmt, führte ein ins Paradies.

Natürlich könnte man hier auch Homer ein Kränzlein winden, denn er ist besorgt, daß seine Helden trefflich mit Speise und Trank versehen werden; eines aber kann ich ihm nicht verzeihen: seine monotonen Speisefolgen. Immer nur Gebratenes, Gebratenes! Doch halt, ich übersah, daß es ja heute nicht anders ist. Betrachten Sie einmal die Speisekarte eines modernen Restaurants, Sie werden Mühe haben, irgendwo auf etwas Gesottenes zu stoßen. Kulinarischer Rückschritt? Nein, nur Bequemlichkeit der Kochenden und Essenden. Da sich die Gelehrten heute noch nicht einig sind, wie man unsere Epoche nennen soll, schlage ich vor, sie «Schnitzel-Zeitalter» zu taufen, was nicht schlechter klingt als «Atom-Zeitalter».

LUCULLUS,
DER SCHLEMMERISCHE FELDHERR

Einer der größten, aber auch gebildetsten Schlemmer aller Zeiten war Lucius Licinius Lucullus, vor dem ich in Ehrfurcht die Kelle senke. Dieser Lucullus, dessen Name ja sprichwörtlich für pompöse Gastereien geworden ist, wurde 117 v. Chr. geboren. Er schlug die militärische Laufbahn ein und wurde im Jahre 87 Quästor Sullas. Er wird uns als einer der wenigen anständigen Sullaner im ersten Mithridatischen Kriege geschildert. Im Jahre 84 schlägt er die Flotte des Mithridates und bleibt bis zum Jahre 80 in Asien zwecks Konsolidierung, wobei er sehr schonend vorging.

Im Jahre 74 bekleidete er das Konsulat. Er erhielt die Provinzen Cilicien und Asien und den Oberbefehl im dritten Mithridatischen Kriege, wo er sich als glänzender Feldherr hervortat, der die eigenen Truppen schonte.

Trotzdem mußte er aber vor Beendigung des Krieges dem Pompejus weichen. Lucullus führte in Asien große Finanzreformen durch: So bekämpfte er den Zinswucher und setzte den Zinsfuß, der achtundvierzig Prozent betrug, auf zwölf Prozent herunter und erließ alle Zinsrückstände, welche hundert Prozent des Kapitals überstiegen. Hierdurch zog er sich den Haß der römischen Ritter zu und wurde wegen Unterschlagung angeklagt und nach Rom zurückgerufen. Erst im Jahre 63 durfte Lucullus über Mithridates und Tigranes I. von Armenien triumphieren. Erbittert über die ihm zuteilgewordene Behandlung, zog er sich von der Politik zurück und lebte nur noch der Kunst, wobei er der Literatur und Gastronomie den Vorzug gab.

Da Lucullus der reichste Mann Roms war, konnte er sich sein Leben ganz nach eigenen Wünschen gestalten. Auf dem Monte Pincio legte er den wundervollen Park an, der heute noch Ziel südwärts reisender Hochzeitspärchen ist. Er baute sich prächtige Paläste und Villen. Sein Wohnpalast hatte zwölf Speisesäle, von denen jeder den Namen einer anderen Gottheit trug, deren marmorne Statue in einer reich verzierten Nische zu sehen war. Der Name des Speisesaales, in welchem ein Gastmahl stattfinden sollte, war für den Haushofmeister in Bezug auf die bewilligten Kosten maßgebend. Fand so ein Symposium im Saale des Apollo statt, so waren fünfundzwanzigtausend Franken bewilligt; in anderen Sälen durfte es «billiger» zugehen. Eines Tages, als Lucullus zufällig einmal keine Gäste hatte, servierte ihm sein Majordomus ein recht mittelmäßiges Essen; der sonst gutmütige Lucullus schickte es zurück und gab Anordnungen, was man aufzutragen habe, «wenn Lucullus bei Lucullus speist».

Lucullus darf außer seinen künstlerischen und schriftstellerischen Verdiensten noch den Ruhm für sich in Anspruch nehmen, den Süßkirschenbaum aus der pontischen Stadt Kerasos nach Rom gebracht zu haben. (Der Name *Kirsche, cerise, cherry* usw. geht auf die griechisch-lateinische Bezeichnung *kerasos/cerasus* zurück. Im Althochdeutschen nannte man sie *Kirsa.*) In seinen herrlichen Gärten, bekannt als *horti Luculliani* ließ er diesem heute für die Feinschmeckerei so wichtigen Baume liebevolle Pflege angedeihen.

Die Sage will wissen, daß Lucullus nach einem Liebestrunk dem Wahnsinn verfiel. Er starb im Jahre 56 v. Chr.

Einen ganz kleinen Vorbehalt habe ich gegen Lucullus anzubringen: Er besaß eine große und, wie es heißt, herrliche Bibliothek, war sehr belesen, schrieb ein Buch über den Marsischen Krieg, hinterließ dabei aber keine einzige Aufzeichnung gastronomischen Inhalts. Es wäre ganz bestimmt wichtiger gewesen, genau zu wissen, wie seine lukullischen Schlemmereien zubereitet wurden, als zu wissen, wie man möglichst reibungslos andere Leute totschlägt. Das ist ein Manko, unter dem ich heute zu leiden habe, denn wie wunderbar würde sich in meiner Sammlung ein Werk ausnehmen, das den Titel trüge: «Lucullus bei Lucullus». Sein Ruhm als *scriba cocorum* wäre unendlich gewesen; wer aber hat schon seinen *Marsischen Krieg* gelesen? Natürlich haben damals eine Menge Leute über die Gastronomie geschrieben, leider aber verlieren sich diese Aufzeichnungen in mehr oder weniger langen Beschreibungen von dem, *was* gegessen wurde, selten aber stoßen wir auf eine Zeile über wirkliche kulinarische Zubereitungsmethoden. Auch Apicius ist uns hier kein zuverlässiger Chronist, wie ich später darlegen werde.

Die moderne Kochkunst ließ aber den Schlemmer Lucullus diese Unterlassungssünde nicht büßen, sondern setzte ihm nicht wenige kulinarische Denkmäler, unter denen besonders die *Poularde à la Lucullus* hervorragt. Dieses Masthuhn wird mit einer delikaten Trüffelmischung gefüllt und dann braisiert. Beim Anrichten wird es von in Champagner gedämpften Trüffeln liebevoll umgeben, und fächerförmig angerichtete Hahnenkämme sollen ihr ein klassisches Gepräge geben. Eine mit Trüffelessenz verfeinerte Kraftsauce bildet die ehrfurchtsvolle Begleitung.

Hat Lucullus solche Gerichte geliebt? Möglicherweise; jedoch mit einer kleinen Abweichung. Gefülltes Geflügel, aber auch gefüllte Ferkel waren den Römern eine bekannte Schlemmerei. Die Füllsel bestanden allerdings aus Oliven, Nüssen, Hirn und viel Gewürz, unter anderem Pfeffer, Ingwer und Liebstöckel. Trüffel kamen zwar auch auf ihre Tafeln, aber nicht die schwarze französische, sondern die weiße, die sich durch einen dezenten Knoblauchgeruch auszeichnet und heute als Piemonteser Trüffel Weltruf genießt. Die kleine Abweichung wäre nun gewesen, daß man die Poularde zerteilt, vorgelegt und dann mit feingeraspelten rohen weißen Trüffeln überdeckt hätte.

Wer je einen Blick in die Geschichte der Antike geworfen hat, weiß, daß es nicht schwer wäre, eine ganze Anzahl weiterer berühmter Schlemmer – und natürlich auch Prasser – aufzuzählen. So machte die schöne Kleopatra von sich reden, weil sie bei einem Festessen, das sie zu Ehren des Antonius gab, eine der größten Perlen ihres Ohrgehänges abnahm, um sie in Weinessig aufzulösen und diesen wohl ersten aller Cocktails zu trinken. Plinius der Jüngere behauptete, diese Perle habe einen Wert von zehn Millionen Sesterzien gehabt: Cocktails scheinen also von jeher recht teuer gewesen zu sein.

Auch Kaiser Nero soll ein Feinschmecker gewesen sein; aber durch die prahlerische Aufmachung seines Speisesaales und durch die endlose Länge seiner Mahlzeiten stand er bei den wirklichen Gastrosophen seiner Zeit nicht hoch in Gunst.

Der weise Seneca erzählt, daß Kaiser Caligula einst ein Gastmahl veranstaltete, das alle Schlemmer Roms beschämen sollte und zweieinhalb Tonnen Gold gekostet habe.

Sueton schreibt von Aulus Vitellius: «Er pflegte sich an einem und demselben Tage bei mehreren zu Tische anzusagen, und die geringste Summe, auf welche solche Mahlzeiten jeden zu stehen kamen, waren vierhunderttausend Sesterzien. Am meisten von sich reden machte die Abendmahlzeit, die ihm sein Bruder zur Feier seiner Ankunft in Rom gab: Wie es heißt kamen dabei zweitausend der seltensten Fische und siebentausend der kostbarsten Vögel auf die Tafel. Aber selbst darüber ging er noch hinaus, und zwar bei der Einweihung einer silbernen Schüssel, die er wegen ihrer ungeheuren Größe den „Schild der Stadtbeschirmerin Minerva" zu nennen pflegte. Darin wurden Lebern von Meerbrassen, Gehirne von Fasanen und Pfauen, Zungen von Flamingos, Milche von Muränen, zu deren Herbeischaffung man die Flotten aller Meere von Parthien bis zur Meerenge von Spanien in Bewegung gesetzt hatte, zu einem Ragout verbunden, aufgetragen.»

Der Wert eines solchen Ragouts soll sich auf dreihunderttausend Franken belaufen haben.

Verus, der Mitregent des Antonius, feierte einst ein sogenanntes Göttermahl, an dem er an seine elf Tischgenossen silberne und goldene, mit Edelsteinen verzierte Pokale verteilte. Der Aufwand dieses Gastmahls wurde auf zweihunderttausend Franken geschätzt.

Nicht minder Monströses, Grausiges weiß man von Kaiser Heliogabalus zu berichten. Jede seiner Mahlzeiten bestand aus zweiundzwanzig Schüsseln. Seine bevorzugten Lieblingsgerichte waren Zungen von Pfauen und Nachtigallen, und Hirne von Papageien und Fasanen. Bei dem Gastmahl, das er zu Ehren einer Priesterin gab, kamen zweihundertfünfzig Papageien und ein ganzer Wald von Nachtigallen auf die Tafel. Für eine gewöhnliche Mahlzeit soll er fünfundzwanzigtausend Franken ausgegeben haben. Dieser feinschmeckerische Prahlhans fütterte seine Hunde mit Gänsen und seine Gänse mit Feigen, damit sie große Lebern bekamen. Seinen Pferden ließ er Rosinen ins Futter mischen, und seinen wilden Tieren gar warf er Rebhühner, Fasanen und Pfauen vor. Übrigens soll er auch der erste Römer gewesen sein, der seidene Kleider trug.

Kaiser Augustus ließ einem Koch eine kostbare Bildsäule errichten, nur weil dieser imstande war, einen Hecht in einen Karpfen zu verwandeln und Karpfen so zuzubereiten, daß sie wie Hühnerfleisch schmeckten: Eine «Veredelungskunst», die bis ins Mittelalter bei allen Köchen sehr hoch im Kurs stand. (Auch heute soll es noch Köche geben, die ein Stück Fleisch derart zubereiten, daß es wie Schuhleder schmeckt, und andere wieder, die aus einem Paar Schuhsohlen *Rognons de veau flambés* machen.)

Wir überspringen hier Petronius, den *arbiter elegantiarum* des neronischen Kaiserhofes, auch Archestratos, den weitgereisten Griechen, und selbst Apicius, den gelehrten Autoren, denn ihre Stunde wird schlagen, wenn wir uns den Büchern der «Erlaubten Wollust» zuwenden. Befassen wir uns mit einer Kulturepoche, aus welcher wenigstens kleine Spritzer noch unsere Urgroßmütter beleckt haben mögen.

Brillat-Savarin, der Philosoph der Gabel

Obschon ich nicht der Ansicht bin, daß Brillat-Savarin der ungekrönte König aller Feinschmecker war, und in meiner Sammlung Dokumente liegen, die ihn sogar in einem etwas schiefen Licht erscheinen lassen, soll er hier den Vortritt haben. Was ihm nicht gewogene Menschen auch immer nachsagen mögen, sein Werk *Die Physiologie des Geschmacks* ist für die Feinschmecker der ganzen Welt zur «Bibel» geworden. Sie wäre heute noch würdig, auf jedem Gymnasium gründlich durchgenommen zu werden, und auf den Hochschulen müßten Vorlesungen daraus

BRILLAT-SAVARIN

1755–1826

bestimmt doppelt geführt werden. Vorläufig allerdings wird dem Werk weder im Gymnasium noch auf den Hochschulen der Gastronomie irgendeine größere Bedeutung zugemessen, was aber nur daher kommt, daß unsere Lehrer und Professoren viel zu schlecht bezahlt werden, um Vorstöße in das Reich der Göttin Gasterea zu unternehmen.

Solange diese Herren noch den Preis auf der Speisekarte studieren müssen, ehe sie sich an den kulinarischen Inhalt machen, sehe ich für unsere «höheren Töchter» und Studenten schwarz.

Tatsächlich hat bis heute kein Werk über die Feinschmeckerei einen solch nachhaltigen Erfolg zu erzielen vermocht, obschon es natürlich Volkskochbücher gab, die sich größerer Auflagezahlen rühmen dürfen. Brillat-Savarins Werk ist aber kein Kochbuch, sondern im wahren Sinne des Wortes ein belletristisches Denkmal der Gourmandise.

Wie der Autor selbst schreibt, hat er fünfundzwanzig Jahre lang an seiner *Physiologie du Goût* gearbeitet. Damit wollte er sagen, daß er während dieser langen Spanne Zeit Aufzeichnungen machte, Studien durchführte, sich in Experimenten übte und im übrigen Auge und Ohr allen Dingen der Kochkunst ständig offenhielt.

Das Buch erschien erstmals ohne Angabe des Verfassers im Dezember 1825 im Buchhandel, trug aber die Zahl 1826 als Erscheinungsjahr. Der erste Hinweis stand in der *Bibliographie de la France* und zwar in der Nummer vom 10. Dezember 1825. Da der Autor am 2. Februar 1826 an einer Erkältung starb, war es ihm nicht vergönnt, sich in der Sonne seines literarischen Ruhmes, von dem er jedenfalls nicht selten geträumt hat, zu ergehen. Daß er das Werk anonym herausgab, könnte uns stutzig machen; damals war dies aber gang und gäbe, und ich könnte mit Leichtigkeit andere Berühmtheiten anführen, die das Gleiche taten. Brillat-Savarin kannte sich in der Literatur aus, und er mußte wissen, daß sein Werk literarisches Gewicht hatte; seine Stellung mag ihn davon abgehalten haben, sich auf dem Titelblatt als Verfasser zu bekennen.

Eine von *Hoffmann* verfaßte witzige Rezension im *Journal des Débats* zerriß den Schleier der Anonymität, und der Autor wurde von einem Tag zum andern eine Berühmtheit.

Honoré de Balzac schrieb später einmal: «Seit dem 16. Jahrhundert haben wir mit Ausnahme La Bruyères und La Rochefoucaulds keinen Prosaisten gehabt, der dem französischen Ausdruck ein so kräftiges Relief zu geben verstanden hätte.»

Grimod de la Reynière, sozusagen der gastronomische Nebenbuhler und Zeitgenosse Brillat-Savarins, war von der *Physiologie du Goût* begeistert. Er schrieb seinem Freund *de Cussy*: «Es ist ohne Widerrede das beste Buch, das seit vielen Jahren erschienen ist, und würde von Rechtswegen dem Autor die Türe zur Akademie öffnen, wenn diese sich für Leute von überlegenem Genie überhaupt auftäte.»

Der Lebenslauf dieses wahren Epikuräers liest sich wie folgt:

Jean-Anthelme Brillat de Savarin, geboren am 1. April 1755 zu Belley, einstmals Hauptstadt der alten Jura-Landschaft Bugey, heute Kantons- und Arrondissement-Hauptstadt im Département Ain (zwischen Lyon und Genf), stammte aus einer angesehenen Juristenfamilie. Auch unser Held widmete sich diesem Berufe und erhielt, nachdem er seine Rechtsstudien in Dijon beendet hatte, das Amt eines Zivilrichters in seiner Geburtsstadt. Dieses Amt ließ ihm recht viel Zeit, die er, wie wir auf Grund seiner Aufzeichnungen feststellen können, nicht nutzlos verstreichen ließ, sondern zu ausgedehnten Studien lukrativ verwendete. Seine angenehmen Mußestunden wurden durch den Ausbruch der Revolution abrupt unterbunden: 1789 ging er als gewählter Vertreter des dritten Standes in die konstituierende Versammlung nach Paris. Da die sozialen Verhältnisse im Bugey, mindestens nach der Ansicht des Volksvertreters Savarin, nichts zu wünschen übrig ließen, widersetzte er sich allen Neuerungen im Parlament. (Heute würde man ihn einen Reaktionär nennen.) Nach Ablauf seines Mandates wurde er am 30. September 1791 zum Präsidenten des Zivilgerichts ernannt, bekleidete dieses Amt jedoch nur kurze Zeit, denn infolge der Ereignisse, die das Königshaus hinwegwischten, wurde auch er vom Pöbel von dannen gejagt. Aber seine konservativen Mitbürger wählten ihn prompt zum Bürgermeister von Belley, wobei er aber vom Regen in die Traufe oder – kulinarisch ausgedrückt – von der Sauce in die Tunke kam, denn gar bald geriet er mit den revolutionären Behörden in Konflikt, und nach der Niederlage der Gironde am 2. Juni 1793 war sein Kopf keinen Pfifferling mehr wert. Sein musikalisches Talent, mit dem er die Frau eines Volkstribunen einzulullen wußte, soll ihn vor der nimmersatten Guillotine bewahrt haben.

Immerhin hielt er es für tunlich, den Staub von den Füßen zu schütteln, und so kehrte er seiner Heimat den Rücken. Zuerst wandte er sich nach Köln, reiste aber schon bald in die Schweiz, wo er Verwandte besaß und sich seit jeher sehr wohl gefühlt hatte. Dem *Lion d'argent* in Lausanne widmete er in seinem Werk folgenden Lobgesang: «Wie gut aß man doch damals in Lausanne im ‚Lion d'argent'. Für fünfzehn Batzen erschienen drei vollständige Gänge vor unsern entzückten Augen, unter anderem das herrliche Wild aus den benachbarten Bergen und die wunderbaren Fische aus dem Genfersee. All dies begossen wir ‚à discrétion', das heißt ohne besondere Bezahlung, mit einem kleinen Weißwein, der, klar wie Quellwasser, einen Abstinenten zum Trinken bewogen haben würde.»

Von Lausanne aus begab sich Brillat-Savarin bald nach Amerika, denn er traute der Guillotine nicht recht. Zunächst ließ er sich in Hartfort nieder, später in New-York. Mit Sprachstunden und als Theatermusiker (er spielte nicht übel Violine) schlug er sich durch. Er hat den USA ein gutes Andenken bewahrt, schreibt er doch: «In der Hauptsache habe ich mein Glück dem Umstand zu verdanken, daß ich mich von meiner Ankunft in Amerika an der Landessprache bediente, mich nach der Landessitte kleidete, mich wohl hütete, geistvoller sein zu wollen als die Amerikaner, und all ihr Tun guthieß. Durch solche, nach meiner Ansicht dringend nötige Zugeständnisse belohnte ich sie für die mir zuteil gewordene Gastfreundschaft und empfehle ein gleiches all denen, die einmal in eine ähnliche Lebenslage gelangen sollten.»

Bei der Ausreise allerdings wäre es zwischen ihm und einem Amerikaner beinahe noch zu einem Faustkampf gekommen – allerdings ohne die Schuld unseres verehrten Feinschmeckers. Dank seiner geradezu monumentalen Körperhaftigkeit – war er doch ein recht vierschrötiger Bursche – und seinem englischen Wortreichtum konnte er die Gefahr bannen und kehrte nach dreijähriger Abwesenheit «unbeschädigt» ins Land seiner Väter zurück. Nachdem er von der Liste der Emigranten gestrichen worden war, erhielt er eine Stelle als Stabssekretär und wurde später Regierungskommissar beim Gerichtshof in Versailles. Der erste Konsul berief ihn auf Vorschlag des Senats an das Appellationsgericht in Paris, woselbst er bis zu seinem Tode blieb.

Bei einer Erinnerungsfeier für Louis XVI. zog er sich eine Lungenentzündung zu, die einige Tage später zum Tode führte. «So schnell zu sterben!» rief ihm Grimod de la Reynière nach, «wenn es wenigstens noch an einer Unverdaulichkeit gewesen wäre!»

Und nun werfen wir noch einen herzhaften Blick in das gastronomische Prachtwerk, dessen Lektüre hier dringend anempfohlen sei. Die erste Ausgabe trug folgenden Titel: *Physiologie du Goût, ou méditations de Gastronomie transcendante: ouvrage théorique, historique et à l'ordre du jour, dédié aux gastronomes parisiens, par un professeur, membre de plusieurs Sociétés littéraires et savantes.*

Es umfaßte zwei Bände im Oktavformat und zählte achthundertsechsundfünfzig Seiten. Die zweite Ausgabe erschien 1828, diesmal mit dem Namen des Autors und mit einer Notiz über sein Leben. Die dritte Ausgabe erschien schon ein Jahr später, und seither hat die Folge der Neuauflagen nie mehr abgerissen. Selbst russische Übersetzungen hatten Erfolg, allerdings nicht unter dem Zeichen von Sichel und Hammer. In meiner Sammlung stehen etwa dreißig Ausgaben, von denen der größte Band dreißig auf zwanzig und der kleinste zehn auf sieben Zentimeter mißt. Die meisten späteren Ausgaben sind in einem Band erschienen. Die erste deutsche Übersetzung besorgte der berühmte, lange in Genf lebende deutsche Arzt Carl Vogt. Die wertvollste Ausgabe ist jene, welche unter den Auspizien von Charles Monselet in zwei Bänden im Jahre 1879 erschien: Sie ist mit zweiundfünfzig entzückenden Stahlstichen von A. Lalauze geschmückt und kostete damals schon sechzig Franken. Die erste illustrierte Ausgabe kam aber schon 1848 heraus. Auch Emil Ludwig gab eine gekürzte deutsche Bearbeitung heraus.

Die *Physiologie* beginnt mit den Aphorismen «als Vorrede zu seinem Werk und als dauernde Grundlage der Wissenschaft». Die wichtigsten davon seien auch hier kommentiert.

I.

Ohne Leben wäre das Weltall nichts, und alles, was lebt, ernährt sich.

II.

Die Tiere fressen, der Mensch ißt, aber nur der Mensch von Geist versteht zu essen.

(Hier schreiben die meisten Übersetzer «aber nur der Mann von Geist versteht zu essen». Diese Herren beeilen sich, dem Wohlklang der Sprache ihren Tribut zu zollen, beleidigen dafür aber das schöne Geschlecht, denn sie übersehen geflissentlich, daß auch Frauen «Geist» haben. Wenn schon der große Gastrosoph aus seiner Ergebenheit gegenüber den graziösesten Geschöpfen dieser Erde kein Hehl machte, so sehe ich nicht ein, warum Bearbeiter seines Werkes hier fahrlässig handeln sollen. Frauen können großartige Feinschmeckerinnen sein!)

III.

Das Geschick der Nationen hängt weitgehend von der Art ihrer Ernährung ab.

(Diese Weisheit ist geschichtlich erwiesen: die primitive Blutsuppe hat die Spartaner nicht vor dem Untergang retten können, und die den Nationen aufgezwungenen Hungerkuren unserer Tage führen bestimmt kein Volk zu neuem Wohlstand und Höchstleistungen. Aber auch die maßlose Verschwendungssucht in kulinarischen Dingen hat immer wieder zum Niedergang, oft sogar zum gänzlichen Untergang einer Nation geführt. Wir müssen in der Geschichte nicht weit zurückblättern, um Beweise in Hülle und Fülle vorzufinden.)

IV.

Sage mir, was du ißt, und ich will dir sagen, was du bist.

(Dieser klassische Ausspruch ist nicht in der Studierstube des Herrn Appellationsrichters geboren worden, denn er geistert durch die Urgeschichte der Gastronomie. Sehr wahrscheinlich entstand er durch ein lateinisches Wortspiel, bestimmt aber hat Paracelsus [1493-1541] ihn schon gekannt, denn auch er schreibt: «Alles das, das er aus ihr [der Welt] isset, dasselbige ist er selbst!.» Aber auch in Rumohrs Geist der Kochkunst *lese ich auf Seite zweiundsechzig der ersten Ausgabe (Stuttgart und Tübingen 1822): «... So bestätigt sich in hundert Fällen, daß der Mensch nicht anders ist, als er isset.»*

Ludwig Feuerbach [1804-1872] schrieb in einer Anzeige zu Moleschotts Lehre der Nahrungsmittel für das Volk *[Erlangen 1850]: «Der Mensch ist, was er ißt!» Dieser simple Satz erregte ungeheures Aufsehen und wurde von Feuerbachs Gegnern im sogenannten Materialismusstreit zum Anlaß einer hitzigen Polemik genommen. Feuerbach mußte sich in einer besonderen Schrift rechtfertigen, die er* Das Geheimnis des Opfers, oder: der Mensch ist, was er ißt *nannte.*

Ich selbst möchte dieses geflügelte Wort heute so festlegen:«Der Mensch ist, wie er ißt!»

Die Art, wie ein Mensch sich bei Tische benimmt, wie er Speise und Trank genießt, auch in der vorgerücktesten Stunde, scheint mir auf seinen Charakter viel größer Rückschlüsse zuzulassen, als seine oft momentanen Gelüste, die übrigens stark von der Jahreszeit, der Mode und dem augenblicklichen Wohlbefinden abhängen. Wäre der Mensch wirklich das, was er ißt, so würden die Kannibalen gut, alle Speckliebhaber aber relativ schlecht abschneiden.)

V.

Der Schöpfer nötigt den Menschen, zu essen, um zu leben. Er fordert ihn durch den Appetit dazu auf und belohnt ihn durch das Vergnügen, das er dabei empfindet.

(Eine sehr einleuchtende These: jedenfalls eine bessere als die recht profane, wonach der Mensch auf der Welt sei, um zu essen.)

VI.

Die Feinschmeckerei ist ein Ausfluß unserer Urteilsfähigkeit: wir bekunden damit, daß die Dinge, welche uns gut schmecken, denen vorzuziehen sind, welche diese Eigenschaft nicht besitzen.

(Auf diese Urteilsfähigkeit wollen wir uns allerdings nichts einbilden, denn der dümmste Hund zieht einem Stück trocknen Brotes ein Stück Wurst vor; ich besaß eine Katze, die am liebsten Kirschtorte fraß und für ein Stück dieser Torte jede Zervelatwurst links liegen ließ.)

VII.

An den Tafelfreuden hat jedes Lebensalter, jeder Stand, jedes Land und jeder Tag seinen Anteil: sie lassen sich mit allen anderen Freuden verbinden und bleiben uns bis zuletzt treu, um uns über den Verlust der anderen zu trösten.

(Großartig! Beizufügen wäre noch, daß die Tafelfreuden die Wegbereiterinnen der höchsten irdischen Freuden sind.)

VIII.

Die Tafel ist der einzige Ort, an dem man sich während der ersten Stunde nie langweilt.

(Der gute Brillat-Savarin kannte unsere «offiziellen» Bankette nicht, bei denen man sich erst im zweiten Teil nicht langweilt, vorausgesetzt allerdings, daß alle Tischreden vorher gehalten worden sind.)

X.

Diejenigen, welche sich überessen oder betrinken, verstehen weder zu essen noch zu trinken.

(Die Ausnahmen darf hier die Regel bestätigen: die alten Römer waren der Ansicht, daß ab und zu ein «Räuschlein» der Gesundheit nur zuträglich sein könnte. Ich besitze ein raffiniert formuliertes Buch, das sich Lob der Trunkenheit *betitelt, und das zu entkräften, mir, der ich in allen Dingen der Mäßigkeit huldige, schwer fällt.)*

XIV.

Ein Nachtisch ohne Käse gleicht einer einäugigen Schönen.

(Von dieser Ansicht haben wir uns heute abgewendet, was vom gesundheitlichen

Standpunkt aus bedauerlich sein mag. Früher beschloß der Käse jedes Essen; heute servieren wir den Käse vor dem Dessert und zwar aus rein geschmacklichen und gesellschaftlichen Rücksichten. Ein Herr, der mit Hochgenuß ein Stück Vacherin verzehrt, hüte sich, seiner Angebeteten anders als mit den Augen den Hof zu machen.)

XV.

Koch kann man werden, aber als Bratkünstler (Rôtisseur) wird man geboren.

(Das stimmte schon damals nicht und heute erst recht nicht. Dieser Aphorismus ist denn auch angegriffen worden. Der Marquis de Cussy zwang den mit ihm befreundeten Savarin zu einem Widerruf. Die Formel, auf welche die beiden sich einigten, und die Cussy dann eigenhändig in das ihm von Savarin überreichte Exemplar seines Werkes schrieb, lautete also: «On devient cuisinier, on devient rôtisseur, on naît saucier». Also: Koch und Bratenwender kann man werden – zum Saucenkünstler aber muß man geboren sein. Das war für das Jahr 1826 sicherlich richtig. Heute muß der tüchtige Koch ein nach allen Seiten versierter Fachmann sein. Die beiden Feinschmecker ließen den damaligen Pâtissier (Pastetenbäcker) wohl mit Absicht zur Seite; wir könnten aber heute den «Gardemanger» (das ist der wichtige Mann, der die «Kalte Küche» betreut und Fleisch und Fisch herrichtet) ins Treffen führen. Um nach jeder Richtung korrekt zu sein und dem Ausspruch doch seinen Grundgedanken nicht zu nehmen, müßte man sagen: «Koch kann man werden, aber zum Kochkünstler muß man geboren sein.»)

XVIII.

Wer Freunde empfängt, ohne sich selbst um die Zubereitung des Mahles zu kümmern, verdient nicht Freunde zu besitzten.

(Dem habe ich nichts hinzuzufügen: es ist eine Binsenwahrheit.)

XIX.

Die Hausfrau muß sich stets vergewissern, daß der Kaffee tadellos ist, und der Hausherr, daß die Liköre erstklassig sind.

(Über den Kaffee kann man nicht genug schreiben. Er ist seit 1826 bestimmt nicht besser geworden; ich befürchte sogar, daß das Gegenteil zutrifft. Zu den primärsten Pflichten des gebildeten Menschen gehört es, einen guten Kaffee kochen zu können. Wer dazu nicht imstande ist, dessen Bildung ist im frühen Mittelalter stehen geblieben. Heute soll sich der Hausherr um die Weine kümmern; für den Schnaps sorgt in den meisten Ländern der Staat, womit seine Qualität nicht gerühmt werden soll.)

XX.

Jemanden einladen heißt, für sein Wohlbefinden sorgen müssen, solange er unter unserm Dach weilt.

(Vortrefflich! Dieser Spruch sei ganz besonders allen Gastwirten und Hoteliers ins Stammbuch geschrieben, denn auch der zahlende Gast ist ein «Eingeladener.»)

Außer der *Physiologie des Geschmacks* hat Brillat-Savarin noch ein hübsches Büchlein über die Geschichte des Duellierens geschrieben (*Essai historique et critique sur le duel).* Es erschien 1819 und schlug keine großen Wellen. Ich besitze einen Nachdruck davon, und zwar eine Liebhaber-Ausgabe, gedruckt für die Gesellschaft bibliophiler Mediziner, als Gedenkausgabe im Jahre 1926 herausgekommen. Einige weitere kleine Schriften tragen ebenfalls den Namen des berühmten Feinschmeckers.

Daß man mit den von Köchen aller Welt ihm gewidmeten «Kochanweisungen à la Brillat-Savarin» ein stattliches Kochbuch füllen könnte, ist nicht verwunderlich. Keinem Menschen sind so viele delikate Gerichte zugeeignet worden. Wohl am bekanntesten ist der feine *Savarin,* ein Hefekuchen, dessen Geschichte nicht uninteressant ist. Die Erfindung des Kuchens selbst geht auf den polnischen König Stanislaus Leczinsky zurück, der ihn *Baba* nannte. Die Fama will wissen, daß er gerade *Ali-Baba und die vierzig Räuber* las und auf Befragen nach dem Namen des Kuchens kurz *Baba* sagte. Nun heißt *Baba* in der slawischen Sprache allerdings auch Großmutter. Dieser Kuchen war trocken; ein Pariser Patissier namens Stohrer verfeinerte ihn, indem er ihn kurz vor dem Servieren mit einer Likörmischung (heute meistens Rum) übergoß. Konkurrenten dieses Stohrer gaben dem *Baba* eine andere Form, übergossen ihn mit einer geheimgehaltenen likörähnlichen Flüssigkeit und nannten ihn *Savarin,* womit sie den großen gastronomischen Schriftsteller ehren wollten. Dies war im Jahre 1852, also längst nach dem Tode des so Geehrten. Die Likörmischung soll aus einem Zuckersirup, welchem man Kirschwasser, Absinthe, Anisette, Mandelmilch, Zimt, Vanillepulver und Anis zugesetzt hatte, bestanden haben und mußte in einem hermetisch verschlossenen Gefäß einige Wochen vor Gebrauch ziehen.

A LA MODE DE BRILLAT-SAVARIN

Savarin à la Savarin. *140 Gramm gesiebtes und leicht angewärmtes Mehl wird mit 1 Deziliter lauwarmer Sahne und 20 Gramm Hefe angesetzt und zum Gehenlassen warm gestellt. Während dieser Zeit rührt man 300 Gramm Butter, 50 Gramm Zucker, 10 Gramm Salz recht schaumig und gibt nach und nach 400 Gramm gesiebtes Mehl mit 8 Eigelb hinzu, sowie etwas geriebene Zitrone, kandierte Früchte aller Art und zuletzt den Hefeansatz. Diese Masse wird in die gebutterte Savarin-Formen eingefüllt (nur etwa 1/3 voll füllen, durch die Gärung wird die Form voll) und nochmals warm gestellt, damit der Teig gut aufgehen kann. Nachher im Ofen backen, was etwa 45 Minuten beanspruchen wird.*

Die gebackenen Kuchen werden nun mit einer heißen Mischung, die aus Zuckersirup und Peach-Brandy besteht, mehrere Male übergossen, das heißt solange, bis sie gut durchtränkt sind.

Kurz vor dem Servieren füllt man nun das Innere der Kuchenringe mit Himbeereis, welches man wiederum mit möglichst gleichmäßig großen Pfirsichhälften, die vorher in Peach-Brandy mariniert wurden, bedeckt. Die Pfirsiche werden reichlich mit geraspelten Mandeln überstreut, die Kuchenkränze selbst aber mit einem schönen Dekor aus Schlagrahm bespritzt.

(Dieses Rezept genügt für etwa 10 Personen.)

Perlhuhn à la Brillat-Savarin. Für 6 Personen benötigt man 3 schöne Perlhühner. Diese werden ausgenommen, gewürzt, mit einer Mischung aus feingeschnittenem Speck und Trüffeln gefüllt und in der Kasserolle im Ofen gebraten.

Inzwischen schneidet man von einer frischen Gänseleber 6 schöne Schnitzel, würzt diese mit Pfeffer und Salz, dreht sie im Mehl und brät sie.

6 Dutzend frische Ravioli werden in Salzwasser gekocht, und zwar auf den Moment genau, da man sie benötigt.

150 Gramm Trüffel werden in feine Scheiben geschnitten und in einer Mischung von Madeirawein und Fleischsaftkonzentrat gekocht.

Im weitern benötigt man noch 2 Deziliter leicht eingedickten Kalbfleischfond, den man schwach tomatisiert, 150 Gramm frischen Reibekäse und 60 Gramm Butter.

Das Anrichten geschieht nun wie folgt: In eine große tiefe Silberplatte gibt man einige Löffel von dem Kalbsfond und überstreut mit einem Drittel des Käses. Dann legt man die gut abgetropften Ravioli darauf und streut den Rest des Käses über diese. Nun benetzt man diese wiederum mit Kalbsfond und gibt die Butter in kleinen Flöckchen darüber. Auf das Ganze legt man nun die zerteilten Perlhuhnstücke, dazwischen die Gänseleberschnitzel verteilend. Die Trüffelscheiben werden mit dem Rest des Kalbsfonds vermischt, und diese delikate Sauce wird ebenfalls über das Federwild gegossen. Daß alles sehr heiß sein muß, ist selbstverständlich. Man trage sofort auf.

GRIMOD DE LA REYNIÈRE, DER ZYNIKER DER GABEL

Vor einigen Jahren besuchte mich in meiner Bibliothek eine lebhaft alte Dame, die sich als Martha von Zobeltitz zu erkennen gab. Ihre Freude war sehr groß, als ich ihr die von ihr verfaßten gastronomischen Bücher vorlegen konnte, denn – Ironie des Schicksals – sie selbst besaß nicht mehr eine einzige Druckzeile ihrer literarischen Arbeiten. Martha von Zobeltitz unterbreitete mir die Idee zu einem Roman, in welchem das merkwürdige Schicksal Grimod de la Reynières frei gestaltet werden

GRIMOD DE LA REYNIÈRE

1758-1837

sollte. Da ich in der angenehmen Lage war, der einstmals so berühmten Autorin alle Unterlagen zu besorgen, wozu das komplette gastronomisch-literarische Werk des exzentrischen Feinschmeckers gehörte, konnte sie die Arbeit vollenden. Der Roman «Der Gentleman-Koch», erschien dann in einer angesehenen Tageszeitung. Es sollte das letzte größere Werk der Schriftstellerin sein. Wir unterhielten seitdem eine herzliche Freundschaft, und von Zeit zu Zeit erfreute mich eine geistig frische Zuschrift von der inzwischen ins Ausland übergesiedelten Dame. Am 23. April 1949 verschied Martha von Zobeltitz, fern der Heimat, arm und verlassen, in einem französischen Spital.

Eine ihr zugetane Freundin legte in meinem Namen einen Kranz aus Veilchen, ihren Lieblingsblumen, auf das frische Grab. Keine Zeitung hat ihr, der Gattin von Fedor von Zobeltitz, dem Gründer der Gesellschaft der deutschen Bibliophilen, einen Nachruf gewidmet.

Als Grimod de la Reynière für immer von dannen ging, wurde dies den Lesern des *Journal de Débats,* an welchem er einst Mitarbeiter war, mit einer einzigen Druckzeile bekannt gegeben.

Nun, Grimod de la Reynière ist trotzdem an «publicity» nicht zu kurz gekommen: Während er im Zenith seines Ruhmes stand, der allerdings immer etwas fragwürdig war, schrieben sich Freunde und Feinde die Finger wund, um ihn zu loben oder zu verfluchen. Im Jahre 1877 fand er sogar einen Biographen, der sich alle Mühe gab, sein bewegtes Leben zu schildern und ihm wenigstens posthum Freunde zu gewinnen.

Der Homer der Kochkunst, wie man ihn zuweilen nannte, mit vollem Namen Alexandre-Balthazar-Laurent Grimod de la Reynière, wurde als Sohn enorm reicher Eltern am 20. November 1758 in Paris geboren.

Sein Vater war Generalpächter, seine Mutter die Nichte des Bischofs von Orléans, eine überaus schöne Frau, von welcher Madame de Genlis in ihren Memoiren eine anschauliche Schilderung gibt. Den Vater schildert man uns als einen gutmütigen Mann, der sich einbildete, malen und singen zu können, über dessen Kunst man sich aber hintenherum lustig machte. Die in seinem Palast in den Champs-Elysées von seiner Frau gegebenen Hausfeste sollen aber derart großartig gewesen sein, daß ganz Paris sich hinzudrängte. Was Stand und Namen hatte, wünschte eingeladen zu werden. Diese Feste nahmen die Zeit der Hausherrin aber derart in Anspruch, daß sie keinerlei Muße fand, sich ihrem Sohne Balthazar zu widmen. Möglicherweise war es auch eine bewußt gesuchte Geschäftigkeit, denn sie verabscheute den eigenen Sohn, weil der Unglückliche, sonst von ebenmäßiger Gestalt, ohne Hände zur Welt gekommen war.

Sein Vater ließ ihm von einem Schweizer Uhrmacher künstliche Hände anfertigen, die er später recht gut zu gebrauchen wußte, wurde er doch nicht nur ein gefeierter Schriftsteller, sondern auch ein gefürchteter Duellant. (Diesem Uhrmacher setzte der Vater eine lebenslängliche Rente aus.)

Mit elf Jahren steckte man Balthazar in ein Institut, wo er sich bald als der glänzendste Schüler erwies. Nach einigen Jahren schickte man ihn nach Reims, wo er ebenfalls als fleißiger und hochbegabter Studiosus geschätzt wurde. Der Kontakt mit dem Elternhause war mehr als lose; mit achtzehn Jahren begab er sich, wohlversehen mit allen irdischen Gütern, auf Reisen. Er fuhr kreuz und quer durch Frankreich, wollte nach einem Besuch auf der *Grande Chartreuse* in ein Kloster eintreten, landete dann aber in der Schweiz und verlebte nun hier, und zwar in Lausanne, das glücklichste Jahr seines Lebens, wie er sich später selbst ausdrückte.

Hier begann er zu schreiben. Mit neunzehn Jahren wurde er erstmals gedruckt. Wenige Jahre später betätigte er sich schon als Verleger, und die Kette seiner eignen Publikationen riß nicht mehr ab. 1781 und 82 schrieb er im *Journal helvétique,* und wenig später stand auf seinem Briefpapier: «Rédacteur pour la partie dramatique du Journal de Neufchâtel.» Er ging in Paris seinen Rechtsstudien nach, da er sich entschlossen hatte, Advokat zu werden, dies im Gegensatz zu seines Vaters Wünschen, der ihn lieber als Richter gesehen hätte. Als man ihn später einmal über diesen Punkt ausfragte, soll er gesagt haben: «Als Advokat habe ich die Möglichkeit, meinen Vater vor Gericht zu verteidigen, als Richter aber müßte ich ihn verurteilen.»

Grimod entwickelte sich immer mehr zu einer bizarren, eigenbrötlerischen Persönlichkeit, ständig voller abwegiger Ideen, links und rechts literarische Hiebe und Almosen austeilend. Sein Vater hatte ihm eine Jahresrente von fünfzehntausend Franken ausgesetzt, war aber nicht unwillig, wenn er hierzu noch ansehnliche Zuschüsse leisten mußte. Der junge Lebemann, dessen Schriften die Welt immerhin noch nicht aus den Angeln gehoben hatten, wurde mit einem Schlage berühmt, ja man kann sagen weltberühmt, und das kam so:

In den letzten Tagen des Monats Januar im Jahre 1783 – er zählte damals also knapp vierundzwanzig Jahre – erhielten eine Menge Leute der besten Pariser Gesellschaft Einladungskarten, die durch ihre Form und ihren Inhalt eine wahre Sensation hervorriefen. Es handelte sich dem Aussehen nach um Todesanzeigen, aber im Format von zweiundfünfzig auf vierzig Zentimeter, mit großen Schrifttypen bedruckt, wobei die Anfangsinitiale besonders schön geschnitten und verziert war. Der Text dieser einzigartigen Anzeige lautete:

Sie sind gebeten, an einem Souper teilzunehmen, das Maître Alexandre-Baltha-zar-Laurent Grimod de la Reynière, Ritter, Advokat im Parlament, Mitglied der Akademie der Arkaden von Rom, Gesellschafter des Museums von Paris, Redaktor des dramatischen Teiles des «Journal de Neufchâtel» gibt, und welches in seinem Heim in den Champs-Elysées am ersten Februar 1783 stattfinden wird.

Man wird das Möglichste tun, um Sie nach Ihren eigenen Verdiensten zu empfangen, und ohne sich rühmen zu wollen, daß Sie in jeder Beziehung zufrieden sein werden, darf Ihnen doch versichert werden, daß Sie weder an Öl noch an Schweinen zu kurz kommen. (Dies war eine üble Anspielung auf seinen Vater, dessen Vorfahren Wurstfabrikanten gewesen sein sollen, und der die damals ausgefallene Idee hatte, seinen Palast innen und außen mit Ölfarbe streichen zu lassen.)

Man besammelt sich um 9.30 Uhr, um um 10 Uhr speisen zu können. Sie sind dringend ersucht weder Hunde noch Diener mitzubringen: Der Tafeldienst wird von ad hoc bestimmten Dienern vorgenommen.

Diese Einladung machte auf Ludwig XVI. einen solchen Eindruck, daß er sie einrahmen ließ.

Balthazar hatte es verstanden, seine Eltern an diesem Abend außer Haus zu wissen. Sein Vater hatte eine immense Angst vor Gewittern und Feuerwerken; sein netter Sohn hatte ihm nur angegeben, daß er ein kleines Hausfest geben wolle, an welchem er ein Feuerwerk abbrennen wolle, und daß genügte seinem Erzeuger, um den Palast fluchtartig zu verlassen.

Nicht alle Geladenen folgten dem extravaganten Ruf, doch der Gastgeber hatte dies vorausgesehen und für genügend Ersatz gesorgt.

Im pompösen Palasteingang wurden die Ankommenden von einem Türsteher in Trauerkleidung empfangen, worauf sich folgender Dialog abwickelte:

«Wohin wollen Sie?»

«Zu Herrn Grimod de la Reynière!»

«Zu welchem? Zu Herrn Grimod de la Reynière, dem Blutsauger des Volkes, oder zu Herrn Grimod de la Reynière, dem Sachwalter der Witwen und Waisen?»

«Zu Herrn Grimod de la Reynière, dem Sachwalter der Witwen und Waisen!»

«Treten Sie ein!»

Zwei bewaffnete Knechte mit leichenhaft blassen Gesichtern und in altertümlicher Rüstung nahmen ihnen die Garderobe ab und führten sie, Schweigen gebietend, zu einem als Ritter Bayard grauenhaft maskierten Gesellen. Dieser «Ritter ohne Furcht und Tadel» geleitete sie dann in ein geisterhaft beleuchtetes Wartezimmer. Ein in ein Totenhemd gekleidetes, spindeldürres Individuum, das an einem Tische saß, auf dem zwischen zwei brennenden Kerzen ein Totenschädel höhnisch grinste, trug jeden Ankömmling in eine Liste ein. Um halb zehn wurden unter ohrenbetäubendem Lärm die Türen zum Speisesaal geöffnet, und paarweise durfte man eintreten. Der Saal war tiefschwarz ausgeschlagen, eine ganze Kompanie Schweizer Gardisten stand ringsum, in der Luft schwebte ein merkwürdiger Geruch, an Kirche und Friedhof erinnernd. Dreihundertneununddreißig Kerzen erhellten den Raum, durch den die zitternde Melodie einer Mandoline klang. In jeder Ecke stand ein Kind, das ein Rauchfaß schwang. Auf der Festtafel selbst war, unheimlich anzusehen, ein Katafalk aufgebaut. Der Gastgeber wies geistreich scherzend den etwas Verdatterten die Plätze an. Mit gemischten Gefühlen setzte man sich, und das seltsame Mahl nahm seinen Anfang.

Vierzehn Gänge zu je fünf Platten wurden von zweihundert schwarzgekleideten Dienern auf Totenbahren hereingetragen, und jeder Gang stellte ein kulinarisches Meisterwerk dar. Als die Stimmung stieg und der Wein seine Herrschaft antrat, erhob sich Balthazar zu einer Rede. Seine künstlichen Hände hatte er abgelegt, Abscheu erregend starrten den Anwesenden die Armstümpfe, die an Schwimmhäute von Enten erinnerten, entgegen.

In feierlicher, gewählter Sprache hub er an und verherrlichte mit glänzender Beredsamkeit den Tod, den er als Meister alles Leben pries. Diesem zu Ehren habe man sich nun versammelt. Ihn, dessen Vorhandensein erst lehre, die dargebotenen Herrlichkeiten des Lebens zu schätzen, ihn allein zu würdigen, das sei der Zweck dieser Zusammenkunft. Lobeshymnen müsse man ihm singen, denn wer würde sich schon an irdischen Genüssen ergötzen, wenn nicht sein Schattenbild drohend im Hintergrund stünde. «Welche Frau», so rief er, «würde ihren Körper liebkosend pflegen für die kargen Augenblicke reinster Lebensfreude, wenn nicht drohend die Gewißheit der zukünftigen Verwesung ihr eitles Herz bedrücken würde?» Eingehend kam er dann auf die lobenswerten Gehilfen des Todes zusprechen, den Krieg, die Krankheiten, die Ärzte und Mörder.

Die Sage will wissen, daß diese Lobrede auf den Tod mit einem Duell endete, in welchem der Gatte seiner Cousine, die er liebte und selbst hatte heiraten wollen, und den er aus ganzem Herzen haßte, getötet worden sei. Dies stimmt nicht; das Gastmahl endete nicht weniger als dramatisch: gegen vier Uhr morgens, als die Kerzen heruntergebrannt waren, hatten alle moralischen Katzenjammer, und am wenigsten wohl fühlte sich der Gastgeber selbst. Wohl fand ein solches Duell einmal in den Champs-Elysées vor etwa dreitausend Zuschauern statt, aber zwischen einem Offizier und Grimod, und zwar wegen eines Wortwechsels am Ausgang der Oper. Balthazar traf seinen Gegner so unglücklich, daß dieser einige Stunden später starb.

Zeitgenossen behaupteten auch, das opulente Mahl sei von nackten Mädchen serviert worden; auch dies ist eine Übertreibung, tatsächlich war nur eine Frau anwesend, und zwar als Mann verkleidet.

Auf der Galerie des Speisesaales hatte Grimod allerdings noch dreihundert weitere Personen untergebracht; sie durften aber nur zuschauen, bewirtet wurden sie nicht.

Das ganze Fest soll zehntausend Franken gekostet haben, und sein Biograph sagte mit Recht: «Etwas viel Geld für den Ruhm, als verrückt zu gelten.»

Einige Tage nach diesem blasphemischem Gastmahl erschien eine von Grimod verfaßte Broschüre, die einen Bombenerfolg hatte, obschon nichts Besonderes darin stand; die Verrücktheit machte sich also auch damals bezahlt. Die Broschüre trug den Titel: *Réflexions philosophiques sur le plaisir.*

Alle Frechheiten gingen dem Heißsporn nun doch nicht durch. Als er einen Schriftsteller gar zu arg durch die Presse verleumdete, wurde er angeklagt, von der Liste der Anwälte gestrichen und mußte außer Landes gehen. Er nützte diese Zeit, um die Schweiz ein zweites Mal zu besuchen. Außer Lausanne und Genf zog ihn diesmal auch Zürich an, wo er bei Lavater wohnte. Über diesen schrieb er an seinen Freund Rétif de la Bretonne: «Sie können nicht glauben, wie die Unterhaltung mit diesem Manne feierlich und angeregt, schön und interessant ist. Da er sich im Französischen mit etwas Schwierigkeit ausdrückt, erfindet er oft eigne Wörter, um seine Idee darzulegen. Seine Unterhaltung ist ebenso angeregt wie die mit Diderot, nur hat er eine viel schönere Seele. Ich habe das Glück, bei ihm Anteilnahme gefunden zu haben, wozu ich mir selbst gratuliere.» (Brief datiert aus Lyon vom 5. Mai 1790).

Befassen wir uns nun eingehend mit den Verdiensten, die sich Grimod de la Reynière um die Gastronomie erworben hat, und die, wie hervorgehoben werden darf, groß und mannigfacher Art sind.

Grimod war nicht Feinschmecker von Hause aus: Er hat diese herrliche Begabung erst an sich entdecken müssen und dies dank seinem Aufenthalt in einem...Kloster. Brave, gottesfürchtige Mönche waren seine Lehrer, und sie fanden in ihm einen gelehrigen Schüler.

Die ersten Bausteine zu seinem gastronomischen Ruhm hatte er mit seinem *fameux souper,* wie man es damals nannte, gelegt. Kurze Zeit darauf schuf er die Einrichtung der *déjeuners philosophiques.* Während drei Jahren trafen sich jeden Mittwoch und Samstag eine Anzahl Dichter, Schriftsteller und Journalisten und wurden von Grimod reichlich bewirtet, allerdings nur mit Kaffee, Tee, Milch und Butterbroten. Jeder Anwesende, der irgend etwas geschrieben hatte und glaubte, daß es von allgemeinem Interesse sei, durfte seine Arbeit vorlesen. Balthazar selbst vertrat die sicherlich nicht schlechte Idee, daß sich die Schriftsteller recht oft sehen und ihre Gedanken miteinander austauschen sollten. Da sich die Vorlesungen und anschließenden Diskussionen oft bis in die späte Nacht ausdehnten, hatte Grimod jeden Alkohol von der Tafel verbannt. Außer den oben genannten Getränken gab es nichts anderes, denn an diesem Tisch sollte, wie er sagte, nicht Haß und Alkohol, sondern Liebe zum Schrifttum und Kaffee das Regiment führen.

In diesen Jahren führte er nun noch einen langgehegten Vorsatz aus und gründete eine *Jury dégustateur,* (also ein «Kostproben-Preisgericht») die in der Folge weltberühmt wurde.

Im Hause Balthazars trafen sich jeden Dienstag etwa zwölf der größten Feinschmecker und Feinschmeckerinnen von Paris und nahmen eines der exquisitesten Essen ein, die damals serviert werden konnten. Die Rohprodukte wurden von den verschiedensten Geschäften gratis geliefert und von den besten Köchen zubereitet.

Die Richter hatten sich außerordentlich strengen Regeln zu unterziehen: wer nicht rechtzeitig zu einer Sitzung kam, wurde mit fünfhundert Franken Strafe belegt; eine Dame, die es nicht für nötig fand, ihr Fernbleiben zu entschuldigen, wurde für drei Jahre aus der Jury ausgeschlossen.

Der Erfolg dieser Kostproben-Diners war durchschlagend. Aus allen Teilen Frankreichs wurden Muster eingeschickt: Würste, Schinken, Pasteten, Geflügel, Gemüse und dergleichen. Über jede eingereichte Kostprobe, für welche Grimod übrigens, in Anspielung auf einen diplomatischen Brauch, den Namen *légitimation* prägte, wurde genau Protokoll geführt; gegen Barzahlung wurde es dem Produzenten zugeschickt. Da, wie gesagt, nur ganz berühmte Feinschmecker in diesem Preisgericht mitwirkten, drängten sich alle großen Lebensmittelhäuser der Seinestadt zu und bewarben sich um ein möglichst lobendes Protokoll. Grimod war nicht Präsident, sondern Sekretär der Gesellschaft und fertigte die Protokolle selbst aus.

Als dann später, im Jahre 1803, der *Almanach des Gourmands* erschien, welcher das Sprachrohr der Jury war, wurde diese zur regelrechten gastronomischen Polizei (Grimod nannte die Jury im Protokoll sogar *Tribunal gastronomique*). Kein Delikatessenhändler, Metzger, Gemüsekrämer oder Restaurateur war sicher, daß seine Produkte oder sein Gehaben im *Almanach* nicht angegriffen wurden. Diese Angriffe waren oft derart scharf und ausgefallen, daß es zu Prozessen kam und der *Almanach* sein Erscheinen schließlich einstellen mußte.

Die Sache aber hatte auch ihr Gutes. Die Qualität der in Frage stehenden Produkte stieg, und es bildete sich eine von Balthazar durch dick und dünn unterstützte Elitetruppe, die recht gute Geschäfte machte und die Autoren jedenfalls nicht schlecht belohnte.

Der erwähnte *Almanach des Gourmands* besteht aus einer Serie von acht Bänden, die in den Jahren 1803 bis 1812 erschienen. (1809 und 1811 erschien er nicht). Dieser Publikation war ein wirklich riesiger Erfolg beschert. Fast alle Ausgaben mußten mehrere Male nachgedruckt werden und wurden trotzdem zu einer gesuchten Rarität. Jeder Band war mit einem gestochenen Titelbild geziert, dessen Idee von Grimod selbst stammte. Der erste Band zeigte die seither berühmt gewordene *Bibliothèque d'un Gourmand*. Auf der Rückseite befindet sich jeweils die Erklärung des Bildes. Grimod de la Reynière haßte es, bei Tische bedient zu werden; um auf keinen Diener angewiesen zu sein, ließ er sich ein Sprachrohr konstruieren, das rechts neben ihm am Tische stand, und durch welches er seine Anweisungen direkt in die Küche geben konnte.

Der volle Titel dieses außerordentlich geistreich geschriebenen Jahrbuches lautete: *Almanach des Gourmands, ou Calendrier nutritif servant de Guide dans les moyens de faire excellente chère: Suivi de l'Intinéraire d'un Gourmand dans divers quartiers de Paris, et de quelques variétés morales, nutritives, Anecdotes, gourmands, etc. Par un vieux amateur.*

Ab 1806 gab er eine weitere Publikation heraus, die monatlich erschien und alle drei Monate einen Band bildete, der ein Titelbild trug. Grimod nannte dieses, im Format dem Almanach ähnelnde Werk: *Journal des Gourmands et des Belles, ou l'Epicurien français.* Ab 1808 wurde der Titel umgeändert und lautete nun: *L'Epicurien français ou les Diners du Caveau moderne.*

Ebenfalls im Jahre 1808 gab der schreibgewandte Autor einen *Manuel des Amphitryons* heraus, dessen Erfolg nicht hinter dem des Almanach zurückstand. Der erste Teil befaßte sich mit der Vorschneidekunst und war auf Grund eines alten Manuskripts, dessen Verfasser der Schweizer Jaques Vontet war, zusammengestellt worden. (Siehe unser Kapitel «Die Kunst des Tranchierens».) Der zweite Teil war dem Zusammenstellen von Menus aller Art gewidmet, und der letzte Teil trug die Überschrift: *Elemente der gastronomischen Höflichkeit.* In diesem Kapitel sind Maximen festgelegt, die heute Allgemeingut unserer Tafelkultur geworden sind.

Ein weiteres umfassendes Werk gab Grimod de la Reynière mit mehreren anderen Autoren zusammen heraus. Es war dies *Le Gastronome français ou l'art de bien vivre, par les anciens Auteurs du Journal des Gourmands.*

Man borgte zu diesem Werk vieles aus dem erwähnten Journal, das damals schon ziemlich rar geworden war. Das Buch enthält Anekdoten und Gedichte und viele interessante Monographien.

Das literarisch-gastronomische Werk des Schreibgewaltigen ist also nicht unbedeutend. Einige seiner Arbeiten sind in den *Classiques de la table* verewigt worden und werden sicherlich noch in einigen Jahrhunderten ihren Wert haben. Daß der Autor sehr oft mit aller Brutalität vorging und ihm nicht genehme Leute mit einem unauslöschlichen Haß verfolgte, wirft kein gutes Licht auf seinen Charakter. Sicherlich war er der größte Feinschmecker seiner Zeit, sicherlich aber auch der gewissenloseste.

Durch den kompletten Umsturz aller bestehenden Besitzverhältnisse, wie ihn die Französische Revolution mit sich brachte, verloren auch die La Reynières ihr Vermögen, und der exzentrische Balthazar hatte dauernd mit finanziellen Schwierigkeiten zu kämpfen. Nach dem Tod seiner Mutter (1815) kam er dann wieder zu Geld, und wir entnehmen seinem Brief, daß er jährlich 22000 Franken zu verzehren hatte, anstatt, wie er bissig hinzufügte, 200000. Das allerdings hielt ihn nicht davon ab, weiterhin den Verrückten zu spielen, wie folgendes Vorkommnis beweist. Anfang

Juli 1818 erhielten seine intimsten Freunde eine Todesanzeige, in welcher seine Frau (er hatte im Jahre 1790 eine Schauspielerin geheiratet) ihnen mitteilte, daß ihr geliebter Gatte das Zeitliche gesegnet habe. Die feierliche Beisetzung sollte am 7. Juli um 4 Uhr nachmittags stattfinden. Die Freunde fanden sich selbstverständlich ein, um dem seltsamen Menschen die letzte Ehre zu erweisen. Sie wurden im Hause am Sarg vorbei in ein düstres Wartezimmer geführt. Plötzlich ertönte ein Gong, eine Türe öffnete sich, und eine fürstlich gedeckte Tafel wurde sichtbar, an welcher der Kopfplatz durch den «Verstorbenen» besetzt war, der seine verdutzten Freunde barsch anwies, Platz zu nehmen, da er es nicht liebe, kalt zu essen.

Grimod hatte den väterlichen Besitz an der Champs-Elysées im Jahre 1819 verkauft und ein altes Schloß in Villiers-sur-Orge erworben. Er ließ es nach seinen skurrilen Ideen einrichten, und kein Besucher war je sicher, ohne Schabernack wieder herauszukommen. Die letzten Jahre seines Lebens hatte er kaum noch Freunde; ständigen Kontakt unterhielt er nur noch mit dem Marquis de Cussy, dem ehemaligen Palastvorsteher des großen Korsen. Mit diesem zusammen wollte er noch einen 9. Jahrgang seines *Almanach* herausgeben (1832), doch fand er hierzu nicht mehr die Kraft und den nötigen Schwung. Inzwischen waren auch Nachahmungen dieses Jahrbuches herausgekommen, Grimod de la Reynière aber war vollständig in Vergessenheit geraten. Seine einzige Lebensfreude bildeten noch Essen und Lesen. Er soll sich vierzehn Stunden am Tage der Lektüre hingegeben haben. Daneben schrieb er ellenlange Briefe an Cussy, die dieser kaum noch entziffern konnte.

Grimod de la Reynière, der heute als einer der Unsterblichen der Gastronomie angesehen wird, starb am 25. Dezember 1837.

GEDANKENSPLITTER EINES GASTRONOMISCHEN ZYNIKERS

Ein Gast, der bei Tafel länger als eine Viertelstunde auf sich warten läßt, ist mehr Flegel als Gourmand.

*

Ein Mensch, der seine Serviette nicht anders als in der Kravatte oder im Knopfloch seines Fracks zu befestigen weiß, kann nur ein Schmarotzer oder ein Dummkopf sein.

*

Es gibt Frauen, welche die Vornehmen spielen wollen und, Gott weiß wie sehr, zu imponieren glauben, wenn sie während des Essens ihre Handschuhe anbehalten. Wie taktlos, wie widrig, wie ekelhaft! Handschuhe bei Tische tragen ist ebenso unnatürlich, wie sich gestiefelt oder gespornt in Bett legen.

(Oder wie sich während des Essens zu pudern und zu schminken.)

*

Ein einfaches Gericht, das man uns bei gut beleuchteter Tafel serviert, mundet besser als die herrlichste Speise, die man im Finstern hinabwürgen muß. Licht ist der Prometheus-Funke, der selbst dem trägsten Magen beschleunigte Eßlust einimpft.

(Was müssen das für gastronomische Tröpfe sein, die heute in alle Welt hinausposaunen, daß sie gute Küche bei trübem Kerzenlicht auftragen lassen, und was sollen das für «Kenner» sein, die bei flackernden Funseln sich zu delektieren glauben?)

*

Ein Gast, der zu leben weiß, wird erst dann Gespräche anknüpfen, wenn der erste Gang vorüber ist. Bis dahin bleibt das Essen ein ernsthaftes Geschäft, von dem niemand die Aufmerksamkeit des andern leichtsinnig ablenken darf.

*

Nirgends muß der wahre Mann von Bildung in der Wahl seiner Gespräche vorsichtiger sein als bei Tisch. Spricht man während des Essens mit seiner schönen Nachbarin von der Schönheit einer andern Frau, mit einem Dichter oder Musiker vom Talente eines seiner Nebenbuhler, mit einem General von den Siegen anderer Feldherren oder mit einem Zeitungsschreiber von den zahllosen Abnehmern eines andern Blattes, so verdirbt man den armen Teufeln den Appetit und kann sehr leicht in den Verdacht geraten, ein boshafter Mensch oder ein großartiger Einfaltspinsel zu sein.

*

Die größte Sünde, die ein Feinschmecker andern gegenüber begehen kann, ist das Laster, diesen andern den Appetit zu verderben. Appetit ist die Seele des Gourmands, und wer diesen zu verleiden sucht, begeht einen moralischen Mord, einen gastronomischen Totschlag und verdient Galeere auf Lebenszeit.

*

Nichts befördert die Verdauung rascher als eine gute Anekdote, über die man herzlich lachen kann.

*

Ein dummer Mensch nimmt sich nie und nirgends dümmer aus als bei Tische, während der geistreiche Mann hier mehr als anderswo Gelegenheit hat, sich im schönsten Lichte zu zeigen.

*

Die einzige Art und Weise, eine von der Dame des Hauses angebotene Schüssel zurückzuweisen, ist die Artigkeit, sich ein zweites Stück von der vorangegangenen zu erbitten.

*

Wenn ein Gast dem andern eine Schüssel reicht, muß man sich beeilen, sie ohne Zögern anzunehmen: denn jeder Wettstreit um den lächerlichen Vorrang, wer von zweien zuerst zugreifen soll, führt zum Erkalten der Speisen, wodurch man sich gegen sich selbst wie gegen alle andern so hart versündigt, daß uns niemand dafür Dank weiß.

*

Vor dem Gesetz und bei Tische müssen alle gleiche Rechte, gleiche Pflichten haben. Die Tafel macht uns alle gleich.

*

Wer Äpfel oder Birnen mit der Schale ißt, gibt sich als Hungerleider zu erkennen. Nur selbstgepflücktes Obst darf ungeschält gegessen werden.

*

Von guten Tafeln hängt gute Gesundheit, von guter Gesundheit die Erhaltung einer guten Konstitution, und von diesen beiden alles ab, was das soziale Gebäude der menschlichen Gesellschaft auf festen Pfeilern erhält.

*

Die größte Tugend des wahren Feinschmeckers ist die: nie mehr zu essen, als er mit Andacht verdauen, und nie mehr zu trinken, als er mit vollem Bewußtsein vertragen kann.

*

Nur Philister verderben sich den Magen, trinken sich Spitze und Räusche an und leiden an Katzenjammer.

*

Katzenjammer ist die Prostitution des Magens.

*

Der echte Gastronom hat nur zwei wahre Freunde auf der Welt: sich selbst und seinen Koch.

(Natürlich nur, wenn Letzterer wirklich gut ist, sonst jage man ihn so rasch als möglich fort.)

*

Jeder Gast, der seinem Wirte früher als vor Ablauf dreier Stunden irgend etwas Übles nachsagt, verdient Tadel. Die Dankbarkeit des gesättigten Magens sollte mindestens ebenso lange dauern als die Verdauung des Genossen.

*

Die Devise des wahren Feinschmeckers lautet wie die des alten Michel Montaigne: «Mon métier est l'art de bien vivre.»

*

Ein anständiger Mensch besucht niemanden während der Tischzeit.

CARL FRIEDRICH VON RUMOHR, DER HISTORIKER DER GABEL

Daß man nicht unbedingt Franzose sein muß, um der Gourmandise mehr als nur oberflächliches Interesse entgegenzubringen, setze ich als bekannt voraus. Wer sich etwas umtut, wird sogar feststellen können, daß die wahren Gastrosophen auf Gottes schöner Erde gleichmäßig verteilt leben. Wohl mag ein Land dank seiner klimatisch günstigen Lage mehr Anreiz bieten, der Göttin Gasterea zu huldigen, als ein anderes; da aber die Feinschmeckerei doch eher eine Sache des Geistes denn des Gaumens ist, können wir keine unbedingte Priorität anerkennen. Trotzdem wird Frankreich immer das sprichwörtliche Land des Gutlebens bleiben, und wir selbst mögen es allen Göttern von Herzen gönnen, dort zu leben.

Wenn ich hier meinen Lesern nun außer den berühmtesten französischen Leckermäulern auch zwei deutsche Feinschmecker skizziere, so geschieht dies einmal, um deren wirkliche Verdienste der Vergessenheit zu entreißen, zum andern aber, um daran zu erinnern, daß in den guten alten Tagen gerade aus Deutschland zahlreiche liebenswürdige und liebenswerte Gastrosophen die Schweiz besuchten.

FREIHERR VON RUMOHR

1785 – 1843

Mit Wehmut wird sich mancher Zeitgenosse seiner den guten Bissen und feinen Tropfen so zugetanen Freunde von der «Waterkant» erinnern. Nicht wenige von uns wurden durch einen humorvollen Rheinländer in die Kunst des Weinprobierens eingeweiht. Wenn die Welt von heute den Deutschen nur noch als Krieger kennt, so mag es umso dringlicher scheinen, hier in Büchern zu blättern, deren Seiten Lieblicheres enthalten als Kriegsgeschichten und doch in Deutschland niedergeschrieben wurden.

Ehe ich Ihnen den Freiherrn von Rumohr vorstelle, gewähre ich Ihnen einen Einblick in das Buch, dem er es verdankt, daß man sich seiner immer wieder gerne erinnert. Da lesen wir:

Unter Schlemmerey verstehe ich eine gewisse vergeudende Gefräßigkeit oder gefräßige Vergeudung, die vorzüglich solchen Reichen eigen zu sein pflegt, welche ihre Glücksgüter einer kalten berechnenden Selbstliebe verdanken: welche mithin einer wohlwollenden, großmütigen, belebend in jede menschliche Tätigkeit eingreifenden Verwendung ihres Überflusses durchaus unfähig sind. Der Charakter der Schlemmerey ist die Begier nach allerley kostbarer Atzung, mit Hintansetzung des Vorzüglicheren, wenn dieses gerade nahe liegt und wohlfeileren Preises zu haben ist.

Diese Worte tönen nun nicht wie eine Ermunterung an Feinschmecker, sind aber in Wirklichkeit doch nur eine Kampfansage an gedankenlose Verschwender. Was Rumohr hier «Schlemmerey» nennt, ist die unschöne Lüsternheit nach kulinarischen Dingen, ein menschlicher Charakterzug, den wir auch heute nicht nachahmenswert finden. Rumohr ist gegen jede gastronomische Protzerei; auch wir machen keine Verneigung vor Leuten, die mit donnernder Stimme Kaviar und Champagner bestellen. Dem *Almanach des Gourmands* war Rumohr nicht besonders gewogen, er nannte ihn ein «Jahrbuch der mit Lüsternheit Gefräßigen», und diese Einstellung ist zugleich die Erklärung für den Aufbau seines eignen Werkes.

Die erste Ausgabe, die im Jahre 1822 erschien, trägt den Titel: *Geist der Kochkunst, von Joseph König. Überarbeitet und herausgegeben von C. F. von Rumohr. (Bei Cotta, Stuttgart und Tübingen.)*

Was hatte nun dieser Joseph König mit dem Buch zu tun? Dieselbe Frage stellten sich im Jahre 1822 viele Leser des Buches, denn es war ganz offensichtlich, daß nur Rumohr, und nicht irgend ein Koch der Verfasser war. Das Geheimnis wurde aber erst bei der Herausgabe der zweiten Auflage, die im Jahre 1832 erschien, gelüftet. Im Vorwort schreibt der Autor:

Die größten Ereignisse haben oftmals geringfügige Veranlassungen: Ohrfeigen, Lehnstühle und so fort. Weshalb denn sollte ich mich schämen, Dir einzugestehen, daß auch mein Werk in einigen Kapiteln seinen Anfang genommen, welche darauf ausgehn, gewisse ästhetische Gemeinplätze und Stichwörter, durch ihre Anwendungen auf eine niedrig geachtete Kunst, doch ohne Bitterkeit, zu verspotten.

Nun geschah es in der Folge, daß mein damaliger Mundkoch, der bekannteste Joseph König, mich dringend und wiederholt aufforderte, zur Erziehung seiner aufblühenden Söhne nachdrücklicher beizusteuern, als eigentlich mir gelegen war. Es blieb mir daher, nach vielen anderweitigen Versuchen, kein anderer Ausweg, als nur jenem Anfang die nötigste Fortsetzung zu geben, daraus ein Buch zu bilden, welches der liebevolle Vater für seine Familienzwecke verkaufen könne. Er fand dafür einen Verleger. Es ist demnach das Werk im eigentlichen Sinne eine Benefizvorstellung, nicht zu Gunsten des Autors, sondern zu Gunsten des darstellenden, oder plastischen Künstlers.

Mit diesem, nach gemeiner deutscher Moral, edlen Zwecke verband ich einen andern, vielleicht höheren, gewiß allgemeinern: das wirtschaftliche Publikum aufmerksam zu machen, sowohl auf jene damals ihm bevorstehende dauernde Preislosigkeit der Produkte des Bodens, als besonders auf das wohlfeilste Mittel sie abzuwenden, oder wenigstens ihre Nachteile zu vermindern.

Rumohr versuchte also, zwei Fliegen mit einem Schlage zu treffen: Er wollte seinem Koch helfen und auch den Bauern, damit diese für ihre Produkte angemessenere Preise erhielten. Wie ein roter Faden läuft die zweite Folgerung durch das Werk, das dadurch den Vorzug hat, ein wirkliches Kochbuch und nicht nur ein Buch über kulinarische Angelegenheiten zu sein.

Das ganze Werk ist in drei Bücher eingeteilt. Erstes Buch: Elemente der Kochkunst. Tierische Nahrungsstoffe. Zweites Buch: Nahrungsstoffe und Würzen aus dem Pflanzenreiche. Drittes Buch: Vom Essen. (In der ersten Ausgabe war dieses Kapitel nur als «Anhang» gedacht.) Den Schluß bildet in beiden Ausgaben das «Bruchstück aus den Reisebemerkungen meines Vetters Ernst Krüsch, ehemaligen Kammerdieners, nunmehrigen Gastgebers zum Bären in Aranjuez». Dieser ehemalige Kammerdiener scheint nun allerdings wirklich mit König verwandt gewesen zu sein, wie einer flüchtigen Notiz entnommen werden kann.

Das Wertvolle an dem Rumohr'schen Buche – und dieser Wert besteht heute noch – ist die leicht verständliche Darlegung aller wichtigen Prozesse bei der Zubereitung der menschlichen Nahrung. Wenn man z. B. Brillat-Savarin nachrühmte, daß er sogar dem Backen im schwimmenden Öl ein Kapitel widmete, so übersah man, daß Rumohr dies schon vier Jahre früher getan hatte. Dem Braten und Sieden von Fleischstücken widmet er seine ganz besondere Aufmerksamkeit, und dies mit gutem Recht, sind diese Zubereitungsarten doch die ewigen Stützpfeiler der ganzen Kochkunst, und als Beigabe zu diesen eignet sich nichts besser als die Bodenfrüchte der eigenen Felder.

Das zweite Buch Rumohrs ist eine geistreich geschriebene Warenkunde, die den Kochenden zum Nachdenken anregt, und der letzte Teil des Werkes ist ein gelehrtes Brevier der Gastrosophie, dessen drittes Kapitel hier gekürzt wiedergegeben sei:

Von den Bewegungen und Zuständen des Gemütes, die man vermeiden soll, in sich selbst oder andern während des Essens anzuregen oder zu unterhalten.

Es gibt Gemütsbewegungen, welche ein übermäßiges Austreten der Galle veranlassen; andere, welche die Nerven reizen und schädliche Zusammenziehungen in den Werkzeugen der Verdauung bewirken; es gibt endlich auch Gemütszustände, welche die Tätigkeit eben dieser Organe lähmen.

Folgende Gemütsbewegungen bringen die voranbezeichnete Wirkung hervor:

Erstlich: das Auffahren. Hierzu wird man gereizt, wenn etwas vorgebracht wird, welches unsere Person, unsere Freunde oder gar unsere Meinungen auf eine unerwartete Weise beleidigt. Wer sich auf die Menschen versteht, wird nicht leicht ohne eine Absicht die Persönlichkeit verletzen: absichtlichen Beleidigungen aber sollte man vorzüglich während der Mahlzeit gänzlich entsagen. (Das Gesagte gilt natürlich auch für die häuslichen Mahlzeiten, deswegen empfehle ich allen Eheleuten, bei Tische keine Diskussion über persönliche Steckenpferde zu pflegen, da diese leicht zu Vorwürfen Veranlassung geben.)

Wenn lauter dumme Menschen miteinander speisen, so ist es noch ein Glück, wenn sie auch recht phlegmatisch sind. Wo das Gegenteil der Fall ist, wird es nützlich sein, ihnen eine lärmende Tafelmusik zu machen, die ich in allen übrigen Fällen als schädlich und störend verwerfe.

Zweitens: der Zorn. Zu diesem wird man durch solche Gespräche gereizt, welche das Auffahren verlängern und unmerklich bis zu einer dauernden Stimmung steigern. Der Zorn also ist nichts anderes als ein verlängertes Auffahren und hat mit diesem denselben Beweggrund. Wenn man daher das Auffahren vermeidet, so geht man auch dem Zorn aus dem Wege. Doch ist es noch Zeit, den Zorn abzuwenden, nachdem das Auffahren stattgefunden hat.

Drittens: der Ärger. Dieser Zustand ist ein unterdrückter Zorn und entspringt wiederum aus denselben Beweggründen als den schon genannten. Es kommt hier nur dieses hinzu, daß der Zornige entweder aus Übermaß des Reizes oder aus Furcht und Scheu seinen Affekt nicht mehr herauslassen kann. Wie die tückische Hyäne das fürchterlichste Raubtier, so ist auch dieser Affekt bei Mahlzeiten der allerungedeihlichste.

Zusammenziehungen des Magens werden durch nachfolgende Gemütszustände bewirkt:

Erstlich: durch die Peinlichkeit. Diese entsteht zunächst aus solchen Gesprächen, in denen kein Teil seine Meinung recht heraussagt. In diesen schädlichen Zustand pflegen zu verfallen: Eheleute, Tisch- und andere Freunde, die gegeneinander ein Mißtrauen, eine Fremdigkeit, eine Verstimmung gefaßt haben, welche zum Ausbruch noch nicht reif ist...In diesem Falle wird man gut tun, einige Zeit vor dem Mahle sich rücksichtslos auszusprechen, und wenn die Mißverständnisse gar nicht zu beseitigen sind, lieber nicht miteinander zu speisen.

Zweitens: durch die Beschämung. Diese wird in einem Tischfreund hervorgebracht, indem körperliche oder geistige Übelstände und Schwächen, Fehler oder gar Laster, welche zufällig nicht in geselligem Ansehen stehen, an ihm hervorgezogen werden. Anspielungen auf ärgerliche Vorgänge, von denen man im Laufe des Lebens selten rein bleibt, sind gar etwas Schlimmes.

Drittens: durch die Unruhe. Diese wird hervorgebracht durch schwankende, abspringende Gespräche; durch ungefähres Durcheinanderreden; durch Gespräche über Dinge, von denen keiner etwas Rechtes versteht; endlich indem man Leute, die keine Logik besitzen, über einen Gegenstand disputieren hört, sollten sie gleich von demselben einige Kenntnis haben.

Bei einiger Aufmerksamkeit auf sich selbst und bei etwas Gewalt über seine Eitelkeit und Eigenliebe läßt sich jegliche Veranlassung zur Unruhe während der Tafel gar leicht vermeiden.

Viertens: durch die Anstrengung. Diese wird durch Gedanken veranlaßt, die sich nicht anders als mühsam aussprechen und begreifen lassen. Gespräche, die in das Metaphysische oder Mathematische einschlagen, sollten von guten Tafeln auf immer verbannt werden.

Gemütszustände, welche die Organe der Verdauung lähmen, sind die nachfolgenden:

Zuerst: die Schläfrigkeit. Diese gefährliche Stimmung wird teils durch eigene Gedankenlosigkeit herbeigeführt, teils und vornehmlich, indem ein und der andere Tischfreund das Gespräch an sich reißt, um unbedeutende Gedanken in einem schleppenden Tone vorzutragen.

Zweitens: die Betäubung. Sie ist die Folge eines zu lauten Geräusches oder sinnlosen Durcheinanderredens, heftigen Lachens und ähnlicher Ausschweifungen. Auch die Tafelmusik pflegt zu betäuben und ist daher verwerflich.

Dieses Kapitel scheint mir heute besonders wichtig, sind doch Erkrankungen des Magens, die auf nervöse Zustände zurückzuführen sind, äußerst verbreitet. Das unselige «Tempo», dem wir uns verschrieben haben, läßt uns keine Muße mehr, die Essenszeit als ein kleines Fest zu begehen, wobei es gar nicht vonnöten wäre, vor einer überladenen Tafel zu sitzen. Das häusliche Glück ist meistens dort zuhause, wo auch der einfachen Kost noch ein Hauch von Kochkunst anhaftet.

Wer magenkrank ist, verbanne alle Lektüre, alle geschäftlichen Gespräche, alle Unterbrechungen (durch Telefon usw.) von seinem Tische. Ja er gehe soweit, für eine zeitlang auf Radio und Telefon zu verzichten. Den Magen kann man nur während des Essens stärken, schwächt man ihn aber gerade dann immer wieder, so ist natürlich niemals an Heilung zu denken.

Carl Friedrich von Rumohr wurde am 6. Januar 1785 auf seinem väterlichen Gute Reinhardsgrimma in der Nähe von Dresden geboren. Sein Vater war ein großgewachsener, äußerst stattlicher Mann, und seine Mutter eine Frau von blendender Schönheit, Zierde jeder gutgelaunten Gesellschaft.

Der junge Rumohr wird uns genau wie Grimod de la Reynière als aufgeweckter und fleißiger Schüler geschildert, dem Bücher die liebsten Freunde waren. Später studiert er in Göttingen und bildet sich besonders im Zeichnen aus. Durch seinen Vater kam er frühzeitig mit Kunstfreunden und deren Sammlungen in Berührung. Er begann bald selbst zu sammeln, wobei er Handzeichnungen und Kupferstichen der Vorzug gab, widmete sich dann ganz dem Kunststudium und bildete sich in der Folge auf zahlreichen Reisen weiter aus. Der Dichter Ludwig Tieck (1773 – 1853) schildert ihn zu dieser Zeit als «enthusiastisch, rasch wechselnd in Gefühlen und Ansichten, stets lebhaft erregt, schwankend zwischen zwei Meinungsrichtungen. Er war gutmütig, liebenswürdig, aufopfernd, dann plötzlich kalt, fremd, abstoßend.» Dieses Bild erinnert lebhaft an Grimod de la Reynière, der auch in der gleichen Minute liebenswürdig und zynisch sein konnte.

Mit den Geschwistern Tiecks machte Rumohr eine angeregte Reise durch Italien, besuchte Verona, Mantua, Florenz und Rom, wo er für längere Zeit Aufenthalt nahm. Er verkehrte hier im Hause Wilhelm von Humboldts und machte die Bekanntschaft vieler gelehrter Männer, darunter auch diejenige des späteren Papstes Leo XII.

In die Heimat zurückgekehrt, gab er sich längere Zeit wissenschaftlichen Studien hin. Der Konspiration gegen die Franzosen verdächtigt, mußte er vor den Häschern fliehen und gelangte nach Wien.

Im Jahre 1810 konnte er zurückkehren und lebte wieder ganz seinen kunsthistorischen Studien, deren Frucht seine erste Publikation war.

Italien zieht ihn wieder an, und so macht er sich im Jahre 1816 mit einem jungen Maler auf den Weg in den Süden. Zurückgekehrt geht er wieder an die Arbeit und schreibt ein Werk über altitalienische Novellen. Diese Publikation erscheint 1823. Ein Jahr vorher war aber unser meisterliches Kochbuch schon erschienen und machte viel von sich reden. Daß ihm nicht der gleiche Erfolg beschieden war wie der *Physiologie des Geschmacks,* schreibe ich nur dem Umstande zu, daß Brillat-Savarin das Glück hatte, in Paris zu leben, und daß sein Werk in einem Zeitpunkte herauskam, der für gastronomische Literatur als überaus günstig bezeichnet werden kann. Seit 1803 hatte Grimod de la Reynière das Feld beackert; Berchoux hatte sein Gedicht *La Gastronomie* einige Male neuverlegen können; der *Cuisinier impérial* von Alexander Viard hatte Aufsehen erregt und erlebte mehrere Auflagen, die sich jeweilen den veränderten Verhältnissen anpaßten, was aber nur im Titel in Erscheinung trat. (Aus dem *Cuisinier impérial* wurde nämlich bald ein *Cuisinier royal,* und als auch

Der Traum des Feinschmeckers
Titelbild aus: Almanach des gourmands, 1808

das Königreich in Trümmer ging, nannte der Autor ihn schlicht *Cuisinier national.*)

Im Jahre 1815 veröffentlichte Antoine Carême seine ersten Kochbücher, und neben all diesen Meisterwerken gab es eine Menge andere ausgezeichnete Bücher, die der breiten Masse Verständnis für die Kochkunst beibringen wollten. Hier nenne ich noch: A. Beauvilliers: *L'art du Cuisinier* (Zwei Bände) und A. T. Raimbault: *Le parfait Cuisinier ou le Bréviaire des Gourmands.* Man hatte sogar Versuche gemacht, die Küchen der beiden Länder einander näher zu bringen: Im Jahre 1822 erschien zu Straßburg ein gutes Buch, betitelt: *Verbindung deutscher und französischer Kochkunst nach bewährten Vorschriften und eigener Erfahrung.*

Natürlich erschienen in Deutschland auch Kochbücher, aber keines schlug ein. Die interessantesten waren die Bücher von F. G. Zenker: *Theoretisch-praktische Anleitung zur Kochkunst* (1817) und *Comus Geheimnisse* (1827).

Rumohr war nun von Beruf Kunsthistoriker; es liegt daher auf der Hand, daß er sein Kochbuch nicht dilettantisch, sondern wissenschaftlich aufzog. Zahlreiche Fußnoten begleiten die einzelnen Kapitel, und es ist offensichtlich, daß sich Rumohr vor der Niederschrift ausgedehnten Studien hingegeben haben muß.

Der historische Teil seines Werkes ist denn auch bedeutend exakter als die entsprechende Arbeit von Brillat-Savarin. Rumohr hat sich die Mühe gegeben, fast alle gastronomischen Schriftsteller der Vergangenheit zu lesen, und sich sogar vor Rezeptübersetzungen aus dem Apicius nicht gescheut; Brillat-Savarin dagegen machte es sich sehr leicht, er erwähnte nicht einmal seinen Zeitgenossen Grimod de la Reynière, was diesen übrigens sehr erboste. (Allerdings war er dann von dem Werk doch so begeistert, daß er dem Autor posthume Verzeihung gewährte.)

Carl Friedrich von Rumohr verfaßte in der Folge noch eine ganze Anzahl Bücher und Schriften, die aber alle mit der Kunst, hauptsächlich der italienischen, in Zusammenhang stehen.

Immer wieder zieht es ihn nach Italien zurück, aber auch Dänemark sieht ihn öfter, verbindet ihn doch eine herzliche Freundschaft mit König Christian VIII., in dessen Diensten er von 1835 bis 1836 als Kammerherr stand.

1842 läßt er sich in Lübeck nieder. Er ist nun ein recht bequemer Herr geworden und legt einem glänzend zubereiteten Essen mehr Wert bei als den unvergänglichen Werken der Kunst. Sein Heim, das er mit seinen Sammlungen auf das prachtvollste ausstaffiert hatte, wurde zu einem Zentrum für Kunstbeflissene; daß die zahlreichen Besucher auch in leiblichen Genüssen auf ihre Rechnung kamen, ist nicht verwunderlich.

Auf einer Reise, die ihn in ein Kurbad hätte bringen sollen, ereilte ihn der Tod. Am 25. Juli 1843 wurde er vom Schlag getroffen, während er frühstückte. Sein Freund, der König von Dänemark, ließ ihm ein Denkmal setzen, das folgende Inschrift trägt:

Dem geistreichen Schriftsteller über Staats- und Lebensverhältnisse der Vor- wie Mitwelt – Dem Begründer eines tieferen Studiums der Kunstgeschichte des Mittelalters – Dem vielseitigen Kenner früherer, dem edelsten Förderer neuerer Kunst – Weiht dieses Denkmal König Christian VIII. von Dänemark.

Der *Geist der Kochkunst* wurde meines Wissens nur noch einmal bei Reclam Leipzig (ca. 1895) verlegt und im Jahre 1922 bei Georg Müller, München, mit einer Einleitung von Carl Georg von Maassen. Andere Augaben oder auch Übersetzungen sind mir nie zu Gesicht gekommen.

BARON EUGEN VON VAERST, DER RITTER DER GABEL

Im Vorwort zu seiner *Gastrosophie oder die Lehre von den Freuden der Tafel*, (Leipzig 1851) schreibt Baron Eugen von Vaerst:

Was meine Wenigkeit anbetrifft, so darf ich essen, was mir schmeckt, denn das bekommt mir auch: meine Lust ist mein Arzt. Diese Regel ist gut für alle verständigen Menschen.

Eine recht vernünftige Ansicht, der nachzuleben ich nicht dringend genug empfehlen kann. Nur der Mensch kann sich der irdischen Güter wirklich erfreuen, der die Stimme seines Körpers hört und ihr gehorcht. Vaerst beginnt dieses Vorwort gleich recht angriffslustig:

Wer in Deutschland ein Kochbuch schreiben will, der muß damit anfangen, den Töpfer zu lehren den Herd zu bauen, damit er nicht bloß Feuer von unten oder von oben, sondern beides zugleich geben könne; er muß den Fleischer lehren, das Fleisch zu hacken, und vor allen Dingen den Bäcker, das Brot zu backen, namentlich Semmel, die oft eine Art von Leder und vollkommen unverdaulich sind... Es ist ferner nötig, mit dem Gärtner, der Gemüseverkäuferin, dem Viehhändler und Viehmäster, mit hundert Leuten, bis zu dem Küchenjungen, damit er den Spinat sehr fein hackt, ihn lange reibt und rührt, den Salat nicht wäscht usw., Rücksprache zu nehmen.

Zu diesem weitläufigen, undankbaren, harten Belehrungsgeschäft gehört unter anderm auch ein eiserner Wille, an dem es mir nicht fehlt, und eine ähnliche Gesundheit, die mir ganz und gar mangelt, und so bleibt mir zum Besten vaterländischer Eßkünstler nichts übrig als das hier vorliegende Werk.

Ich hatte dasselbe zuerst «Gastronomie« genannt; ein geistreicher Freund verwirft aber diesen Titel mit Recht; ich glaube «Gastrosophie», so fremd das auch klingt, ist der richtigere Titel. Zur Zeit des «Almanach des Gourmands» des Kaiserreichs und der Restauration gab es eben nur Gourmands. Diese Leute sind nicht die, welche mir bei meiner Arbeit vorschwebten, für die ich schreibe. Meine Ansichten vom Essen, von der Küche, den Nahrungsmitteln usw. sind hoffentlich die des Weisen, solche, welche die aufgeklärtesten und gesittetsten Nationen teilen und anerkennen würden.

Der Gourmand ist begierig auf alles, was gut schmeckt, ohne Rücksicht auf die Gesundheit, auf das Maß und die Gesetze der Grazien. Er gibt, wenn er vollgefüllt ist, auf ferneres Zureden zum Zulangen allenfalls die wehmütige Antwort: «Ich danke, und wenn es Gift wäre, so gerne ich sterben möchte.» Der Gourmet ist bloß lüstern, doch nur nach all dem, was Zunge und Auge anlockt. Aber der Gastrosoph wählt aus dem Guten das Beste, in schönster Form, mit gewissenhafter Rücksicht auf Gesundheit und Schicklichkeit. Der Engländer ist meist Gourmand, die Frauen sind fast immer nur Gourmets, der Franzose und manche gebildete Deutsche sind oft Gastrosophen.

Also auch du Brutus! Es ist interessant, wie Vaerst sich bemüht, die von Rumohr eingeschlagene Linie nicht zu verlassen. Für den Deutschen ist der *Gourmand* einfach ein Vielfraß, und wenn er einmal Stellung bezogen hat, dann hält er sie. (Damals kannte man das «planmäßige» Räumen noch nicht.)

Vaerst ist hier trotzdem auf dem Holzweg, und was mir besonders auffällt, ist, daß er, der Vielbelesene, dem etymologischen Ursprung des Wortes *gourmet* nicht nachgeht. Möglicherweise unterliegt er dem gleichen Irrtum, dem viele Zeitgenossen zum Opfer fallen, nämlich, daß sie glauben, das Wort haben etwas mit «mets» zu tun, womit man eine Speise bezeichnet. (*Entrements* sind z. B. Zwischengerichte, heute aber allgemein zur Bezeichnung der Süßspeisen verwendet; *Carte des mets* ist die Speisekarte.)

Die Definitionen werden dann weitergeführt:

Der Gastrosoph wird, indem er Theorie und Praxis mit überlegenem Geiste verbindet, mit Gesundheit alt werden. Ja dies ist zugleich seine eigenste Aufgabe: gesund und alt werden in der angenehmsten Weise, im täglichen Genuß der wohlschmeckendsten Speisen und Getränke, in der schönsten Form.

Der Gourmand verdirbt sich oft den Magen; der Gourmet tut dies vielleicht langsamer, aber gründlicher und wird daher im Alter leicht zum Hypochonder.

Der Gastrosoph wird im Gegenteil selbst eine geschwächte Gesundheit durch kluges Verhalten wieder herzustellen wissen.

Seiner Ansicht über die Gastrosophen können wir uns voll und ganz anschließen; aber die Kategorie der «Weisen der Tafelfreuden» ist eben nicht an ein Land gebunden, denn es gibt auch Engländer, Amerikaner, Italiener und natürlich viele Schweizer, die hier einzureihen wären.

Nun, die *Gastrosophie* erschien im Jahre 1851, und das ist über hundert Jahre her: Der Herr Baron würde seine Hefte heute vielleicht auch revidieren.

Das in zwei Bänden erschienene Werk ist eine Synthese aller bis dahin erschienenen Bücher, die sich mit der Tafelfreude befaßten. Es hat also Anflüge von Grimods *Almanach*, von Brillat-Savarins *Physiologie,* von Malorties *Menu*, von Blumröders *Vorlesungen*, von Rumohrs *Geist der Kochkunst* usw. Daß der Autor sich dessen bewußt ist, schreibt er selbst im Vorwort; außerdem aber ist das Titelblatt mit dem Lessing'schen Ausspruch *Nur Bekanntes* geziert. Vaerst hat sich die Sache aber nicht etwa leicht gemacht, sondern sein Buch ist die kompletteste Einführung in die gastronomische Kultur. Er geht immer einen Schritt weiter als seine Vorläufer, und aus diesem Grunde müssen wir sein Werk loben. Brillat-Savarin behandelt z. B. den Wein sehr oberflächlich, Vaerst widmete ihm aber volle siebenundzwanzig Seiten. Er läßt aber auch das Wasser nicht aus. Seine geschichtlichen Exkursionen sind hochinteressant, und seine Aphorismen enthalten eine Unmenge kulturgeschichtlicher Hinweise. Dort findet sich auch ein Hinweis auf Rumohrs Kochbuch, das er Jean Paul zur Anschaffung empfahl. Dieser soll es dann auch gekauft haben und so begeistert gewesen sein, daß er es seiner Tochter mit in die Aussteuer gab. Wo immer man das Buch aufmacht, stößt man auf kulturgeschichtliche Bemerkungen, die heute umso wichtiger sind, als kaum noch jemand die alten Schriftsteller liest.

Wer war nun Eugen Baron von Vaerst? Diese Frage wird uns im Nachwort zur zweiten Ausgabe, die erst 1922 bei Georg Müller in München erschien, beantwortet.

Vaerst wurde als Sohn eines Offiziers am 10. April 1792 zu Wesel geboren, wo er auch die ersten Schulsemester absitzen mußte. Von hier siedelte er dann nach Bayreuth über, wo er mit dem Kreis um Jean Paul Kontakt bekam. Seine letzte Ausbildung erhielt er im Berliner Kadettenkorps. 1811 wurde er Leutnant, und ein Jahr später machte er unter General York den russischen Feldzug mit. An den Befreiungskriegen von 1813 bis 1815 nahm er ebenfalls teil. Nach Beendigung dieser Kriege trat er als Hauptmann in die preußische Garde ein, wandte sich aber bald schöngeistigen Studien zu, möglicherweise auf Veranlassung einiger Freunde, die sich der Schriftstellerei verschrieben hatten. Von 1821-1825 lebte er in Breslau, und hier entstand auch sein erstes

Werk. (Hundert Sonette.) 1824 hatte Vaerst Weimar besucht und war dort auch mit Goethe in Berührung gekommen. Sein intimster Breslauer Freund war Karl Schall, der Herausgeber der *Breslauer Zeitung*, an welcher sich Vaerst im Jahre 1825 finanziell und redaktionell beteiligte. Dies hielt ihn allerdings nicht ab, gerade für drei Jahre auf Reisen zu gehen. Er besuchte Dänemark, Holland, England, Frankreich und Italien.

1834 übernahm er die *Breslauer Zeitung* auf eigenen Namen (Schall war inzwischen verstorben) und baute sie zu einem recht einträglichen Geschäft aus. Er hatte sich einen besonders schnellen Nachrichtendienst eingerichtet und konnte daher die Neuigkeiten einen Tag früher bringen als die Konkurrenz, was damals natürlich sehr viel ausmachte.

Spanien stattete er im Jahre 1838 einen Besuch ab und verblieb einige Zeit im Hauptquartier Don Carlos', wo er die besondere Gunst des Thronprätendenten genoß. Er schrieb gern gelesene Berichte für deutsche, französische und englische Zeitungen und wurde von den Anhängern Don Carlos' wie der diplomatische Vertreter einer Großmacht behandelt. Seine Reportagen werden heute noch als Geschichtsquelle zu den spanischen Wirren benützt. Im Jahre 1840 übernahm Vaerst die Leitung des Breslauer Theaters, von der er jedoch nach sieben Jahren aus Gesundheitsrücksichten zurücktreten mußte. Er zog sich nach Herrendorf bei Soldin auf das Gut seines Bruders zurück, wo er, von schweren körperlichen Gebrechen heimgesucht, am 16. September 1855 starb.

1836 hatte er, noch im Vollbesitz seine Kräfte, ein glänzendes, ans Abenteuerliche grenzendes Buch herausgegeben, dem er den Titel gab: *Die Cavalier-Perspective. Handbuch für angehende Verschwender, von Chevalier de Lelly.* Daß er dieses Buch unter einem Pseudonym, das er auch sonst ab und zu verwendete, veröffentlichte, wäre nicht besonders bemerkenswert, daß er es aber *seinem lieben Freunde und Vetter Eugen Baron von Vaerst,* also sich selbst, widmete, dünkt uns doch recht witzig.

Wem dieses Buch einmal in die Hände fällt, der versäume nicht, es zu lesen; er braucht keine Angst zu haben, daß er nach der Lektüre zum Verschwender werde: Ich wenigstens bin keiner geworden.

Außer den erwähnten Schriften hat Vaerst noch seine Erinnerungen an Spanien niedergelegt. (Die Pyrenäen. Zwei Bände. 1847.)

Was immer er schrieb, was immer er trieb, es war nicht grob, es war wahrhaft ritterlich, und Ritter der Gabel waren schon damals selten, heute reihe ich sie – als Bibliophile – unter die «rarissimi» ein.

ALSO SCHRIEB RITTER VAERST:

Die Pasteten sind das für die Küche, was die Redefiguren für das Gespräch sind.

Wo soll ich Ragouts hinbringen? Ich denke fast überall. Sie können aus allem Fleisch, und vielleicht am besten aus Vögeln bereitet werden. Ein Gourmand nimmt es damit nicht so genau, er erwartet ein kleines Magenübel mit Stoizismus; dies ist ihm so gewöhnlich wie dem Helden der Kanonendonner; er schläft immer gut unter demselben.

Der beständige und vorherrschende Genuß der Mehlspeisen begünstigt die Entwicklung des phlegmatischen Temperaments, und in heißen Ländern, wo die Tätigkeit der Verdauungsorgane beschleunigt wird, ist diese Nahrung ein wohltätig hemmendes Gegengewicht gegen den Drang der Lebensglut. – (Was sagen die Wiener dazu?)

Die Pflanzen des Südens sind kräftiger und süßer als die des Nordens; aber nicht bloß deshalb, sondern auch weil der Genuß der Vegetabilien ein durch Lokalität und Temperatur bedingtes Naturbedürfnis ist, werden sie dort häufiger genossen.

Die vorzüglichsten Zuckerbäcker auf der ganzen Erde, die man auch in allen großen Städten in- und außerhalb Europas findet, kommen aus Graubünden. Dort haben die Leute, die wir von Mexiko bis Petersburg in grauen Jacken und weißen Schürzen sehen, große Steinpaläste. – (Die inzwischen in den Besitz der Banken übergegangen sind, obwohl diese von der Zuckerbäckerei nichts verstehen.)

Linsen sind schwerer zu verdauen als Erbsen, und ihr Genuß soll sogar dem Vieh nachteilig sein. – (Also hatte Esau einen starken Magen.) – Zwiebeln und Knoblauch sind Völkern sehr nötig, die wenig Fleisch essen.

Eine beständige Freßbegierde macht dumm. Die alten ägyptischen Ärzte leiteten alle Krankheiten von Speisen ab und verordneten daher meistens Brechmittel und Fasten.

Man hat behauptet, es habe viel Mut dazu gehört, den ersten Krebs zu essen; ich glaube aber nicht Mut, sondern Lüsternheit führte ebenso sicher dazu wie nach der verbotenen Frucht im Paradies.

In der Regel hat ein Gourmand eine sehr feine Nase.

Geistreiche Menschen haben sehr empfindliche Geruchsnerven, gleich den Göttern Griechenlands, die sich am lieblichen Geruch gerne weideten. Der feine Kardinal Alberoni hatte eine so feine Nase, daß er durch sie, im Alter, als er erblindet war, eine junge Dame von einer alten unterscheiden konnte. Kant konnte den Geruch armer Studenten nicht vertragen.

Essen und Trinken verhalten sich nach meiner Überzeugung wie Raum und Zeit in der Philosophie und wie Kraft und Last in der Mechanik, so daß sie gerade erst in geregelter und lebendiger Beziehung zueinander ihre eigentliche Integrität erhalten.

Wer allein ißt, ißt weniger, als wer in Gesellschaft speist, und kann noch weniger verdauen.

Das Dessert ist die Auflösung des Ganzen. Es gehört eine große Geschicklichkeit zu seiner Anordnung, weil es die vollkommenste Aufmerksamkeit des Amphitryon erfordert. Geschmack, Geruch, Gesicht wollen zugleich geschmeichelt sein.

ANALYTIK DER SPEISEKARTE

Nicht wahr, Sie können eine Speisekarte doch lesen? Auch zwischen den Zeilen? Wenn Sie diese Frage mit einem herzhaften Ja beantworten können, dann dürfen Sie sich etwas einbilden, wenn Sie aber verneinen müssen, dann lesen Sie weiter:

Ja, so eine Speisekarte hat verschiedene Seiten: vor allem einmal eine Vorder- und eine Rückseite, aber auch eine kulinarische und eine kulturgeschichtliche, im schlimmsten Falle sogar noch eine gute und eine schlechte Seite. Was Sie bestimmt interessiert, das dürfte wohl die kulinarische Seite sein, doch hoffe ich, daß Sie auch der kulturgeschichtlichen etwas abgewinnen können.

Der kulinarische Aspekt einer Speisekarte ist die oft minutiöse Aufzählung von Gerichten aller Art. Die bescheidene Speisekarte begnügt sich mit der Bekanntgabe einiger Suppen, Vorspeisen, Hauptgerichte und Süßspeisen; die pompösere legt Wert auf möglichst große Klassenunterschiede: Da stehen zuerst die Vorspeisen, die *Hors d'œuvre* genannt werden, dann die Suppen unter dem Stichwort *Potages*, ihnen folgen dann meistens die Fische, die *Poissons.* Dann kommen leckere Zwischengerichte, vom Küchenmeister *Entrées* genannt, was aber mit dem Hoteleingang nichts zu tun hat. Nun folgen die schweren Geschütze, die Braten und Grilladen, bekannt als *Plats de résistance,* denen aber in Wirklichkeit kein Mensch widerstehen kann. Ihnen folgt oft noch eine lange Liste von Käsen aller Düfte, und den Schluß bilden dann die leckeren Desserts. Eine solche überdimensionale Karte, die man im Gastgewerbe bescheidenerweise *La grande Carte* nennt, kann den Uneingeweihten entweder zur Verzweiflung oder zum Verhungern bringen. Um die Sache für den Gast möglichst kompliziert zu machen, wird die Karte französisch geschrieben und stark gespickt mit Phantasiebezeichnungen und «Küchenlatein-Français», das einem Mitglied der Französischen Akademie die größten Schwierigkeiten bereiten kann. Kämen Sie zum Beispiel ohne weiteres darauf, daß *Les danseuse de la rivière* nichts anderes als blaugekochte Forellen sind? Oder daß eine *Selle de Pré salé Chasseur* im Alltag ein Hammelrücken mit Pilzen ist? Auch eine *Galantine décorée demi-monde* darf nicht mit einer dekoltierten, galanten Halbweltdame verwechselt werden. Mag eine solche auch noch so sehr zum Anbeißen verleiten, hier ist es nichts anderes als ein entbeintes und wiederum gefülltes, schön zugerichtetes junges Huhn.

Natürlich ist die Sache nicht immer so schlimm, sie kann allerdings noch schlimmer sein. Um aus einem solch gewichtigen Doppelfoliantenblatt ein vernünftiges Essen zusammenzustellen, muß man mit dem Instinkt eines Lucullus, der Schläue eines Diplomaten, der Belesenheit eines Historikers und der Börse eines Magnaten versehen sein. Immerhin gibt es doch einige fundamentale Richtlinien. So ißt man die kalten *Hors d'œuvre* vor, die warmen dagegen wie die Fische nach der Suppe. Übrigens sollte man kalte *Hors d'œuvre* nur mittags essen, abends wählt man warme Vorspeisen.

Die Wahl der Suppe richtet sich nach Vorspeise und Hauptgericht, und zwar einerseits nach deren Grundsubstanz, anderseits nach der Zubereitung. Hat man zum Beispiel Geflügel gewählt, so darf man keine Hühnersuppe nehmen, fiel die Wahl jedoch auf ein *Tournedos*, so läßt man keine *Oxtail* auffahren. Zu einem Gericht, das mit Rahm zubereitet wurde, genießt man keine *Crèmesuppe,* sonder eine klare *Kraftbrühe*. Besteht der erste Gang aus gekochtem Fisch, so darf als zweiter Gang kein gekochtes Fleisch gewählt werden, und umgekehrt soll einem gebackenen Fisch nichts Gebackenes folgen.

Teigwaren aller Art dürfen nur einmal gewählt werden, also *Milkenpastetchen* als Vorspeise und *Mille feuilles* als Dessert ist ein Stilfehler, der genau so schlimm ist, wie nach *Schnitzel Cordon bleu* die *Käseplatte* folgen zu lassen. Besser wird es auch nicht, wenn Sie eine *Spargelcrèmesuppe* erkoren haben und sich nachher zum Dessert an einer *Schokoladencrème* delektieren wollen. Aber nicht nur das, sogar die Farbe spielt eine Rolle. Haben Sie beispielsweise zu einem Gericht *Mayonnaise* bestellt, so verbannen Sie jede *Vanillecrème* von ihrer Tafel, und nach einer *gebrannten Mehlsuppe* würde Sie ein braunes *Ragout* elendiglich blamieren. Eine kalte Vorspeise fordert genaugenommen immer ein warmes Dessert.

Die Nutzanwendung wäre demnach kurz und bündig: Nie zwei Platten der gleichen Grundstoffe, der gleichen Zubereitungsart oder der gleichen Farbe bestellen! Jeder Gang muß etwas vollständig anderes sein.

Die kulturgeschichtliche Seite der Speisekarte ist besonders interessant. Auf der *Grande Carte* geben sich die Berühmtheiten aller Jahrhunderte ein Stelldichein. Hier treffen wir die Götter, Göttinnen und Könige der Antike, die Kaiser und Kaiserinnen aller Dynastien, berühmte Kirchenfürsten und berüchtigte Maitressen, begabte und versumpfte Künstler aller Stilepochen. Forscher, Entdecker und Gelehrte, gottbegnadete Schlemmer und von Gott verlassene Abenteurer treten mit Kochkünstlern in die gleiche Reihe.

Wo immer Sie auf einer Speisekarte auf den Namen *Florentine* stoßen, so ist bestimmt Spinat dabei; heißt es aber *à la Dubarry*, dann werden Sie das Vergnügen haben, Blumenkohl zu essen. Ein Gericht *à la Bruxelloise* ist stets von Rosenkohl begleitet, *Napolitaine* dagegen hat Spaghetti im Gefolge. *Potage à la Portugaise* ist immer eine Tomatensuppe, und alles was nach *Parmentier* klingt, hat mit Kartoffeln zu tun, denn der gute Antoine Auguste Parmentier (1737-1817), seines Zeichens Apotheker, hat für die Popularisierung der Knollenfrucht in Frankreich Entscheidendes beigetragen. Haben Sie also *Salade Parmentier* bestellt, so erschrecken Sie nicht, wenn es nur «Erdäpfel»-Salat ist. Die *Garniture à la Vichy* besteht aus Karotten, und *à la Polonaise* tritt immer mit Gemüsen, meist Blumenkohl oder Spargel, auf und entsteht, wenn man brauner Butter Brotsamen beigemengt und dieses Gemengsel nun über den Vitaminträger gießt. Was *à la Chasseur* ist, sollten Sie wissen, wenn nicht, so sei Ihnen verraten, daß Pilze dabei sind. Weiße Bohnen als Gemüsebeilage haben für das Gericht die Bezeichnung *à la Bretonne* zur Folge, bei poetisch veranlagten Köchen manchmal *à la Mozart* – von wegen der Musik. Spargel als Beilage erheben Anspruch auf die Benennung *Argenteuil,* und genau so heißt auch die Spargelsuppe. Spargelspitzen jedoch lassen sich *à la Princesse* titulieren. *Potage Saint-Germain* ist nur eine Erbsensuppe, die *Garniture à la Saint-Germain* besteht demnach ebenfalls aus Erbsen. Auf *Tiroler-Art* sagt man, wenn gebackene Zwiebelringe und gebackene Tomaten in Erscheinung treten, *à la Bâloise* begnügt sich dagegen nur mit Zwiebeln. Auch die Erwähnung der *Marquise de Soubise* ist von Zwiebeldüften begleitet, denn sie erfand das Zwiebelpurée und ist dadurch in jedem Kochbuche verewigt. *A la Suisse* hat natürlich mit Käse zu tun, und *à l'Indienne* immer mit Curry; *à la Zurichoise* ist mit Kümmel vermischt, *à la Bernoise* dagegen ist in der ganzen Schweiz die einzig richtige Bezeichnung für einen – langsamen Kochprozeß. (Hier muß ich einen Vorbehalt anbringen, da meine Studien noch nicht ganz beendet sind, denn *à la Grisonaise* könnte eine ähnliche Zubereitung sein, wird aber meistens mit luftgetrocknetem Fleisch serviert.) *Le plat bernois* sollte eigentlich grillierte Bärentatzen enthalten, bekanntlich essen die Berner aber ihre Bären nicht, sondern binden sie den Zürchern auf.

Boules berlinoise erscheinen auch heute noch auf der Karte. Sie heißen so, weil sie meistens derart trocken sind, daß sie selbst einem Berliner das Maul verstopfen. Sollten Sie einem *Steak hambourgeois* begegnen, so seien Sie mißtrauisch: Es handelt sich um Hackbeefsteak, das viel mit «Hack» und recht wenig mit «Beef» zu tun hat. In eingeweihten Kreisen nennt man es auch «gedrängte Wochenübersicht». Richtigerweise sollte es wohl *Filet à la Loreley* heißen, denn auch ich weiß nicht, «was soll es bedeuten». Kluge Köche nennen zwar schon lange alles, was gehackt wird, *à la Pojarski*. Dieser Pojarski war ein russischer Nationalheld, der alles zusammenhackte, was ihm in den Weg kam. Da wären wir also bei den Russen angekommen, bei einem Volk, das sich durch zwei grundverschiedene Küchen auszeichnet: durch die berühmte Nationalküche mit sehr vielen Spezialitäten, und zum anderen durch die politische Hexenküche. *Russischer Salat* im gastronomischen Sinn ist ein feines Gemisch von Kartoffeln, weißen Rüben, Bohnen, Erbsen, Gurken, Kapern, Zunge, Schinken und noch mancherlei anderer Dingen. Ein Gericht *à la Russe* ist streng genommen immer mit Kaviar garniert; da er aber sehr teuer ist und zudem seine angenehme Wirkung nur beim Einnehmen größerer Quantitäten ausübt, lassen ihn pessimistische Köche vernünftigerweise meistens weg. Daß man Fleisch, das vollständig roh ist, *nach Tartaren-Art* bezeichnet, ist wohl naheliegend, warum man aber halbrohes ausgerechnet *englisch* nennt, ist durchaus unverständlich. Wer übrigens dem Kellner erklären möchte, daß das Beefsteak sehr blutig sein soll, der bestelle es *bleu*, was aber mit dem eindeutig in die Getränkekunde gehörenden Begriff «blau» nichts zu tun hat.

Haben Sie übrigens mit den Geschwistern des Beefsteaks schon Bekanntschaft gemacht? Da wäre einmal das kleine *Tournedos* zu nennen, was genau übersetzt «Drehrücken» heißen würde. Aber wer dächte dabei nicht an Rehrücken! Warum es so heißt? Ursprünglich schnitt man dieses Stück vom Rindsfilet recht dick ab, machte in der Mitte einen sehr tiefen Einschnitt, so daß es fast in zwei Hälften geteilt wurde, würzte es und briet es dann seitenverkehrt. Ich hoffe, daß Ihnen diese Erklärung einleuchtet; oder gehören Sie etwa auch zu den Leuten, die glauben, es heiße «Tournedos», weil es infolge seiner Kleinheit verschlungen werden kann, ehe der Kellner den Rücken kehrt? Nun sei Ihnen aber doch noch der deutsche Name verraten, er lautet: *Lendenschnitte*.

Der große Bruder des Beefsteaks heißt *Chateaubriand*. Er hat ein ziemliches Gewicht und hält sich selbst für hochnobel. Sein Taufpate war der französische Vicomte François René de Chateaubriand (1768-1848), der durch einige seiner schriftstellerischen Werke und mehr noch durch seine treue Liebe zu Madame de Récamier berühmt wurde. Aber nicht der große Herr selber war sein Erfinder, sondern dessen Küchenchef Montmireil.

Wie *à la Meunière* zubereitet wird, weiß jeder, der gerne Fische ißt. *A la Henri IV* bedeutet entweder etwas mit Huhn oder die Begleitung von *Sauce Béarnaise,* denn man nannte diesen genießerischen König auch *le Béarnais.* Daß *à la Bordelaise* und *à la Bourguignonne* mit Wein zu tun hat, liegt auf der Hand: Bei der ersten Art wird eine mit Mark, bei der zweiten eine mit Butter verfeinerte Rotweinsauce gereicht. Was *à la Mornay* ist, wird immer mit Käse überstreut und gratiniert, wozu es aber einer *Sauce Béchamel* bedarf. Brillat-Savarin, der berühmte Schlemmer, ist selbstverständlich auch verewigt: Was seinen Namen trägt, hat eine Garnierung von kleinen Törtchen mit Schnepfendreckaufstrich. Das kommt daher, daß dieser würdige Appellationsrichter oft zwei tote Schnepfen im Bratenrock bei sich trug, um sie nach vielen Tagen dunkelster Sackquarantäne – zuzubereiten: Erst dann hatten sie den so beliebten «Hautgoût». Nicht bekannt ist mir, ob er seinen Gerock zu einer kräftigen Geflügelbouillon auskochen ließ. Wo schwarze Trüffel auftauchen, heißt das Gericht *à la Périgourdine*, die weißen hingegen lassen sich *à la Piémont* anreden, denn hier ist die Heimat dieser knoblauchduftenden, der Göttin Venus erbötigen Bodenfrucht.

Ein strittiges Objekt aber führen die großen Speisekarten Frankreichs, nämlich den *Homard à l'Américaine*. Es gibt Leute, natürlich Hummerliebhaber, die sofort rote Köpfe bekommen, wenn sie im Zusammenhang mit Hummer den Namen *Américaine* nur schon hören, und sie ersuchen den Küchenmeister im beschwörenden Tone, dieses feudale Gericht doch nach seinem wirklichen Namen, nämlich *Armoricaine* zu nennen. Ein ganz schlauer Schlemmer lächelt still vergnügt vor sich hin, denn er glaubt zu wissen, daß diese Zubereitungsart *à la Provençale* heißen muß, wohingegen ein wohlbeleibter Herr, der seinen Stammbaum bis auf Taillevent zurückverfolgen kann, uns versichert, daß Rezept stamme doch aus der Bretagne, und alles andere sei fauler Zauber. Hier stehen wir nun vor einem Problem schwerwiegendster Natur, denn wenn nicht ganz genau festzustellen ist, wie man den Hummer richtig nennen muß, weiß man ja gar nicht, was man eigentlich gegessen hat. Das führt dann dahin, daß kein ehrlicher Gourmand mehr den Mut aufbringt, seinen Freunden zu gestehen, daß er in Paris für einen *Homard à l'Américaine* sämtliche Cabarets fahren ließ; denn wer wäre sicher, nicht ausgelacht zu werden? Nun, mir ließ das keine Ruhe, denn ich fühle mich für den Seelenfrieden aller ehrlichen Schlemmer mitverantwortlich, und so machte ich mich denn wie weiland «Old Shatterhand» auf die Spuren dieser streitsüchtigen Rothaut. Was Wunder, daß es mir an Überraschungen nicht minder mangelte wie Karl May?! Mir kam der klassische Satz eines Indianerromans in den Sinn: »Lautlos krachte ein Schuß, und wie vom Blitze getroffen fiel die verräterische Rothaut rücklings langsam auf den Bauch.» Ja, ja, aus meinem Hummer *à l'Américaine* wurde über *Armoricaine, Provençale* und *Bordelaise* ein Hummer auf ...italienische Art.

Doch nun sollen sie die Geschichte dieser Hummerplatte so erfahren, wie sie sich mir darstellt. Damit Sie genau im Bilde sind, will ich das Rezept, so wie es heute in der Regel gehandhabt wird, vorausschicken:

Der Hummer wird lebend zerschnitten, dann in heißem Olivenöl und etwas Butter geröstet. Dann wird das Fett abgegossen, und die gehackte Schalotte, sowie ganz wenig Knoblauch werden über die Hummerstücke gestreut. Nun wird Cognac, Weißwein, Fischbouillon, etwas Glace de Viande, Tomatenmus, gehackte Petersilie

Es war die erste Schönheit der Erde, die ihr den ersten Schlemmer gab.

(Aus: Grimod de la Reynière / Journal des Gourmands et des Belles, 1806)

und etwas Cayennepfeffer zugefügt und das Ganze dann etwa zwanzig Minuten gekocht. Hierauf werden die Hummerstücke aus der Bratpfanne genommen und die zurückbleibende Flüssigkeit mit den Weichteilen des Hummers (die vorher zur Seite gelassen wurden) und etwas Butter zu einer Sauce verareitet. Diese Sauce wird zum Schluß über die in einer tiefen Schüssel angerichteten Hummerteile gegossen. (Wir haben es demnach eigentlich mit einem Hummer-Ragout oder Hummer-Pfeffer zu tun, und zwar in einer primitiven Form.)

Ein ähnliches Rezept, mit kaum nennenswerter Abweichung, bringt der damalige Küchenchef des Lords of Chesterfield, Vincent de la Chapelle, in seinem aus vier Bänden bestehenden Meisterwerk *Le Cuisinier moderne,* das in den Jahren 1735-1736 erschien. Die Bezeichnung *à l'Italienne* scheint vollauf berechtigt, denn die Italiener führen bekanntlich eine Öl-Küche, anno dazumal die Vorraussetzung für die Erfindung eines solchen Gerichts. Genau hundertzwanzig Jahre später taucht diese Zubereitungsart auf der Karte des Restaurants Bonnefoy in Paris auf und nannte sich selbstverständlich *à la Bonnefoy.* Der zeichnende Küchenmeister war ein gewisser Constant Guillet, und da sein Hummer den Beifall Napoleons III. fand, war für den Absatz nichts mehr zu befürchten. Nicht ganz zwei Jahrzehnte später steht sie als Attraktion unter dem Namen *à l'Américaine* auf der Karte des Restaurants Noêl Peters, dessen Gründer, der Koch Fraisse, einige Jahre in Amerika gelebt hatte und auf den Zustrom zahlreicher Yankees rechnete. Wohl diesen zu Gefallen taufte er das Gericht *à l'Américaine.*

Jules Gouffé, ein hochbegabter Küchenmeister, der im Jahre 1867 ein Kochbuch herausgab, das in typographischer und kulinarischer Hinsicht Aufsehen hervorrief, bringt denn auch das alte und das neue Hummerrezept:

Homard à l'Américaine. *Man schneidet den Schwanz eines gekochten Hummers in Scheiben von einem Zentimeter Dicke, ordnet sie in Form eines Kranzes in einer Terrine an, schneidet das Fleisch der Scheren in kleine Würfel, mit denen man die Mitte des Kranzes füllt, bedeckt sie mit einer Sauce, die man auf folgende Weise bereitet: Man bringt in eine Kasserolle gehackte Schalotten, läßt sie zwei Minuten lang in Butter anbraten, gießt zwei Deziliter Weißwein hinzu, läßt einmal aufwallen, schüttet gleiche Teile dunkle Sauce (Espagnole) und Tomatenpüree sowie ein wenig Cayennepfeffer hinzu, läßt während fünf Minuten einkochen, streicht die Sauce durch ein Sieb, bedeckt die Hummerstücke damit und läßt sie zehn Minuten lang über sehr mildem Feuer heiß werden.*

Homard à la Provençale. *Man richtet einen frischen Hummer vor, daß heißt man zerschneidet ihn lebend, trennt die großen Scheren vom Körper, schneidet diesen und den Schwanz in drei oder vier Teile, je nach Größe, und bringt dies alles in eine Kasserolle mit Öl, Salz, Pfeffer, Thymian, Lorbeerblättern, Zwiebeln und einer*

Knoblauchzehe – schwenkt den Hummer um bis er kocht, nimmt, sobald er gar ist, die einzelnen Stücke heraus, entfernt alle Gewürzteilchen, die sich möglicherweise an demselben befinden, gibt dann in die Kasserolle Weißwein, dunkle Sauce (Espagnole) und ein Gläschen Rum oder Cognac, läßt die Sauce einkochen, streicht sie durch ein Sieb über die angerichteten Hummerstücke, die recht heiß serviert werden sollen.

Zwischen dem alten italienischen und diesem Rezept *à l'Américaine* besteht nur der Unterschied, daß Vincent de la Chapelle zum Ablöschen Champagnerwein verwendete und noch Champignons und Trüffel beifügte. Er gab auch etwas Zitronensaft bei, eine Zugabe, die auch bei anderen – so bei Ali-Baba und Escoffier (*Ma Cuisine,* 1934) – erwähnt wird. Das damalige Rezept *à la Provençale* aber ist tatsächlich unser heutiges *à l'Americaine.*

Doch woher kommt die Bezeichnung *Armoricaine?* Das ist ein Ausdruck, der fast nur den Geologen bekannt ist, denn wer außer ihnen weiß etwas von den armorikanischen Alpen, so genannt nach Armorika, der heutigen Bretagne? Die armorikanischen Alpen gehören in das paläozoische Zeitalter und sind längst verschwunden, nicht aber verschwunden sind die Sagen und Legenden. Wenn ein bretonischer Koch etwas *à l'Armoricaine* nennt, so will er damit sagen, daß dies ein uraltes Rezept ist, und es ist wahrscheinlich, daß die an und für sich einfache Zubereitungsart das Hausrezept bretonischer Fischer war, die natürlich weder Tomaten noch Olivenöl verwendeten. Nachdem mir einige tausend verschiedene Kochbücher durch die Hände gegangen sind, neige ich zur Ansicht, daß die hier geschilderte Präparation des Hummers ein Urrezept sein muß, das heißt, sie muß eine der ältesten Zubereitungsarten sein, die überhaupt bekannt sind. Bestärkt werde ich durch apicianische Rezepte, besonders durch das unter dem Namen *Locustas assas* aufgeführte.

Wo immer ich nun nachforsche, stoße ich auf ähnliche Rezepte. So ist ein altes Rezept für *Krebse nach Bordelaiser Art* nichts anderes als unser «amerikanisches» Rezept.

Es ist aber auf das bestimmteste nachzuweisen, daß provençalische Fischer ihre Langusten vor undenklichen Zeiten ähnlich zubereiteten. Sie nahmen weibliche Tiere, gaben ziemlich viel Knoblauch, aber sehr wenig oder gar keinen Cognac bei. Die Weichteile verarbeiteten sie im Mörser, indem sie noch Eigelb beimischten und so eine Art Mayonnaise daraus machten. Diese dicke Sauce vermengten sie dann mit der heißen Grundsauce und übergossen die Langustenstücke damit.

Und nun soll ich in diesem kulinarischen Wettstreit ein salomonisches Urteil fällen? Wohlan, es sei: Ich beharre auf der Bezeichnung *à l'Américaine,* und zwar aus verschiedenen Gründen. Erstens ist das Rezept in seiner kulinarischen Zusammensetzung amerikanisch einfach, zweitens ist es unter diesem Namen erst weltberühmt geworden, und drittens – und hier sage ich: last not least! – ist es unter dieser Bezeichnung durch ein Gedicht von Charles Monselet, einem berühmten Meister der Gabel des zweiten Empire, verewigt worden. Auch dieses Gedicht soll der Vergessenheit entrissen werden!

Prologue

Prenez un beau Homard, puis sur sa carapace
Posez une main ferme, et, quelques sauts qu'il fasse,
Sans plus vous attendrir à ces regrets amers,
Découpez tout vivant ce cardinal des mers.

Recette

Projetez tour à tours dans l'huile
Chaque morceau tout frémissant,
Sel, poivre, et puis – chose facile –
Un soupçon d'ail en écrasant,
Du bon vin blanc, de la tomate,
Des aromates à foison,
Se mèleront à l'écarlate
De la tunique du poisson.
Pour la cuisson, c'est un moyenne,
Trente minutes à peu près.
Un peu de glace et de Cayenne
Pour la finir, et puis – c'est prêt.
Que de cette sauce alléchante,
Des voluptés maisse l'essaim
Et que, si bonne et si tentante,
Elle fasse damner un Saint.

Epilogue

Car plus d'une beauté rigide
Au tête-à-tête familier
Succombe après ce plat perfide
En cabinet particulier.

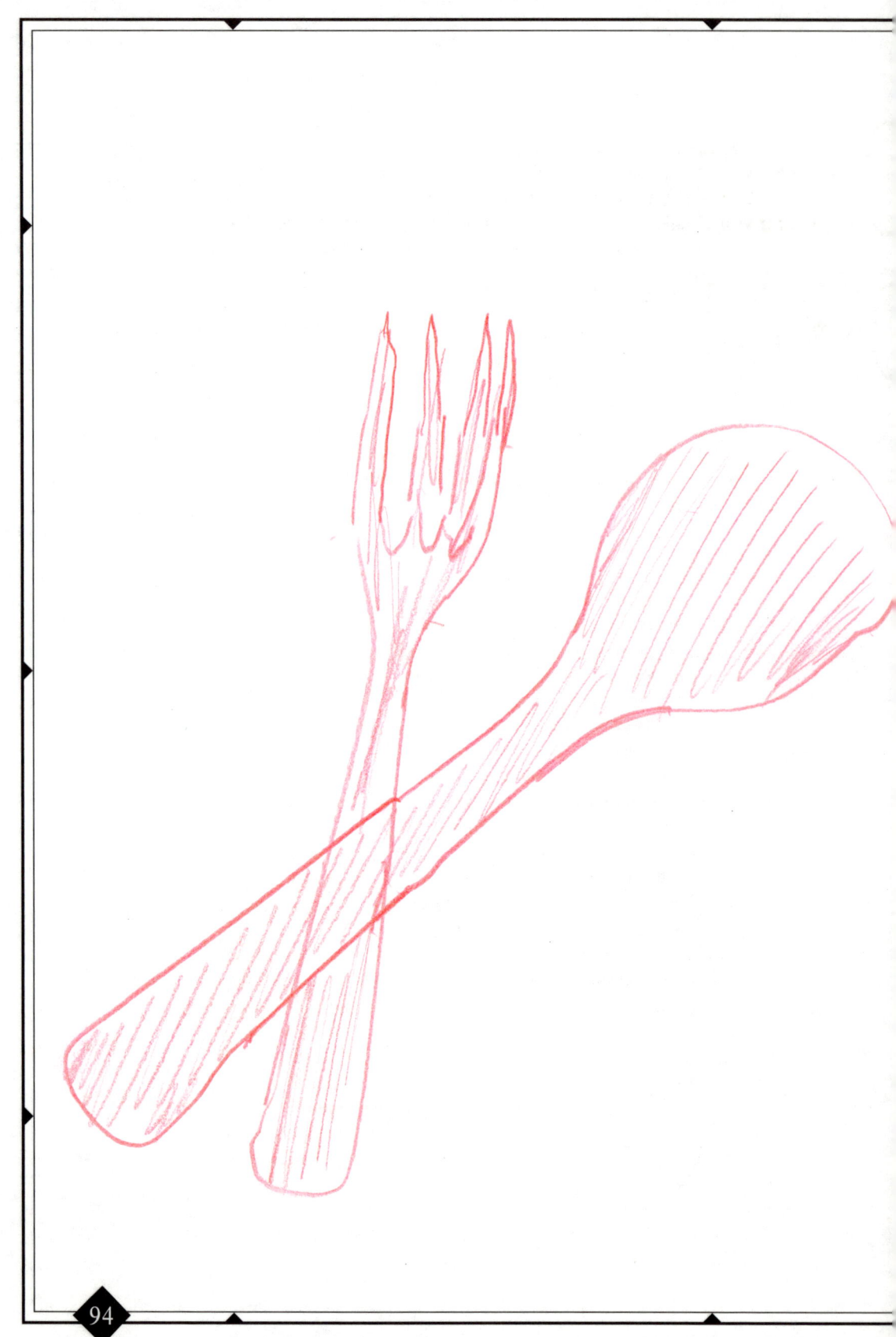

DIE LITERATUR
DES GAUMENS

In Anbetracht ihres Schrifttums steht die Gastronomie – von Montaigne *La science de gueule* genannt – stolz inmitten aller anderen Wissenschaften. Denn auch sie besitzt frühe Handschriften und Inkunabeln, weltberühmte Klassiker und selbst verschollene Autoren. Ja sie kann sich sogar rühmen, daß die größten Geister aller Zeiten und Zonen ihr wohlgesinnt waren und Beträchtliches zu ihrem Lobe beigetragen haben. Immerhin – und das könnte für den bibliophil Gesinnten ein Hinderungsgrund sein– ist sie nicht besonders reich an alten Vorzugsausgaben, wie wir sie von anderen Gebieten her bis zur Sattsamkeit kennen. Prunkstücke sind unter der gastronomischen Literatur im Verhältnis zu ihren unzähligen Veröffentlichungen spärlich; aber nicht nur das: Auch guterhaltene, saubere Exemplare gehören zu den Seltenheiten. Das läßt sich durch die Bestimmung dieser Bücher leicht erklären, denn ein Band, der sein Dasein in einer rauch- und dampferfüllten Küche oder in einem feuchten, moderigen Keller verbracht hat, kann den Lauf der Jahrzehnte und Jahrhunderte unmöglich so heil überstehen, wie das in einer Bibliothek sorgsam eingereihte Buch. Andererseits sind es vielleicht gerade diese Schwierigkeiten, die den kulturgeschichtlich Interessierten verlocken, «Gastronomica» zu sammeln; so hört man denn von vereinzelten Liebhabern, die ganz erstaunliche Schätze zusammenbrachten.

Einer der Größten, wenn nicht der Größte überhaupt, war der Gründer der französischen bibliophilen Gesellschaft, Baron Jerôme de Pichon. Dieser hochgebildete Sammler hat uns nicht nur die Geschichte des ersten französischen Kochbuches hinterlassen und uns mit dessen Verfasser, Guillaume Tirel, bekanntgemacht, sondern auch eine Kollektion von gastronomischen Kostbarkeiten zusammengebracht, die schlechthin nicht mehr zu überbieten sein wird. (Die Sammlung wurde später aufgelöst und ging in den Besitz verschiedener Liebhaber über; das Sammlerglück, ohne das man nie zu einer schönen Kollektion kommt, hat einige seiner berühmtesten und wertvollsten Bücher in meine Regale gezaubert.) Pichons größtes Verdienst aber war, daß er George Vicaire, dem damaligen Direktor der französischen Nationalbibliothek, ermöglichte, auf Grund seiner Sammlung die *Bibliographie gastronomique* (1890) zu schreiben, ein Handbuch, das trotz allen Unzulänglichkeiten auch heute noch gesucht und geschätzt wird.

Es ist aufschlußreich, hier festzustellen, daß es gerade Bibliophile waren, die zur Erforschung der gastronomischen Urliteratur und damit indirekt zur Hebung der Kochkunst Bedeutendes beigetragen haben. Hier drängt sich die Frage nach dem ältesten Kochbuch der Welt auf, und damit schwimme ich schon in meinen Lieblingsgewässern.

Wie uns Athenäus, ein schreibfleißiger Rhetor, in seinem im 3. Jahrhundert entstandenen *Gastmahl der Gelehrten* überlieferte, gab es bereits im perikleischen Zeitalter einige ausgezeichnete Kochbücher. Leider ist uns nicht eine einzige Seite davon erhalten geblieben, und so entziehen sie sich unserm Werturteil. Trotzdem gelingt es Athenäus, uns auf die richtige Fährte zu setzen, und zwar mit folgendem Hinweis:

> *Der Dichter Archestratos war mit einem der Söhne des Perikles befreundet. Er hatte die Länder und Meere durchstreift, um ihre vorzüglichsten Erzeugnisse aus eigener Anschauung kennenzulernen; auf diesen Reisen unterrichtete er sich aber nicht über die allgemeinen Sitten der Völker, denn diese Kenntnis ist unnütz, da die Sitten sich doch nicht ändern lassen, sondern er besuchte die Küchen, die Geburtsstätten der Hochgenüsse der Tafel, und verkehrte nur mit solchen Leuten, die für sein Vergnügen von Vorteil waren. Sein Gedicht* Hedypatheia *(Gutesserei) ist eine Fundgrube des Wissens und enthält keinen Vers, der nicht eine Vorschrift wäre. Nicht wenige Köche haben aus diesem Born die Gründe einer Kunst geschöpft, die ihnen dann die Unsterblichkeit verliehen hat.*

Wir ersehen hieraus, daß die Lehren des Archestratos damals noch befolgt wurden, und daß es Köche gab, deren Namen man für unsterblich hielt, von denen wir aber trotzdem heute rein nichts mehr wissen, ein Beweis, daß unser Wissen um die gastronomische Entwicklung nicht ohne Lücken sein kann. Das Gedicht des Archestratos war lange Zeit verschollen. Im späten Mittelalter wurden jedoch sechzig Fragmente davon entdeckt und gaben Anlaß zu gelehrten Diskussionen und Forschungen. Georges Vicaire erwähnt in seiner *Bibliographie* eine Ausgabe aus dem Jahre 1846 in der griechischen Ursprache mit der lateinischen Übersetzung. Anscheinend war ihm nicht bekannt, daß bereits dreiundzwanzig Jahre früher, nämlich im Jahre 1823 ein italienischer Philologe eine ausgezeichnet kommentierte Übersetzung veröffentlicht hatte. Archestratos soll nach den Angaben dieses Übersetzers (Domenica Scinà) von Siracusa gebürtig gewesen sein, einer Stadt, aus der damals die berühmtesten Köche stammten.

Die Gedichtfragmente sind sehr aufschlußreich und lassen den Gegensatz zwischen der damaligen griechischen Kochweise und der späteren römischen so recht zutage treten. Archestratos setzt sich für eine ganz natürliche, kaum gewürzte Kocherei ein, so wie wir das heute wiederempfehlen. (Bekanntlich schmissen die Römer die Gewürze recht bedenkenlos in ihre Töpfe.) Die meisten Verse befassen sich mit den Fischen, was natürlich scheint, da die Griechen ein seerfahrendes Volk waren und demgemäß über einen großen Fischreichtum verfügten. Ausgezeichnete Brotrezepte sind angegeben, eine Anweisung, wie man Hasen zubereiten soll usw. Ich habe dieses eigenartige Kochbuch mehrere Male durchgelesen und bin zu der Überzeugung gelangt, daß der Verfasser ein ganz hervorragender Feinschmecker, vielleicht sogar ein großartiger Dichterkoch war. Seine Lehren sind erst nach zweitausend Jahren befolgt worden, denn was er anstrebte und wollte, ist nichts anderes als das, was unser Meister Escoffier schließlich erreichte: Nämlich eine Kochkunst, die den natürlichen Geschmackaromas voll Rechnung trägt und jede Speise so auftragen läßt, wie man dies ihrer Natur nach erwarten darf.

Archestratos ließ große weiße Fische in einem Sud kochen, der sich nicht ein Jota vom heutigen Rezept unterscheidet. Mir tauchte die Vermutung auf, daß wir, wenn wir die allerfrühesten, also die verlorengegangenen Kochbücher entdecken würden, sehr wahrscheinlich etliches hinzulernen könnten. Wer sich etwas mit der Antike befaßt, wird immer wieder mit Staunen den Schönheitssinn jener Menschen bewundern müssen, und daß die gleichen Leute ausgerechnet auf dem Gebiet der Kochkunst nur Absurdes – von uns aus gesehen – geleistet haben sollen, will mir nicht in den Sinn. Archestratos' Gedicht birgt noch mehr Geheimnisse, als es preisgibt. Wer aber wird sie je enthüllen können?

Die römischen Schlemmer der Kaiserzeit behaupteten sogar, daß der Philosoph Epikuros seine ganze Lehre auf Grund der *Hedypatheia* aufgebaut habe, was natürlich barer Unsinn ist. Möglicherweise enthielten die verloren gegangenen Teile des Gedichtes konkrete Angaben über die Grundgesetze der Gastronomie und Hinweise zur Erhöhung der Lebensfreude.

DAS KOCHBUCH DER RÖMISCHEN KAISERZEIT

Das Apicius-Kochbuch wurde seit seiner Wiederentdeckung im 15. Jahrhundert als das älteste Kochbuch angesehen, das uns vollständig überliefert worden ist. Heute wissen wir, daß diese Annahme ein Trugschluß war. Die

Titelbild der Amsterdamer Apicius-Ausgabe von Martin Lister, 1709

romantische Geschichte dieses Kochbuches sei hier erzählt.

Unter Kaiser Tiberius (42 v. Chr. bis 37 n. Chr.) lebte in Rom ein überaus reicher Mann namens Markus Gavius Apicius. Nach Athenäus soll er ein fanatischer Liebhaber von Krebsen gewesen sein. Als er einst vernahm, daß man an der afrikanischen Küste besonders große Exemplare dieser Schaltiere fange, ließ er ein Schiff ausrüsten und segelte dorthin. In der Nähe der Küste ruderten Fischer an sein Schiff und brachten ihm ihre Beute. Da er nun feststellen mußte, daß die Krebse seiner Heimatstadt Minturae bedeutend größer waren, drehte er um, ohne nur den Fuß an Land gesetzt zu haben. Er soll an Kaiser Trajan, als dieser in Parthien weilte, Austern geschickt haben, welche er durch ein eigenes Verfahren haltbar gemacht habe. (Im Apicius-Kochbuch steht tatsächlich ein Rezept, wie man Austern für einige Tage haltbar macht: *Ostrea ut diu durent.* Nach diesen knappen Angaben soll man ein Essigfaß mit Pech ausräuchern, dann wieder mit Essig auswaschen und nun die Austern hineingeben. Das wird allerdings kaum ausgereicht haben, um lebende Austern frisch zu halten. Entweder mußte man das Faß mit Meerwasser auffüllen, wie diese Muscheln auch heute noch verschickt werden, oder dann mußte man sie aus der Schale nehmen und marinieren. Man hatte damals aber schon Schiffe, die speziell für den Transport solcher Muscheltiere eingerichtet waren.)

Nach Athenäus soll Apicius zahlreiche Speisen, besonders aber Käsekuchen und dergleichen, erfunden haben. Solche Rezepte finden sich denn auch in seinem Buch, so unter anderem: *Sala cattabia Apiciana,* eine Art Galantine, *Patina Apiciana,* gefüllte Pfannkuchen, *Minutal Apicianum,* ein Füllsel, ähnlich dem, das wir in unsere Königin-Pastetchen füllen, und *Ofellas Apicianas.* Dies sind *paupiettes de porc* oder, wie man in der Schweiz sagt, Schweinefleisch-Vögel. Glücklicherweise nennen die Deutschen dieses Gericht *Schweins-Roulade,* wofür wir ihnen unsere Anerkennung zollen, denn «Schweins-Roller» könnte doch zu Verwechslungen Veranlassung geben.

Was uns nun bei Athenäus befremdet, ist, daß er mit keinem Wort das Kochbuch des Apicius erwähnt, wo er doch sonst alle ihm bekannten Schriftsteller und Dichter namentlich aufführt. (Von Einzelnen unter ihnen hätten wir ohne ihn überhaupt keine Ahnung.) Es ist klar, daß dieser Umstand viel Kopfzerbrechen verursachte und die Ansicht aufkommen ließ, der Verfasser des Buches sei gar nicht Apicius, sondern es sei von einem Koch geschrieben worden, der als Titel einfach den Namen des berühmten Mannes, nämlich Apicius, wählte. Bestärkt wurden die

---

Legende zu umseitigem Bild: Titelblatt der berühmten Erstausgabe des «Gastmahls der Gelehrten» von Athenäus; Venedig bei Aldus Manutius 1514.

ΑΘΗΝΑΙΟΥ δειπνοσοφιστοῦ τὴν πολυμαθεστάτην πραγματείαν τἀῶ ἔξεστί σοι φιλολόγε μικρῶ
περιαμβίῳ πολλῶν τε καὶ μεγάλων καὶ ἀξιομνημονεύτων καὶ θαυμαστῶν καὶ ποικίλων καὶ δαι-
δάλων καὶ γλαφυρῶν καὶ ὧν ἴσως πρότερον οὐκ ἤδεις, ἐς γνῶσιν ἐλθεῖν. καὶ ὅλως τῶν τῆς
ἑλληνικῆς παιδείας ἀκρόπολιν ἢ δυσευρέτων κειμηλίων ἐγκρατῆ γενέσθαι. τῶν
δὲ βιβλίων πεντεκαίδεκα τὸν ἀριθμὸν ὄντων, τὰ μὲν τελοσκαίδεκα, ὅλος φῂ.
τὸ δέ τοι πρῶτον ἢ δεύτερον ἐπιτετμημένα σοι παρέχομεν. ἀκέφαλα
σώματι κεφαλὴν ἀνακαθέντες ἱππῆναι κολοβῶ. εὐρεῖν οὖν
ἔστιν ἀγωνισμένον τὸ ταυτὶ τὰ συγγράμματ᾽ ἀπειλεγμέ-
νους, μάλιστα μὲν τοῖς παρ᾽ ἡ Ἄλδοι ἂν πολυμαθὲς
τε καὶ πολυγράμματι εὐχερεισῖ. οὐχ ἥ-
κιστα δὲ καὶ μονσούρῳ τῷ διδασκάλῳ.
τῷ δὴ καὶ μὴ παντί πασιν ἰσομ-
μίσῳ τὰντίγραφον τὸνδὲ
τῶν τύπων ἀνηκέ-
στοις ἕλκεσι
πολλα-
χῆ
διεφθο-
ρός,
ἀλλ᾽ εἴω
πολλὰ μὲν μω-
ριάδας διορθώσαντι
σφαλμάτων πολλοὺς δὲ στί-
χους τῶν παρεισαγομένων κατὰ τὸ
λογάδην πρότερον ἀνηγνωσμένους
καὶ χύδην, εἰς τὴν προσήκουσαν τῆς ἐμμέτρου
τάξεως ἀνενεγκόντι ἀπονητὶ μεταστῆσαι γε, χάριτι εἰδόρωι.

ALDVS · · M · R ·

Verfechter dieser These noch dadurch, daß das Buch im Mittelalter unter dem Titel *Apitii Celii de re coquinaria libri decem* gedruckt wurde. Da nun aus der Römerzeit kein Apicius mit dem Vornamen Coelius bekannt war, lag es nahe, anzunehmen, der Name des Verfassers sei eben Coelius gewesen. (Diesem Irrtum fiel auch ich in *Zweitausend Jahre gastronomische Literatur,* Zürich 1942, Seite 4, zum Opfer.)

Daß unser Apicius, also der Markus Gavius, wirklich der Verfasser war, können wir anderen Quellen entnehmen. Vor allem steht einmal fest, daß er sich als Lehrer der Kochkunst betätigte. Er hielt über die den damaligen Beherrschern der Welt so liebe Kunst Vorträge. Seneca und Martial erwähnen ihn, und der erstere gibt uns sogar Näheres über seinen Tod bekannt. Er soll über hundert Millionen Sesterzien verpraßt haben; als er nur noch zehn Millionen übrig hatte, was etwa soviel war wie heute eineinhalb Millionen Schweizerfranken, veranstaltete er ein Prunkmahl, um sich am Schluß zu vergiften (veneno vitam finivit), und zwar aus lauter Angst, einmal Hungers sterben zu müssen. Spartianus Aelius spricht nicht von einem, sondern von mehreren Büchern des Apicius, und aus einzelnen Hinweisen bei einer ganzen Anzahl älterer Schriftsteller kristallisiert sich heraus, daß er ein Buch über Saucen (qui scripsit de iuscellis) und vielleicht noch ein anderes über Eingemachtes (Gewürztes) geschrieben hat, möglicherweise sogar noch ein drittes über Prunkgerichte – was ja nahe liegt.

Wie dem nun auch sein möge, Tatsache ist, daß keines dieser Bücher in der Urfassung überliefert worden ist, was umso erstaunlicher ist, als das Buch – oder die Bücher – des Apicius sehr verbreitet gewesen sein müssen.

Den ersten authentischen Bericht über das Buch erhalten wir im 15. Jahrhundert. Papst Niklaus V. schickte damals Enoch von Ascoli nach Deutschland, um dort nach alten Manuskripten Ausschau zu halten und diese womöglich nach Rom zu bringen. Anhand einer im Jahre 1417 aufgenommenen Liste wußte er, daß im Kloster von Fulda eine Apicius-Handschrift aus dem 9. Jahrhundert lag. Diese Handschrift nahm er mit, und es steht fest, daß sie in der Folge mehrere Male kopiert wurde. Für uns muß nun dieses Manuskript als Archetypus gelten, denn eine ältere Schrift mit dem gleichen Text wurde bis heute nicht entdeckt. Nun war dieses Dokument aber sechshundert Jahre vorher schon nicht mehr vollständig, und zwar war die Titelseite stark beschädigt, was dann zu einem grundlegenden Irrtum führen sollte.

Auf der Titelseite stand folgendes:

INCP

API

CAE

Irgend ein Humanist ergänzte diesen Titel und las:

INCIPIT
APItii
CAElii, libri decem

und so wurde ein «Caelius» geboren, der aber niemals Wirklichkeit war.
Nach den ausgedehnten Studien, die besonders im vergangenen und diesem Jahrhundert erfolgten, (Vollmer, Giarratano, Brandt und andere) muß
man diesen Titel aber folgendermaßen lesen:

INCIPIT
APICII ARTIS MAGIRI
CAE, libari decem

Für uns also: «Die zehn Bücher des Apicius über die Kochkunst».
Während nämlich in der Handschrift der Name des Apicius bei jedem
Buche genannt wird, ist ein «Caelius» mit keiner Silbe erwähnt; damit
bricht die Theorie zusammen, daß ein Koch diesem Buch den Titel «Apicius» gegeben habe. Untermauert wird diese Erkenntnis durch einen
anderen Fund, nämlich die sogenannten Exzerpte des Vinidarius, welche
im 8. Jahrhundert nach einer leider verschollenen Urschrift aus dem 5.
Jahrhundert angefertigt worden sind. Der Titel dieser Ausgabe heißt: *Apici
Excerpta A Vinidario Vir Inlustri*. Dieser «berühmte Mann» erwähnt also
auch keinen «Caelius». Aufschlußreich ist übrigens noch, daß in dieser
Schrift einunddreißig Vorschriften enthalten sind, welche im *Apicius*, wie
wir ihn kennen, nicht vorkommen.

Die Fuldenser Handschrift wurde noch mehrere Male kopiert; im ganzen sind heute bestimmt dreizehn alte Kodizes vorhanden, von denen
allein drei in der *Vaticana* stehen.

Welche Unterschiede bestehen nun zwischen der wirklichen Urschrift
– oder, falls es mehrere waren, den Urschriften – des Apicius und der
Handschrift aus dem Kloster von Fulda? Erstens ein sprachlicher, denn
das Latein der Handschrift ist stark verderbt, wie die Forscher nachweisen
konnten, so daß es unmöglich von Apicius stammen kann. Zweitens ein
kulinarischer: Viele Vorschriften sind nach Menschen benannt, die erst
viel später lebten; sie können daher auch nicht von Apicius stammen.
Zudem war Apicius ein großer Schlemmer, wie wir auf das bestimmteste
wissen, in diesem Buche aber geht es recht hausbacken zu. Drittens ein
textlicher: Viele Vorschriften sind wiederholt, einige an der falschen Stelle
eingesetzt, und andere Rezepte sind so konfus, daß niemals ein Lehrer
der Kochkunst sie verfaßt haben kann.

Wie aber entstand nun dieses Kochbuch, so wie wir es heute vor uns
haben? Nach Edward Brandt, einem Schüler Vollmers, wird sich die
Entstehung wie folgt abgespielt haben:

*Gegen Ende des vierten Jahrhunderts unserer Zeitrechnung faßte jemand den
Entschluß, aus dem berühmten Kochbuch des Apicius, dessen Rezepte nur der*

feinen Herrschaftsküche zugute kamen, ein brauchbares, allen Bedürfnissen entge-
genkommendes Handbuch zu machen. Um diesen Zweck zu erreichen, machte er
Auszüge aus dem Apicius-Buch, aus einem bäuerlichen Handbuche, und, da ihm
dies noch nicht genügte, machte er sich noch an ein medizinisches Werk. Mit diesen
verschiedenartigen Auszügen erreichte er folgendes:

1. Reiche Vorschriften, nach denen Prunkmahle für die fürstliche Tafel angerich-
tet werden konnten.

2. Zahlreiche einfachere Vorschriften zur Alltagskost für Bürger und Bauer.

3. Vorschriften über die Bereitung von Geräten und das Konservieren von Nah-
rungsmitteln, ähnlich denen, wie sie heute bei uns von Frauen-Zeitschriften veröf-
fentlicht werden.

4. Vorschriften über Krankenkost und alle möglichen Hausmittelchen.

5. Rezepte, die nach berühmten Schlemmern, Kochkünstlern, Kaisern usw. be-
nannt waren. Dies sollte ihm wohl den Anstrich eines «Kochkunst-Buches» geben.

Wer nun dieser Bearbeiter war, konnte niemals festgestellt werden. Brandt
skizzierte seine Persönlichkeit wie folgt:

1. Er war nicht literarisch gebildet. Seine Sprache war das Volkslatein.

2. Auch seine Kenntnis der griechischen Sprache reichte nicht in höhere literari-
sche Gebiete.

3. Er verstand auch nichts von der Kochkunst, wie aus der Verwechslung der
Muschel mit der Artischocke hervorgeht.

4. Die vielfachen Wiederholungen und die Verweise ohne Bezug zeigen, daß ihm
auch der nötige Überblick über die Materie abging.

5. Seine Kenntnis ärztlicher Schriften und sein Eifer für diätetische Vorschriften
lassen vermuten, daß er Arzt gewesen ist.

Nach Brandt muß sich der Bearbeiter aber ebenfalls schon auf einen
älteren *Apicius* gestützt haben, also nicht auf die beiden ihm zugeschriebenen
Urschriften. Wir haben es daher bei dem uns vorliegenden, so berühmten
Kochbuch aus der römischen Kaiserzeit in Wirklichkeit mit einem stark
«verwässerten» Text zu tun, dessen Quellen während einiger Jahrhunderte
sprudelten. Der Hauptteil der wirklichen Kochvorschriften aber darf doch
auf unseren verehrten Oberschlemmer Apicius zurückgeführt werden.

Wenden wir uns nun dem Text zu: Die zehn Bücher tragen folgende
griechische Titel:

I. Epimeles:	*(Küchenregeln, Hausmittel, Gewürze. Was ein tüchtiger Koch wissen muß.)*
II. Artoptus:	*(Gehacktes, Ragouts usw. Spätere Bearbeiter schrieben «Sarcoptes», was dem Inhalt gerechter wird. Ich halte mich hier an den Venezianer-Druck aus dem Jahre 1503.)*

III.	Cepuros:	*(Von den Küchenkräutern. Der Gärtner)*
IV.	Pandecter:	*(Von allem etwas.)*
V.	Osprion:	*(Von den Gemüsen.)*
VI.	Tropheter:	*(Vom Geflügel. Hier müßte eigentlich «Aeropetes» stehen. Diese Bezeichnung finde ich erstmals bei Hummelberg. Zürich 1542)*
VII.	Polyteles:	*(Prunkgerichte. Schlemmereien.)*
VIII.	Tetrapus:	*(Von den Vierfüßlern.)*
IX.	Thalassa:	*(Allerlei aus dem Meere.)*
X.	Halieus vel halieuticon:	*(Von Fischen mancher Art.)*

APICIANISCHE REZEPTE

Es wäre nicht nett von mir, würde ich meine Leser nun nicht noch einen kleinen Blick in den Apicius werfen lassen, womit allerdings keine Aufforderung verbunden ist, die Vorschriften auch auszuprobieren.

Ut carnem salsam dulcem facias: *Carnem dulcem salsam facies si prius in lacte coquas & postea in aquam.*

Wie man versalzenes Fleisch wieder genießbar macht: *Wenn man es zuerst in Milch kocht und nachher in Wasser. (Dies ist eine Erkenntnis, die heute noch Gültigkeit hat und mancherlei Anwendung findet.)*

Tubera ut diu serventur: *Tubera quae non vexaverit componis in vas alternis scobem siccam mittis & gipsas & loco frigido pones.*

Wie man Trüffel haltbar macht: *Die Trüffel dürfen nicht mit Wasser in Berührung kommen. Man lege sie schichtenweise in einen Behälter mit trockenem Sägemehl. Den Behälter (Faß) vergipst man und stellt es an einen kalten Ort.*

Patina quotidiana: *Cerebella elixata teres, tum piper, cuminum, laser cum liquamine, caraenum cum lacte & ovis ad ignem lenem vel ad aquam calidam coques.*

Ein Alltagsgericht: *Mache einen Teig aus gekochtem Hirn, würze mit Pfeffer, Kümmel, Würzextrakt, Bouillon, eingekochtem Wein, Milch und Eiern. Pochiere es im Wasserbad oder über kleinem Feuer. («laser», der Würzextrakt, war eine scharfe Kräutersauce, von den Griechen «Silphion» genannt, hergestellt aus einem uns unbekannten Kraut. Manche Apicius-Bearbeiter glaubten, es sei asa foetida, unser «Teufelsdreck», gewesen.)*

Ius in pisce elixo: *Piper, ligusticum, petroselemium, origanum, cepam aridam: mel, accetum, liquamen, vinum, oleum modice: cum bulleriet, amylo obligas et in lance inferes.*

Sauce für gekochten Fisch: *Pfeffer, Liebstöckel, Petersilie, Majoran, getrocknete Zwiebeln, Honig, Essig, Bouillon, Wein und ein wenig Öl koche zu einer Tunke. Kocht es, so binde die Sauce und gieße sie (über den Fisch) in die richtige Platte.*

APICIANA

Um das Bild abzurunden, wenden wir uns noch den gedruckten Ausgaben des Apicius-Kochbuches zu. Daß das Auftauchen dieses Buches nicht nur für die Humanisten, Philologen und Ärzte eine Sensation bedeutete, sondern auch die Jünger der schwarzen Kunst interessierte, darf uns nicht verwundern. Tatsächlich ist unser Buch zu keiner Zeitepoche aus dem Brennpunkt sprachlicher und kulinarischer Forschung verdrängt worden, und eine kleine Bibliographie scheint mir daher aufschlußreich. die nachfolgende Aufstellung basiert auf wirklich nachweisbaren Ausgaben, nach dem neusten Stand der Forschung:

Nr. 1 *Mailand 1498.*

Nr. 2 *Venedig, um 1500.*   *(Wird oft als die erste Ausgabe angesprochen und soll zwischen 1483-86 gedruckt worden sein. Beweise fehlen aber. Der Gesamtkatalog der Wiegendrucke setzt diese Ausgabe auch an zweite Stelle.)*

Nr. 3 *Venedig 1503.*

Nr. 4 *Basel 1541.*   *(Bearbeitet von Alban zum Thor.)*

Nr. 5 *Lyon 1541.*   *(Die gleiche Ausgabe wie oben.)*

Nr. 6 *Zürich 1542.*   *(Bearbeitet von Gabriel Hummelberg, erschienen bei Froschauer.)*

Nr. 7 *London 1705.*   *(Bearbeitet von Martin Lister.)*

Nr. 8 *Amsterdam 1709.*   *(Basiert auf der obigen Ausgabe.)*

Nr. 9 *Marktbreit 1787.*   *(Bearbeitet von Johannes Bernhold, basiert teilweise auf der zweiten Listerschen Ausgabe.)*

Nr. 10 *Lübeck 1791.*   *(Gleiche Ausgabe wie oben.)*

Nr. 11 *Ansbach 1800.*   *(Bearbeitet von Ed. Bernhold.)*

Nr. 12 *Venedig 1852.*   *(Bearbeitet von G. Baseggio. Erste italienische Ausgabe.)*

Nr. 13 *Heidelberg 1867.*   *(Bearbeitet von Chr. Theophil. Schuch.)*

Nr. 14 *Heidelberg 1874.*   *(Gleiche Ausgabe wie oben.)*

Nr. 15 *Leipzig 1909.*   *(Bearbeitet von Richard Gollmer. Erste deutsche Übersetzung; Rezepte «stilisiert».)*

Nr. 16 *Leipzig 1911.*   *(Bearbeitet und ins Deutsche übersetzt von Eduard Danneil.)*

Nr. 17 *Leipzig 1922.*   *(Wissenschaftliche Ausgabe von C. Giarratano und Fr. Vollmer in lateinischer Sprache.)*

Nr. 18 *Paris 1933.*   *(Erste französische Übersetzung, bearbeitet von Bertrand Guégan.)*

Nr. 19 *Chicago 1936.*   *(Erste englische Übersetzung von J. D. Vehling.)*

Außer diesen Abdrucken und Übersetzungen gibt es noch eine ganze Reihe von wissenschaftlichen Beiträgen, die alle versuchen, Licht in das Dunkel der apicianischen Küche zu bringen. Apicius ist die gleiche Ehre zuteil geworden, wie den ganz großen Klassikern; eine erfreuliche Feststellung für den Berufskoch.

DAS BUCH VON DER ERLAUBTEN WOLLUST DES LEIBES

Ehe man die apicianischen Texte der Druckerpresse übergab, war in Italien schon ein Buch erschienen, das große moralische Diskussionen hervorrief und möglicherweise deswegen zu einem Welterfolg wurde. Der Verfasser war der päpstliche Bibliothekar Bartholomeus Sacchi, genannt Platina di Cremona, welcher von 1421-1481 lebte. Das Werk nannte sich *De honnesta voluptate et valitudine*, was wir übersetzen: «Von der ehrbaren Wollust und dem Wohlbefinden.»

Die erste datierte Ausgabe erschien im Jahre 1475, also noch zu Lebzeiten des Verfassers. Es existieren aus dieser Zeit aber noch zwei undatierte Ausgaben, von denen man annehmen kann, daß sie vorher erschienen sind, die eine etwa 1474, die andere ebenfalls im Jahre 1475.

Dieses Werk ist also das erste gedruckte Buch der Welt, das sich mit kulinarischen Dingen befaßt; trotzdem ist es aber kein eigentliches Kochbuch. Merkwürdigerweise ist es auch in *libri decem* eingeteilt, was mich vermuten läßt, daß Platina durch Apicius inspiriert wurde. Bestärkt werde ich in dieser Ansicht durch den ganzen Aufbau, der systematischer ist als bei unserem *Apicius*. Es wäre nicht ausgeschlossen, daß Platina eine bessere Handschrift zur Verfügung hatte; einen sicheren Anhaltspunkt hierfür haben wir allerdings nicht. In seiner Schrift beruft sich Platina auf zahlreiche frühe Schriftsteller, unter anderen auf Cato, Columella, Plinius, und erwähnt auch unseren «Celius Apitius» als einen Mann von großer Erfahrung. Stutzig macht mich der Vorname «Celius». Die Fuldenser Handschrift lag damals schon im Vatikan, vielleicht mit einer ergänzten Titelseite. Sicher ist auf jeden Fall, daß der Irrtum über die Autorschaft

Latine en fran/

corps tresutile & necessaire pour le corps humain qui traicte de hôneste volupte et de toutes viandes et choses que lôme menge/quelles vertus ont/et en quoy nupsent ou prouffitêt au corps humain/et cômet se doyuent apprester ou appareiller/et de faire a chascune dicelles viandes soit chair ou poysson sa propre saulce/& des proprietes & vertus que ont lesdites viandes/ Et du lieu et place côuenable a lôme pour abiter/ et de plusieurs aultres gentilesses par quoy lomme se peult maintenir en prosperite et sante sans auoir grât indigêce dauoir aultre medicin sil est homme de rayson.

schon passiert war, sonst hätte Platina kaum von einem «Celius» schreiben können.

Platinas Werk ist ebenfalls ein Hausbuch und beginnt richtigerweise mit dem Wohnen der Menschen. «Wie man sich den Wohnplatz aussucht» heißt das erste Kapitel, «Vom Vergnügen und Spiel» ein anderes, «Vom Schlaf» ein drittes, während ein weiteres dem Beischlaf gewidmet ist. Er beruft sich hier auf Hippokrates, nach dessen Meinung jede Übertreibung schädlich ist. Anschließend kommt ein Kapitel über den Koch, an welchen er die gleichen Ansprüche stellt, wie wir sie in einem früheren Abschnitt dieses Buches geschildert haben.

Nun kommt der Tafelservice an die Reihe, dann das Salz, das Brot und anschließend eßbare Dinge, die man zu Beginn der Mahlzeiten ißt.

Der weitere Inhalt führt uns nun durch alle Gebiete der Kochkunst, nämlich der Suppen, Saucen, Gemüse, Fische, Braten, Torten, Früchte usw. Platinas Angaben erschöpfen sich meistens damit, daß er angibt, was man mit den betreffenden Rohstoffen machen kann, wozu sie gut oder schlecht seien, und was dieser oder jener früher einmal darüber geschrieben hat. Richtige Gebrauchsrezepte sind selten. So war das Werk wohl ein Hilfsbuch für Köche, aber kein Kochbuch in unserem Sinne. Das war ein Manko und es ist daher nicht weiter erstaunlich, daß sich bald Bearbeiter ans Werk machten, um aus diesem inzwischen weltberühmt gewordenen Buch ein wirkliches Kochbuch zu machen. Ganze Arbeit leistete hierbei der Prior von St. Maurice bei Montpellier, der im Jahre 1505 die erste französische Übersetzung herausgab, die er zu einem kompletten Kochbuch erweitert hatte. Diese Ausgabe ist nicht nur eines der rarsten Bücher der Welt überhaupt, sondern auch das typographisch

schönste Kochbuch, das ich kenne. (In meiner Sammlung trägt es genau die Nummer 2000.)

1516 wurde es auf italienisch übersetzt, und 1530 erschien die erste Plagiatausgabe. Der Augsburger Heinrich Steiner, der sehr viele gastronomische Schriften herausgab, verlegte das Werk unter dem Titel:

Von allen Speysen und Gerichten etc. Allerhand art künstlich und wol zu kochen/ einmachen / und berayten. Durch den Hochgeleerten und erfarnen Platinam / Bapst Pij des 2. Hofmeister. (Oben: Das Titelbild dieser Ausgabe.)

Stimmt schon die Angabe über den Beruf des Autors nicht, so steht es mit dem Inhalt des Buches noch schlimmer, denn keine einzige Zeile davon geht auf Platina zurück, sondern es ist ein Abdruck der damals hoch im Kurs stehenden deutschen Küchenmeisterei. Der kluge Drucker wollte mit dem Namen eines berühmten Autors die Leute fangen, ihnen aber gleichzeitig auch ein brauchbares Kochbuch – wie es die Küchenmeisterei war – in die Hand geben. (Diesen Drucker habe ich noch bei einem anderen Schwindel erwischt. Das gleiche machte er nämlich auch mit dem Weintraktat des Arnoldus Villanova, indem er dessen Name auf den Titel setzte, aber im Text die deutsche «Kellermeisterei» brachte.)

Im Jahre 1542 allerdings hat Steiner sein Ehrenschild wieder reingewaschen, indem er den wirklichen Platina übersetzt herausgab. Der Titel lautete nunmehr:

Von der Eehrlichen zimlichen, auch erlaubten Wolust des leibs, Sich inn essen, trincken, kurtzweil etc. allerlay unnd mancherlay creaturen unnd gaabenn Gottes, Visch, Vögel, Wildpret, Frucht der Erden...etc.
Durch den hochgelerten Philosophum und Oratorem, das ist weysesten und beredsten Herrn, Bap. Platinam von Cremona, under Friderico III, dem Römischen Kaiser gelebt. Im Jar 1481, jetz jüngst grüntlich auss dem latein verteutscht, durch M. Stephanum Vigilium Pacimontanum.

Steinerns Beispiel, das Buch unter falscher Flagge segeln zu lassen, scheint Schule gemacht zu haben, denn ich besitze noch ein französisches Exemplar, das den Titel trägt:

Le Livre de Honneste Volupté. Contenant la manière d'habiller toutes sortes de viandes, tant Chair que Poisson etc. (A Lyon, par Benoist Rigaud 1588.)

Hier wird der berühmte Titel auch zur Irreführung verwendet. Der folgende Text deckt sich mehr oder weniger genau mit einem im Jahre 1555 erschienenen Büchlein *Le Livre fort excellent de Cuysine*. (Mein Exemplar stammt aus der Bibliothek Pichon; dort trug es die Nummer 575.) Dieser Rigaud aber hatte das Buch schon im Jahre 1571 drucken lassen, und zwar den echten Platina. Er nannte das Buch *très necessaire à la vie humaine* und mag damit recht gehabt haben. Dem Text liegt die Übersetzung der ersten französischen Ausgabe (von dem Prior Christ. Desdier) zugrunde.

Wie Vicaire in seiner *Bibliographie gastonomique* angibt, ist ein Manuskript der *Honnesta Voluptate* aus dem 15. Jahrhundert im Jahre 1865 in London beim Brande der Bibliothek Techener vernichtet worden. Möglicherweise handelte es sich um die Urschrift. Das Buch wurde auch einmal in der Schweiz gedruckt, und zwar zusammen mit dem erwähnten Basler Apicius von 1541.

PLATINIANA

a) Lateinische Ausgaben:

1. *(Ort und Datum unbekannt, jedoch gegen 1474)*
2. *Rom ca. 1475*
3. *Venedig 1475*
9. *Venedig 1503*
10. *Straßburg 1517*
11. *Venedig 1517*
12. *Köln 1529*

4. Cividale 1480

5. Löwen ca. 1485

6. Venedig 1487

7. Venedig 1498

8. Bologna 1499

13. Paris 1530

14. Köln 1537

15. Paris 1538

16. Basel 1541 (mit Apicius zusammen)

17. Lyon 1541 (mit Apicius zusammen)

b) Italienische Ausgaben:

Venedig 1487, 1499, 1500, 1508, 1516.

c) Französische Ausgaben:

1505, 1509, 1528, 1529, 1539 (drei verschiedene Ausgaben), 1548, 1567, 1571, 1586, 1588, 1602. (Die letzte Ausgabe war auch ein Plagiat.)

d) Deutsche Ausgaben:

1530 (Augsburg, Steiner), 1530 (Straßburg, Egenolph: Dieser führte im Innern noch den Titel «Küchenmeisterei» auf). 1531 (Frankfurt, Egenolph: Diesmal druckte Egenolph die Steinersche Ausgabe nach). 1533, 1536, 1537, 1542.

Das erfolgreiche Werk dieses Kochamateurs wurde auch noch in andere Sprachen übersetzt, woraus eindeutig hervorgeht, wie groß das Bedürfnis nach gastronomischer Literatur damals war. Man wollte nicht nur essen, man wollte über die Tafelfreuden auch unterrichtet sein.

FRÜHE ITALIENISCHE KOCHBÜCHER

Da der *Platina* in lateinischer Sprache abgefaßt ist, kann er nur bedingt als «italienisches Kochbuch» angesprochen werden. Die Italiener waren aber damals unzweifelhaft die besten Köche der Welt – sie sind auf diesem Gebiet immer noch große Könner – und es wäre verwunderlich, hätte nicht einer von ihnen seine Erfahrungen niedergelegt. Vor einigen Jahren ist mir denn auch von England aus eine italienische Handschrift angeboten worden, die den Titel trug: *Der napolitanische Koch*. Nach den Angaben des Verkäufers sollte sie aus dem 15. Jahrhundert stammen, was aber nicht einwandfrei nachgewiesen werden konnte. Ein Vergleich dieser Handschrift mit meinem ältesten italienischen Kochbuch ergab, daß beide textlich konform waren, im Aufbau jedoch differierten. Die Handschrift enthielt die Rezepte in kunterbunter Folge, während im gedruckten Buch eine gute Systematik herrschte. Da die Drucklegung im Jahre 1516 erfolgte, mußte ich annehmen, daß auch die Handschrift aus

Epulario Quale tratta del mo
do de Cucinare ogni carne Vcellipe
sci de ogni Sorte: z Fare Sapoxi
toxte z pastelli al modo de
· tutte le Prouincie.

Titelbild des ersten italienischen Kochbuches

dem 16. Jahrhundert stamme, wodurch deren Wert problematisch wurde; ich ließ sie (wehen Herzens) fahren, denn sie war zu teuer.

Das gedruckte Buch nannte sich *Epulario. Quale tratta del modo de Cucinare ogni carne, Uccelli, pesci de ogni Sorte e Fare Sapori, torte e pastelli al modo de tutte le Provincie.*

Das äußerst seltene Buch – mir sind bis heute nur wenige Exemplare zu Gesicht gekommen – bringt auf vierundneunzig Seiten das Wesentliche, was ein guter Koch wissen muß, ohne sich in allzu viele Details einzulassen. Die Rezepte haben sich sehr weit von Apicius entfernt, allerdings ohne von «römischen» Einflüssen ganz frei zu sein. Es enthält Kochanweisungen, die uns sehr modern anmuten, und man kann behaupten, daß gerade dieses Büchlein die Brücke zwischen der Antike und dem zur Neige gehenden Mittelalter schlug. Als Autor wird Giovanni Rosselli genannt, über den ich nichts Näheres erfahren konnte. Das *Epulario* erlebte mehrere Auflagen. Ich besitze eine aus dem Jahre 1606, was mich deshalb wundert, weil 1570 das erste italienische Prunkkochbuch erschienen war, das bald alle anderen verdrängte. Es war dies die *Opera* des Bartolomeo Scappi, Leibkoch von Papst Pius V.

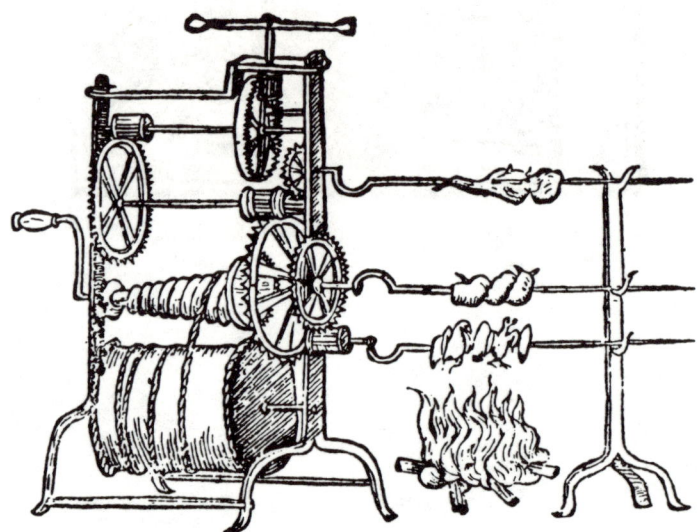

Der Bratenwender

Scappis Buch ist großartig, und ich bin etwas vernarrt in es. In seinem *ragionamento* an seinen Lehrling Giovanni findet der Autor Worte, die man in jeder Berufsküche in goldenen Lettern anbringen lassen müßte. Über zwanzig Seiten ausgezeichneter Illustrationen ergänzen den glänzend geschriebenen und sehr ausführlichen Text. Man sieht sämtliche damals benutzten Küchengerätschaften, vom kleinsten Messer bis zum größten Suppentopf, von der einfachen Küchenleiter bis zum komplizierten Bratenwender. Mit Ehrfurcht stellt man fest, daß die meisten Utensilien auch heute noch die gleiche Form haben, ein Beweis, wie hoch das handwerkliche Schaffen damals schon entwickelt war. (Oder haben wir keine Fortschritte gemacht?)

Das Werk ist in sechs Bücher eingeteilt und behandelt alle Sparten der Kochkunst auf das ausführlichste, unter anderem auch die Krankenkost. Es fand ungeteilten Beifall und hat nicht wenig zur Verbesserung der Kochweise beigetragen. Es wurde oft nachgedruckt und später bedeutend erweitert, mit einem Tranchier- und Anstandsbuch im Anhang, herausgegeben. Sehr viele Rezepte sind heute noch brauchbar.

Als Merkwürdigkeit an der *Opera* wäre noch zu erwähnen, daß es eine genaue Beschreibung eines Konklaves bringt, mit der Erwähnung der dort servierten Speisen (durch ein Bild instruktiv illustriert) sowie den Text der Grabrede für Papst Paul III., in dessen Diensten Scappi vorher stand. Auch bringt das Buch ein Konterfei des bärtigen Verfassers; meines Wissens ist es das erste Mal, daß sich ein Kochbuchautor seinen Lesern im Bilde vorstellte.

ZWEI REZEPTE DES BARTHOLOMEUS SCAPPI, GEHEIMER LEIBKOCH DES PAPSTES

Lombardische Suppe *(Kapitel hundertneunundsiebzig). Nimm Rüben oder Spinat, schneide sie klein und wasche sie. Gib das Gemüse dann mit frischer Butter und Wasser in einen Topf und füge gleich einen Zweig wohlriechenden Krautes bei. Ist das Gemüse gekocht, so gieße das Ganze in ein irdenes Gefäß, gib geriebenen Parmesan- oder Fettkäse hinzu und würze mit Pfeffer, Zimt, Nägelein, Saffran und Traubensaft und füge auch genügend rohe Eier bei.*

Wird die Suppe zu dünn, so gib geriebenes Brot hinzu, wird sie zu dick, so füge frische Butter bei.

Mache dann Gnocchi, koche diese in einer guten Fleischbrühe und bestreue sie mit Käse, Zucker (sic!) und Zimt. Trage diese mit der Suppe auf.

Ein ganzes Zicklein am Spieß zu braten (Kapitel siebenundsiebzig). Ein Zicklein muß, um gut zu schmecken, noch saugen (essere di latte). Denn hat es erst geweidet, so ist das Fleisch nicht mehr saftreich, sondern es wird zäh. Derartige kleine Tierchen wollen in der besten Jahreszeit genossen werden. Diese beginnt im Januar und dauert den ganzen Juni über. In Rom allerdings findet man sie fast das ganze Jahr. Wenn das Zicklein klein ist, so brüht man es ab wie ein Ferkel und entfernt die Eingeweide und wäscht es innen und außen gut. Dann füllt man es mit einem Gemisch aus Speck, Schinken, Innereien, Leber, Rosinen, Pflaumen oder anderen Früchten, ungesalzenem Fettkäse und Eiern. (Im Sommer kann man anstatt der Rosinen und Pflaumen auch andere Früchte, wie frische Trauben, nicht zu reife Birnen und so weiter, verwenden).

Hast du das getan, so verschließe das Loch, stecke es an einen Spieß, der sich aber nicht drehen darf, und laß es über kleinem Feuer langsam schmoren. Sobald die Hitze ihre Wirkung tut, reibe es tüchtig mit Speck ein und trage Sorge, daß es nicht anbrennt. Man serviert es heiß. Vor dem Auftragen kann man es mit Apfelsinensaft beträufeln und mit Oliven oder gebackenen Zwiebeln überstreuen.

Solche Tierlein beraubt man nicht des Kopfes, noch der Füße. Auf die gleiche Art kann man ein junges Hirschkälbchen, aber auch ein säugendes Rehlein oder eines, das außerhalb der Saison geboren wurde, zubereiten. Letzteres ist sehr beliebt bei vielen Herren.

Halten wir noch fest, daß es außer den erwähnten Handschriften und Büchern noch andere gibt, denen allerdings nicht die gleiche Bedeutung beigemessen werden kann. So besitze ich eine Handschrift aus dem 15. Jahrhundert, deren Text auf den Arzt Savonarola zurückgeht, den Großvater des Reformators. Auch gibt es eine im Jahre 1862 gedruckte Schrift, die eine kulinarische Handschrift aus dem 14. Jahrhundert kommentiert. Heute besitzt Italien eine reichhaltige Bibliothek an Culinaria: Die meiste Verbreitung fand das ausgezeichnete Werk von Pellegrino Artusi *La Scienza in Cucina*, das im Jahre 1947 seine zweiundvierzigste Auflage erlebte.

DIS BUCH SAGT VON GUTER SPISE

Das älteste deutsche Küchendokument ist nicht die *Küchenmeisterei*, sondern die sogenannte Würzburger Pergamenthandschrift, die in der

Münchner Universitätsbibliothek ein trockenes Dasein führt. Sie wurde im Jahre 1844 auf Kosten des deutschen literarischen Vereins in Stuttgart erstmals gedruckt. Es handelt sich nicht um ein systematisches Kochbuch, sondern um eine kunterbunte Reihenfolge von sechsundneunzig numerierten Anweisungen, die sich zum Teil wiederholen. Die Einleitung, die gleichzeitig Titel und Vorwort ist, liest sich in freier Übersetzung wie folgt:

> *Dies Buch sagt von guter Speise,*
> *und macht die unverständigen Köche weise.*
> *Ich will euch unterweisen,*
> *von den Küchenspeisen;*
> *der sie nicht verstehen kann,*
> *soll dies Buch sich sehen an.*
> *Wie er große Gerichte machen kann,*
> *von vielen kleinen Sachen.*
> *Die Lehre merke er sich eben,*
> *die ihm dies Buch will geben.*

Wir finden eine Menge Rezepte, denen wir auch heute noch nicht aus dem Wege gehen, obwohl wir vielleicht andere, rationellere Wege einschlagen. Rezept Nummer drei lautet: «Wilt du machen einen blamenser.» Es ist nicht schwer, hier den guten alten *Blanc-manger* unserer Küche zu erkennen; die Kochvorschrift allerdings ist leicht verschieden:

Wie man soll machen einen blamenser. Man sol nemen zigenin milich (Ziegen-milch), und mache mandels ein halp phunt. Einen vierdunc ryses (ein Viertel Pfund Reis) sol man stozzen zu mele, und tu das in die milich kalt, und nim eines hunes brust, die sol man zeisen (rupfen) und sol die hacken dorin und ein rein smaltz sol man dor in tun, und sol es dor inne sieden. und gibs im genuc. und nimme ez denne wider und nimm gestozzen violn (gestoßene Veilchen) und wirfe den dor in, und einen vierdunc zuckers. tu man dort in und gebs hin.

Wir stoßen auf *Griechischen Reis* und *Hühner nach griechischer Art* – ein kleiner Nachklang des einstigen Ruhmes der hellenischen Kochkunst.

Ein Scherzrezept soll trotz seine Gewagtheit hier nicht übergangen werden, ist es doch Beweis dafür, daß auch diese Kunst nicht ohne Humor auskam.

> *Ein gut gerihte, der ez gern izzet*
>
> *Wilt du machen ein gut bigeriht.*
> *so nim sydeln sweyz. (Sklavenschweiß)*

daz macht den magen gar heiz.
und nim kiselinges (Kieselstein) smalz.
daz ist den meiden gut. die do sin hüffehaltz (lendenlahm)
und nim bromber und bresteling. (Erdbeeren)
daz ist daz allerbeste ding.
bist du niht an sinnen taup
so nim grüen wingart laup.
du solt nemen binzen.
lubstickel (Liebstöckel) und minzen.
das sind gute würtze
für die grozze fürtze.
nim stigelitzes versen, und mucken füezze
daz macht daz köstlin allez süezze.
daz ist gut und mag wol sin,
ein gut lecker spigerihtelin.
Ach und versaltz nur niht,
wanne ez ist ein gut geriht.
Diz ist ein gut lere von guter spise.

*

Wir wissen nicht, wer der Autor dieser ältesten deutschen Rezeptsammlung war. Auf Grund verschiedener Ausdrücke vermutet man, daß es ein Schweizer Koch gewesen sei, der wohl der Küche eines Klosters oder eines ähnlichen Instituts vorstand. Vielleicht war es einer jener hervorragenden Köche, die sich ihre Sporen im Kloster St. Gallen verdienten. Wie Theodor von Liebenau berichtet, soll es ein Küchenjunge dieses Klosters sogar bis zum Fürstabt gebracht haben, und zwar um die Zeit der Entstehung dieses Buches, das heißt Mitte des 14. Jahrhunderts.

DIE KÜCHENMEISTEREI, EIN BESTSELLER DES 15. JAHRHUNDERTS

Über die deutsche *Küchenmeisterei* finden wir einen Hinweis im Nachlaß des Dichters Lessing. Er schreibt da:

Ich besitze ein altes, deutsches Kochbuch, welches allem Ansehen nach das erste ist. Es führt zum Titel das einzige Wort «Kuchemaistrey» worunter ein Holzschnitt, der eine Küche mit verschiedenen darin beschäftigten Personen vorstellt. Nirgends zeigt sich weder Ort noch Jahr, wo es gedruckt ist: aber daß es von 14...(aus dem 15. Jahrhundert) sein muß, ist wohl unstreitig.

Der gestrenge Wolfenbütteler Bibliothekar hatte recht: Es handelt sich tatsächlich um das erste deutsche Kochbuch, wenn schon – wie heute feststeht – sein Exemplar nicht der ersten Ausgabe angehörte. Dieses für die mittelalterliche Herrschaftsküche geschriebene Werk wurde erstmals am 10. November 1485 von dem Nürnberger Drucker Peter Wagner der Öffentlichkeit übergeben. Der berühmte Drucker, der nach Vouillème vielleicht identisch ist mit dem im Jahre 1469 in der Erfurter Matrikel eingetragenen Currificis de Nurenberga, begann seine Tätigkeit 1483 und druckte bis zum Jahre 1500. Da er die gleichen Typen verwendete wie vordem Zenninger, nahm man früher an, die erste deutsche *Küchenmeisterei* sei noch von diesem, um 1480 herum, gedruckt worden. (Vicaire, Seite 484, Sudhoff, Seite 125.)

Das einzige uns bekannte Exemplar dieser ersten Ausgabe steht in der Bibliothek des Britischen Museums in London. Schon einige Monate später konnte Wagner die zweite Ausgabe verlegen. Diese ist uns in mehreren Exemplaren erhalten geblieben. Im gleichen Jahr, also 1486, verließ noch eine weitere Auflage Wagners emsige Presse. Auch von dieser dritten Auflage sind sieben Stück nachweisbar. Inzwischen aber hatten andere Drucker herausgefunden, daß hier ein glattes Geschäft zu machen sei, und mit der damals gegenüber dem geistigen Eigentum üblichen Rücksichtslosigkeit machten sich gleich mehrere Jünger Gutenbergs dahinter, die *Kuchemaistrey* Wort für Wort nachzudrucken. Das erste Plagiat erschien prompt schon im Jahre 1486 zu Passau, und 1487 gaben sowohl Peter Schöffer in Mainz als auch Peter Drach in Speyer einen Nachdruck heraus. Wagner hatte sein Buch in einunddreißig Zeilen gesetzt, Schöffer setzte deren dreiunddreißig.

(Straßburg 1519)

Wer der Verfasser dieses übrigens ganz hervorragenden Kochbuches war, konnte man, wie bei so vielen andern frühen Drucken, niemals feststellen. Vermuten kann man nur, daß es der Oberkoch eines fürstlichen Hofes war.

Das Buch enthält fünf Abschnitte und zwar: *Von Fastenspeis, Von Fleischspeiß, Von Gebachens, Von Salssen* (Saucen) und *Von Essig und Wein.*

Nur Speisen, die auf die Tische der besseren Stände kommen, werden behandelt. So wird zum Beispiel Rindfleisch übergangen, denn es war «Bauernkost». Mit Ausnahme von gedörrtem Stockfisch werden nur Gerichte von Süßwasserfischen aufgezählt, obschon der Hering damals eine beliebte Fastenspeise war. Krebse, die man auch auf der Tafel der Armen reichlich vorfand, sind eingehend behandelt. (Es ist mir aufgefallen, daß die Krebse in allen deutschen und deutsch-schweizerischen Kochbüchern des späten Mittelalters einen breiten Raum einnehmen.)

Eine seltsame Fastenspeise dünken uns wohl Biberschwänze, die man braten und mit Ingwer überstreuen soll; sie waren aber auch in der Schweiz ein beliebtes Gericht. Der Autor schreibt, daß Fische, Krebse und Biberschwänze in Wein gekocht viel besser seien, als in Bier oder nur in Essig. Von Wild sind Hirsch und Reh genannt. Meister Lampe glänzt erstaunlicherweise durch Abwesenheit. Obwohl damals sehr wenig Gemüse gegessen wurde, finden wir doch Kochvorschriften für Rüben, Spinat, Mangold, Erbsen und das echte Sauerkraut. Dagegen vermissen wir vor allem die uralten Linsen, den rustikalen Rettich und den seigneuralen Spargel. Allerdings waren damals noch längst nicht alle Gemüse bekannt, die uns die Natur und deren Kobolde, die Herren Gemüsezüchter, heute so reichlich spenden. So gab es noch keine Kartoffeln, keinen Blumenkohl und keine Kohlrabi. Die beiden letzteren sind ausgesprochene Züchtungsprodukte. Wohl hatte man schon den würzigen Rotkohl, auch «Blaukabis» genannt, doch da er noch keine Kopfbildung hatte, dürften seine Blätter lange nicht das kulinarisch erfreuliche Ergebnis geliefert haben wie heute.

Das Schlußkapitel der *Kuchemaistrey* behandelt die Lebensweise, also die Diät, wie wir heute sagen. Die allerdings spärlichen Ratschläge und Ermahnungen lassen wiederum darauf schließen, daß der Verfasser ein Berufskoch war und kein «Studierter».

Peter Wagner gab um das Jahr 1490 noch eine letzte Ausgabe heraus. Sie war mit einem Holzschnitt geziert und in dreiunddreißig Zeilen gesetzt. Das oben erwähnte Exemplar Lessings entstammt dieser Ausgabe. Noch fünf Exemplare dieser Ausgabe sind nachweisbar. Die deutsche Wiegendruck-Gesellschaft gab im Jahre 1939 eine Faksimile-Ausgabe heraus, die mir wertvolle bibliographische Angaben lieferte. Nach der dort veröffentlichten Bibliographie der Inkunabeln soll von einer Ausgabe des Jahres 1495 (Ulm: Konrad Dinckmut) nur noch ein Exemplar vorhanden sein, welches in der Gothaischen Staatsbibliothek steht. Der Verfasser konnte nicht wissen, daß ein weiteres Exemplar in der Schweiz stand – es trägt bei mir die Nummer tausendsiebenhundertneunundvierzig. – Als ich mich nach dem Krieg mit dem Direktor jener Bibliothek in Verbindung setzte, schrieb er mir: «Die Russen haben sämtliche Handschriften und Wiegendrucke (also die Bücher, die vor dem Jahre 1500 gedruckt worden sind) weggeführt, und es ist mir nicht bekannt, wo sie sich jetzt befinden.»

Zwei Ausgaben von 1497 sind bis auf je ein Exemplar ebenfalls verschwunden; das eine steht in Den Haag, das andere in der Münchner Staatsbibliothek. Im ganzen wurden dreizehn Inkunabelausgaben gedruckt, von denen nur noch insgesamt dreißig Exemplare bekannt sind.

Im 16. Jahrhundert erlebte das Buch zahlreiche Neuauflagen, zum großen Teil mit Titeländerungen, von denen ich mehrere besitze. Die allerletzte Ausgabe soll aus dem Jahre 1674 stammen; demnach wurde das Buch zweihundert Jahre lang gedruckt: fürwahr ein großartiger Erfolg.

WIE MAN VOR FÜNFHUNDERT JAHREN BEI UNS KOCHTE

Wer einmal eine lustige Stunde verleben will, der blättere in einem solchen Rezeptbuch. Man vergißt dabei Zeit und Raum, und obwohl uns darin vieles urkomisch vorkommt, legt man das Buch doch seufzend zur Seite: Ja, das waren noch Zeiten!

Ein hoflichs essen von ayren: (Gefüllte Eierkuchen.) *Nym ayer und mel. und mach ein linde teig den ferb als ich hernach wurd lernen von kornblumen und von kreutern. Mach eins blab (blau), eins grün, eins rot, eins gelb oder weiß. zertreib den teig mit einem welgerholtz (Nudelroller). und ferb in dann an einer seite außen. Mach pleter (Blätter) daraus als krapffen. und hack wildprät, es sei gesotten oder gebraten, des gleichen krametsvogel oder andere vogel gesotten oder gebraten. des gleichen hüner welcherley geheck diz ist, knete mit einem rohen ay, abgewürzt, gesaltzen und gegilbt. oder so leg es also auf die pletter die rund geschnitten sein und arbeite diz geheck als dünn die bleteer sein (die Orthographie machte unserem Autor und dem Drucker keinerlei Kopfzerbrechen; in der gleichen Zeile werden die Wörter ganz verschieden geschrieben.) und leg ein ander blat darüber. diz salbe umb und umb zu alß Fladen. und back si in einer pfannen. wiltu dan gern so magstu (magst du) fein krapffen machen. wie die gebachen sein, so strew zucker darauff. an der anricht setz sie für. also in solchen bletern oder krapffen magstu ayer bachen in zweyerley oder dreyerley weiß.*

Fisch-Brei. *Nimm Fische aus und zerkleinere den Abfall, achte aber auf die Galle. Koche die Gräten im Wasser ab, seihe die Brühe durch und stelle sie beiseite. Das Fischfleisch verrühre mit Mandelmilch und Weißbrot, das vorher in Mandelmilch aufgeweicht worden ist und treibe es mit frisch gekochtem Reis durch ein Sieb. Unter stetem Umrühren bringe den Reis wieder zum kochen. Ist er zu dick, so setze Mandelmilch hinzu und schmecke ihn mit Zucker (!) ab. (In die beiseite gestellte Brühe wurde der passierte Reis mit dem Fisch getan und dies alles wieder gekocht.)*

Krebs-Torte. *Kleide eine ausgefettete Pfanne mit Pastetenteig aus. Mach ein Füllsel aus Eiern, geriebenem Käse oder geriebenem Lebkuchen, und misch es wohl, daß es nicht zu dünn wird. Gib es in die Teigpfanne. Ist es zu dick, so setze gute rohe Milch zu. Würze nun mit Salz, Saffran und Petersilie. Du kannst auch Salbei und Flohkraut nehmen, aber wohl gehackt. Gib nun die Krebsschwänze dazu, denen du nach Wunsch und Geschmack Feigen oder süße Äpfel, längs geschnitten, beigeben kannst. Schließe nun die Form mit Teig, auf welchen du noch Schmalz gibst. Setze die Pfanne nun auf ein kleines Kohlenfeuer und lege rundherum glühende Kohlen. Wenn die Teigdecke braun wird, ist das Gericht gut.*

TEURE KOCHBÜCHER

Sehr oft werde ich von Besuchern meiner Bibliothek gefragt, welches wohl das wertvollste Stück meine Sammlung sei. Nun, sobald ein Buch eingereiht ist, vergißt der Sammler seinen Wert. Er erinnert sich viel eher an die näheren – oft romantischen – Umstände des Kaufes, als an den Preis, den er dafür bezahlen mußte. «Bücher sollen uns liebe Freunde, aber keine Götter sein», lautet meine Devise, und einen lieben Freund kann man nicht materiell einschätzen. Und doch: Solange man Bücher sammelt, wird man sich mit den Preisen abgeben müssen, und da geschieht es sehr oft, daß sie mit dem Aussehen, dem Zustand und dem Ruf des Buches gar nicht im Einklang stehen. Man kann die größten Juwelen einer Sammlung fast umsonst erworben und für recht unbedeutende Drucke Erkleckliches bezahlt haben. Der sicherste Weg zu einer schönen Sammlung, die seinen Besitzer nicht an den Bettelstab bringt, ist die Freundschaft mit einigen Antiquaren und Glück. Es ist mir ein Vergnügen, hier festzustellen, daß mich die Herren Antiquare aus vielen Ländern bei meinen Bemühungen, eine vorbildliche Sammlung aufzubauen, wirklich herzhaft unterstützten.

LE
LIVRE DE
Tailleuẽt grant
Cuyſinier du Roy de France.

Contenant l'art:& ſcience d'appa-
reiller viandes : à ſçauoir boul-
ly , rouſty : poiſſon de mer &
d'eau douce : ſauces , eſpices &
autres choſes a ce conuenables:
comme cy apres ſera dit.

A LYON,
Par Benoiſt Rigaud.
1580.

Welches nun wirklich das wertvollste Exemplar meiner Sammlung ist, kann ich nicht sagen: Bestimmt ist es nicht «das teuerste Kochbuch der Welt».

Daß Meister Taillevent das erste französische Kochbuch schrieb, wissen wir bereits. Das Buch wurde erstmals um 1490 gedruckt, also ohne Angabe der Jahreszahl. Er erlebte bis zum Jahre 1500 mindestens vier Auflagen, was wenig ist, wenn wir an die deutsche «Küchenmeisterei» denken. Im Laufe des 16. Jahrhunderts wurde es ebenfalls mehrere Male gedruckt: Die letzte Ausgabe scheint im Jahre 1604 herausgekommen zu sein. Ich besitze ein Exemplar aus dem Jahre 1580. Alle Taillevent-Ausgaben sind äußerst selten. Für ein Exemplar der ersten Ausgabe zahlte Baron Pichon um die Mitte des vergangenen Jahrhunderts Fr. 1950.–; ein Exemplar der Ausgabe 1515 erzielte im Jahre 1888 Fr. 1600.–, eines aus dem Jahre 1545 dagegen nur Fr. 850.–. Glück hatten damals jene Sammler, die ein Exemplar für nur wenige Franken erwerben konnten. (So zahlte ein Sammler im Jahre 1792 für ein Exemplar der zweiten Ausgabe tatsächlich nur Fr. 12.–.)

Da Ihnen die Biographie des großen Meisters schon bekannt ist, wollen wir noch einen Blick in seinen *Viandier* werfen.

REZEPTE NACH DEM MANUSKRIPT DER NATIONALBIBLIOTHEK IN PARIS

Civé d'œufs pochiés en huille *(Eier-Pfeffer). Prennés des œufs pochiés en huille, tous entiers, sans esquaille (ohne Schale), puis prennés d'icelle huille, du vin, de l'eau, des oingnons fris en huille, boulléts tout ensemble (koch alles zusammen): prennés lèches (Scheiben) de pain halé sur le gril (geröstetes Brot), puis en faites marssiaux quarrés, et metés bouillir avecqus: puis hastés (zieh sie zurück) vostre boullon, et ressuiés vostre soupe (passiere sie): puis la verserés en un plat, puis la moustarde de dans vostre boullon, et la bouillir: puis metés vos soupes (hier sind die Brotstücke gemeint) en vos escuelles, et metés dessus (und trage auf).*

Formentée. (Eine Art Polenta, ein Rezept das den alten Römern und Griechen schon bekannt war und in Italien auch heute noch ähnlich zubereitet wird.) Prennés forment (Weizen) bien esleu (gut ausgelesen), puis le mouillés de eaue tiède et le liés en un drapel: puis batés du pétail (zerstoße im Mörser) dessus, bien fort: à tant qu'il soit tout espouillié et lavés très bien en eaue: et quant il sera très bien cuit, si le purés, et prennés lait de vache bouilli une onde, puis metés cuire dedans vostre forment, et tirés arrière du feu et remués souvant, et fillés dedans moyeux d'uefs grant foison: et qu'il ne soit pas trop chaut, quant l'en les filera dedans, et remués dedans, puis fines espices, et saffran un pou: et doit estre un liant et jaunet: et aucun y metents de l'eaue de la venoisson.

DIE BÜCHER DES ERSTEN KÜCHENREFORMATORS

Der von Baron Pichon bezahlte Preis für einen *Viandier* mag manchen meiner Leser erschreckt haben; wer aber glaubt, daß dieses Buch die Spitze halte, hat sich gründlich geirrt. Diese Ehre kommt nämlich einem ganz kleinen, ich möchte sagen dürftigen Kochbüchlein zu, das überdies erst dreihundert Jahre nach dem Taillevent'schen entstanden ist. Es ist der von François-Pierre de la Varenne, dem ersten französischen Küchenreformator, geschriebene *Pastissier François*.

Dieser tüchtige Koch, dessen kulinarisches Wirken auf immer in der Kochkunst verankert bleibt, hat er doch die *Duxelles* erfunden, (ein Füllsel aus gehackten Champignons, gehackten Schalotten, Zwiebeln und so weiter) begann seine Laufbahn am Hofe Henri IV., in dessen Küche die fähigsten Florentiner Köche die Kelle schwangen. Die Italiener haben bekanntlich die *Art culinaire* nach Frankreich gebracht, denn bis dahin kochten die Franzosen, genau wie die Deutschen und Engländer, – was auch aus ihren Rezepten hervorgeht – recht barbarisch: kaum besser als während des durch die Völkerwanderung hervorgerufenen Tiefstandes.

De la Varenne muß ein gelehriger Schüler gewesen sein: 1651, im

Ein sehr Künstlichs

vnnd nutzliches Kochbuch / vor-
male nye in so leicht / Mannen vnd Frawen personen / von jhnen selbst zu lernen / inn Truck verfaßt
vnd außgangen ist / Artlich in acht Bücher ge-
theilt / sampt etlichen fast nutzen bewerten
Haußnotturfften oder künsten. Auch
wie man Essig machet / vnnd
Wein gut behelt.

Balthasar Staindl von Dillingen.

Anno M. D. LXXXII.

Alter von dreiunddreißig Jahren, trat er mit seiner ersten Publikation, dem *Cusinier François,* an die Öffentlichkeit; sie kam in Paris heraus und wurde bald das populärste Kochbuch Frankreichs. Über dreißig Auflagen erschienen in rascher Folge; die gesuchteste und wertvollste wurde aber jene aus dem Jahre 1656, die in Den Haag bei Adrian Vlacq gedruckt worden ist. Zwei Jahre später erschien in Paris aus der gleichen Feder der *Patissier François.* Ein Exemplar fand man in der Sammlung von Antonin Carême; es wurde zu Fr. 45.– verkauft. Die große Stunde dieses Buches kam, als sich die Gebrüder Louis und Daniel Elzevier entschlossen, es nachzudrucken, was in ihrer Amsterdamer Offizin im Jahre 1655 geschah.

Das Büchlein selbst war, wie ich schon erwähnte, weder typographisch noch sonst irgendwie dazu bestimmt, Furore zu machen. Seine Rezepte sind zum Teil anfechtbar, trotzdem sich eine neue Schule klar abzeichnet. Die Höhe des «bouquins» ist nur dreizehn Zentimeter und seine Breite knapp sieben Zentimeter, und doch wurde gerade diese «Kleinigkeit» zum teuersten Kochbuch der Welt. Warum wohl? Hatte man etwa ganz raffinierte Rezepte entdeckt, bei deren Genuß man eines ewigen Lebens sicher ist, oder enthält es vielleicht Mixturen, mit denen man das Herz jeder Frau betören kann? Nein! So sehr die Menschheit bis auf den heutigen Tag hinter «Geheimrezepten» der Liebe und des Goldes her ist, gefunden oder erfunden hat sie noch niemand. Die Preis-Hausse, deren sich die Exemplare der Amsterdamer Ausgabe erfreuen durften, hatte einen anderen Grund.

Die Elzeviers waren eine hochberühmte holländische Buchhändler- und Buchdruckerfamilie, die in Leiden und Amsterdam bedeutende Geschäfte hatten. Ihre zumeist herrlichen Drucke wurden zu begehrten Sammelobjekten; Höhepunkt dieses Elzevier-Sammelns dürften die letzten Jahre des vergangenen Jahrhunderts gewesen sein. Der Sammler, der nun eine vollständige Kollektion der Elzevier-Drucke haben wollte, mußte nolens volens auch den *Patissier* besitzen. Obschon er in vielen tausend Exemplaren gedruckt worden war, war er zweihundert Jahre nach Erscheinen fast unauffindbar. Im Jahre 1843 kannte man noch fünf Stück, später tauchten wieder mehr auf, und es ist verständlich, daß unter den Sammlern ein heftiger Kampf um diese so seltenen Büchlein einsetzte. Alphons Willems, der im Jahre 1880 die Geschichte der Elzeviers herausgab, ereifert sich geradezu über die astronomischen Preise, die der kleine, häßliche, von Elzevier einfach nachgedruckte Pariser *Pastissier* erzielte. Sehr wahrscheinlich hielt er alle Sammler, die ihn erwarben, für verrückt. Dieser Bibliograph konnte immerhin noch rund dreißig Exemplare nachweisen, wovon eines im Besitz eines Herrn Emanuel Steiner in Winterthur war, der es 1857 für Fr. 380.– gekauft hatte.

Schauen wir uns einmal die Liebhaberpreise an, die für das Büchlein eingezahlt wurden!

Ein new Kochbuch/
Das ist/

Ein Gründtliche Beschreibung / wie man recht vnd

wol/ nicht allein von vierfüssigen/ heymischen vnd wilden Thieren/ sondern auch von mancherley Vögel vnnd Federwildpret / darzu von allem grünen vnd dürren Fischwerck/ allerley Speiß/ als gesotten/ gebraten/ gebacken/ Presolen/ Carbonaden/ mancherley Pasteten vnd Füllwerck/ Gallrat/ etc. auff Teutsche/ Vngerische/ Hispanische/ Italianische vnd Frantzösische weiß/ kochen vnd zubereiten solle: Auch wie allerley Gemüß/ Obst/ Salsen/ Senff/ Confect vnd Latwergen/ zuzurichten seye.

Auch ist darinnen zu vernemmen/ wie man herrliche grosse Panck eten/ sampt gemeinen Gastereyen/ ordentlich anrichten vnd bestellen soll.

Allen Menschen/ hohes vnd nidriges Standts/ Weibs vnd Manns Personen/ zu nutz jetzunde zum ersten in Druck gegeben/ dergleichen vor nie ist außgegangen/

Durch

M. Marten Rumpolt/ Churf. Meintzischen Mundtkoch.

Mit Röm. Keyserlicher Maiestat special Priuilegio.

1 5   8 7.

Sampt einem gründtlichen Bericht/ wie man alle Wein vor allen zufällen bewaren/ die breschhafften wiederbringen/ Kräuter vnd andere Wein/ Bier/ Essig/ vnd alle andere Getränck/ machen vnd bereiten soll/ daß sie natürlich/ vnd allen Menschen vnschädtlich/ zu trincken seindt.

Gedruckt zu Franckfort am Mayn/ In verlegung
Sigmundt Feyerabendts/ Peter Fischers/ vnd Heinrich Tacken.

Das erste von Willems signalisierte Exemplar kostete im Jahre 1828 Fr. 128.–, 1837 Fr. 201.–, 1870 aber schon Fr. 2910.– und fünf Jahre später sogar Fr. 3255.–. Im gleichen Jahr wurde in England ein Exemplar zu Fr. 4500.– verkauft, und in Belgien eines zu Fr. 4600.–. Nur ein Jahr später figurierte in einem belgischen Katalog wieder ein Exemplar zum Preise von Fr. 6000.–, das dann für Fr. 5500.– den Besitzer wechselte.

Wenn man sich vorstellt, welch große Summe Geld sechstausend Franken damals noch waren, kann man das Kopfschütteln unseres Herrn Willems verstehen. Aber es sollte noch toller werden! Die Pariser Buchhändler Morgand und Fatout entdeckten im Jahre 1878 in Italien ein unbeschnittenes Exemplar des *Pastissier*. Sie erwarben und verkauften es bald darauf an einen Sammler namens Delbergue für die runde Summe von Fr. 10.000.–. Zehntausend Goldfranken für ein kleines Kochbüchlein! Wer hätte das gedacht?!

Da man 1876 in Italien ein weiteres, und zwar besonders schönes (und etwas höheres) Exemplar entdeckte, liefen Gerüchte um, daß man es mit einer Fälschung zu tun habe. Die Herren Morgand und Fatout, deren guter Ruf auf dem Spiele stand, veranlaßten eine Expertise: Sie ergab einwandfrei, daß es sich um echte Stücke handelte.

Willems sieht rot: Er freut sich, feststellen zu können, daß der Höhepunkt überschritten sei, und daß bei einem Verkauf im Jahre 1877 für ein Exemplar, das vorher noch über Fr. 3000.– erzielte, nur noch Fr. 2200.– bezahlt wurden. «Immerhin», so schreibt er, «ist auch das noch zehnmal zuviel für ein schlechtes Bändchen, das sich überhaupt keines Verdienstes rühmen kann, und das von vielen anderen Drucken der Elzeviers in den Schatten gestellt wird. Aber dieser Preisniedergang ist nur der Anfang, und es besteht guter Grund zu glauben, daß dieser Niedergang nicht beendet ist.»

Willems hatte recht und nicht recht. Zehntausend Franken sind seither nicht mehr bezahlt worden, denn es hat sich manches geändert. Die meisten raren Bücher stehen in öffentlichen Bibliotheken und kommen kaum wieder auf den Markt. Ich konnte mir eines der «überlebenden» Originale sichern – das inzwischen auch in einer guten Faksimile-Ausgabe erschienen ist – und bin mächtig stolz darauf. Seit diesem Kauf ist mir noch einmal ein Exemplar angeboten worden, und zwar zu rund Fr. 2000–. Heute ist diese Summe natürlich nicht mehr das, was sie damals war; damals aber herrschte ein anderer Geist in der Welt: Man sammelte mehr, man zerstörte weniger. Je weniger Zeit uns armen gehetzten Menschen des 20. Jahrhunderts für unsere kleinen Liebhabereien bleibt, umso tiefer sinkt das Kulturelle im Wert. Sich darüber zu freuen, liegt kein Grund vor; nicht einmal, wenn man ein passionierter Sammler ist und dadurch billiger zu seiner Kollektion kommt. Ich bin zwar ein Kind dieses Jahrhunderts, aber ich weine dem vergangenen Jahrhundert nach: zehntausend Franken für ein kleines Kochbüchlein! Wie herrlich muß das Leben damals gewesen sein!

Der Autor dieses so kostbaren Büchleins, der viele Jahre im Dienste des Marquis d'Uxelles war – nach dem er seine Füllkomposition benannte – starb im Jahre 1678 in Dijon als ein armer Mann. Demnach profitierte er also von dem guten Absatz seiner Bücher nicht. Außer dem *Cuisinier* und dem *Pastissier* gab er noch einigen anderen Werken seinen Namen, so dem *Cuisinier méthodique* (1662), *Le parfaict Confiturier* (1664), und *L'escole de ragoust* (1668).

Dieser Mann, der erstmals ganz neue Methoden in die Küche brachte, der mit mitteralterlichen Anhängseln teilweise radikal aufräumte, der auch vielen italienischen Firlefanz von der Tafel verbannte, macht uns mit dem luftigen Blätterteig bekannt, gibt uns das Rezept zu dem weltberühmten *Bœuf à la mode* und bringt sogar eine *Paté à la Suisse,* die allerdings noch einen kleinen Beigeschmack von den Pfahlbauerzeiten hat. Aber auch ein Rezept für *Spanische Pastetchen* findet sich hier, dessen umgewandeltes Rezept in Baden bei Zürich bekanntlich eine große Rolle spielte (Spanisch-Brötli). Das Rezept lautete also:

Aus zwei Pfund Mehl und vier Eiern macht man eine dünnen Teig. Ist der Teig fertig, macht man daraus kleine runde Pasteten von der Stärke zweier Papierblätter, mehr oder weniger, je nach Größe, und füllt sie mit folgendem Gehäck: Weißes Hühnerfleisch, ein Viertel frisches Schweinefleisch, ein Viertel Hammelfleisch, zwei Kalbsmilken, fetten Speck, gutes Rindermark und Rinderfett, von jedem ein Viertel, etwas Schnittlauch oder Zwiebeln, Champignons, Salz und etwas Gewürz. All dies wird gehackt und der Boden der Pastetchen gefüllt und dies dann mit den anderen Blättern bedeckt und am Rande zusammengedrückt. Mit Schweineschmalz bestreicht man sie dann und bäckt sie im Ofen.

Dieses Rezept ist aber weder neu noch typisch spanisch, denn die alten Griechen kannten ein ähnliches Gericht, das sie *Katillos* nannten, bei dcm aber der Blätterteig nicht verwendet wurde, weil man ihn noch nicht kannte. Diese *Katillos* verwandelten sich später in italienische *ravioli,* in deutsche *Maultaschen* und in französische und spanische *pastes.*

Wie ich schon erwähnte, sind nicht alle Rezepte reformiert worden: Eine *Himbeeren-Suppe* macht mich geradezu schaudern, und die nach ihm selbst benannten Eier, die er in Zuckerwasser schwimmend auftragen läßt, sind gar zu krasse Schnitzer. Seine *Ramequins à la suye de cheminée*

Legende zu der folgenden Seite: Aus einem handgeschriebenen Zürcher Kochbuch; um 1590.

Nim Ein gutten theil Mandel. Vnd
Stoß sÿ klein Vnd darnach Schüet
gutte anleß an die ander Vnnd von
d: Eigeren das vbjst Vnd Klopff
es wol Vnndereinanderen. Thu
zuker darÿn Vnnd Rosenwasser Vnd
streeb es vber das ghür Zu einer sib-
ren pfannen. laß es ein klein wenig
sieden nit zu lang Vnd rür es für
Vnnd für. Vnnd streich es Zu ein Blat:
tni. Vnnd laß es kalt werden. magst
auch ander schellen Vnnd mit bestre-
ren. Damit das es ein stern habe oder
mit Rosen Vnnd wir hüpsches Ess
ß Ist es Riecht.

3 Ein gesotten anleß.

Nim Zü einer Blattru Voll 8 Eiger

darf, daß auch wir modernen Menschen ähnliches essen, nämlich die aus der Apotheke bezogenen Magen-Kohlen. Lesen wir dagegen so gutklingende Rezepte wie *Potage à la Reine, Ramequins au fromage* (die wir hartnäckig *à la Suisse* nennen), *Brochet farci* und *Poitrine de veau farcie,* so fühlen wir uns wieder versöhnt.

De la Varenne war der Wegbereiter für die späteren Meister Frankreichs: Auf ihm baute Carême auf, und ohne die Impulse dieser Koryphäe besäße die französische Küche nicht den Weltruf, dessen sie sich rühmen darf. Daß die Bücher De la Varenne's – allerdings ohne dessen kulinarisches Hinzutun – die Bibliophilie belebt haben, dies zu erwähnen sei mir, der ich glücklicher Besitzer seiner sämtlichen Werke bin, auch noch gestattet.

Allen Erstausgaben oder gar berühmten Kochbüchern hier einige Worte zu widmen, würde den Rahmen dieses Buches sprengen. Es sei aber erwähnt, daß sowohl die Engländer ihre frühen kulinarischen Handschriften hatten, unter anderen *The Forme of Curry* – merkwürdigerweise aber keinen Druck vor dem Jahre 1500 – als auch die Spanier, deren erstes Kochbuch von einem Roberto de Nola verfaßt wurde. Die älteste bekannte Ausgabe stammt aus dem Jahre 1520; ich selbst besitze eine aus dem Jahre 1529; doch scheint es eine Wiegendruckausgabe aus dem Jahre 1477 zu geben, die allerdings heute absolut unauffindbar ist. Das Buch nennt sich *Libro de Guisados* und enthält mehr oder weniger die gleichen Rezepte wie alle anderen Frühdrucke, so auch *Manjar bianco* (Blancmanger). Auch die Holländer haben ein *Notabel Boeecken van Cokeryen,* das um 1510 gedruckt wurde, und dessen einziges noch vorhandenes Exemplar in der Münchner Staatsbibliothek steht. Einer im Jahre 1925 herausgekommenen, recht lieblos betreuten, aber exakt faksimilierten Ausgabe entnehme ich, daß das zweite Rezept wieder unseren *Blancmengier* bringt. (Faksimiledrucke von alten Büchern haben wirklich nur dann einen Zweck, wenn sie wissenschaftlich kommentiert sind und alle aufzutreibenden bibliographischen Angaben enthalten. Ein altes Buch einfach zu faksimilieren, ist mit den heutigen Mitteln ein Kinderspiel, auf das man sich nichts einzubilden braucht.)

Die Schweiz brachte es nicht zu einem Wiegendruck. Das älteste gedruckte Kochbuch ist der *Apicius,* der aber mit unserem Lande nichts zu tun hat. (Eine aus dem Kloster St. Gallen stammende Handschrift von Ekkehard IV. gibt in Reimform fast alle damals auf die Tafel kommenden Speisen bekannt. Dieser Kodex, *Benedictiones ad mensas* genannt, wurde etwa um das Jahr 1000 verfaßt; leider enthält es keine Kochanweisungen.) Die Baslerin Anna Wecker, Witwe eines schreibgewandten Arztes, verfaßte im Jahre 1596 ein Kochbuch, das als das älteste schweizerische angesprochen werden darf. Ein älteres Dokument, nämlich das handgeschriebene Kochbuch der Familie Lavater von Zürich, steht in meinen Regalen; es enthält viele köstliche Rezepte und ist sehr hübsch geschrieben.

Musik im Kochtopf

L eider – vielleicht auch glücklicherweise – ist es noch nicht ganz so weit. Wohl gibt es bereits jodelnde Köchinnen, pfeifende Köche und selbst singende Kochtöpfe; musizierende Kasserollen jedoch haben nicht einmal die Amerikaner erfunden. Sicherlich haben aber auch Sie schon einmal in einem Ferienhotel ein sozusagen «musikalisches» Menu gegessen, das sich ganz gut folgendermaßen präsentiert haben könnte:

Potage à la Carmen
Sole d'Ostende à la Traviata
Tournedos à la Mignon
Salade Aïda
Bombe à la Tosca

Möglicherweise haben Sie sich gefreut, daß Sie nun zur Abwechslung einmal Ihre Lieblingsopern nicht sehen und hören, sondern sogar verspeisen konnten. Warum die Carmensuppe ausgerechnet Tomaten, Zwiebeln und Reis enthielt, und warum die Seezunge in einer Weißweinsauce schwamm, dürfte Ihnen wohl ein mystisches Rätsel geblieben sein. Nicht anders ist es Ihnen wohl mit der zarten Lendenschnitte und dem aus vier verschiedenen Sorten bestehenden Aïda-Salat ergangen. Während Sie die aus Aprikoseneis und Kastanienmus bestehende Tosca-Bombe löffelten, haben Sie vielleicht darüber nachgegrübelt, warum unsere Hotelmenus wohl in ihrer Textgestaltung so geheimnisvoll sind. Jener Witzbold, der keck behauptete, das machten unsere Gastwirte nur, damit die lieben Gäste nachher nicht wüßten, woran sie sich den Magen verdorben hätten, hat natürlich Unrecht. Diese Schreibweise hat schon ihre Berechtigung. Wie Sie nun inzwischen diesem Buche entnehmen konnten, waren es in erster Linie französische Köche, welche die Kochkunst auf ihre heutige Höhe brachten, und dem Vorbilde der größten ihrer Meister versuchen wir auch heute noch nachzueifern. Die an und für sich hübsche Sitte aber, besonders feine Gerichte nach einer Person zu benennen, stammt nicht von ihnen, sondern von Köchen der frühesten Antike. So rühmte man beispielsweise vor über dreitausend Jahren in Ägypten ein köstliches Perlhuhn, das mit Zwiebeln, schwarzen Brustbeeren und grillierten Lotusstengeln gefüllt und mit roten Lotusblättern garniert war, *à la Nofretete.* Auch im Apicius-Kochbuch finden sich zahlreiche Rezepte, welche die Namen ihrer Erfinder oder aber berühmter Kaiser, Staatsmänner und Schriftsteller tragen. An diese alte Tradition knüpfte die im Mittelalter zu neuem Leben erwachte Kochkunst wieder an, und bald gab es keine Suppe und keine Sauce mehr, die nicht irgend einen Eigennamen führte. So gibt es immer noch eine *Esau-Suppe,* in welcher natürlich Linsen sind, *Kalbsnierchen à la Nero,* die selbstverständlich brennend serviert werden, *Koteletten nach Hannibal,* die allerdings nicht von einem Elefanten abgeschnitten werden, und sogar eine *Fischkraftbrühe à la Potemkin.* Dieser Potemkin fischte zwar gerne im Trüben, aber das war nicht der Grund, warum man ihm eine Sterletsuppe widmete, sondern weil sie seine Lieblingsspeise war und er einstmals sogar ein recht teures Abenteuer damit erlebte. Katharina die Große ließ ihn nämlich eines Tages wissen, daß sie sich zu der phantastischen Suppe einfinden werde. Da der überrumpelte Fürst jedoch weit und breit keine Sterlete fand, so war er – der ewig Geizige – gezwungen, die Offerte des zufälligen Besitzers einiger Prachtexemplare anzunehmen; dieser, ein Gutspächter, war nämlich bereit, ihm gegen ein kostbares Gemälde, das Potemkin einige Wochen vorher für zehntausen Rubel erstanden hatte, sechs Sterlete abzutreten. Fürwahr, eine teure Suppe, die er sich und der Kaiserin einbrocken mußte.

Daß die Kochkünstler auf diese sinnige Weise nicht nur Kaiser und Könige, sondern auch schöne Frauen, begabte Künstler und selbst hervorragende Kunstwerke verewigten, ist ein Beweis ihres kulturbewußten Schaffens.

So wie es den Maler treibt, das Bild der begehrenswerten Frau auf die Leinwand zu bannen, und wie der Bildhauer nicht ruht, bis er das Objekt seiner Bewunderung in Stein gemeißelt hat, so drängt es auch den schöpferisch veranlagten Kochkünstler, empfangene Eindrücke mit der ihm zur Verfügung stehenden Materie zu formen und zu gestalten, oder wenigstens seinem Empfinden Ausdruck zu verleihen. Daß hierbei die Musik und ihre Jünger eine ganz große Rolle spielen, ist wohl begreiflich, basieren doch beide Künste auf einer gemeinsamen Voraussetzung, nämlich der Harmonie. Dort die Harmonie der Töne, hier die Harmonie des Geschmacks. Die Zusammenstellung aber nennen beide «Komposition». Allerdings – und diese Feststellung scheint mir wünschenswert – ziehen Koch und Musikus zuweilen zwischen ihren Künsten einen scharfen Trennungsstrich, nämlich dann, wenn es ans Genießen geht. Wohl wurden die Gastmähler der Antike von den zarten Tönen hübscher Flötenspielerinnen begleitet, und nicht selten wurde ein pompöses Gericht mit lautem Posaunenschall aufgetragen; auch unterbrach man oft die Riesenreihe der zu vertilgenden Gänge, um Sängern und Spielern zu lauschen. Doch schon Plutarch warf die Frage auf, ob man wohl gleichzeitig köstliche Speisen und herrliche Musik genießen könne, und die wahren Feinschmecker aller Zeiten haben dies ganz kategorisch verneint.

Es ist doch wohl undenkbar, daß das Premierenpublikum eines Opernhauses während der Aufführung herzhaft in mitgebrachte Blutwürste beißen würde; genau so barbarisch aber scheint es uns zu sein, wenn man sich während eines Gastmahls, das reich an kulinarischen Kreationen ist, durch Musik ablenken läßt. Hierbei ist es im Grunde genommen nicht wesentlich, welcher Art diese Musik ist, wie es sich auch vollständig gleich bliebe, wenn die besagte Blutwurst eine Leberwurst wäre. Übrigens hat man festgestellt, daß Tafelmusik die Verdauung lähmt, ein geistreiches Gespräch sie jedoch anregt. Der Kochkünstler hat während des Mahles nur für das ihm vom Feinschmecker gesungene Loblied musikalisches Gehör; allerdings hört er es genau so gerne wie Sie, meine geschätzte Leserin.

Wer ein Kochbuch aufschlägt und nicht nur der ständig wiederholten Floskel «man nimmt» Beachtung schenkt, wird mit Staunen feststellen, daß er eigentlich nicht nur ein Rezeptbuch, sondern geradezu einen Baedeker der Kultur- und Kunstgeschichte vor sich hat. Nicht nur, daß ihm ein komplettes Verzeichnis aller berühmten Opern entgegenstrahlt, sondern auch fast alle bekannten Komponisten und viele berühmte Sänger und Sängerinnen haben hier ihr Denkmal erhalten. Amüsant ist es, den Gründen nachzuforschen, warum diese Leute zwischen Suppen, Rippchen, Gänsen, Pasteten und Puddings stehen. Wohl sehr oft hat ihre Kunst einen Meisterkoch beeindruckt, öfters aber war es ihre eigene kulinarische Leidenschaft, die sie in diese illustre Gesellschaft gebracht hat. So wissen wir, daß Puccini für einen zarten Gänsebraten jede Partitur hergab, und daß Händel nur mit einer dreifachen Portion zufrieden zustellen war; Beethoven liebte dicke Suppen und blaue Forellen; Richard Wagner aß meistens ein wahres Potpourri zusammen, und wenn man ihm deswegen Vorwürfe machte, so erwiderte er seelenruhig: «Warum habt ihr mir denn das alles hingestellt?»

Und nun wollen wir doch einmal unserer Neugierde freien Lauf lassen und in einem Klassiker der Kochkunst herumschmökern und zu ergründen versuchen, warum und wie begabte Köche berühmte Tonkünstler in ihren Kochtopf bannten.

Halt! Da haben wir schon das erste Rezept:

Ein junges Huhn wird recht schön gebraten, der Pfanne entnommen, zerlegt und auf einer runden Schüssel angerichtet. Rund herum macht man einen Kranz aus einem körnigen Risotto, auf welchen man gleichmäßige Scheiben von Trüffeln und Leber legt. Inzwischen hat man den Bratenfonds mit Astiwein abgelöscht, eingekocht und mit frischer Butter verfeinert. Mit dieser Sauce übergießt man nun das Huhn.

Das ist nun gerade das Gericht, welches der Mann liebte, der uns so herrliche Opern wie *Rigoletto, La forza del destino* usw. schenkte, nämlich Giuseppe Verdi. Es wäre ein leichtes, ein ganzes Menu *à la Verdi* zusammenzustellen, gibt es doch eine *Kraftbrühe à la Verdi, Forellen à la Verdi, Omeletten à la Verdi* und selbst eine *Sauce à la Verdi.* So nennt man tatsächlich eine Mayonnaise, welche mit saurem Rahm, gehacktem Schnittlauch und Spinat vermischt wurde.

Hier stoßen wir auf Hector Berlioz; der hatte eine unbezähmbare Schwäche für Rebhuhn und Eier. Ein findiger Kopf komponierte daraufhin ein Gericht, das er sehr zu schätzen wußte.

Auf ein zartduftendes Rebhuhnragout werden sechs weichgekochte Eier – natürlich ohne Schale – angerichtet. In die Mitte schichtet man reichlich frische Tafelpilze.

Schlecht ist das bestimmt nicht, dafür kann ich bürgen!

Da fällt mir eine nette Berlioz-Anekdote ein. Einst war der Meister von der großen Sängerin Adelina Patti, der wir auf unserer Kochbuchreise öfters begegnen, zum Nachtessen eingeladen. Nach dem Essen brachte die Künstlerin ihr Gästebuch – der Schrecken aller Prominenten – und bat den Gast, etwas hineinzuschreiben. Berlioz machte keine Miene, ihrem Wunsche zu willfahren, aber die Sängerin ließ nicht locker. «Wenn Sie meinen Wunsch erfüllen, verehrter Meister, so bekommen Sie nach Ihrer eignen Wahl entweder einen Kuß von mir oder aber eine Pastete von meinem Koch, der dafür berühmt ist. Berlioz griff seufzend zur Feder. «Nur zwei Worte!» ermunterte ihn die Patti. «Gut, also zwei Worte», sagte Berlioz und schrieb: «Pastete bringen!».

Galant war das nun gerade nicht, ich hätte hingeschrieben: «Kuß-Pastete.»

Eine weltberühmte Spezialität, die in Europa, Amerika und selbst in Honolulu serviert wird, sind die *Eier à la Meyerbeer.* Man könnte geradezu tiefsinnige Betrachtungen darüber anstellen, wie sich ein solch bescheidenes Gericht einen derartigen Welterfolg sichern konnte. Ein Statistiker könnte Lorbeeren ernten, wenn er festzustellen verstünde, ob wohl Meyerbeers *Robert der Teufel* oder eben diese Eierplatte öfters «serviert» worden sind. Im Falle, daß Sie vergessen haben, um was es sich handelt, sei Ihnen das Rezept in Erinnerung gerufen:

Man schlägt einige Eier in die Pfanne und legt zwischen die einzelnen Eidotter gebratene Hammelnierenscheiben, die aber nicht paniert sein dürfen. Sobald die Eier fest werden, trägt man das Gericht auf.

Meyerbeer taucht auch sonst noch in der Kochkunst auf, meistens sind dann aber Hammelnierchen mit von der Partie, obschon diese bekanntlich nicht nach jedermanns Geschmack sind. Das wird jedenfalls die Ansicht der berühmten schwedischen Nachtigall Jenny Lind gewesen sein, denn sie, die Meyerbeers Oper *Das Feldlager in Schlesien* berühmt machte, ließ sich im Kochbuch zwar auch mit einer Eierplatte verewigen, verzichtete dabei aber auf Hammelnierchen.

Verlorene Eier à la Jenny Lind werden so zubereitet:

Man röstet pro Person zwei kleine Brotschnitten. Diese bedeckt man mit einem feinen Blumenkohlmus, auf welches man dann je ein pochiertes Ei legt. Das Ganze wird mit einer ziemlich dicken Sauce Béarnaise überzogen.

Jenny Lind hatte eine Vorliebe für Melonen. Daß diese am herrlichsten sind, wenn man sie vor dem Servieren einige Stunden in Eis einpackt, sie dann aufschneidet, mit altem Sherry übergießt und mit Puderzucker bestreut, sei Ihnen auch noch gleich verraten.

Daß man dem großen Gounod, den die Engländer als den Verfasser von *Faust* feiern, ein wundervolles Fischgericht widmete, scheint in Ordnung zu sein, denn sicherlich haben sich nicht wenige Köche und wahrscheinlich noch mehr Köchinnen an seinem *Ave Maria* ergötzt. Allerdings ist jenes Gericht eine kostspielige Sache, die sich kaum zu einem Kirchweihschmaus eignet. Urteilen Sie selbst:

Seezunge à la Gounod: Schön zugeschnittene Seezungenfilets werden pochiert, gefüllt und angerichtet. Hierauf werden sie mit einer ziemlich dicken Hummersauce übergossen und mit frischen Austern und Hummerfleisch reichlich garniert. (Wie man eine Fischfüllung macht steht in jedem Kochbuch.)

Für einen Vielfraß ist das natürlich nicht das Richtige. Stellen Sie sich einen Max Reger vor, der einen geradezu monumentalen Appetit hatte. Reger traf einst auf der Straße einen Freund, an dem er mit kurzem Gruß eilig vorbeiwollte. «He, he, wohin so schnell des Weges?» rief ihm dieser zu. «Entschuldige, aber ich muß mich beeilen, denn zuhause erwartet mich ein wunderbarer, knuspriger Truthahn». «Ach so», sagte darauf der Freund, «hoffentlich hast du nicht zuviel Eingeladene». «Sei unbesorgt mein Lieber», erwiderte Reger, «wir sind nur zwei: der Truthahn und ich.»

Reger hatte immer Hunger. Am liebsten aß er Würste, aber lang mußten sie sein. Natürlich war er auch allen andern eßbaren Dingen hold. Eines Tages schickte ihm eine Dame, die über seine Interpretation von Schuberts Forellenquintett begeistert war, ein halbes Dutzend noch lebende Forellen. Reger bedankte sich manierlich und fügte hinzu, er spiele das nächste Mal Haydns «Ochsenmenuett».

Es gab sogar einmal einen ganz großen Musiker, der ebenso gut mit der Kochkelle wie mit der Tonleiter umzugehen wußte, und das war Rossini. Nicht umsonst hat ihm Großmeister Escoffier über ein Dutzend Rezepte eingeräumt. Das bekannteste davon dürfte das folgende sein:

Filet de Bœuf à la Rossini. Ein schönes Rindsfilet wird vollsaftig gebraten (rasch anbraten), dann auf einen entsprechenden Brotsockel dressiert. Oben wird es mit sautierten Gänseleberschnitten belegt, rund herum aber werden kleine Blätterteigpastetchen angerichtet, welche mit Gänselebermousse gefüllt sind. Jedes Pastetchen wird mit einem frischen Champignon (in Butter angezogen) verschlossen. Als Beilage reicht man pommes soufflées. *Trüffelsauce begleitet das exquisite Gericht.*

Rossini hat lieber gekocht als komponiert; in der *Art culinaire* ist er daher wie kein zweiter Künstler vertreten. Jede freie Minute stand er am Herd und probierte neue, oft aber auch ausgefallene Sachen aus.

Von einer geizigen Dame einstmals zum Nachtmahl eingeladen, gab sich Rossini ganz dem Genusse der vortrefflich zubereiteten Speisen hin, die allerdings nur aus Miniaturportiönchen bestanden, was dem Meister ganz und gar nicht behagte. Als er sich mit einem starken Hungergefühl verabschiedete, bemerkte die Gastgeberin süß: «Lieber Maestro, ich hoffe, daß Sie recht bald wieder bei mir speisen werden!» worauf Rossini sich devot verbeugte und sagte: «Wenn es Ihnen recht ist, Madame, sofort!»

Bekannte Feinschmecker jener Epoche behaupteten, daß die von Rossini selbst zubereiteten *Maccaroni Fiorentino* das Himmlischste seien, was man überhaupt genießen könne. Der Verfasser des *Grafen von Monte-Christo* war da allerdings anderer Meinung. Als man diesen um ein Rezept für *Maccaroni Napolitaine* ersuchte, mußte er zugeben, daß er es nicht kenne, da er Makkaroni geradezu verabscheue. Trotzdem wandte er sich an Rossini, und dieser lud ihn zu einem Makkaroni-Essen ein. Nach dem Mahle wolle er ihm dann das Rezept geben. Das Gericht fand aber durchaus nicht den Beifall des verwöhnten Romanciers, und er ließ es stehen, was Rossini derart erboste, daß er ihm das Rezept nicht gab. Alexandre Dumas rächte sich damit, daß er überall erzählte, Rossini habe keine blasse Ahnung vom Kochen. «Mag er sich den größten Komponisten von heute, gestern und morgen nennen, niemals aber wieder einen Makkaronisten!» rief er aus. Dumas gab die Suche nach dem Rezept trotzdem nicht auf und landete schließlich bei der Gattin des italienischen Gesandten, die ihn in die Kunst der Zubereitung napolitanischer Teigwaren einweihte. Den Namen dieser Dame hat er in seinem Kochbuch unter dem betreffenden Rezept auch angegeben, das Rezept Rossinis dagegen, das damals sehr berühmt war, mit keiner Zeile erwähnt. (Alexandre Dumas hat außer seinem etwa dreihundertbändigen Romanwerk auch ein

Mittelalterliche Fürstenküche. (Aus «Banchetti» von Chr. Messisbugo, Ferrara 1549.)

pompöses Kochlexikon von fast tausendzweihundert Seiten hinterlassen. Er selbst hielt sich für einen gottbegnadeten Kochkünstler, war aber weit davon entfernt, es wirklich zu sein; auf alle Fälle aber war er ein «kochendes Original» und verdient daher, auch in allen Klassikern der Kochkunst aufgeführt zu werden.)

Rossini soll dreimal im Leben geweint haben: einmal, als sein *Barbier von Sevilla* ausgepfiffen wurde, ein zweites Mal, als er Carafa eine Arie singen hörte, und ein drittes Mal, als ihm auf einer Bootsfahrt ein getrüffelter Truthahn ins Wasser fiel.

Ganz besonders stolz war er auf seine gastronomischen Erfindungen. So schrieb er einmal an einen Freund: «Was Sie wohl am meisten interessieren wird, viel mehr als meine Oper, ist die Erfindung eines Salates, die ich kürzlich machte, und ich beeile mich, Ihnen das Rezept zu senden. Nehmen Sie Provence-Öl, englischen Senf, französischen Essig, Salz und Pfeffer und mischen Sie alles zusammen. Werfen Sie einige Trüffeln dazu, die Sie zuvor ganz fein geschnitten haben. Die Trüffeln mit der Salatsauce ergeben ein Aroma, das den Feinschmecker zur Ekstase reizt. Der Kardinal, dessen Bekanntschaft ich in diesen Tagen machte, gab mir für die Entdeckung seinen apostolischen Segen. Die Trüffel ist fürwahr der Mozart der Pilze.»

Rossinis Lieblingsbissen sind eine klassische Garnierung der französischen Küche geworden; *à la Rossini* heißt: mit Gänseleber und Trüffeln. Caruso liebte Kibitzeier; dies war der Grund, ihm eine mit solchen Eiern gefüllte Pastete zu widmen. Brahms begeisterte sich für eine Geflügelsuppe, in welcher Kümmel das Hauptaroma stellte, und Offenbach delektierte sich gerne an Krebsen und dergleichen Sachen.

Berühmte Violinvirtuosen haben sich natürlich nicht nur in die Herzen schöner Frauen gespielt, sondern auch in die brodelnden Töpfe kunstbegeisterter Köche. So haben Paganini, Sarasate und Kreisler ihren Einzug ins Kochbuch gehalten. Paganini beispielsweise liebte getrüffeltes Kalbsragout. Sarasate hatte bei seinem spanischen Temperament immer Lust auf Eisspeisen, was wunder, daß man ihm eine Eis-Bombe verehrt hat; sie besteht aus praliniertem Vanille- und Mokka-Eis. Der Komponist Auber ist mit einer biederen Erbsensuppe vertreten, in welcher Hahnenkämme schwimmen. Mascagni hat es sogar zu einer standardisierten Beilage gebracht; sie besteht aus Teigtörtchen, die mit Kalbshirn gefüllt werden, wozu dann noch Tomatenmus gegossen wird.

Geigenmusik und Tafeln könnte man vielleicht noch auf einen Nenner bringen, aber die guten Geiger sind ebenso rar geworden wie die kulturbewußten Esser. Es gibt Gastrosophen, die gerne einer diskreten Tafelmusik mit einem Ohre lauschen, während sie mit beiden Augen kulinarische Schätze bewundern. Vor hundert Jahren ließ man sich eine Tafelmusik nur dann gefallen, wenn die Musiker nicht sichtbar waren. Ein

Feinschmecker von damals, der Freiherr von Malortie, Verfasser einiger bemerkenswerter Schriften und Hofmarschall des letzten Königs von Hannover, schrieb über dieses heikle Problem: «Laute Musik wäre nur motiviert bei schlecht geschulter Dienerschaft, um deren Gepolter zu verdecken. Mit Pauken und Trompeten könnte man allenfalls eine lästige oder verfängliche Unterhaltung im Keime ersticken. Eine angenehme ruhige, nicht laut geführte Konversation in Gesellschaft gebildeter Personen aber würzt das Mahl.»

Homer sagte: «Die Harfe ist dem Mahle von den Göttern zur Freundin gegeben.» Ich gebe ihm recht: Für ein Harfensolo – es dürften ruhig mehrere Harfen sein – ließe auch ich ganz gerne einmal einen getrüffelten Fasan stehen ... wer aber spielt heute noch Harfe?!

Natürlich hat man auch schon versucht, die Kochkunst eines Landes mit seiner Musik in Zusammenhang zu bringen. So heißt es, daß eine französische Mahlzeit der Musik Debussys entspreche; die deutsche Mahlzeit vergleicht man mit Wagnerscher Musik: Sie sei stark gewürzt und von Zeit zu Zeit trete ein besonderer Geschmacksakzent hervor. Die italienische Küche hingegen erinnere an die Musik Puccinis: Sie zeige bloß ein oder zwei Tonarten. Die englische Musik müßte hier schlecht abschneiden, woran aber nicht die Komponisten schuld sind.

In der Schweiz kocht man ausgezeichnet, und was die meisten Leute unter guter Musik verstehen, das erfragt man am besten direkt beim Rundfunk, dort können sie davon wirklich «ein Liedlein singen».

Darf ich Ihnen zur Abwechslung nun einmal ein kulinarisches Rätsel aufgeben? Wem ist dieser Salat wohl gewidmet?

Man schneidet abgekochte Spargeln in etwa drei Zentimeter große Stücke und vermischt sie mit ebensoviel in Scheiben geschnittenen Tomaten und hartgekochten Eiern. Nun fügt man je einen halben Teil feingeschnittenen Räucherlachs und Trüffeln hinzu. Das Ganze wird in einer großen Schüssel mit einer nicht zu dicken Remouladensauce gut vermischt und dann in einer Salatschüssel angerichtet. Die Oberfläche garniert man hübsch mit Eierscheiben und Trüffelstückchen.

Seien Sie ehrlich, diesen Salat kennen Sie nicht! Ich will Ihnen nun einige Anhaltspunkte geben. Er wurde von einer *Eva* erfunden, die jahrelang im Dienste der *Lustigen Witwe* des *Grafen von Luxemburg* stand. Eines abends, als die Witwe *Friederike* sich *Das Land des Lächelns* ansah, Eva also *Endlich allein* war, besuchte sie ein hungriger Geiger, der in der Hofkapelle des *Zarewitsch* spielte, und mit dem sie eine heimliche *Zigeunerliebe* unterhielt. Während dieser Geiger ihr die dämonischen Weisen eines *Paganini* vorspielte, hatte sie eine Inspiration: Rasch rief sie *Frascita* und *Giuditta* herbei, und bald hatten sie zu dritt die leckere Mischung bereit, und der Geiger war ehrlich begeistert.

Nun? Ja, das ist wirklich ein «Salat à la Léhar».

DER HERUNTER-GEKOMMENE SUPPENTOPF

Quer durch die ganze Welt könnte man reisen, dabei täglich dreimal Suppe essen, dick und fett werden und doch recht abwechslungsreich gelebt haben. Aber niemand will mehr dick und fett werden, und seit eine Frau die «Linie» entdeckt hat, – eine der umwälzendsten Erfindungen unseres Jahrhunderts – ist die Suppe zum Stiefkind der Tafelfreuden geworden. Hat sie das wirklich verdient? Ja und Nein!

Die Suppe wurde schon unter einem Unglücksstern geboren, denn sie kam, wie unser Grimod de la Reynière, gewissermaßen ohne Hände zur Welt. Die Freuden der Tafel hatten schon eine ganz ansehnliche Stufe erreicht, als man noch keine Suppe kochen konnte, weil man eben keinen Topf hatte. Der Kochtopf wurde die Wiege der Suppe, und als das Kind darinnen lag, hatte man keine Möglichkeit, es heraus zu holen, denn auch der Löffel war noch nicht erfunden. Man behalf sich vorerst wie weiland der Hofnarr des sächsischen Königs. Ihm hatte man einst vor dem Mahle den Löffel weggenommen, doch rief der Majordomus mit Stentorstimme: «Ein Schuft, wer seine Suppe nicht ißt!» Der Narr kam nun nicht etwa auf die Idee, seine Suppe zu trinken, sondern knetete flugs einen Löffel aus Brot und schlürfte sein Süpplein auf diese Weise. Kaum war er fertig, stand er auf und rief nun seinerseits der Tischrunde zu: «Ein Schuft, wer seinen Löffel nicht ißt!» und machte sich gleich daran, dieses Kulturinstrument aufzuessen, womit er wieder einmal die Lacher auf seiner Seite hatte.

Suppe und Brot! Sie gehörten von Anfang an zusammen und sind es heute noch als zweitunterste Stufe der menschlichen Ernährung; die unterste ist wohl das mit dem Drohfinger des Gesetzes offerierte «Wasser und Brot».

Die Suppe scheint mir nicht von feinen Eltern abzustammen; wenn man ihren Stammbaum verfolgt, bekommt man es geradezu mit der Angst zu tun. Das lateinische *sapa* dürfte die Stammutter gewesen sein, bedeutet es doch «eingekochter Mostsaft». Das war ein Konzentrat, wie wir es auch heute kennen *(mistela)* und es liegt nahe, anzunehmen, daß sich das Wort zum italienischen *zuppa* veränderte. Im Niederdeutschen hieß *supen* später dann *saufen,* denn das war schließlich das, was man mit *sapa* am praktischsten tun konnte. Die weitere Entwicklung machte aus *supen* das «schlürfende Essen mit dem Löffel». Daß es heute noch Leute gibt, die selbst ihren Kaffee «suppen», sehr zum Leidwesen derer, die gerade am Tische sitzen, sei ganz leise erwähnt. Die Franzosen haben das Wort frühzeitig übernommen, bezeichneten aber damit ein Stück geröstetes Brot, das in einer Flüssigkeit schwamm oder damit zumindestens stark getränkt war. (Daß aus diesem Stück Röstbrot unser *Toast,* also ein Trinkspruch, hervorging, – dazu mußte es allerdings im Weine liegen, – sei gleich auch noch in Erinnerung gerufen.) Im Französichen bekam das Wort einen bäuerlichen Beigeschmack, und so ist heute eine *soupe* immer eine recht rustikale Angelegenheit: Nur eine dicke Suppe ist für den Franzosen *une soupe,* wobei er richtigerweise erwartet, daß geröstete Brotstückchen dazu gehören. Die Italiener stellen die gleichen Ansprüche, denken Sie nur an die weltberühmte *Zuppa pavese.* Für uns dagegen sind alle Suppen Suppe, ganz gleich, ob dick oder dünn, ob mehr Augen hinein als herausschauen, und für ganze Generationen war und bleibt sie die Ouvertüre der täglichen Tafelfreuden.

Der Schweizer Enzyklopädist Joseph Favre ging sogar so weit, zu behaupten, daß eine Suppe absolut lebensnotwendig sei. Besonders in der zweiten Kindheit, die er damals als zwischen acht und zehn Jahren liegend betrachtete, – wir hängen bekanntlich eine Null an – müsse man täglich mehrere Male Suppe essen. Er läßt zwischen den Zeilen durchschimmern, daß ein Mann, der keine Suppe esse, überhaupt kein Mann sei.

Die Italiener erwarten von einer Suppe siebenfaches Heil: Sie soll Hunger und Durst stillen, den Magen füllen, die Zähne reinigen, die Verdauung beschleunigen, den Schlaf erleichtern und der Schönheit förderlich sein.

Vor einigen hundert Jahren trieb man einen wahren Suppenkult: keine Mahlzeit ohne mehrere Suppen. Ludwig XIV. soll alle aufgestellten Suppen wenigstens probiert haben.

Uralt scheinen auch die Wein- und Biersuppen zu sein, für unser nüchternes Zeitalter gräßliche Flüssigkeiten. Friedrich der Große soll sie sehr geliebt haben, und ein Blick auf Goethes Speisezettel der Jahre 1821/22 (Jahrbuch der Sammlung Kippenberg 1927/28) belehrt uns, daß er keine Mahlzeit ohne sein Süppchen nahm. Ich stoße hier auf Graupensuppe, Suppe mit Eiergile, Suppe mit Grießklößchen, Legierte Suppe, Suppe mit Reis, Sagosuppe, Nudelsuppe, Kartoffelsuppe, Suppe mit Wurst und Linsen, Makkaronisuppe, Suppe mit Heidegrütze und so weiter. Das Repertoire der Goetheschen Küche war überraschend klein, und wenn man nun noch sieht, daß die Mittagssuppe abends wieder auf die Tafel kam, kann man wohl sagen, daß der große Mann recht primitiv «gesuppt» hat. Manchmal hat er sogar zwei Tage hintereinander die gleiche Suppe gegessen. Trotzdem sich Goethe mit einfachen Gerichten bescheiden konnte (er aß z. B. am 12. Februar 1852 Suppe von Schokolade, italienischen Salat, Kalbsbraten und Kompott), darf er als Gourmand und Gourmet angesprochen werden, der, wenn er Gäste hatte, groß auffahren ließ. Statt an seinen Suppen wollen wir uns aber lieber an seinen Werken delektieren.

Eine Suppe kann trotz alledem eine ganz herrliche Schlemmerei sein. Und wer könnte leugnen, daß ihn ein auf dem Krankenlager genossenes bloßes Süppchen wieder zu Kräften gebracht hat? Kurzum: Eine kluge Frau mißachtet ihre Feinde nicht, – Linie hin oder her! – und deshalb seien ihr hier einige vorgestellt:

Olla Podrida. *«Nach Gott die Olla»*, sagt der Spanier, denn diese Suppe geht ihm über alles. Ihre Zubereitung ist immer gleich, und doch ist sie jedesmal anders. Kulinarisches Rätsel um den puchéro!

Was immer an Fleisch vorhanden sein mag, so Schweinsohren, Schweinsfüße, Ochsenbrust, Hammelfleisch, roher Schinken, einhalb Feldhuhn, einhalb Huhn und so weiter wird in einem Kessel mit genügend Wasser aufgestellt, gesalzen und gekocht. Abschäumen und hübsch langsam kochen lassen. Nach zwei Stunden gibt man verschiedene blanchierte Gemüse bei, so Garbanzos (Kichererbsen), Kohl, Karotten, Zwiebeln, Blumenkohl, Spargeln, Sellerie – manchmal sogar Quitten – und kleine Würstchen, die der Spanier Chorizos nennt. Nochmals Wasser beigeben und wiederum mehrere Stunden kochen lassen.

Die kräftige Bouillon wird nachher in der Suppenschüssel serviert, das Fleisch und das Gemüse aber für sich auf der Platte. Wer Lust hat, gibt eine Tomatensauce dazu.

Scotch Broth. Wer die Schotten nur aus Witzblättern kennt, der koche einmal ihre Nationalsuppe; sie wird ihm Respekt einflößen.

Für vier Personen schneidet man I Pfund Hammelfleisch in kleine Würfel, etwa wie für Ragout, und setzt es mit 2 Liter Wasser auf. Wenn es kocht, schäumt man gut ab und gibt dann 100 Gramm Gerste, 50 Gramm Karotten, 50 Gramm weiße Rüben, 30 Gramm Zwiebeln, 30 Gramm Lauch und 30 Gramm Stangensellerie, alles in kleine Würfelchen geschnitten, hinzu. Diese Komposition läßt man nun einige Stunden kochen und zwar langsam, langsam. Vor dem Servieren entfettet man die Suppe, würzt sie nach Gutdünken und streut gehackte Petersilie darüber.

Zuppa Pavese. Hier ist die Urgroßmutter aller Suppen, allerdings nicht die Stammutter.

In eine feuerfeste Schüssel gibt man 1–2 gleichmäßig geröstete Weißbrotschnitten und schlägt 2 rohe Eier darüber. Dann übergießt man mit kochender Fleischbrühe und überstreut reichlich mit geriebenem Parmesankäse. Das Schüsselchen stellt man einen Moment in den heißen Backofen und serviert dann.

Camaro. *Das ist ein feines Süppchen, mit dem man einen Brasilianer glücklich machen kann.*

In eine Kasserolle gibt man ein braves Hühnchen, genügend Wasser, Salz, und läßt nun langsam kochen. Abschäumen und nach zwanzig Minuten ein Bündelchen Petersilie und Kerbel, 2 kleine Zwiebeln und 120 Gramm Reis dazugeben. Während drei Stunden langsam kochen lassen und am besten in der Kasserolle auf den Tisch stellen und servieren.

DER FASAN
DER MEERE

Gesetzt den Fall, Fische könnten sich auf Berühmtheit etwas einbilden, so dürfte dies dem *Steinbutt* vorbehalten bleiben. Die Gründe hierfür sind – wie ich darzulegen versuche – gar mannigfacher Art. Vor allem entstammt er einer zahlreichen, zum Teil hochnoblen Familie, nämlich der *Pleuronectidae,* die wir im Alltag auch Plattfische oder Schollen nennen. Ihm selbst gibt man die Bezeichnung *Rhombus Maximus,* obschon sein rechtsäugiger Vetter, der imposante Heilbutt, viel größer wird als er selbst. Immerhin bringt auch er es auf das sicherlich stattliche Gewicht von achtzehn Kilo. Unser Landsmann Conrad Gesner weiß uns von ihm in seinem berühmten Fischbuch (1670) folgendes zu berichten:

Der Dornbutt / so der erste / und gar nahe der beste ist aus dem Geschlecht der Flach-fischen / hat seinen Namen von der Gestalt / dann an der schwartzen oder rechten Seiten hat er viel kleine krumme Stacheln / bevorab gegen den Kopff und dem Schwantz / an der rechten Augenbraue ist er mehr äschenfarb / unten aber gantz weiß / hat sonsten eine dicke Haut / ein weit aufstehend Maul / ohne Zähne / aber anstatt derselbigen hat er rauhe Kinbacken. Inwendig hat er vier Fischohren / an jedem Ort zwey / ein zusammen getruckt Hertz und einen langen großen Magen / oben zweyfach zusammengelegt an den Rücken geheftet / seine Leber ist rötlich.

Heute nennen wir den begehrten Flachfisch fast durchweg Steinbutt, obgleich auch noch Dornbutt und Tarbutt (vom französischen *turbot*) angewendet werden. Lassen wir uns nun auch noch vom gleichen Autor etwas über die kulinarischen Tugenden erzählen. Gesner schreibt:

Das Fleisch dieser Fische wird von allen naturkündigern höchlich gepriesen / als daß es so gar gesund und nützlich sey / auch lieblich zu essen / ingleichen eines angenehmen Geschmacks / sey leichthin zu verdauen / speiße und sättige wol / gebe auch einem Krancken gute Krafft / habe keinen bösen Safft. In Summa es wird vergliechen einem edlen Phasanen: doch sol der Glatbutt etwas besser und lieblicher seyn / als der Dornbutt: er kan auff alle weiß gekocht und zubereitet werden: Er behält sein Lob und Preiß er sey gesotten / gebraten oder gebacken:

wird als auß der Zahl der köstlichsten fischen / Fürsten und Herrn dargestellt.

Nun, über den Geschmack ließ sich auch schon vor dreihundert Jahren nicht streiten: die Griechen liebten ihn geröstet, die Römer gekocht mit einer überaus scharfen Sauce überzogen. Die alten Franzosen begossen ihn mit dem Saft unreifer Trauben. Im 15. Jahrhundert legten ihn die Engländer in Essig und streuten Zimt darüber. In der Blütezeit der französischen Kochkunst dämpfte man ihn sogar in Champagner; heute ziehen wir ihn gekocht, mit einer zarten Buttersauce gereicht, allen anderen Zubereitungsarten vor.

Der Steinbutt bewohnt hauptsächlich das Mittelmeer, die Ost- und Nordsee. Die begehrtesten Exemplare werden vor den Küsten Hollands und Belgiens gefangen, aber auch im englischen Kanal scheinen sie sich wohlzufühlen. Merkwürdig, daß sie auf unseren Hotelmenus immer als *Turbot d'Ostende* aufgeführt werden, obschon wir und das übrige Mitteleuropa einschließlich der Ostender Strandhotels die Steinbutte von – Paris beziehen. Hier werden sie in normalen Zeiten «zentralisiert» und je nach Größe zu oft phantastischen Preisen weiterverkauft. Das alte Volkswort «frische Fische – gute Fische» hat natürlich auch hier seine Geltung. Zwei bis drei Tage nach dem Fang sollten sie auf den Tisch kommen, eine Forderung, die wir heute modifizieren müssen und – dank der entwickelten Kältetechnik – auch können. Als beste Fangzeit gilt seit jeher die Periode von April bis September.

Das Loblied, das der gelehrte Gesner dem Tarbutt singt, ist nicht etwa vereinzelt. Die Römer der Kaiserzeit, die mit allen Meerfischen einen wahren Kult trieben – einzelne Arten direkt «mästeten» – nannten ihn *Phasianus Aquatilis*. Für einen besonders schönen Steinbutt wurden in der apicianischen Schlemmerzeit horrende Preise geboten. Der gute Cato sah sich deshalb veranlaßt auszurufen: «Schlecht steht es um den Staat, in dem ein Meerfisch mehr gilt als ein Ochse.» Durch die Ausbreitung des Christentums geriet der Steinbutt nicht etwa ins Hintertreffen, denn gar bald ernannten ihn hohe geistliche Herren zum *König der Fasten*. Seit vielen Jahrhunderten aber wird er in der gastronomischen Literatur mit dem Ehrentitel *König der Meere* belegt. Kaum ein in die Geschichte eingegangenes Festmahl wurde serviert, ohne daß dabei ein herrlich weißfleischiger Turbot die Gaumen erfreut hätte. Aus einem Brief, den Madame de Sevigné an ihre Tochter schrieb, wissen wir, daß Vatel, der berühmte Haushofmeister des großen Condé, Selbstmord verübte, weil die für die königliche Tafel bestimmten Steinbutte und andere Meerfische nicht rechtzeitig eintrafen.

Mit Recht wird der anspruchsvolle Ichthyophage einwerfen, daß sich schließlich auch noch andere Fische seit alters her größter Beliebtheit und Berühmtheit erfreuen. Er wird mit Behagen darauf hinweisen, daß die alten Griechen den Fang eines Störs sogar mit Trompetenschall anzeigten, und daß sich die heimkehrenden Fischer bekränzten. Oft wurden diese uns heute besonders als Kaviarspender bekannten Meerbewohner unter Musikbegleitung aufgetragen. Im Mittelalter nannte man den bei uns nicht sehr beliebten schlangenähnlichen Aal *Rex voluptatis,* und die vollschlanke Cousine des Steinbutts, die frisch aus der Fritüre so gut mundende Seezunge, wird in Frankreich immer als die *Königin der Meere* gepriesen. Ja selbst die im Verhältnis zum Steinbutt doch recht bescheidene Forelle wird von poetischen Köchen auf der Karte als *Danseuse de la Rivière* aufgeführt. Aber schließlich sind es nicht die Ehrentitel, die unseres Flachschwimmers Berühmtheit ausmachen: Nicht einmal seine unbestreitbare kulinarische Überlegenheit, sondern der Kranz von niedlichen Histörchen und Anekdoten, der ihn, den Steingepanzerten, umgibt.

Juvenal, der bissige Spötter, gibt in seiner vierten Satire das folgende Geschichtchen zum besten: Kaiser Domitian (51-96), der den römischen Staat auf eine uns neuzeitlich anmutende Art unter der Fuchtel hielt, wurde während eines Aufenthalts in Albalonga mit einem Geschenk in Gestalt eines unvorstellbar großen Steinbutts erfreut. Flugs ließ er alle Senatoren zusammenrufen, um mit ihnen zu beraten, wie man diesen Seegiganten wohl zubereiten lassen solle, um seine höchsten kulinarischen Tugenden so recht zur Geltung zu bringen. Der Vorschlag eines verkümmerten Essers, ihn in Stücke zu hauen und ihn so dem dampfenden Kessel anzuvertrauen, wurde eisig abgelehnt. Nach längerem Hin und Her war man sich einig, daß er unzerteilt in seiner imponierenden Größe auf die Tafel kommen müsse. Zu ihrer maßlosen Bestürzung stellte sich aber heraus, daß weit und breit kein Kochgefäß vorhanden war, das den Koloß auch nur annähernd hätte beherbergen können. So gab der Senat Auftrag, daß geschickte Töpfer diese klaffende Lücke im kaiserlichen Kücheninventar flink ausfüllen sollten. Um eine solche Unzulänglichkeit fortan zu vermeiden, ordnete ein weiterer Senatsbeschluß an, daß sich im Gefolge des Kaisers stets einige bewährte Töpfer befinden müßten.

Daß der Steinbutt in der Fastenzeit ein große Rolle spielte, haben wir schon erwähnt. Als Kaiser Karl V. im April 1536 in Rom einzog, offerierte ihm Kardinal Lorenzo Campeggio ein überaus pompöses Fastenmahl, auf dem auch eine delikate *Venezianische Steinbuttsuppe* figurierte. (Als Merkwürdigkeit sei eingeflochten, daß zu den servierten fleischlosen Leckerbissen auch gezuckerte Seeforellen gehörten.) Dem als Schlemmer bekannten Kardinal Fesch, einem Stiefonkel Napoleons I., wurden kurz vor einem Freundesmahl zwei Steinbutte von nie gesehener Größe angeboten. Er kaufte beide zu selten gehörten Preisen, da es sein gastronomischer Ehrgeiz nicht zuließ, daß einer davon der Tafel eines anderen Gastgebers zu Zierde gereichen sollte. In einer vertraulichen Unterredung versprach ihm sein gewiegter *Maître d'hôtel,* dafür besorgt zu sein, daß

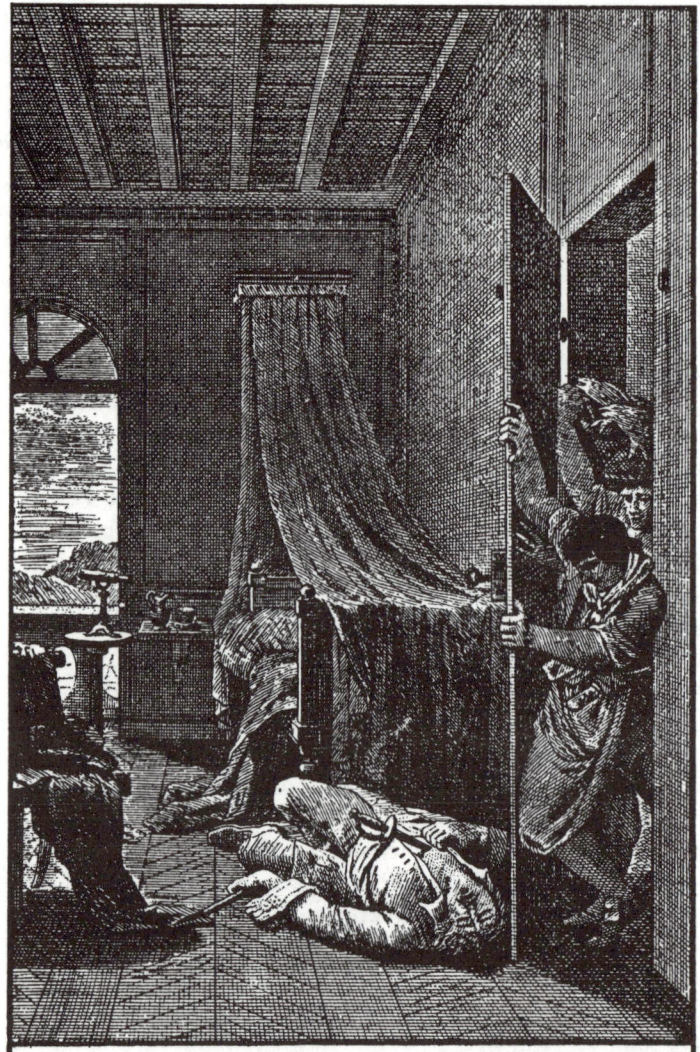

On le nomme, on le cherche ... On le trouve ... grands dieux !
La parque pour toujours avoit fermé ses yeux.

Vatels Tod (Aus: Berchoux / La Gastronomie; 1805)

beide Fische zu gebührenden Ehren kämen. Der hohe Würdenträger, stolz auf seine vorzügliche Küche, konnte es nicht unterlassen, die geladenen Gäste auf den kommenden Genuß vorzubereiten. In den überschwenglichsten Tönen pries er die Zartheit des Butts und lobte zugenschnalzend die schneeige Weiße seines Fleisches und ersuchte dringend, diesem Lekkerbissen einen genügend großen Platz im Magen zu reservieren. Der entscheidende Moment rückte heran. Wie von Zauberhand bewegt, öffnete sich die Flügeltüre des Speisesaales. Zwei stämmige Lakeien schleppten den in Ermangelung einer genügend großen Platte auf ein langes Brett majestätisch hingelagerten Steinbutt herein. Eine allgemeine Bewunderung und lautes Lobpreisen hob an, aber da – oh Schreck! Einer der Träger stolperte, der dampfende Fisch fiel zu Boden und beide Diener über ihn, so daß er nicht mehr zu genießen war. Die nun folgende lähmende Stille wurde durch die barsche Stimme des Haushofmeisters unterbrochen. «Bringet sofort einen anderen!» rief er dem herbeieilenden Küchenmeister zu, worauf sich unter allgemeiner Heiterkeit die Flügeltüren zum zweitenmal öffneten und ein noch schönerer Nachfolger hereingetragen wurde.

Ein besonderes Abenteuer mit einem Steinbutt erzählt uns Brillat-Savarin, der Klassiker der Gastronomie, in seiner *Physiologie du Goût*. Ein mit ihm verwandtes Ehepaar hatte zu einem intimen Gastmahl einen besonders schönen Turbot erstanden. Als man sich anschickte, ihn küchenfertig zu machen, entdeckte man – wie weiland der gute Domitian – nicht mit gelindem Schreck, daß sich im ganzen Hause kein Kochkessel fand, der groß genug war, ihn kunstgerecht unterzubringen. Da die Zeit drängte, wollte ihn der Gatte kurzerhand mit einem Hackbeil zerstückeln. Auf das Protestgeschrei seiner feinschmeckerischen Gattin jedoch mußte er von dieser Barbarei absehen. Man wollte die Ankunft des in solchen Dingen geübten Vetters abwarten, der sicher zu helfen wisse. Doch diesmal war guter Rat wirklich teuer. Der gefeierte Gastrosoph wollte sich nicht blamieren, und lediglich um Zeit und eine gute Idee zu finden, durchstrich er das Haus, gefolgt von dem gastgebenden Ehepaar und der aufgeregten Köchin. «Die beiden ersten Räume verhießen meinen Blicken nichts Günstiges», schreibt er. «Aber in der Waschküche zeigte sich meinen Augen zwar ein kleiner, aber gut eingemauerter Kessel. Seine Verwendbarkeit war mir sofort klar, und zu meinem Gefolge gewendet rief ich mit einem Vertrauen, das Berge zu versetzen imstande ist: ‚Seid getrost, der Steinbutt wird in einem Stück, und zwar in Wasserdampf gekocht werden, und dieses sogleich.' Obwohl es in der Tat hohe Zeit zum Essen war, dirigierte ich jeden unverzüglich auf seinen Posten. Während der Waschkessel angeheizt wurde, schnitzelte ich aus einer Korbflasche von etwa fünfzig Flaschen Inhalt eine Art Mulde von der genauen Größe des Riesenfisches. Auf diese Mulde ließ ich eine Lage Zwiebeln und würzige Kräuter legen, auf die der gut gereinigte, getrocknete und gehörig gesalzene Fisch zu liegen kam. Mit einer zweiten Lage gleicher Würzen wurde der Rücken bedeckt. Die solchergestalt zugerichtete Mulde wurde auf den zur Hälfte mit Wasser gefüllten Kessel gesetzt; das Ganze wurde mit einer entsprechend großen Bütte zugedeckt, um die herum man Sand anhäufte, um den Dampf am zu leichten Entweichen zu verhindern. Nach einer halben Stunde nahm man die Bütte ab und zog die Mulde vom Kessel, worauf der Steinbutt gar, schön weiß und appetitlich anzuschauen erschien.»

Ein großer Liebhaber junger Steinbutte war auf Jonathan Swift (1667-1745), der Autor von *Gullivers Reisen.* Alexandre Dumas, der eigentlich dem Karpfen besonders zugetan war, widmete nichtsdestoweniger dem Steinbutt mehrere Seiten in seinem monströsen Kochbuch. Grimod de la Reynière, der den Plattfisch auch sehr liebte, macht den Vorschlag, ihn zweimal auf den Tisch zu geben: einmal mit der weißen, das andere Mal mit der dunklen Seite nach oben. Er sähe dann so aus, als ob man sich den Luxus mehrere Male in der Woche leisten könnte; also eine Art gastronomische Bauernfängerei. Allerdings muß gesagt werden, daß der Steinbutt damals (1803) ganz außergewöhnlich teuer war.

Bis auf den heutigen Tag erfreut sich der Butt noch eines einzigartigen Privilegs. In jeder größeren gastgewerblichen Küche steht nämlich eine sogenannte *turbotière,* ein der Gestalt des Rhombus nachgebildeter Kochkessel mit Siedboden, in dem nichts anderes als dieser delikate Fisch gekocht wird. Die klassische Küche kennt gegen die fünfzig Zubereitungsarten, von denen die verbreitetste gleichzeitig auch die einfachste ist: nämlich gekocht, mit einer Kapernsauce oder einer samtnen *Hollandaise* gereicht. Aus den Resten macht man gewöhnlich das gutmundende *Kadgeri,* ein Gemisch aus Steinbutt, Reis, Eiern und Curry.

Kadgeri: *Man vermischt gekochte, grätenlose Steinbuttreste mit einer Sauce Béchamel und fügt hartgekochte, würflig geschnittene Eier bei (auf je 100 Gramm Fisch nimmt man 1 Ei). Gleichviel körnig gekochten Reis wie Fisch vermischt man mit in Butter angeschwitztem Zwiebelbrei und einer scharfen Currysauce. Nun wird das Ganze vermischt, mit Cayenne und Muskatnuß nachgewürzt, in einer tiefen Schüssel angerichtet und mit viel kochender Currysauce übergossen. Mit geraspelten Mandeln, die man einen Moment in heißer Butter anziehen läßt, bestreuen und sofort auftragen.*

Steinbutt nach Königin Wilhelmine: *Den Steinbutt auf der schwarzen Seite einschneiden, salzen, in den gebutterten Fischkessel legen, feingeschnittenen Sellerie, Lauch, Trüffeln und Champignons dazugeben und unter Zusatz von Fischboullion und Rheinwein im Ofen dämpfen. Ist der Fisch gar, wird er auf eine Platte angerichtet. Den Fischfond kocht man nun stark ein und bindet ihn dann mit Velouté, Rahm und Butter. Die fertige Sauce wird über den Fisch gegossen und die Platte dann mit gebackenen Muscheln, Krebsschwänzen und Champignonsköpfen garniert.*

Steinbutt nach der Art einer Feinschmeckerin: *Einen kleinen schneeweißen Stein-*
butt schneidet man auf der schwarzen Seite ein, salzt das Innere und legt ihn in
einen gebutterten Fischkessel. Nun gießt man etwas kalten Fischsud und ½ Flasche
Champagner hinzu, stellt die Turbotière in den Ofen und läßt den Fisch gar werden.
(Vom Moment des Kochens an gerechnet, benötigt er etwa 12 Minuten pro Kilo.)
   Ist der Fisch gar, wird er auf einer Platte angerichtet. Den Fond kocht man gut
zur Hälfte ein, schlägt genügend Mehlbutter darunter, würzt mit frischgemahlenem
Pfeffer (aus der Mühle) und Zitronensaft. Den Steinbutt umlegt man nun mit
Hechtklößchen und überzieht ihn dann mit der fertigen Buttersauce. Die Platte
stellt man wieder einen Moment in den heißen Ofen, garniert sie dann mit kleinen
gefüllten Blätterteigpastetchen und trägt sofort auf. (Diese Pastetchen können mit
feingehackten Champignons gefüllt werden.)

KLEINES LOBLIED
AUF DAS EI

Oh, das Ei! Es ist das Fundament der hohen Kochkunst, die beschwingende Seele von Suppen und Saucen, und eine Küche ohne Eier ist wie ein Haus ohne Fenster, triste und trostlos. Was dem Maler die Farbe und dem Dichter das Wort, das ist das Ei dem Kochkünstler. Das Ei verfeinert, verbessert, verbindet, belebt und begeistert. Daß es eines der ältesten Nahrungsmittel ist, liegt auf der Hand, und daß man im Paradiese bei dem sagenhaften Überfluß an Eiern auf die absurde Idee kam, ausgerechnet Äpfel zu essen, läßt stark vermuten, daß Adam und Eva . . . Thurgauer waren.

Wenn wir von Eiern sprechen, so sind natürlich Hühnereier gemeint, obschon das gar nicht so selbstverständlich ist, denn auch Krokodile, Schlangen, Schildkröten legen Eier, und außer den Hühnern auch alle anderen Vögel, sogar der vielzitierte Vogel Strauß. In so ein Straußenei kann man spielend zwei Dutzend Hühnereier legen. Der ausgestorbene Riesenstrauß soll sogar Eier gelegt haben, die dem Gewicht von über hundertzwanzig Hühnereiern entsprechen. Nun, auch ein solches Ei ist kulinarisch zu bändigen; es wird angebohrt, ausgeblasen und wie üblich verwendet, vorzugsweise allerdings zu Omeletten, denn um es weichgekocht zum Frühstück zu geben, fehlen uns die passenden Eierbecher.

Die alten Ägypter waren auf Straußeneier geradezu närrisch erpicht. Im zweiten Range standen bei ihnen die Eier von Kranichen; unsere Hühner waren ihnen unbekannt und demnach auch deren Eier. (Also war das Huhn doch vor dem Ei da!)

Der Philosoph Pythagoras, der vor rund zweieinhalbtausend Jahren lebte, verabscheute die Eier und stellte deren Genuß unter Strafe. Damals betrachtete man das Ei als Sinnbild der Erde und der vier Elemente. Die Schale stelle die Erde dar, das Weiße das Wasser, das Gelbe das Feuer, und die Luft befinde sich zwischen Schale und Eiweiß. Nach einer indischen Sage soll die Welt aus einem Ei entstanden sein, daß halb aus Silber und halb aus Gold bestanden habe. Die goldene Hälfte bilde den Himmel, der silberne Teil die Erde. Vielleicht ist das der Grund, warum die Engelein so goldig sind, und warum auf der Erde so vieles «versilbert» wird.

Das kulinarische Ansehen der verschiedenen Vogeleier veränderte sich von Jahrtausend zu Jahrtausend, natürlich auch von Erdteil zu Erdteil. Die Schlemmer des alten Griechenland bevorzugten Pfaueneier; erst dann kamen die Eier der ägyptischen Gänse an die Reihe und zuletzt die Hühnereier. Galen jedoch, der Leibarzt Kaiser Marc Aurels, verschrieb seinen Patienten in erster Linie Hühnereier, erst an zweiter Stelle empfahl er Fasaneneier. Die damaligen Ärzte kannten über hundert Heilrezepte, in denen Eier verwendet wurden. Sie empfahlen weichgekochte Eier, wie man dies auch heute noch tut, obschon auch ein hartgekochtes Ei leicht verdaulich ist, wenn es nur richtig gekaut wird. Merken wir uns den alten Spruch:

Kauen, kauen und abermals kauen,
Macht Schweinebraten und Eier verdauen!

Von der Küche des kaiserlichen Rom erzählt man sich üblicherweise krause Wunderdinge. Ein Blick in das klassische Kochbuch der damaligen Zeit kann uns jedoch höchstens enttäuschen. Der Schlemmer Apicius, mit dem wir uns eingehend befaßt haben, empfahl seinen Lesern das folgende Eiergericht:

Ova elixa:
Koche Eier, schäle sie, halbiere sie und lege sie in eine Schüssel. Dann bereite eine feine Sauce aus jungem ungemischtem Wein, Honig, Fischlake, Liebstöckel, Pfeffer und eingeweichten Pinienkernen. Mit dieser Sauce übergieße die Eier und trage sie auf.

Sollte dieses Rezept meinen Lesern nicht römisch, sondern spanisch vorkommen, so möchte ich sie bitten, einmal das Rezept für Eier *à la vinaigrette* nachzulesen, vielleicht stellen sie dann auf «römisch» um. Die Fischlake, welche die Römer so ausgiebig verwendeten, und für welche sie bis in unsere Tage heftigster Kritik ausgesetzt sind, war die Vorläuferin der *Worcestershire-Sauce,* jener englischen Nationaltunke, mit welcher der gehorsame Diener seiner Majestät selbst Schuhsohlen verspeist, ohne mit der Wimper zu zucken.

Mit Eierspeisen eröffneten die Römer die meisten Mahlzeiten; das blieb auch im Mittelalter so und ist selbst heute noch beliebt. Auch als Beilage zu Fischgerichten wurden sie gereicht, und wir wissen, daß kalter Salm und ähnliche Fische sich diese Zukost auch heute noch gefallen lassen. Zu gebackenen Fischen jedoch servieren wir die feinen Eiersaucen, die den Römern allerdings noch unbekannt waren.

Ein schönes Hühnerei wiegt etwa sechzig Gramm, davon entfallen sieben Gramm auf die Schale, fünfunddreißig Gramm auf das Weiße und achtzehn Gramm auf das Gelbe. So ein Ding enthält dreiundsiebzig Kalorien, was nicht übertrieben viel ist. Der Nährwert des Eies wird im allgemeinen überschätzt, er beträgt aber immerhin genauso viel wie der eines gleich schweren Stückes Fleisch. Fünfzehn Eier entsprechen dem Nährwert von einem Kilo Fleisch. Dem Eigelb kommt hier die größere Bedeutung zu. Am besten munden natürlich ganz frische Eier, die man auch heute noch, im Zeitalter der Technik, «Landeier» nennt. Leider haben Eier die üble Angewohnheit, sehr rasch zu verderben. Durch die poröse Schale verdunstet Wasser und dringen Bakterien ein; es erfolgt dann eine ziemlich rasche Zersetzung im Innern, wobei sich Gase bilden, deren schwefliger Gestank unsere Nasen absolut nicht angenehm kitzelt. Da nun aber die Hühner anscheinend dann am meisten Eier legen, wenn wir am wenigsten Eier essen, hat man seit Urzeiten taugliche Konservierungsmethoden gesucht und glücklicherweise auch gefunden. Man grub die Eier in die Erde ein, man legte sie in Fässer mit gesiebtem Sand, mit Salz, Asche, Getreide usw. Man bepinselte sie auch mit Gipsbrei, Gummi arabicum und Vaselin. Oder man legte sie in Behälter mit Kalkwasser, Wasserglas und anderen Lösungen. Ein altes Mittel, das in Notzeiten immer wieder zu Ehren kommt, ist folgendes: Absolut frische und saubere Eier legt man in einen Drahtkorb und taucht sie dann genau drei Sekunden lang in stark kochendes Wasser. Hierauf werden sie unter kaltem Wasser rasch abgekühlt, abgerieben und an einem möglichst kühlen Ort versorgt. (Das sich zwischen Schale und Eiweiß befindliche zarte Häutchen nimmt durch das rasche Kochen feste Form an und verhindert das Eindringen von Luft und damit von Bakterien.) Auf diese Weise behandelte Eier halten sich bestimmt einige Monate.

Selbstverständlich hat es nur einen Sinn, wirklich frische Eier einzulegen, daß heißt Eier, welche nicht älter als 5 – 6 Tage sind. Um dies festzustellen, legt man sie in eine Salzlösung aus 100 Gramm Salz auf einen Liter Wasser. Diese Lösung gießt man am besten in ein Einmachglas. Frische Eier, die man nun hineinlegt, sinken ohne weiteres zu Boden, solche, die über eine Woche alt sind, recken die Nase leicht nach oben, alte Eier aber streben eilfertig an die Oberfläche. Sollte aber eines der Eier sogar zum Glas hinaus an die Zimmerdecke fliegen, so war es kein Ei mehr, sondern ein kleiner Schwefelgas-Ballon.

Vor eine Glühbirne gehalten, ergeben frische Eier ein klares, leuchtendes Bild, alte dagegen zeigen dunkle Flecken.

Halten Sie einmal ein Ei mit den Enden an Ihre Zungenspitze. Ergibt sich ein Gefühl von Kälte, so ist das Ei frisch.

Frische Eier sind Trumpf, wenigstens bei uns, aber auch hier läßt sich anscheinend über den Geschmack streiten, denn noch lange nicht alle Völker lieben frische Eier. Es gibt Negerstämme, die solche geradezu verabscheuen; für sie ist nur das bebrütete Ei ein Leckerbissen. Die

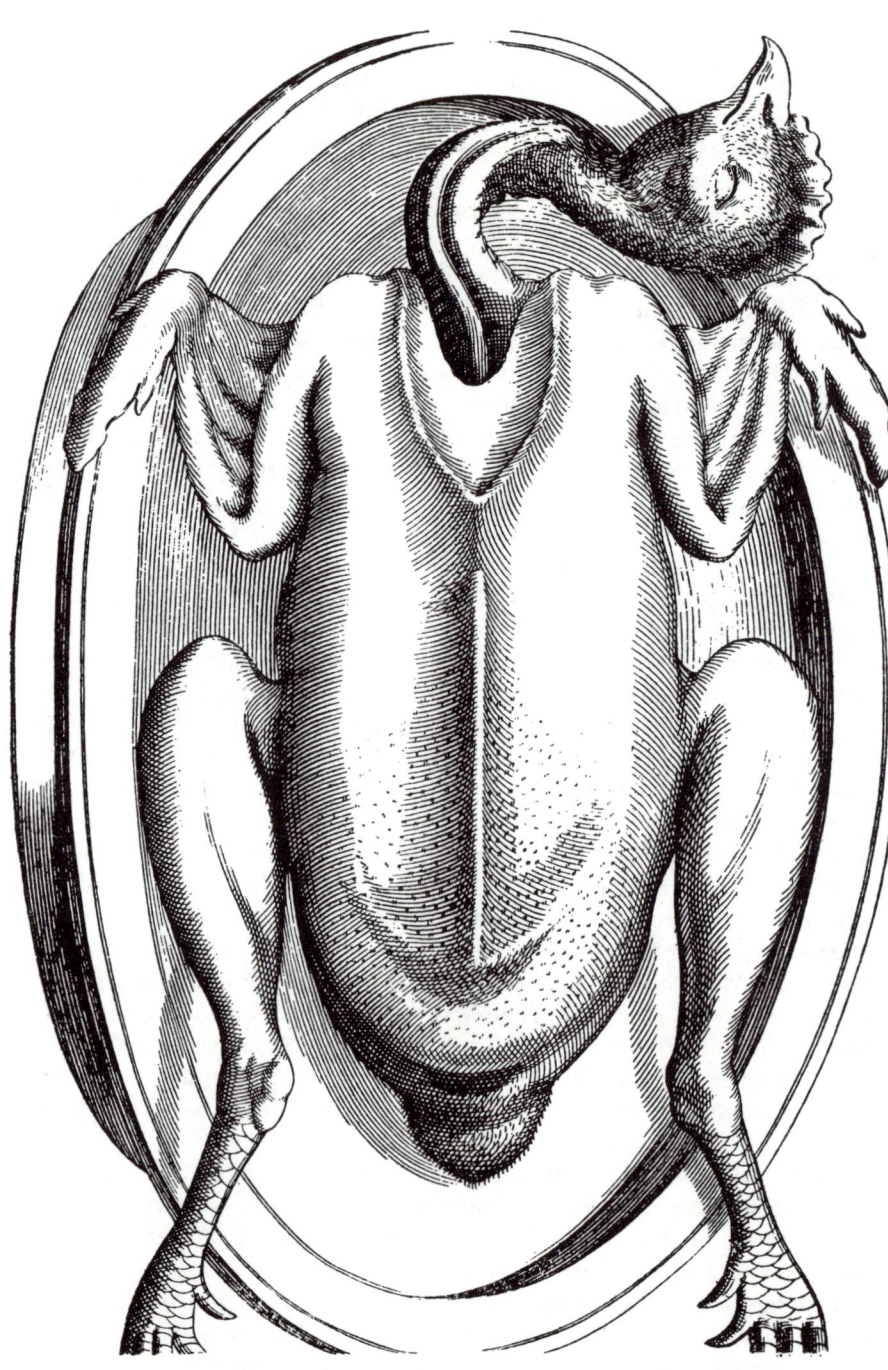

Der Kapaun. Eine Kupfertafel aus der Handschrift des J. Vontet.

Hawaianer – das sind Leute, die in Farbfilmen schwermütige Lieder singen und beständig Blumenkränze um den Hals tragen – verzehren mit Wonne halbfaule Albatroseier. Es gibt afrikanische Völker, die überhaupt nur das faule Ei schätzen. Hier dürfen wir einmal an unsere kultivierte Brust schlagen und ausrufen: «Gottlob sind wir nicht wie diese Brüder!» Mit Ekel wenden wir uns von diesen faulen Eierfressern ab und stürzen uns auf ein leckeres Stück *Camembert,* dessen Maden wir vor Entrüstung auch noch gerade herunterschlucken.

Die Chinesen sind für ihre faulen Eier geradezu berühmt geworden. Ganz große Schlemmer im Reich der Mitte sollen nur solche Eier wirklich schätzen, die wenigstens hundert Jahre alt sind. Nun, das erinnert ein wenig an hundertjährigen Cognac, der bekanntlich auch keinen Geburtsschein vorzeigen muß. In Wirklichkeit sind diese chinesischen Eier gar nicht faul, sondern sie werden durch eine spezielle Behandlung und durch längeres Liegen in einer Kalkschicht gelatiniert. Sehr oft werden sie eingegraben. Sie bekommen eine graugrüne Farbe, werden weich wie Butter und schmecken wie Hummer. Wer einmal ein chinesisches Rezept in den Speisezettel einschieben will, der verfahre wie folgt:

Man kocht 175 Gramm Salpeter und 2½ Kilo Salz in 5 Litern Wasser auf. In diese Lösung legt man absolut frische und unbeschädigte Enteneier. Nach drei Wochen nimmt man sie heraus, kocht sie 10 Minuten lang, schält sie und richtet sie auf einem körnigen Reis an. Eier und Reis übergießt man nun mit einer scharfen Curry-Sauce.

Da Abwechslung das Leben süß machen soll, lasse ich noch ein weiteres chinesisches Rezept folgen, das allerdings schon uralt ist.

Man schlägt Eier aus der Schale in eine Schüssel und schlägt mit einem Bambusstäbchen rund tausendmal. Dann dämpft man sie, daß sie möglichst saftig werden. Wenn man ein Ei nimmt, schmeckt es trocken, wenn man tausend kocht, bleiben sie saftig. Wenn man sie unter Zusatz von Teeblättern kocht, braucht es zwei Räucherstäbchen. Auf hundert Eier kommt ein Lot Salz. Man kann Eier auch mit Soja kochen. Sonst lassen sie sich noch backen und rösten. Sie schmecken auch schön gedämpft mit gehackten Goldamseln.

Ja, wenn man tausend Eier nimmt, dann bleiben sie saftig! Das stimmt. Wenn wir die Eier gleich tausendweise in die Pfanne schlügen, dann blieben sie wirklich saftig . . . nämlich die Preise.

Außer den Menschen, die keine frischen Eier lieben, gibt es noch solche, die auf frische und faule verzichten und gerade aufs Ganze gehen, das heißt: sie essen gleich die Vogelnester.

Eine der größten Delikatessen, die wir von der asiatischen Küche übernommen haben, ist die Schwalbennester-Suppe.

Die Meerschwalbe oder Salangane baut ihr Nest aus kleinen würzigen Seegewächsen, die sie mit Speichel anklebt. Solche Nester werden zuerst vierundzwanzig Stunden in kalter Fleischbrühe eingeweicht. Dann werden mit einer Silbernadel alle Federchen und Unreinlichkeiten entfernt. Hierauf kocht man sie in einer kräftigen Bouillon bis sie weich sind. Zum Schluß werden sie in eine schmackhafte Hühner-Kraftbrühe gegeben und so aufgetragen.

Frische Schwalbennester sollen weiß und durchsichtig sein. Alte haben einen dumpfen Geruch und Geschmack.

Wer also Vogelnester kochen will, der halte sie zuerst an die Nase!

Es wäre irrig anzunehmen, daß sich die Feinschmecker nun irgendwann geeinigt hätten, welche Arten von Eiern vom kulinarischen Standpunkt aus vorzuziehen seien. Vor hundert Jahren schwor ein großer Kochkünstler auf Adlereier, was einen anderen nicht abhielt, eben so laut Papageieneier zu rühmen. Um die Jahrhundertwende standen die Eier der Lachmöwen in höchster Gunst. Für die ersten Exemplare, die so gegen Ende März in den Delikateßgeschäften auftauchten, zahlte man bis zu sechs Franken das Stück; da hatten die Möven natürlich gut lachen. Bei einem Stückpreis von sechs Franken für ein Hühnerei würden ausnahmsweise sogar die Bauern lachen.

Es gibt nun Leute, die auf Krodokilseier versessen sind, andere wieder auf Schildkröteneier. Der moderne Feinschmecker schwärmt für Kiebitzeier, die heute unbedingt die teuersten Eier sind, welche in der Kochkunst Verwendung finden. Ob sie wirklich besser als Hühnereier sind? Das darf mit gutem Recht bezweifelt werden; bei solchen Liebhabereien ist oft die Sucht nach Exzentrischem größer als das Verständnis und der Genuß. Kiebitzeier munden am besten, wenn sie acht Minuten lang gekocht werden und dann mit Butter und Toast dargereicht werden.

Zur Ehre des Hühnereies sei festgehalten, daß es uns Genüsse in einer derartigen Abwechslung bietet, wie dies kaum von einem andern Nahrungsmittel behauptet werden kann. Von den im Altertum bekannten wenigen Rezepten bis zum Stande der heutigen Kochkunst war ein weiter Weg. Die Eier, diese so dankbare Materie, gaben den Köchen aller Zeiten Gelegenheit, ihre Phantasie austoben zu lassen.

Vielleicht wollen Sie einmal ein altmodisches Eierrezept ausprobieren. Das folgende steht im *Berner Kochbuch* aus dem Jahre 1749, ist also über zweihundert Jahre alt:

Gefüllte Eyer:

Nimm 5 oder 6 Eyer, siede sie hart, lege sie in kalt Wasser und schneide sie den langen Weg abeinander, tue das Gelbe daraus, hacke es rein, tue es in ein Geschirr, nimm noch dazu Nidlen (Rahm), Rosinlin, Zimmetpulver, Majoran und Peterlig, Imberpulver, Muscatnuß und Salz, alles wohl untereinander gerühret und frischen

Anken (Butter) in ein Tüpfi geschüttet und stets gerühret, bis es recht gekochet ist. Damit die Weißen von den Eyern gefüllt und aufeinander getan, daß sie gantz seien, darnach die Eyer gebunden, einen weißen Sträubli-Teig gemacht, im Teig gedröhlt, im Anken schön gelb gebacken, in eine Blatten (Platte) getan, eine Zimmetsassen darüber gemacht.

Ob uns ein solches Eiergericht wohl munden würde? Ich glaube es kaum, denn es ist das, was wir Fachleute «barbarisch» nennen, obwohl die Barbaren gar keine komplizierten Speisen kannten.

Übrigens ist dieses Kochbüchlein voll von ähnlichen Rezepten, und da es fast hundert Jahre lang neuververlegt wurde, scheint es dem damaligen Geschmack entgegengekommen zu sein. Bestimmt aber waren diese harten Eier nicht schuld, daß die alten Eidgenossen . . . so harte Schädel hatten.

Die französiche Küche hat sich um die Weiterbildung der Eierrezepte sehr verdient gemacht. Im Jahre 1655 kannte man sechzig verschiedene Zubereitungsarten, ein Jahrhundert später hundertzwanzig, und zu Beginn unseres Jahrhunderts erschien ein Buch, das genau eintausend verschiedene Rezepte enthielt. Mit etwas Phantasie käme man heute wohl auf zweitausend, wobei allerdings festzuhalten ist, daß bei manchen Rezepten das Ei nur noch eine Nebenrolle spielt.

Aufschlußreich ist wohl, daß die klassischen Zubereitungsarten, nämlich die Verwendung als weich- oder hartgekochtes Ei oder mit Mehl vermischt als Pfannkuchen, sich seit Jahrtausenden gleich geblieben sind.

Spiegeleier: *Ja, man sollte sich tatsächlich darin spiegeln können! Und das kann man, wenn man sie in einem Porzellanplättchen zubereitet. Für zwei Eier nimmt man fünfzehn Gramm Butter, die Hälfte davon gibt man in das Plättchen, läßt sie heiß werden, schlägt dann ein Ei nach dem andern so hinein, daß das Gelbe nicht verletzt wird. Das Feuer darf nicht zu stark sein, sonst wird die untere Seite hart und zäh, oben aber herrscht noch unwillkommene Rohheit. Ist das Weiße gar, so nimmt man sie weg. Die andere Hälfte der Butter läßt man nun in der heißen Pfanne aus und gießt sie über das Eigelb. Rohes Eigelb soll man nicht salzen, da es sonst nicht mehr lecker aussieht, und mit dem Salzen darf man auf keinen Fall übertreiben: Ein halbes Gramm Salz für drei Eier ist schon zuviel, also Vorsicht!*

Spiegeleier nach Elsässer Art *macht man wie folgt: Würflig geschnittene Kartoffeln röstet man in Butter schön braun und vermischt sie mit kurz gekochtem Sauerkraut. Diese Mischung richtet man auf einem Eierplättchen an und schlägt einige Eier darüber. Die Platte stellt man in den Backofen und läßt die Eier gar werden. Das fertige Gericht garniert man mit heißen Zervelatscheiben.*

Spiegeleier auf spanische Art *haben auch ihre Verehrer: Dünne Zwiebelringe werden in Mehl gedreht und in heißem Öl gebacken. Halbe Tomaten werden ebenfalls in Öl gebacken und dann gewürzt. Auf eine entsprechende Platte legt man nun die Tomaten, auf diese eine genügende Anzahl frischer Spiegeleier, und auf das Ganze verteilt man die Zwiebelringe.*

Überraschungs-Spiegeleier werden etwas teuer, dafür aber munden sie herrlich: Geschnetzelte Geflügelleber, Champignons und Trüffel werden in heißer Butter angezogen. Dann gibt man das Ganze in ein Eierplättchen, fügt ein klein wenig eingedickte Fleischsauce bei, schlägt die gewünschte Anzahl Eier darüber, würzt und überstreut mit sehr feingehackter Petersilie. Das Ganze stellt man in einen heißen Backofen und wartet, bis die Eier gar sind.

Rühreier: Kenner halten sie für die delikateste aller Eierspeisen, vorausgesetzt, daß sie richtig zubereitet werden. Wer bereit ist, sechs Eier zu opfern, probiere folgendes:

Man schlägt die Eier auf, gibt sie in eine Schüssel, salzt und pfeffert und verquirlt das Ganze gut. Nun gibt man fünfzig Gramm Butter in eine Kasserolle mit möglichst dickem Boden und erwärmt dies leicht, das Feuer soll also klein sein. Nun die Eier hineingeben und mit einem Holzlöffel gleichmäßig rühren. Es werden sich zarte Flokken bilden. Glaubt man, daß die richtige Festigkeit erreicht ist – eigentlich soll es eine Saftigkeit sein – so zieht man die Kasserolle vom Feuer zurück und rührt noch fünfzig Gramm in kleine Stückchen zerteilte Butter darunter. (Es gibt extravagante Schlemmer, die sogar noch einen halben Deziliter Rahm dazugeben.)

Italienische Rühreier erhält man, wenn man unter die verquirlten Eier einen Löffel Béchamelsauce mischt und unter die abgerührten Eier etwas frisch geriebenen Parmesankäse gibt.

Rührei auf Hamburger Art ist eine recht rezente Speise, denn man mischt unter das fertige Rührei einige würflig geschnittene Heringfilets.

Rührei mit Schinken ist eine beliebte Frühstücks-Spezialität und leicht zuzubereiten. Man schneidet den Schinken in kleine Würfelchen, röstet ihn mit etwas Butter in einer Pfanne an und vermischt ihn mit den verquirlten Eiern. Genau gleich bereitet man Rührei mit Speck.

Will man Eier hart kochen, so gibt man sie am besten in ein groblöcheriges Sieb und taucht sie in kochendes Wasser. Vom Moment an, wo das Wasser kocht, wartet man acht bis zehn Minuten, das heißt für kleine Eier acht und für große Eier zehn Minuten. Möchte man aber nur das Weiße hart haben, das Innere jedoch weich, so kocht man sie nur sechs Minuten und kühlt sie dann rasch ab. Sofort schälen und wieder in warmes Salzwasser legen, bis man sie servieren kann.

Weiche Eier müssen drei bis dreieinhalb Minuten kochen, wachsweiche Eier eine Minute länger.

Verlorene Eier: In eine Kasserolle gibt man einen Liter Wasser, einen Eßlöffel Essig und zehn Gramm Salz. Beginnt das Wasser zu kochen, so schlägt man die Eier vorsichtig hinein. Mit einer Gabel hilft man dem Eiweiß nach, daß es sich möglichst eng um das Gelbe wickelt. Nach drei Minuten sollte dies vollkommen erreicht sein.

Auch diese Eier kühlt man rasch ab und legt sie dann wieder in heißes Salzwasser, bis zum Moment, da man sie auf die Tafel bringt.

Etwas ganz Herrliches sind solche Verlorenen Eier, wenn man sie auf knusperige Toastscheiben legt, mit Sauce Béarnaise überzieht und mit einer dicken Tomatensauce einrahmt. Natürlich kann man auf den Toast noch gebratenen Speck legen: Der Schlemmerhaftigkeit sollte man nie eine Grenze ziehen.

Kennen Sie übrigens das tolle Eier-Rezept der Frau Rat Schlosser? Da wir das Goethe-Jahr feiern und ich trotz den Hunderten von Artikeln «Goethe und . . .» keine Abhandlung über «Goethe und Hühnereier» sah, sei Ihnen diese neckische Zubereitungsart aus dem Kochbuch der Frau Rat Schlosser verraten.

Ein Ei, so groß wie ein Kürbis zuzurichten. *Man nimmt fünfzig oder mehr Eier und sondert die Dotter und das Weiße überall voneinander. Die Dotter mischt man gelinde untereinander und tut sie in eine Blase, die man fein rund zusammenbindet und in einen Topf voll Wasser tut. Wenn der aufwallt und man urteilt, daß sie hart gesotten sind, nimmt man sie heraus und tut das Weiße hinzu, dergestalt, daß dieser Dotter-Ballen wohl in die Mitte komme und läßt es wieder kochen, so wird man ein kürbisgroßes Ei haben ohne Schale. Die Schale macht man also daran: Man nimmt schöne weiße und klare Eierschalen und reibt sie zu dem allerfeinsten Pulver, läßt sie dann in starkem Essig oder besser in destilliertem Essig beizen, bis sie weich werden. Wenn sie dann weich sind wie eine Salbe, trägt man sie mit einem Pinsel auf das Ei auf, und macht dem gekochten Ei dadurch eine Schale, die man in frischem Wasser hart werden läßt. So hat man ein rechtes, natürliches Ei in Kürbisgröße als nächsten Gang.*

Kürbisgroße Eier, vielleicht dutzendweise auf den Tisch gelegt, als nächsten Gang für den verwöhnten Ehegatten, das allerdings dürfte auch heute noch jeder Kritik die Spitze abbrechen, wobei ich die Frage offen lasse, was wohl Kolumbus mit einem solchen Ei gemacht hätte.

DIE KUNST DES TRANCHIERENS

S eit Jahrtausenden ist die Tranchierkunst das Teilgebiet der *Art culinai-re,* das einzig und allein dem Manne reserviert blieb. So viel uns auch die ältere und neuere Geschichte über kulinarische Wundertaten schöner Frauen zu berichten weiß, so vergeblich aber hält man Ausschau nach einer Vertreterin des zarten Geschlechts, die sich in der Vorschneide-kunst besonders hervorgetan hätte. Ob hierfür die gleichen Gründe vorge-bracht werden können, die für das seltene Antreffen der Frau in der Chirurgie wohl maßgebend sind, lasse ich dahingestellt sein. Tatsache ist – gestern wie heute – daß der Tranchierende über umfassende anatomische Kenntnisse verfügen muß, soll man sein Handwerk zur Kunst erheben. Mag uns die von Homer so vielgerühmte Tranchierkunst eines Odysseus und Eumäos heute auch recht primitiv anmuten, so darf sie doch als Beginn einer gastronomischen Entwicklung gelten, die ihren vorläufigen Höhepunkt unter Perikles erreichte. Selbst noch zur Zeit, als der siegreiche Belisar Italien durchzog, galten die Griechen als die gewandtesten Vor-schneider. In der Folge wurden sie dann von den Italienern abgelöst, deren körperliche Wendigkeit sie zur Ausübung dieser kavalierhaften Kunst ja geradezu prädestiniert. Bei den römischen Gastmählern besorg-ten sogenannte *scissores,* deren Platz gegenüber dem Gastgeber war, das kunstgerechte Zerlegen der Fleischstücke. Im neronischen Rom unterwies Petronius, der einfallsreiche Schilderer des Protzenmahles des Trimalchio, reichgewordene Bürger nicht nur in der Kunst des «feinen» Benehmens, sondern er gab auch Lektionen im Kochen und Tranchieren. Trotzdem darf dieser *arbiter elegantiarum* nicht als der erste *magister cocorum* angesprochen werden, denn solche Fachlehrer kannte man in Athen schon einige Jahrhunderte früher.

Waren es bei den Römern noch vornehmlich Freigelassene, denen das Amt eines Tranchiermeisters übertragen wurde, so finden wir bereits im Mittelalter Herren edlen Geblütes mit dieser Aufgabe betraut.

Zur Zeit Karls des Großen, also vor dem Jahre 1000 der christlichen Ära, speiste man entweder an langen Tafeln oder kleineren viereckigen oder runden Tischen, welche mit Tischtüchern behangen waren. Ursprünglich reichten diese Tischtücher bis zum Boden, später wurden sie kürzer, wohl um die kunstvoll geschnitzten Tischbeine sichtbar werden zu lassen. Oft legte man über diese Tücher noch besonders kostbare, teppichähnliche Decken. Die Tafeltücher bedeckten aber nicht immer den ganz Tisch; die weniger Vornehmen saßen am Ende der Tafel und hatten dort nur das blanke Holz vor sich. Die kleinen Tische waren beliebt, weil damals meist zwei Personen aus dem gleichen Napf essen mußten und man den allgemeinen Gebrauch der Gabel noch nicht kannte. Man aß recht und schlecht mit seinen Fingern. Die Stühle und Bänke, auf denen man saß, wurden genau wie die Tische mit Tüchern belegt; auch hatte man Polster, die der einzelne Teilnehmer selbst mitbrachte. Es war Brauch, daß der Kavalier der Angebeteten das Polster nach dem Essen in ihre Gemächer nachtrug.

Die Diener legten wohl Messer, Gabeln und Löffel auf, ebenso Brot in Semmelform, aber die Messer waren nur zum Tranchieren bestimmt und die zweizinkigen Gabeln zum Vorlegen der Speisen. Die Sitte, mit Gabeln zu essen, scheint in Byzanz, wo in den Dingen der Tafelfreuden ein gewaltiger Luxus herrschte, ihren Anfang genommen zu haben. Aus dieser Zeit wird berichtet, daß eine Herzogin von Venedig, eine Byzantinerin, die Speisen nicht mit den Händen berührte, sondern sich alles von ihrem Eunuchen vorschneiden ließ und diese Happen mit einer zweizinkigen Gabel zum Munde führte. Von Italien aus drang die Sitte, mit Gabeln zu essen, etwa um das 14. Jahrhundert nach Frankreich vor und von dort nach Deutschland, der Schweiz und England. Vorläufig holte man die gewöhnlich zubereiteten Speisen mit den Händen aus den Gefäßen, wobei selten mehr als zwei Personen in die gleiche Schüssel fahren mußten. Die beiden Schüsselteilhaber teilten sich denn auch in einen Trinkbecher, und es war Usus, Ehepaare oder doch Liebespaare zusammen zu tun. (Von der geliebten Frau lassen wir Männer uns ja auch noch heute allerlei Leckeres in den Mund stopfen; damals allerdings war es Sache des Mannes, dem Frauchen «das Maul zu stopfen».)

Daß man bei diesen Eß-Sitten an die Reinlichkeit des Einzelnen große Ansprüche stellte, darf erwartet werden und war auch so.

Wenn die Tische gedeckt waren, die Gäste zu Tische saßen und eine Handwaschung stattgefunden hatte, befahl der Gastgeber dem Vorschneider, die Speisen zu zerlegen; im Familienkreis besorgte er dies selbst. Er verteilte diese Speisen auf hübsche Tabletts und ließ so jedem Anwesenden seine Portion zukommen.

Da wir wissen, daß am Hofe des skrupellosen Cesare Borgia die Fasanen noch mit den Händen zerrissen wurden, taucht die Vermutung auf, daß man die kunstgerechte Sezierung des Geflügels erst später erlernte. Das erste uns Aufschluß gebende Werk über die Tranchierkunst erschien erst hundert Jahre später, nämlich 1581. Es hatte den Italiener Vincenzo

Neü = vermehrter Trenchir=Büchlein.

Cervio zum Verfasser und nannte sich *Il Trinciante*. Diesem gastronomischen Fachbuche war ein durchschlagender Erfolg beschieden. Am französischen Hofe schnitt der *grand écuyer tranchant* die Fleischstücke vor, und an den deutschen Fürstenhöfen tat der Seneschall das gleiche. Ihren glanzvollen Höhepunkt erreichte die Tranchierkunst im 17. Jahrhundert, und zwar nicht zuletzt dank dem Wirken eines Schweizers, nämlich des Freiburgers Jacques Vontet. Er bereiste die Kulturzentren Mitteleuropas und unterwies an fürstlichen Höfen edle Herren in dieser ebenso edlen Kunst. Im Jahre 1627 ließ er von einem begabten Künstler 29 Tafeln stechen, welche Geflügel aller Art, Kleintiere und Früchte darstellten. Diese Stiche ließ Vontet vervielfältigen und mit zahlreichen unbeschriebenen Blättern binden. Die derart hergestellten textlosen Bücher verkaufte der tüchtige Fachlehrer seinen Schülern. Während des Unterrichtes wurden nun nicht nur die Tranchieranweisungen nach Diktat eingeschrieben, sondern auch alle vorzunehmenden Schnitte säuberlich eingezeichnet. Vontet, der sich in späteren Jahren in Lyon ansässig machte, erteilte auch dort an vornehme Fremde bereitwilligst Unterricht nach dieser «seiner» Methode. Meister Vontet hat mir schon manch Kopfzerbrechen verursacht, denn über seinem «Bilderbuch» schwebt irgendein Geheimnis, das ich gerne lüften möchte. Der Bibliograph Georges Vicaire beschreibt auf Spalte sechshundertsiebenundsiebzig ein handgeschriebenes Tranchierbuch aus der Sammlung Baron Pichon, dessen Verfasser ein gewisser

Pierre Petit gewesen sein soll. Vicaire nimmt an, daß der Text unter Louis XIII., welcher von 1610 – 1643 regierte, geschrieben worden sei. Er erwähnt zwei Exemplare, das beschriebene und eines aus dem Besitze des Herrn de Béhague, welches im Jahre 1878 verkauft wurde. Gerade dieses Exemplar ziert jetzt meine Sammlung, und da ich das Original-Manuskript von Vontet ebenfalls besitze (Glück muß man haben!), fällt es mir leicht, Vergleiche anzustellen. Auffallend ist, daß Vicaire, der auf Spalte achthundertsiebzig auch die Vontet'sche Handschrift erwähnt, die damals im Besitze des Baron de Pichon war, keine Silbe über die Ähnlichkeit verlauten läßt. Nun liegt meiner Handschrift ein Brief bei, den er selbst an einen Sammler richtete, der ihn seinerzeit um ein Gutachten über das Buch ersuchte. Nach den darin enthaltenen Angaben gibt es drei Originale der Vontet'schen Handschrift. Die Pichon'sche enthält weniger Tafeln als z. B. meine. Bei dem Buche von Petit ist der Titel gedruckt; er lautet: *L'art de trancher la viande et toutes sortes de fruits, nouvellement à la françoise. Par Pierre Petit, Ecuyer tranchant.* Es enthält weniger Kupferstiche als die Handschrift von Vontet, aber es sind genau die gleichen ohne die geringste Abweichung. Dem Titelblatt ist bei beiden Büchern ein Wappenbild vorgesetzt, nämlich das von Franz Basset, der von 1646 – 1647 Bürgermeister der Stadt Lyon war. (Also wird das Werk kaum unter Louis XIII. entstanden sein.)

Wem gebührt nun die Priorität, respektive wer war der Initiant der Kupferstiche? Persönlich bin ich der Meinung, ohne dies allerdings klar beweisen zu können, daß Vontet der tatsächliche Autor war. Im Jahre 1926 gab Charles de Salverte eine Faksimileausgabe des Exemplares aus der Sammlung Pichon heraus. Er geht von der irrigen Ansicht aus, daß das Manuskript aus dem 16. Jahrhundert stamme und bestimmt gedruckt worden sei. Die Wappentafel des Lyoneser Bürgermeisters belehrt uns aber eines andern. Beim Durchgehen des faksimilierten Textes komme ich zur Überzeugung, daß die sich in meinem Besitze befindliche Handschrift die Urschrift sein muß. Abgesehen davon, daß mein Buch bedeutend mehr Tafeln enthält als das Pichon'sche, beginnt es mit einem «Avis au lectuer», der dort auch fehlt. Das Exemplar Pichons enthält hinten eine Nachschrift, sozusagen eine persönliche Geschäftsempfehlung an einen Herrn Spindler, der anscheinend einige Privatstunden bei ihm genommen hatte. Der ganze Zuschnitt meines Textes deutet auf das Vorhaben einer Drucklegung hin, und demnach muß dieser Text als Original angesprochen werden. Daß de Salverte den Namen des Autors falsch wiedergibt, scheint auf oberflächliches Studium zurückzuführen zu sein, denn bei Vicaire steht deutlich *Vontet* und nicht *Vonlett;* wenn er weiter schreibt «Document unique et précieux», so beweist dies ebenfalls kaum, daß er sich vor der Publikation die Mühe nahm, Nachforschungen anzustellen. Forschen und abermals forschen ist aber die Voraussetzung für jeden, der

sich bibliographisch betätigen will. (Leider lernt man trotz allem Forschen hier nie aus.)

Ein halbes Jahrhundert später stoßen wir in Deutschland auf ein dickbauchiges *Tranchierbuch,* das sich die Lehren unseres Landsmannes stark zunutze machte.

Im Jahre 1766 verlegte Johann Georg Cotta in Tübingen ein ausgezeichnetes *Tranchierbuch* für den Hausgebrauch, dessen Einleitung ich folgendes entnehme:

Daß ehedessen an denen hohen Höfen und anderen vornehmen Häusern besondere Trenchier-Meister, welche die Speisen sowohl zerschnitten, als auch vorgelegt, bestellet gewesen, ist eine männiglich wohl bekannte Sache. Diese Bedienung aber ist heut zu Tage nicht mehr üblich, doch hat noch derjenige, welcher die Speisen geschickt und artig zerschneidet und vorlegt, auch eben diesen Namen eines Trenchier-Meisters. Vordersamst aber wird von einem solchen erfordert, daß er von Person wohlgestalt, geschickt, flink und wohl gekleidet seye, weilen er vor seiner gnädigen Herrschaft, auch zuweilen vor fremden hohen Gesellschaften in diesem Amt erscheinen muß. Und wer wird wohl in Abrede ziehen, daß ein Feder-Wildpret und anderes Geflügel, auch andere Braten und Speisen vor einer ganzen Tisch-Gesellschaft zierlich zu zerschneiden etwas galantes und wohlanständiges seye.

Einem gewandten *Trancheur* zuzuschauen war tatsächlich eine Augenweide. Schon sein Auftreten war an ganz bestimmte Regeln gebunden: In der Kleidung mußte er es dem elegantesten Kavalier gleichtun, und wie dieser trug er auch den Degen. Große Fleischstücke wurden, genau wie heute, auf einem Brett zerlegt. Das kleinere Geflügel jedoch – im Gegensatz zu heute – in der Luft tranchiert. Von einem tüchtigen Vorschneider wurde dabei verlangt, daß er so viele gleichwertige Teile herausschneide, als Gäste an der Tafel saßen, eine sicherlich nicht immer leicht zu lösende Aufgabe. Die Geschichte, daß es schon der sagenhafte König Artus verstanden haben soll, einen Pfau – die Speise der Tapferen – so kunstvoll zu zerlegen, daß fünfhundert Gäste ihren Anteil davon bekamen, darf wohl als ein amüsantes gastronomisches Märchen gelten.

Das geistreichste Werk über die Vorschneidekunst gab, wie an anderer Stelle erwähnt, Grimod de la Reynière im Jahre 1808 unter dem Titel *Manuel des Amphitryons* heraus. Wie der Autor schreibt, brachte ihn ein in einer flämischen Bernhardiner-Abtei aufgefundenes Manuskript auf diese Idee. Daß es sich bei diesem Manuskript um ein Diktatheft Vontets handelte, konnte ich einwandfrei feststellen.

Welcher Popularität sich die Tranchierkunst zu Beginn des 19. Jahrhunderts erfreute, geht aus den wenigen Zeilen des Grimodschen Werkes hervor, schreibt er doch:

Ein Gastgeber, der nicht vorschneiden kann, gleicht dem Besitzer einer schönen Bibliothek, der das Lesen nicht erlernt hat: das eine ist so schmählich wie das andere.

Heute wird das Vorschneiden in feinen Gaststätten von speziell ausgebildeten Kellnern besorgt, die sich immer noch *Trancheur* nennen. Alle Arten von Geflügel, Rehrücken, Spanferkel, doppelte Lendenschnitten (Chateaubriand), verschiedene Fische und auch Früchte müssen hier vom Jünger Ganymeds schnell und sauber zerlegt werden können. In der Familie besorgt es immer noch der Vater, der ganz besonders in England dieses solenne Amt niemandem abtritt. Aber auch in unserem Lande verstehen sich erstaunlich viele Männer auf das Zerlegen knuspriger Bratenstücke und grillgebräunter Poulets, und so soll es ein Höhepunkt des Familienlebens sein, wenn der Herr Papa den Sohn in diese Kunst einführt.

KULINARISCHES SEZIEREN

Eines unserer Bilder zeigt, wie man ein Stück Geflügel in der Luft vorschneidet. Das mag uns an böhmische Dörfer erinnern – obwohl es in diesem Falle persische sein sollten. In Tat und Wahrheit gehörte es zum beruflichen Ehrgeiz des Trancheurs, ein schönes Masthuhn absolut stilgerecht in der Luft auseinandersäbeln zu können. Wie hat er dies wohl getan? Nichts einfacher als das!

Mit der linken Hand ergriff er seine lange Tranchiergabel und stach diese fest in das Huhn; dieser Handgriff war sehr wichtig, denn das Tierchen durfte sich nicht mehr bewegen. Mit der Rechten nahm er das scharfgeschliffene Messer – das Huhn hielt er in angemessener Entfernung von seinem Gesicht – und machte nun die ersten Schnitte, ohne jedoch ein einziges Stück ganz abzulösen. Zuerst fuhr er dem anatomischen Verlauf der Keulen nach, dann dem der Flügel, und erst dann schnitt er die weißen Scheiben des Brustfleisches ab. War dies geschehen – das Huhn war immer noch komplett beisammen – so begab er sich zur ranghöchsten Dame oder zum König oder zur schönsten Dame, hielt dieser die *poularde* auf den Teller und ließ sie ein Stück auswählen. Die erste Person bekam natürlich meistens eine Keule, wobei ihr selbst die Arbeit des nochmaligen Unterteilens vorbehalten blieb. Mit einem

Masthuhn bediente er so etwa sechs bis sieben Personen.

Auf die gleiche Art zerlegte man auch anderes Geflügel; eine recht teure Angelegenheit, denn die Stücke fielen meistens zu groß aus. Freilich, der Appetit war damals größer, und die «Linie» war noch nicht erfunden worden.

Vom ästhetischen Standpunkt aus sind gegen dieses Tranchieren einige Einwendungen zu erheben, denn es dürfte unseren Appetit kaum reizen, von einem Tierchen zu essen, das man bereits einem halben Dutzend Menschen unter die Nase gehalten hat und die nun mehr oder weniger geschickt darin herumgestochert haben. Dabei wurde das Fleisch natürlich auch kalt.

Noch zu Beginn unseres Jahrhunderts gab es in Frankreich geübte Vorschneider, welche eine Ente oder einen Kapaun mit Blitzesschnelle in der Luft zuschneiden konnten, allerdings ohne mit dem geflügelten Zweibeiner die Runde zu machen. Sie lösten das Fleisch zum Schluß auf dem Tranchierbrett vollends ab und servierten direkt auf den heißen Teller.

Um ein Stück wirklich so vorschneiden zu können, daß es dem Essenden noch vollen Genuß bietet, muß alles vorgekehrt werden, um die ganze Prozedur in rascher Folge ablaufen zu lassen. Das Messer muß sehr scharf, aber nicht zu groß sein. Richtigerweise sollte man nur auf einem heißen Teller oder einer heißen Platte vorschneiden; leider wird man hie und da wegen der Größe des Stückes ein Brett nehmen müssen.

Der moderne Trancheur schneidet ein *poulet* folgendermaßen vor: Er legt das Huhn auf die Seite, sticht mit der Gabel in die Keule und fährt mit dem scharfen Messer der anatomischen Linie derselben nach. Dann drückt er mit dem Messer auf das Huhn und zieht mit der Gabel den Schenkel weg. Diesen halbiert er dann an der natürlichen Stelle. Hat er beide Seiten erledigt, so legt er das Kerlchen auf den Rücken und geht an das Loslösen der Flügel. Er macht einen kräftigen Schnitt von der Brustspitze bis zum Flügel und durchschneidet das Gelenk. Hierauf wird es wieder zur Seite gekehrt und mit dem Messer festgehalten, während mit der Gabel die Flügel gelöst werden können. Jetzt legt er das gliederlose Geschöpf wieder auf die Seite und schneidet hart über dem Gerippe die Brust los; er durchschneidet dabei das Brustbein. Noch aber ist dieses Fleisch am Körper fest. Mit der Gabel sticht er in die *carcasse* (Gerippe), fährt mit dem Messer zwischen Brustfleisch und Gerippe, wobei er ersteres auf dem Tranchierbrett festhält, und zieht nun das Gerippe weg. Handelt es sich um eine gutentwickelte Hühnerbrust, so teilt er sie in zwei bis drei Stücke. All dies hat er rascher durchgeführt, als es hier erzählt ist. Die vorgeschnittenen Stücke richtet er dann auf einer Platte oder auf den einzelnen Tellern hübsch an. Auf der Platte soll sich das Geflügel in seiner ganzen Vielfalt zeigen, es darf also ein Stück das andere nicht verdecken.

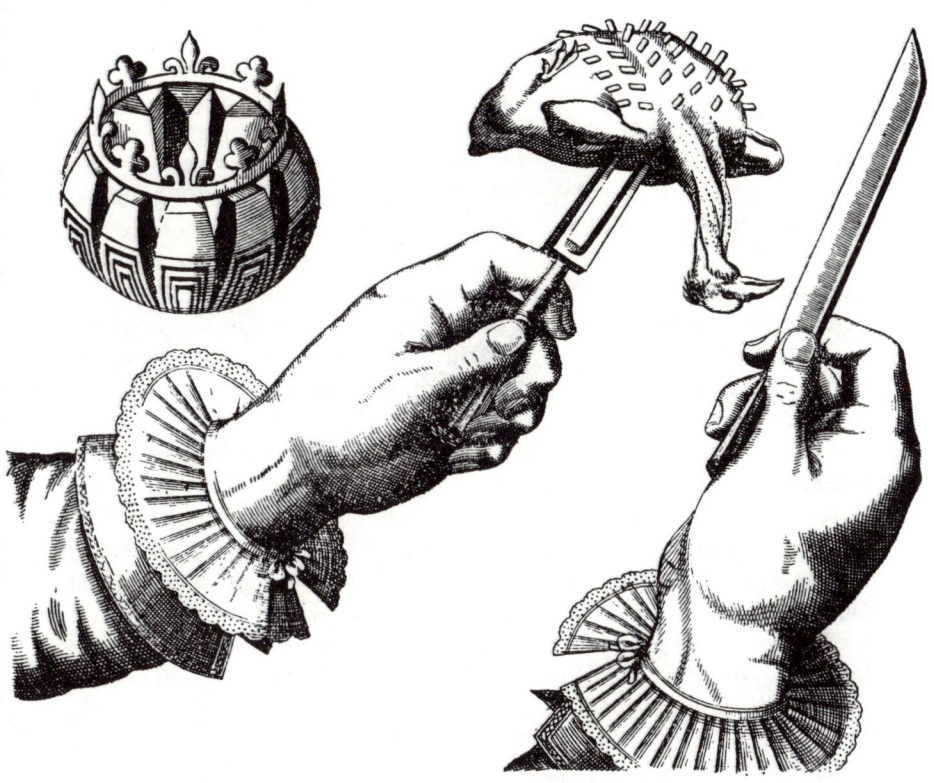

Aus dem Original-Manuskript «L'art de trancher» von J. Vontet

Unsere Hausherren werden sich meist damit bescheiden, ein *Entrecôte double* oder ein *Chateaubriand* zu schneiden. Diese Stücke schneidet man auf einem heißen Teller in zwei bis drei Zentimeter dicke, schräge Scheiben und zwar von links nach rechts, also gegen sich geschnitten. Es wird als eine kleine Sünde betrachtet, mit der Gabel in solche Fleischstücke hineinzustechen; man halte das Fleisch mit der flach aufgelegten Gabel fest.

Um den Rücken eines Kleintieres, Reh, Hammel und so weiter, zu zerlegen, bedarf es keinerlei Kunstkniffe. Zuerst macht man einen Schnitt dem Mittelknochen nach bis auf die Rippen, also bis auf das Knochenstück, das auf dem Tranchierbrett liegt. Diesem Rippenknochen fährt man nach außen hin nach, so daß, wenn das Messer wieder zum Vorschein kommt, das Stück ganz vom Knochen gelöst ist. Nun hat man die Wahl des Zerteilens: Man kann lange Streifen schneiden, also so, wie das Fleisch natürlich vor uns liegt, oder aber gerade oder schräge Streifen in der Größe von Schnitzeln. Die Scheiben sollen etwa einen halben Zentimeter dick sein.

Den Rücken eines Häsleins kann man mit dem Löffel loslösen – denn so zart soll er sein.

Fische zerlegt man immer auf der Servierplatte, da es zu riskant ist, sie auch nur dem kleinsten Transport zu unterziehen. Längliche wie Salm und Hecht markiert man in Portionen. Zuerst macht man dem Rücken nach einen Einschnitt, der genau in der Mitte verlaufen muß. Dies geschieht natürlicherweise mit dem Fischmesser, da Stahl und Kaltblüter nicht zusammen passen. Dann fährt man mit dem Messer von der Mitte ein Stück abwärts, immer drei bis vier Zentimeter dicke Scheiben andeutend. Kopf und Schwanz läßt man in Ruhe. Diese vorgeteilten Portionen nimmt man mit Löffel und Gabel weg. Ganz große Fische dieser Art werden mit Vorliebe in Querscheiben zerlegt: also von der Seite nicht nach unten hin einschneiden, sondern vom Kopf nach dem Schwanze zu. Auch diese Stücke sollen die Dicke von drei bis vier Zentimetern nicht überschreiten.

Plattfische, wie etwa eine Seezunge, geben recht wenig Arbeit. Zuerst entfernt man die Gräten der Außenseiten, was mit dem Fischmesser geschieht. (Man schneidet mit dem Fischmesser vom Kopf nach dem Schwanz hin, etwa ein bis eineinhalb Zentimeter von der Außenseite nach dem Innern zu gerechnet, wobei man mit den nach innen gerichteten Zinken der Fischgabel das Abgeschnittene wegstößt. Auf diese Art wird der Fisch frei von all diesen widrig kleinen Gräten.) Nun macht man mit dem Fischmesser in der Mitte, ebenfalls vom Kopf zum Schwanz hin, einen Einschnitt, wodurch man das Fleisch von den Mittelgräten loslöst. Wenn man nun mit zwei Gabeln (die Wölbung der Zinken aufwärts gerichtet) links und rechts von den Mittelgräten in den Fisch fährt, beide Gabeln, dem Fisch von oben nach unten nachfahrend, nach außen drückt, wird man die vier Fischfilets gleichzeitig und sehr sauber loslösen können. Es bleiben die Gräten ohne Fleisch liegen. Alle Gräten entfernt man von der Platte und serviert den Fisch.

Das früher mit viel Geduld praktizierte Zurichten von Früchten zu allerhand Figuren machen wir heute nicht mehr, genau so, wie wir unseren Servietten keine Formen mehr geben, die an eine Blume oder irgend ein Getier erinnern. All dies geschieht aus rein hygienischen Gründen, wobei wir etwas also besser machen als unsere Vorfahren. Verschwiegen sei aber nicht, daß unsere nüchterne Tafeldeckkunst einen kleinen Nachteil hat: Sie gibt unseren Novizen keine Gelegenheit mehr, sich künstlerisch zu betätigen, und das ist bedauernswert. Während meiner Lehrjahre mußten sich Köche und Kellner noch über die verschiedensten Kunstkniffe des Serviettenfaltens und so weiter ausweisen. Tempi passati!

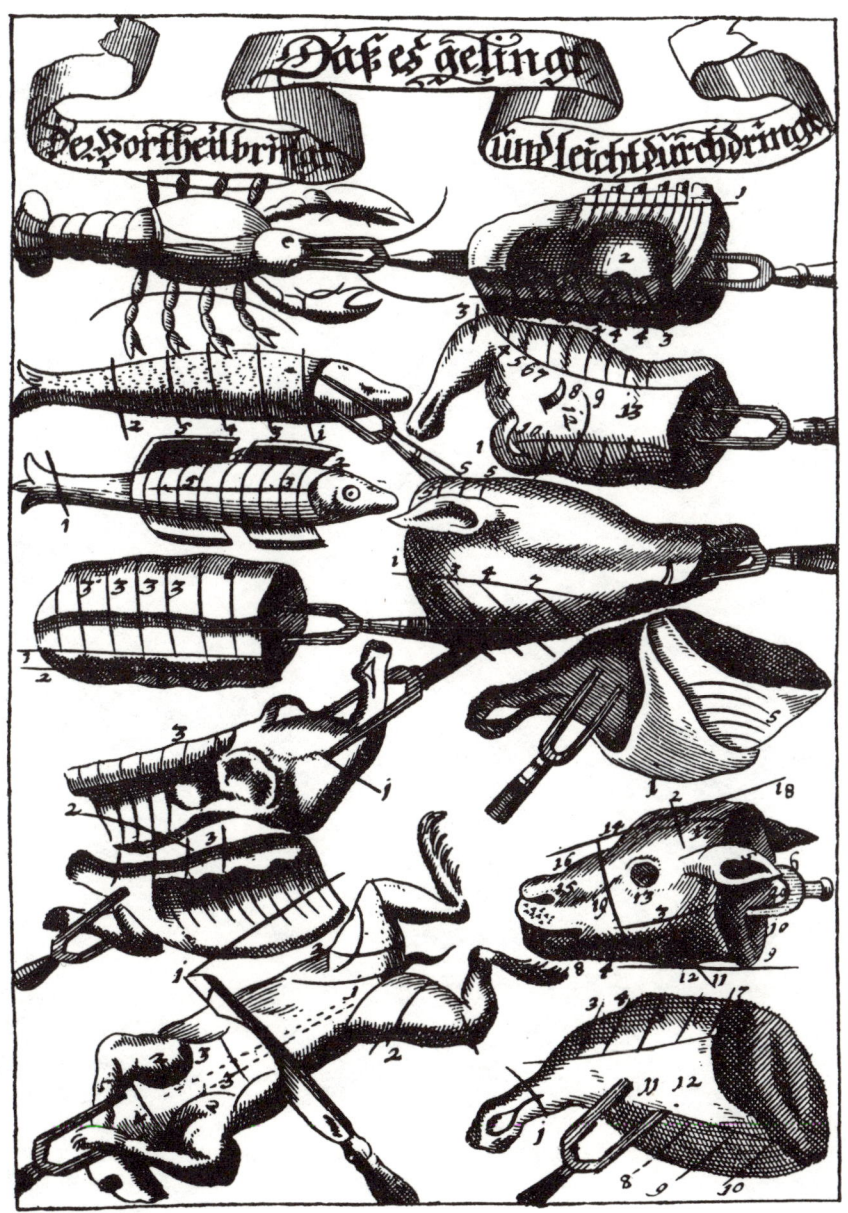

VOM SALZ ZUR SAUCE

Sehr einfach, festzustellen, wie viele Saucen es auf der Welt gibt: Sie müssen nur alle Wohlgerüche zählen, die über unsere Erde streichen. Bestimmt gibt es nichts Wohlriechendes mehr, das nicht in irgend einer Tunke Nase und Gaumen der Feinschmecker erfreut. Veilchen, Rosen, Flieder, Ambra und selbst Moschus werden oder wurden verwendet, um die Gelüste verwöhnter Zungen zu befriedigen.

Die Entdeckung der Sauce war eine einfache Sache: Jener Mensch, welcher erstmals ein Salzkörnchen leckte und Freude an dessen würzigem Geschmack hatte, wurde zum Erfinder der Sauce. Das war natürlich nicht gestern oder vorgestern, sondern – lachen Sie nicht – kurz nach der Sintflut. Wo Meer ist oder war, ist Salz, wo aber Salz war oder ist, da gibt es gute Saucen. Wir sind eigentlich Gegner des Salzes geworden; die Speisen müssen heute so fade sein wie . . . das schreibe ich ausnahmsweise einmal nicht –, und die Herren Ärzte sind flugs dabei, salzlose Kost zu verschreiben. Salz aber ist Gewürz, und Gewürz ist das halbe Leben, womit wir aber nicht einer scharf gewürzten Küche das Wort reden wollen.

«Cum sale panis latrantem stomachum bene leniet!» ruft der gute Horaz; Brot und Salz war und ist es, was die primitivsten Völker dem Fremdling vorsetzen.

«Fade schmeckt jedes Gericht, dem es am Salze gebricht», lautet ein Sprichwort, und mit jemandem einen Sack Salz gegessen zu haben, das will nun etwas heißen, denn der Mensch braucht pro Tag nur sehr wenig Kochsalz. Nun ist Salz aber nicht nur ein Gewürz oder etwa gar Genußmittel, sondern ein unentbehrliches Nahrungsmittel. Vergessen wir nicht, daß es uns außer all seinen würzigen Tugenden sogar noch vermehrten Durst beschert; und wer hätte am eigenen Durst nicht schon Freude gehabt? (Um allen Muckern die Waffen aus der Hand zu schlagen, sei angedeutet, daß man auch den ärgsten Durst mit Wasser löschen, und daß frisches Wasser – zur Abwechslung – überraschend gut sein kann.)

Wollen wir dem Wörtchen «Sauce» auf den Leib rücken, so müssen wir uns ins Meer stürzen; nicht in ein Saucen-Meer, wie es oft in rückständigen Gaststätten auf einer Platte dargereicht wird, sondern in das schöne blaue Meer; am besten am Strande von Algier, denn dort schmeckt das Wasser besonders salzig.

Sal bedeutet im Lateinischen Meer und Salz. Aus diesem *sal* wurde das deutsche *Salz*, das französische *sel*, das englische *salt*, das slawische *sol* und natürlich auch das italienische *sale*. Im weiteren aber wurde daraus noch *sallere*, was *salzen* heißt, und *salsus*, was *salzig* oder *gewürzt*, aber auch *beißend* oder *witzig* bedeuten kann.

Vom Wörtchen *salsus* haben wir noch einen kleinen Schritt zu unserer Sauce, denn daraus machten die Italiener *salsa* und die Franzosen *saulce*, was sie, modernisiert, heute *sauce* schreiben. Also, ohne Salz keine Sauce!

Ein über tausend Jahre altes Rezept definiert die Sauce wie folgt:

> *Nehmet, soll die Sauce gut und schmackhaft sein,*
> *Petersilie, Salbei, Salz, Pfeffer, Knoblauch und auch Wein,*
> *Mischet alles nun mit Liebe und Verstand,*
> *So wird die «salsa» gut, gesund, pikant!*

Über die Entwicklung der Saucen in kulinarischer Hinsicht könnte man eine eigene Kulturgeschichte schreiben, denn es ist bestimmt seit den Urzeiten nichts so fest mit der Kochkunst verwachsen, wie eben diese Saucen. Eine feine Sauce wurde zu allen Zeiten geschätzt, und es gab hohe Herren, die den Erfinder einer solchen reichlich belohnten. Von einem römischen Kaiser heißt es, daß er den Erfinder einer guten Sauce mit irdischen Gütern überhäufte, den Hersteller einer schlechten aber zwang, nichts als dieselbe solange zu essen, bis er eine bessere herbeibrachte. Aristophanes ergießt seinen Spott über die schlechten Saucen seiner Zeit. So läßt er in einer Komödie die Vögel sich gegen die Menschheit empören; nicht etwa, weil sie zu Markte gebracht werden und dort von jedem Vorübergehenden befühlt werden, sondern weil man sie mit einer Sauce, die aus Essig, Öl, Silphion, Käse und Honig bestand, zu Tische bringt.

Einer Rezeptangabe des Mittelalters ist zu entnehmen, daß man auch Äpfel, Eigelb, Saffran, Weinbeeren und so weiter in die Saucen mischte, und damit stehen wir eigentlich erst wieder dort, wo Apicius aufhörte. Alles deutet daraufhin, daß die Römer unsere meisten Saucen, mit Ausnahme der Mayonnaise, Hollandaise und Béarnaise und deren Ableitungen, auch schon zubereitet haben, obgleich sie bei der einen oder anderen kompliziertere Wege gingen. Da aber fast alles Wissen um die Kochkunst verloren ging, mußte man eben wieder von vorne anfangen und manches Alte «neu» erfinden. (Die Russen tun dies bekanntlich alle Tage.)

Eine der ältesten, nach der Völkerwanderung erfundene Sauce ist die *Sauce Robert,* der wir noch heute bei Schweinskoteletten und so weiter begegnen. Der Leibkoch des Königs Franz I. von Frankreich, dessen unliebsame Bekanntschaft die Schweizer bei Marignano (1515) machten, soll der Vater dieser Sauce gewesen sein. Er ließ feingeschnittene Zwiebeln in Butter anziehen, goß dann Fleischbrühe und braune Grundsauce hinzu und kochte das Gemisch stark ein. Nachher fügte er etwas feinen Zucker, Pfeffer und Essig bei und gab dem Ganzen mit einem guten Löffel Senf den letzten Schliff.

Wo liegen da die Fortschritte in der Saucenzubereitung?

Die moderne Küche hat ihre Grundsaucen; sie sind sozusagen das Bauland, auf welchem ein herrlicher Saucen-Palazzo aufgebaut werden kann.

Greifen wir uns einmal die jedem Kind bekannte *Mayonnaise* heraus! Zuerst müssen wir aber noch schnell feststellen, wie dies «Sößelein» zu seinem Namen kam, denn darüber sind sich die Kochgelehrten noch nicht einig. Carême meinte, das Wort *Mayonnaise* sei ganz falsch, denn die Sauce müsse *Magonnaise* heißen, und zwar nach dem Verb *manier,* das der eigentlichen Zubereitungsart entspreche. Das hört sich vernünftig an, ist aber nicht zwingend, denn auch andere Saucen werden fast gleich zubereitet, ohne daß es auf ihren Namen Einfluß gehabt hätte. Eine weitere Version will, daß man sie *Bayonnaise* nenne, nach dem Städtlein Bayonne, dessen Ruhm durch seine guten Schinken und den Erzgauner Staviski in alle Welt gedrungen ist.

Philologen glauben, die Bezeichnung auf das altfranzösiche Wort *moyeu,* was *Eigelb* bedeutet, zurückführen zu können, und das klingt schon sehr plausibel. *Moyeu* ergäbe dann *Moyeunaise,* und damit wäre die Ölsauce «in Butter». Nun aber kommen die Forscher. Hartnäckig wie sie sind, haben sie in allen Büchern nachgeschnüffelt und sind dabei erstmals auf die Bezeichnung *Mahonaise* gestoßen, was jener Version Vorschub leistet, die sie vom Küchenmeister des Herzogs von Richelieu erfinden läßt. Dieser habe sie in Erinnerung an die Eroberung von Port Mahon auf Minorca (1756) so getauft. Dem habe ich nichts beizufügen; vor diesem Datum stoße ich auf keine *Mahonaise,* wohl aber auf eine *Remoulade,* die heute als Tochter der Mayonnaise gelobt wird. Daß die Tochter vor der Mutter auf der Welt sein kann, das glaubt man nicht einmal in Hollywood.

Einigen wir uns also auf *Mayonnaise.* Diese aus Eigelb, Senfpulver, Salz, Pfeffer, Zitronensaft, Öl und Essig bestehende Grundsauce verändert ihren Geschmack wie ein Chamäleon seine Farbe, sobald man ihr mit Kräutern und dergleichen nahe tritt.

Tartarensauce nennt sie sich, wenn man gehacktes Eigelb, Schnittlauch und Zwiebeln beimengt, und eine *Remoulade* wird daraus, wenn man gehackte Gürkchen, Petersilie, Kerbel sowie Kapern und Senf beigibt. (Ursprünglich war diese Sauce ohne Eigelb zubereitet worden, und zwar warm und kalt.)

Fügt man einer Mayonnaise aber einen Löffel Schlagrahm bei, so tut sie sehr vornehm und nennt sich *à la Chantilly,* genau wie der Berner Oberländer *Meringue.* Mit einem Löffel Tomatenpüree versehen, zieht sie Tiroler Tracht an, und wenn man die Dreistigkeit besitzt, noch gehackte Pfefferschoten beizumengen, wird sie uns einen andalusischen Tanz vorführen.

Mit allen Gewürzen «gewaschen» ist die Erfindung eines leibhaftigen Marquis, nämlich des Marquis von Béchamel, der sich damals allerdings «Béchameil» nannte und Haushofmeister unter Ludwig XIV. war. Dieser Marquis soll auch ein Kochbuch geschrieben haben, was aber fast so zweifelhaft ist wie die Erfindung der Sauce, über die sicherlich ein Koch seine «rührenden» Hände hielt.

Das tut der Güte einer *Béchamel-Sauce* natürlich keinen Abbruch, die folgendermaßen zubereitet wird:

Zwiebeln werden in Scheiben geschnitten, Schinkenabfälle in kleine Würfel; beides, ohne daß es Farbe zieht, in Butter angeschwitzt. Dann gibt man weißes Mehl hinzu, rührt dabei fleißig und gießt kochende Milch und etwas Kalbfleischfond oder gute Boullion hinzu. Dann würzt man mit Salz und Pfeffer und läßt sie etwa eineinhalb Stunden kochen. Hierauf wird sie durch ein Tuch passiert und mit Muskatnuß abgeschmeckt.

Wenn man diese herzogliche Sauce mit Reibkäse vermischt, verzichtet sie auf ihres Vaters Namen und nennt sich *Mornay.* Damit geht sie keine Mésalliance ein, denn Herr von Mornay war unter Henri IV. ein tüchtiger Staatsmann, der es wohl verdiente, daß man ihm Käse aufs Haupt streute. Will man neckisch sein und wirft einige Löffel passiertes Zwiebelpüree, gefolgt von etwas Rahm und Cayenne hinein, so wird aus der geborenen Béchamel eine geschiedene Mornay, die sich nun *Marquise de Soubise* nennt. Auch kein schlechter Name, obwohl der Marquis selbst das Pech hatte, die Schlacht bei Roßbach zu verlieren. (Reichlich entschädigt wurde er dadurch, daß er die Gunst der Pompadour und der Dubarry genießen durfte – was bestimmt eine verlorene Schlacht wert war.)

Diese *Soubise* wird sofort zum frommen *Cardinal,* wenn man Rahm, Hummerbutter und Trüffel in die Grundsauce gibt, wobei ich mich frage, was wohl Hummer und Trüffel einem Kardinal nützen mögen?

Wollen wir nun noch mit einer gutgebauten, lebenslustigen Holländerin auf die Promenade gehen? Ja, die Holländerinnen werden oft verkannt. Wer das Vergnügen hatte, in ihrem Lande zu leben, weiß, daß sie geradezu gallisch-amüsant sein können, dabei das Temperament von einem Dutzend Spanierinnen entwickeln und vor allem immer guter Laune sind. Wer nie eine Holländerin in seine Arme schloß, der weiß nicht, was Rubens gefühlt hat, und wer nie eine *Hollandaise* mit geschlossenen Augen auf der Zunge zergehen ließ, kennt das zweitgrößte Glück auf Erden nicht.

Sie wird aus zerdrückten – fast hätte ich gesagt aus «zerknutschten» – Pfefferkör-
nern, gehackten Schalotten, wenig Estragonessig, Wasser und etwas Salz zubereitet,
indem man das alles in einer kleinen Kasserolle einkochen läßt. Sobald dies gesche-
hen ist, – man nennt den kulinarischen Vergang réduction – nimmt man das Kasse-
röllchen vom Feuer, gibt einige Eigelb und einen Dessertlöffel voll Wasser bei und
rührt mit einem Holzlöffel abseits vom Feuer, bis sich eine feine Crème bildet.
Nun gibt man nach und nach, in atomhaft kleinen Quantitäten, ausgelassene, aber
nicht heiße Butter hinzu, dabei aber das Rühren nicht vergessend. (Auf 3 Eigelbe
nimmt man 200 Gramm von der besten Butter, die es gibt.) Zuletzt würzt man mit
Zitronensaft und einigen Körnchen Salz und treibt sie durch ein Tuch.

Und nun wollen Sie wohl wissen, wohin es das Herz einer zarten
Hollandaise zieht? Nicht nach Holländisch-Indien, sondern vorerst einmal
nach Malta. Bestäubt man sie nämlich mit Orangensaft – also doch
«Oranje» – und streut ihr geriebene Orangenschalen in den Halsausschnitt,
so heißt sie *Maltaise.* Zur *Mousseline* wird sie, wenn man ihr die Augen
mit Schlagrahm verbindet, und *Riche* wird sie – nicht wenn sie einen
indischen Nabob heiratet – sondern wenn man ihr Trüffelscheiben, Cham-
pignonsscheiben und Krebsschwänze zu Füßen legt.

Neidisch schauen die *Allemande* und die *Espagnole* zu, wie wir mit
der *Hollandaise* am Arm in den kulinarischen Himmel tanzen. Wenn wir
mit diesen berühmten Schönheiten auch noch einen Seitensprung wagen
würden, wäre es des Guten sicherlich zuviel.

Rund um den Senftopf

Fleischliebhaber werden vielleicht verwundert sein, wenn wird uns erdreisten, ausgerechnet dem Senf, diesem treuesten Begleiter fetter Fleischstücke, ein Loblied zu singen. Daß die meisten Menschen den Senf nur als würzende Beigabe zum Fleisch genießen, ist aber schließlich nicht des Senfes Schuld. In der Küche findet der Senf auch an fleischlosen Tagen ein dankbares Betätigungsfeld, und selbst der Salat – Prunkstück jeder Rohkostküche – ist einer innigen Gemeinschaft mit dem pikanten Gelbteig nicht abhold.

Der Name Senf stammt vom griechisch-lateinischen *sinapis* und entwickelte sich über *senaf, seneff, senfft* zur heutigen Form. Die volkstümliche Bezeichnung Mostrich nahm ihren Ursprung im lateinischen *mustum ardens,* und mit Recht setzte sich gerade diese Benennung überall durch; so nennt ihn der Franzose bekanntlich *Moutarde* und der Engländer *Mustard.* Der Italiener ließ ihm die lateinische Urform, benennt aber ein speziell Eingemachtes ebenfalls *Mostarda.* Die Erklärung für diesen Namen liegt nahe, wurde doch das feingemahlene Mehl des Senfkornes schon in frühester Zeit mit aufgekochtem Weinmost angerührt.

Der Botaniker nennt uns mühelos eine ganze Menge verschiedener Angehöriger der Kreuzblütlerfamilie Sinapis. Uns interessieren hier jedoch nur zwei Arten, nämlich der echte oder weiße Senf *(Sinapis alba)* und der schwarze Senf oder Senfkohl *(Brassica nigra, Sinapis nigra).* Beide Pflanzen kommen in Nordafrika, Süd- und Mitteleuropa und in Asien wild vor, gedeihen jedoch auch als Ackergewächse. Die Küche unterscheidet englischen und französischen Senf. Ersterer, der uns immer in Pulverform geliefert wird, ist weißer Senf unter Beimischung einer Menge andere Gewürze und Mehle. Der französische Senf ist die bei uns verbreitetste Art: Wir kaufen ihn als dunklen Brei, den wir nach Lust und Laune mit Essig, Wein oder Bier verdünnen können. Er wird aus dem schwarzen Senfmehl, nicht selten unter Beigabe von *Sinapis alba,* hergestellt. Ein altes Rezept lautet:

Man kocht 1 Liter scharfen Weinessig mit 15 Gramm Zimt, 4 Gramm Nelken, 8 Gramm Piment, einigen geschälten in Scheiben geschnittenen Zwiebeln, 2 – 3 Knoblauchzehen, 1 kleinem Kräuterbündelchen von Estragon, Thymian und Majoran nebst etlichen Lorbeerblättern und 250 Gramm Zucker mehrmals auf, läßt ihn dann noch zugedeckt 1/2 Stunde ziehen, seiht ihn durch, vermengt ihn mit 1 Pfund schwarzem Senfmehl (Sinapis nigra), läßt das Ganze unter beständigem Umrühren nochmals zum Kochen kommen und füllt den fertigen Mostrich dann in Gefäße.

Will man der Geschichte des Mostrichs auf den Grund gehen, so genügt die sattsam bekannte Floskel «Schon die alten Römer...» bei weitem nicht, denn es ist doch anzunehmen, daß die von Moses erwähnten Fleischtöpfe Ägyptens nicht ganz ohne dieses «reizende» Gewürz geleert wurden. Tatsächlich verwendeten sowohl die alten Ägypter als auch die alten Griechen Senfkörner als Würze. Die den Spartanern von Lykurg aufdiktierte Blutsuppe dürfte ebenfalls Senfkörner enthalten haben. Das genaue Rezept dieses historischen Eintopfgerichts wurde uns leider nicht überliefert, es scheint aber aus gehacktem Fleisch, Schweinefett, Essig, Blut und Gewürz bestanden zu haben. Aristophanes erwähnt erstmals ein Ragout aus Senfmehl. Diese Art der trockenen Verwendung war während einiger Jahrhunderte die beliebteste. Den alten Germanen dürfte der Mostrich unbekannt gewesen sein, denn es heißt, daß den Gaumen kitzelnde Speisen ihnen fremd gewesen seien (Tacitus, Germania). Allerdings sind die Quellen über die Eß- und Trinksitten dieses Völkerstammes überaus spärlich. Auch unseren Altvorderen war er unbekannt. Wer die Vermischung von Senfmehl mit Most, Essig oder Wein erfunden hat, kann nicht nachgewiesen werden. Das erste derartige Rezept hinterließ uns Columello, der es im Jahre 42 n. Chr. in seiner *De re rustica* niederlegte. Dieser Senf war sehr scharf, was der römischen Kochweise ganz und gar entsprach. Im *Apicius* finde ich ihn ebenfalls erwähnt; hingegen konnte ich ihn in Galens' (130 – 210 n. Chr.) ausgezeichnetem Werke *De bonis et malis succis,* dessen französische Übersetzung aus dem Jahre 1553 ich besitze, nicht entdecken. Rutilius Taurus Palladius widmete ihm in einer im 4. Jahrhundert n. Chr. geschriebenen Arbeit einen Abschnitt. So empfahl dieser Agrarschriftsteller, das Senfmehl mit Honig und spanischem Öl zu vermischen und es dann mit weißem Essig anzurühren. Nach Alexandre Dumas (*Almanach des Gourmands* 1869) soll Karl der Große den Senf nur als Gemüse und Salatpflanze gekannt haben. Als Beimischung zum Salat verwendet man die Blätter in England auch heute noch. In der vielzitierten *Schola Salernitana* (12. – 13. Jahrhundert) wird der Mostrich gelobt, vor dem übermäßigen Genuß jedoch gewarnt.

Schon im 13. Jahrhundert kannte man in Frankreich die fabrikmäßige Herstellung des Tafelsenfs, und zwar war es die Stadt Dijon, die das Monopol dazu lange Zeit innehatte. Unter Ludwig IX. erhielten die Pariser Essigverkäufer ebenfalls das Recht, Mostrich zu verkaufen. Hatten Columello,

Plinius und Palladius das Anrühren des Senfmehls mit Essig empfohlen, so machten sich die Dijoneser eine Spezialität daraus, ihn mit dem Safte unreifer Trauben (Verjus) zu vermischen. Im 14. Jahrhundert feierte der Mostrich ungeahnte Triumphe. So ernannte der händelsüchtige Papst Johann XXII. (1316 – 34) einen mißratenen Neffen zum *Premier Moutardier du Pape,* was diesem eine Sinekure im Avignoner Hofstaat einbrachte. Ob dieser famose Senftöpfler den Mostrich mit Châteauneuf du Pape anrührte, verschweigt die Geschichte. Im gleichen Jahrhundert schrieb Taillevent, Leibkoch am Hofe Karls VI., den *Viandier* und damit das erste Kochbuch in einer modernen Sprache. Erstmals finden wir hier den Senf rezeptmäßig so verwendet, wie wir das auch heute noch in unserer Küche kennen. Dem eingangs erwähnten, etwa erbosten Fleischliebhaber sei verraten, daß es sich um eine *Potaige lyan sans chair,* also eine gebundene fleischlose Suppe handelte. Vom grausamen Ludwig XI. wird behauptet, er hätte sich seinen Mostrichpott immer nachtragen lassen, wenn er auswärts zu Gaste war. Unter Ludwig XII. (1462 – 1515) bildeten Senfverkäufer mit den Saucenhändlern, den Essigfabrikanten und Destillateuren zusammen eine Zunft. Der Konsum an Senf muß zu dieser Zeit enorm gewesen sein. In Deutschland machte man sich – vielleicht deshalb – «autark», und hier war es der Frankfurter Senf, der es zu kulinarischen Ehren brachte.

Ich besitze ein interessantes Werk über die Leipziger Magisterschmäuse von 1567 bis 1709, dem ich entnehme, daß auch noch zu dieser Zeit gewaltige Mengen des gelbbraunen Breies vertilgt wurden. Man würzte hauptsächlich Lendenbraten und Rindszungen damit. Eine Kanne Senf kostete im Jahre 1572 nur zwei Groschen, ein Fäßchen Frankfurter Senf hundert Jahre später sechzehn Groschen, also nicht einmal einen Gulden. Das 18. Jahrhundert darf als die Blütezeit der Speisesenf-Fabrikation angesprochen werden. Man begnügte sich nicht mehr damit, schlicht und einfach Mostrich zu fabrizieren, sondern man spezialisierte sich. So finden wir nun beim ambulanten Pariser *Moutardier* roten Senf, Kapernsenf, Sardellensenf, Knoblauchsenf, Trüffelsenf usw. Der gastronomischen Mode gehorchend, gab es natürlich auch *Moutarde à la reine, à la maréchale,* und ein ganz Gescheiter kreierte sogar einen *Moutarde au champagne.*

Der tüchtige und humorbegabte Mediziner Dr. Josef Wiel schreibt in seinem *Diätetischen Koch-Buch für Gesunde und Kranke:*

Unter den Magenfeinden spielt der Senf eine Hauptrolle: um sich einen Begriff zu machen von der Wirkung des Senfes auf die Schleimhaut des Magens, braucht man nur an die rothen Flecken zu denken, welche nach der Application eines Senfteiges auf den Waden zurückbleiben. Trotzdem gilt namentlich der weiße (mildere) Senf beim Volke immer viel als Magenheilmittel. Hätte der schwarze Senf nicht regelmäßig gar zu wüste gehaust, Erbrechen und Abweichen gemacht, so würde wahrscheinlich auch er noch das unverdiente Ansehen genießen.

In den seither vergangenen sechzig Jahren hat sich gar manches geändert. Der Senf wird nicht mehr in ungeheuren Mengen verzehrt, sondern, hübsch artig dosiert, den mundgerechten Fleischbissen aufgestrichen. Dort, wo er früher der ärmeren Bevölkerung als Brotaufstrich diente, findet man heute eine gesunde Konfitüre, die ihn vertrieben hat. Stand er früher meist einträchtig mit Salz, Pfeffer und Zahnstocher vereinigt auf jedem Gasthaustisch, so ist auch das anders geworden. Der gute Ton verlangt, daß Senf und Zahnstocher hinter den Kulissen zur Verfügung des Gastes bereitgehalten werden. In der Küche jedoch hat die Beliebtheit des raffiniert-pikanten Gelblings eher zugenommen, vielleicht schon deshalb, weil wir auch in der Schweiz einen ganz vorzüglichen Speisesenf herstellen. Nicht nur, daß wir die herzhafte Senfsauce damit zubereiten, wir finden ihn auch in kleinen und kleinsten Mengen als Beigabe zur *Mayonnaise*, zur fast historischen *Sauce Robert* und zur herbstlichen *Cumberland*. Auch daß man Gurken und selbst Früchte in Senf einmachen kann, ist allbekannt. Über den Geschmack läßt sich zwar nicht streiten, doch dürfte feststehen, daß selbst der größte Mostrichverehrer dann gerne verzichtet, wenn es sich um ein – Senfpflaster handelt.

SEX-APPEAL
UND SALAT

In Amerika sind zwei Dinge ganz anders als bei uns: der Salat und – die Frauen. Daß ich den Salat zuerst nenne, hat seinen Grund darin, daß dieser wirklich grundverschieden ist; wer aber wollte so etwas von einer Frau behaupten? Immerhin, auch die Frauen haben ihre besonderen Merkmale. Wenn sich eine Amerikanerin schminkt, so wirkt das wie ein unwiderstehliches Werbeplakat, wenn eine Europäerin dasselbe tut, so wird daraus sehr oft ein «Eiserner Vorhang».

Und was ist nun mit dem Sex-Appeal? Bitte nicht so stürmisch: Erst essen wir den Salat.

Eigentlich ist über den Salat schon längst alles geschrieben worden, was schreibenswert ist. Vor genau dreihundertzwanzig Jahren machte sich ein gelehrter Mann namens Salvatore Massonio dahinter, dem Salat, diesem ewig verkannten Wohltäter, ein literarisches Denkmal zu setzen, das nicht weniger als achtundsiebzig Kapitel und vierhundertsechsundzwanzig Seiten zählt. Er nannte das Werk *Archidipno oder vom Salat und seinem Gebrauch.* (Das Wort Archidipno stammt vom griechischen Deipnon, der Hauptmahlzeit der klassischen Zeit, die gewöhnlich vor Sonnenuntergang eingenommen wurde.) Nachdem sich Massonio zuerst einmal fuchsteufelswild über einen Homer-Übersetzer hergemacht hat, dem es einfiel, ein Salat-Gericht in ein homerisches Essen einzuschmuggeln, schlägt er sanftere Töne an und bemüht sich in der Folge, aus allem, was der liebe Gott wachsen läßt, «Salat» zu machen. Wenn es nicht einwandfrei feststünde, daß Massonio ein waschechter Venezianer war, müßte man ihn für einen Amerikaner halten, denn heute haben nur diese die Geduld, sich mit den Salaten derart intensiv zu befassen. Nun muß ich erst noch betonen, daß Massonio's Werk hochinteressant ist, zitiert er doch alle Stimmen des Altertums über die ihn bewegende Materie. Das Kapitel über die Rüben beweist uns klipp und klar, daß unser guter Salat aus roten Rüben schon vor einigen Jahrtausenden die Gaumen genußsüchtiger Feinschmecker kitzelte, und daß man damals den Rüben sogar aphroditische Tugenden nachrühmte. Galenus, der Vater der modernen Medizin, der natürlich nichts von Vitaminen ahnte, dafür viele

Worte über die «Komplexionen» verschwendete, behauptete allerdings, daß man die Rüben zweimal kochen müsse, denn nur so seien ihre gefährlichen Säfte wegzubringen. Massonio läßt das mit Recht nicht gelten, und ich schließe mich ihm an. Es lebe die rohe Rübe!

Unser Salat hat drei große Tugenden: Er ist Nahrung, er ist Medizin, und er ist obendrein noch eine Leckerei. Das soll man mir von einer anderen Speise beweisen! Der Salat öffnet den Magen, der Käse aber schließt ihn; um ihm die Möglichkeit zu geben, unseren Magen zu öffnen, müssen wir ihn *zuerst* essen, also nicht hastig erst dann, wenn der Mokka schon auf dem Buffet bereitsteht.

In der antiken Küche nahm der Salat den einzig vernünftigen Platz ein: Er wurde zu Beginn des Essens aufgestellt und blieb während der ganzen Mahlzeit in Reichweite. Apicius geht sogar so weit, seinen Lesern eine fertige Salatsauce vorzusetzen, die aus Ingwer, grüner Raute, Datteln, Pfefferkörnern, Honig, Kümmelsamen, eingekochtem Fleischsaft und Essig besteht. Der Clou dieser amerikanisch anmutenden Mischung aber ist, daß Apicius empfahl, nach jeder Mahlzeit einen kleinen Schluck davon zu trinken. Prosit!

Zwar essen wir unsere *Hors d'œuvres* ja auch zu Beginn des Essens, sie sind heute aber derart reichlich, daß der Magen wohl eher geschlossen als geöffnet wird. Die gescheite Frau serviert daher tagtäglich Salat als Vorspeise; da man ihn auf tausenderlei Arten zusammenstellen kann, besteht keine Gefahr, daß die Kost monoton wird.

Nun habe ich zwar den Unterschied im *Make-up* zwischen der Amerikanerin und der Europäerin geschildert, nicht jedoch den Unterschied zwischen ihrem und unserem Salat:

Der amerikanische Salat ist eine Komposition von mannigfachen eßbaren Stoffen, deren Aromen sich oft diametral gegenüberstehen, sich aber trotzdem zu einer delikaten Harmonie vereinigen.

Das könnte natürlich leicht über unseren kulinarischen Horizont gehen; hier hilft nur probieren.

Und unser Salat? Das sind Blätter, die auf dem Gipfel ihrer Schönheit auf grausame Art und Weise in Essig ertränkt worden sind, denen kaum einige Öltränen nachgeweint wurden, und die in diesem Zustande so aussehen, als seien alle unter die gleiche Straßenwalze geraten.

Wie aber soll nun ein guter Salat sein?

Er soll erfrischend sein wie Nektar, belebend wie Manna und stärkend wie reine Vitamine, wobei ich es meinen Lesern überlassen muß, sich den ihnen passenden Buchstaben des Vitamin-Alphabets auszusuchen. Mir selbst paßt E.

Um einen idealen Salat zuzubereiten braucht es – sechs Personen: Einen Stoiker, der den Salat verliest und säubert, einen Philosophen, der ihn würzt, einen Geizhals, der den Essig darübergießt, einen Verschwender,

der das Öl hinzugibt, einen Narren, der alles gut vermischt, und einen Feinschmecker, der die ganze Prozedur überwacht.

Hier sei ein Geheimnis verraten: Wer Wert darauf legt, seinen Salat nur mit Essig und Öl anzumachen, der gebe die gutgewaschenen und abgetropften Blätter in eine möglichst große Schüssel, gieße das Öl darüber und vermische nun intensiv, aber äußerst zart. Damit der Salat nicht nach Nagellack schmeckt, lege ich selbst Wert darauf, daß zum Umdrehen der Blätter ein Besteck verwendet wird; man nehme aber kein Metallbesteck, da dieses viel zu schwer ist, sondern das federleichte Spezial-Salatbesteck. Die Blätter müssen wie mit Engelshänden – die sehr zart sein sollen – umgewendet werden. Erst nachdem man mindestens drei Minuten auf diesen solennen Akt verwendet hat, erdreiste man sich, den Essig in atomhaften Tröpfchen dazuzugeben. (Am besten wäre es freilich, wenn man ihn in hauchfeinem Sprühregen darüber rieseln lassen könnte. Aber ich empfehle weder die Methode der berühmten «Kalten Köchin», die den Essig in den Mund nahm und dann auf diesem ungewöhnlichen Wege über den Salat spritzte, noch jene der «Lady Hollywood», die ihren Parfümzerstäuber mit Essig füllte und so den Blättern zu Leibe rückte. Gelegentlich verwechselte sie den Zerstäuber mit ihrem «Quelques fleurs»-Spritzer, was ihr einen ungeahnten gastronomischen Erfolg einbrachte.) Nachdem man nochmals einige Minuten auf das Umdrehen der Blätter verwendet hat, gebe man den Salat in eine Servierschüssel. Daß das Anmachen erst im allerletzten Moment erfolgen darf, sei für die kulinarische Novizin beigefügt. Will man diesem Salat einen orientalischen Hauch verleihen, so mache man folgendes: Man reibe eine Scheibe Hausbrot mit einer Zehe Knoblauch leicht ein, lege sie in die oben erwähnte große Schüssel und gebe die Salatblätter darauf. Während des Vermischens mit Öl läßt man die Scheibe liegen, gibt sie zum Schluß jedoch nicht in die Servierschüssel. Sie hat ausgedient.

Ehe ich Ihnen weiterhin den Mund wässerig mache, sei Ihnen eine konkrete Fachlektion erteilt. Anstatt den Salat immer nur mit Essig und Öl zu übergießen, setzt man sich eine Salat-Grundsauce an, die man, wie dies die Amerikanerin tut, später ins Unendliche variieren kann. Diese Grundsauce macht man folgendermaßen:

In eine Porzellan- oder Glasschüssel gibt man 25 Gramm englischen Senf, 20 Gramm Paprika, 20 Gramm Pfeffer, 35 Gramm Salz, 50 Gramm Zucker, 1 Deziliter Essig, den Saft von 3 Zitronen und 7 Deziliter Öl. (Auch wenn Sie eine begeisterte Automobilistin sind, würde ich doch von «Shell-Oil» abraten; nehmen Sie lieber Olivenöl.) Das Ganze wird innig vermischt und in eine verschließbare Literflasche abgefüllt.

Mit dieser Sauce kann man jeden Blattsalat übergießen, er wird wunderbar munden. Für verwöhnte Gaumen aber beginnt nun der Reiz des

Neuen: Wollen Sie Gurkensalat servieren, so fügen Sie zwei Teilen der Grundsauce einen Teil süßen Rahm bei; für Wurzelsalate (Sellerie usw.) geben Sie auf 1 Deziliter Grundsauce einen Eßlöffel Mayonnaise hinzu, für kombinierte Salate aus Wurzeln und Früchten jedoch auf 1 Deziliter Sauce je einen Eßlöffel Mayonnaise und Schlagrahm. Eine andere delikate Variante erhalten Sie, wenn Sie unter 1 Deziliter Grundsauce ein zu Schnee geschlagenes Eiweiß ziehen. Sind Sie Anhänger eines rassigen Salates, so fügen Sie unserer Sauce einige Tropfen Worcester-Sauce bei; für einen Käsesalat aber mischen Sie unter zwei Teile Sauce einen Teil Roquefort oder Gorgonzola, den man mit der Sauce natürlich sehr gut verrühren muß. Ein Cervelat-Salat wird nur dann zu einem Gedicht, wenn man auf 1 Deziliter Grundsauce zwei gehäufte Löffel Mayonnaise nimmt und dem Ganzen noch etwas Paprika beifügt.

Kennen Sie die Delikatesse eines Reis-Salates? Nehmen Sie 1 Deziliter Grundsauce, fügen Sie einen Eßlöffel Mayonnaise und einen Eßlöffel Schlagrahm sowie 5 Gramm Currypulver bei; vermischen Sie dann den körnig gekochten Reis gut damit. Beim Genusse kommt Ihnen die erste Ahnung von Sex-Appeal.

Fällt Ihnen an unserer Grundsauce etwas auf? Wir haben keine Zwiebeln verwendet! Mit gutem Grund, denn das ist nun wirklich nicht jedermanns Sache. Die Römer taten der Zwiebel reichlich Ehre an, sie lagen aber auf Betten um die Tische herum, und einer kehrte dem andern den Rücken. Heute leben wir etwas näher aufeinander, und die gegenseitige Sympathie steht und fällt mit dem – Atem. Nun gibt es aber in der ganzen Welt Zwiebel-Amateure, und um sie nicht aus der menschlichen Gesellschaft auszuschließen, sei ihnen verraten, daß die Zwiebel viel von ihrem Schrecken verliert, wenn man sie ausdrückt, den Saft mit dem Salatöl vermischt und eine halbe Stunde ziehen läßt, ehe man den Salat damit anmacht.

Und nun lasse ich eine Salat-Revue starten, die Ihnen, schöne Leserin, genausoviel Freude machen soll, wie Ihrem Herrn Gemahl eine Revue von *Pin-up-Girls*.

SALAT REVUE

California-Salat *besteht aus kleinen Stückchen Ananas, Orangen, Blumenkohl und Schnittbohnen. Nachdem er gut mit unserer Grundsauce, welcher Schlagrahm zugesetzt wurde, vermischt worden ist, richtet man ihn für jede Portion extra auf einem Blatt Kopfsalat an. Obendrauf legt man 3 Kompottkirschen.*

Chatelaine-Salat. *In Streifen geschnittener Sellerie, Äpfel, Ananas und Kompottbirnen mit Grundsauce, welcher Schlagrahm und Mayonnaise zugesetzt wurde, vermischen und wie oben auf Kopfsalatblättern anrichten.*

Florida-Salat *besteht aus einer Mischung von feingehackten Ananas, Äpfeln, Bananen und Sellerie. Mit der verfeinerten Grundsauce gut vermischt, wird die Masse auf einige der Länge nach aufgeschnittene Bananenhälften gestrichen.*

Waldorf-Salat *wird aus gleichen Teilen Äpfeln und Knollensellerie – beides in Würfel geschnitten – und frischen Nußkernen zubereitet. Mit Mayonnaise vermischen.*

Augusta-Salat *ist eine Mischung aus in Streifen geschnittenem Bleichsellerie, Trüffeln, roten Rüben und frischen Nußkernen. Der Grundsauce Mayonnaise beifügen, gut vermischen und auf den fertigen Salat gehackten Kerbel streuen.*

Margherita-Salat. *Je einen Teil Ananas, Knollen- und Stangensellerie schneidet man in Streifen und übergießt sie mit der Grundsauce. Nachdem sie eine Stunde in dieser Marinade gelegen, gibt man je ein halbes Teil in Streifen geschnittenen Kalbsbraten, Äpfel, Champignons und gekochte Kartoffeln hinzu, fügt genügend Mayonnaise bei, vermischt alles intensiv und richtet es in einer mit Salatblättern ausgelegten Schüssel an. Rundherum – also dem Schüsselrand entlang – legt man einen Kranz gleichmäßig großer Herzkirschen.*

Chrysanthemum-Salat *ist eine verrückte Komposition und wird nur von Ostasiaten richtig geschätzt. Man macht ihn wie folgt: Die Blumen werden 5 – 6 Minuten gekocht und dann in eiskaltem Wasser abgekühlt. Nun werden die Blütenblätter in eine Salatschüssel getan und mit der Grundsauce vermischt. Etwas Currypulver darüber streuen.*

Japanischer-Salat. *Drei Dutzend Muscheln werden gekocht, aus den Schalen herausgenommen und in eine kleine Kasserolle gegeben. Man übergießt sie mit Weißwein, dem man einige Perlzwiebeln beigegeben hat, und läßt sie bei kleinem Feuer dämpfen, ohne sie aber zum Kochen kommen zu lassen. Nun schneidet man ungefähr einen halben Teil gekochte Kartoffeln in Scheiben, übergießt mit dem von den Muscheln abgegossenen Wein, überstreut reichlich mit gehackter Petersilie, vermischt, fügt dann die Muscheln sowie 2 Eßlöffel Mayonnaise und genügend Grundsauce bei und vermengt nun das Ganze ausgiebig. Zum Schluß überstreut man noch mit etwas feingehackter Pimpernelle.*

Haben Sie diesen Salat nicht schon in einer anderen Zusammensetzung gesehen? Vielleicht davon gehört? Alexandre Dumas Sohn gibt in seinem *Francillon* (I. Akt) ein natürlich bedeutend extravaganteres Rezept:

Salade japonaise. *Koche genügend Kartoffeln in guter Bouillon und schneide sie dann in Scheiben, wie für einen gewöhnlichen Kartoffelsalat. Während die Scheiben noch warm sind, würze sie mit Salz und Pfeffer und vermische sie mit dem besten Olivenöl (mit Fruchtgeschmack), mit Essig von Orléans, und einem halben Gläschen Château d'Yquem, wenn dies möglich ist. Gib nun recht viel äußerst feingehackte Kräuter hinzu. Währenddem koche etwa ein Drittel soviel Muscheln, wie du Kartoffeln genommen hast: vergiß nicht, dem Sud ein Stück Sellerie beizulegen. Lasse die gekochten Muscheln gut abtropfen und vermische sie (ohne Schalen natürlich) ebenfalls mit dem Salat. Sobald du leichthändig alles gut vermischt hat, bedecke die Oberfläche mit in Champagner gekochten Trüffelscheiben. (Setze ihm ein richtiges Gelehrtenkäppchen auf!) All dies hat mindestens zwei Stunden vor der Mahlzeit stattzufinden, denn der Salat muß, um erfrischend zu sein, kalt aufgetragen werden.*

Jane Cromwell's-Salat. *Zu gleichen Teilen nimmt man Krevetten, gekochte und in Würfel geschnittene Weißrüben, Mandeln, Kapern, Traubenbeeren (weiße) und eingemachte Perlzwiebeln. Das Ganze überstreut man mit ein wenig Zucker und übergießt mit der Grundsauce. Gut vermischen.*

Amerigo-Salat. *Mache aus in Würfel geschnittenen Ananas, Orangen, Pfirsichen, Birnen und entsteinten Kompottkirschen einen Salat, der nur mit Mayonnaise und ebensoviel Schlagrahm vermischt wird. Es darf kein Fruchtsaft dazu genommen werden. Die Mayonnaise soll recht dick sein.*

Gentleman's Desire-Salat. *Aus gleichen Teilen Spargelspitzen, Blumenkohl, gekochten Kartoffeln und hartgekochten Eiern, alles nicht zu klein geschnitten, macht man einen Salat, den man mit der Grundsauce und recht viel Mayonnaise ausgiebig vermischt.*

Und nun wollen Sie unbedingt wissen, was ich vom Sex-Appeal halte? Es interessiert Sie nicht? Gut, dann lassen wir es bleiben!

VOM SCHNEE

ZUM SPEISEEIS

Das Städtchen, in dem ich meine Kindheit verlebte, zeichnete sich durch zwei jährlich wiederkehrende, uns Kindern hochwillkommene Sensationen aus. Einmal kam der holländische Heringverkäufer, dessen hochgewachsene, in klappernden Holzschuhen steckende Gestalt uns sichtlich beeindruckte. Die andere Sensation war ein kleiner napolitanischer Eisverkäufer, dessen blitzblanker Wagen Sammelpunkt all unserer sommerlichen Wünsche wurde. So wenig uns die katervertreibenden Produkte des Niederländers interessierten, so stark fesselten uns die kulinarischen Köstlichkeiten des Italieners. Flink wie ein Wiesel und uns dabei mit köstlichen Schnurren unterhaltend, zauberte das Männlein mit Hilfe eines simplen Halters die herrlichsten, zwischen zwei knusprigen Waffeln eingebetteten Eisschnitten herbei.

Der Wunsch des Menschen, die sommerliche Hitze durch allerhand kühlende Erfrischungen erträglicher zu gestalten, ist sehr alt. Daß man hierbei auf die Idee verfiel, Schnee und Eis in die warme Jahreszeit hinüber zu retten, ist einleuchtend. Den ersten schriftlichen Hinweis erhalten wir schon von dem weisen König Salomo, der denjenigen Abgesandten rühmt, der zur Zeit der Ernte kühlenden Schnee bringt. Hatte man Schnee und Eis einmal mit der Alimentation in Beziehung gebracht, so war es ein kleiner Schritt zu den delikaten Leckereien, denn wohlgemerkt: Kochkünstler gab es, ehe man die andern Künste kannte. Die gastronomische Geschichte will wissen, daß es die alten Chinesen waren, die erstmals aus Schnee eine Süßspeise zubereiteten. Sie sollen das Geheimnis an die Inder, Perser und Araber weitergegeben haben. Daß diese süße Speise aber eher einem Getränk ähnelte, beweist uns das älteste, heute noch «en vogue» stehende Kühlgericht, nämlich der *Sorbet,* der seinen Namen vom arabischen *scharbat* herleitet, was einfach Trank bedeutet. Hatten die Chinesen ursprünglich den Schnee mit Honig vermischt, so gingen die Araber nun daran, ihn noch mit zerdrückten Früchten, hauptsächlich Rosinen, zu verfeinern. Die Türken setzten ihm dann noch Rosen- und Veilchenwasser sowie verschiedene Gewürze zu.

Es ist auffallend, wie wenig sich die Zubereitungsart dieses jahrtausendealten Getränkes im Grunde verändert hat. Heute füllen wir einen Sorbetbecher oder ein entsprechend geformtes Glas anstatt mit Schnee mit irgendeiner Sorte Speiseeis, garnieren die Oberfläche recht artig mit Früchten, wobei wir zerteilten Pfirsichen, Ananasstückchen und Erdbeeren den Vorzug geben, übergießen dann sachte mit Arrak oder Bénédictine und füllen mit Weißwein oder Schaumwein auf. Wir erhalten so ein regelrechtes «Eßgetränk», zu dem wir sowohl einen Löffel als auch einen Trinkhalm benötigen.

Daß den Griechen eisgekühlte Getränke nicht unbekannt waren, wissen wir von Xenophon (430 – 354 v. Chr.), der sich rühmte, delikate «Schneegetränke» mischen zu können. Von Alexander dem Großen wird uns berichtet, daß er während der Belagerung von Petra dreißig tiefe Graben ausheben ließ, um sie mit Schnee füllen zu lassen. Den Schnee bedeckte man dann mit Eichenlaub. Ähnliche Konservierungsmethoden wendeten übrigens auch die Römer an; sie nahmen jedoch Stroh und nasse Tücher zum Bedecken der Gruben, ein Verfahren, das bis auf den heutigen Tag noch in verschiedenen Berggegenden der Schweiz gang und gäbe ist.

Von den Römern erzählt uns Plinius:

Dieser trinkt Eis, jener Schnee. Man bewahrt das Eis auch für den Sommer auf und hat Mittel gefunden, sogar in den heißesten Monaten Schnee zu erzeugen.

Allerdings verwendeten die Römer Schnee und Eis ausschließlich zur direkten Kühlung von Wasser und Wein, ein Vorgehen, das wir heute aus hygienischen Gründen strikte ablehnen.

Während vieler Hunderte von Jahren war es still um die Kochkunst. Erst im Mittelalter beginnen die Tafelfreuden wieder größeren Kreisen zugänglich zu werden, nicht zuletzt dadurch, daß endlich populäre Kochbücher erschienen. Es war den mit einem besonders feinen Gaumen ausgestatteten Sizilianern vorbehalten, die bei ihnen seit zweitausend Jahren gepflegte Tradition der süßen Küche wieder aufzunehmen. Sizilianer waren es, welche die ersten Bücher über die süße Kunst verfaßten, und ihnen verdanken wir eine ganze Reihe von heute noch beliebten Naschereien. Ein gewisser Francesco Procopio Coltelli, der sich im Gefolge der Katharina von Medici nach Frankreich begab, brachte das Geheimnis der Speiseeisbereitung außer Landes. Er gilt daher in der Geschichte der Kochkunst allgemein als der Erfinder des Speiseeis. Immerhin bewahrte er die Zauberformel streng für sich und gab sie später seinem Sohn weiter, der sie wiederum seinem Sprößling anvertraute. Erst dieser wagte es, die aromatische Kühlspeise der Pariser Bevölkerung zugänglich zu machen, und zwar erstmals im Jahre 1660.

Dieses neue und doch so alte Manna scheint die Bewohner der französischen Hauptstadt begeistert zu haben, denn bereits im Jahre 1676 bildete sich eine Zunft der Eisverkäufer und Limonadiers, die zweihundertfünfzig eingeschriebene Mitglieder zählte. Man darf nun aber nicht etwa glauben, daß dieses Fruchteis sich mit dem heutigen vergleichen ließe. Wohl war es geschmacklich angenehmer als das ehemals aus Schnee und Honig hergestellte, aber da es doch nur aus Wasser, Zucker und hineingeschnittenen Früchten bestand, zudem steinhart gefroren war, hätte es unseren verwöhnten Gaumen kaum Beifall entlockt. Während sich indessen die Kochkünstler bemühten, geschmacklich bessere Mischungen herzustellen, befaßten sich namhafte Physiker und andere Wissenschaftler mit dem Gefrierproblem. Erzkanzler Bacon, der berühmte Philosoph und Staatsmann, stellte eine eigene Theorie auf. Fahrenheit (1686 – 1736), der aus dem Kaufmannsstand hervorgegangene Physiker, der den Weingeist im Thermometer durch Quecksilber ersetzte, vermischte Schnee mit Salpeter und erzielte hohe Kältegrade. Réaumur (1683 – 1757), der berühmte Physiker und Zoologe, experimentierte mit Pottasche, und gerade ihm verdankt die Kochkunst einen entscheidenden Fortschritt in der Eiszubereitung. Im Jahre 1734 veröffentlichte er eine Arbeit, die in dieser Beziehung wegweisend wurde und für den damaligen kulinarischen Stand der Fruchteis-Herstellung bezeichnend war. Er schrieb da:

Das Eis, das dazu bestimmt ist, uns bei Tisch serviert zu werden, darf nicht die Härte des Roheises besitzen, sondern wir wünschen es geschmeidig wie Schnee. Um ein gutes Fruchteis zu loben, nennen wir es ja eben wegen seiner Weichheit «Schnee». Man weiß, daß die Flüssigkeit, welche die innern Wände der Gefrierbüchse berührt, zuerst gefriert, da diese Wände eben der Stelle am nächsten sind, welche das Gefrieren bewirkt. Um nun ein wirklich geschmeidiges Eis zu erhalten, also ein wirkliches «Schnee-Eis», muß die an den Wänden angefrorene Flüssigkeit mit einem Messer oder einem anderen Instrument von Zeit zu Zeit losgelöst werden. Je öfter man dies tut, um so kleiner werden die Gefrierstückchen und umso feiner wird das Fruchteis. Wenn das Gefrieren jedoch zu schnell vor sich geht, erhält man nur harte Eisbrocken, niemals aber eine delikate «Schnee-Glace».

Es vergingen wohl noch einige Jahre, bis sich die Kochkunst die Réaumur'schen Feststellungen zu eigen machte: Mit der Geburt des in der Gefrierbüchse sich bewegenden Spatels war die erste große Etappe erreicht.

Bis zur Mitte des 18. Jahrhunderts verkaufte man die Erfrischung nur im Sommer, später begann man, sie auch im Winter feilzubieten. Dem Ursprung gemäß nannte man damals die immerhin noch primitive Komposition *Schnee*. Unter dem Stichwort *Neige* gibt uns Joseph Gilliers, der Destillateur des Königs von Polen, in seinem 1751 erschienenen Meisterwerk der süßen Kunst an die fünfundzwanzig verschiedene Zusammenstellungen bekannt. Er darf auch als Wegbereiter der Eisbombe angesehen werden, gibt er doch in seinem Werke genaue Anweisungen, wie man den Schnee in verschiedene Formen gießt, ihn dann in einer *Sorbétière* gefriert und nachher färbt. Dem Einfluß dieses äußerst raren Buches war es zuzuschreiben, daß Ende des 18. Jahrhunderts eine *Bombe glacée* an keinem großen Festessen fehlte. Gilliers verwendete zum Gefrieren seines Schnees eine *Sarbotière,* die wir heute *Sorbétière* nennen. Sie bestand aus einem Kübel, in den man die eigentliche Gefrierbüchse (Sorbétière) einstellte. Den Zwischenraum füllte man mit kleinen Eisstückchen, streute Salz darauf und wartete nun geduldig, bis der «Schnee» fest wurde. Ein Mann namens Emy, Verfasser des hervorragenden Werkes *L'art de faire les glaces* (1768), fand heraus, daß das Gefrieren rascher vor sich geht, wenn man die Gefrierbüchse in Rotation versetzte; daher befestigte er eine Kurbel an dem Kübel: Mit dieser «Eismaschine» arbeitet heute noch mancher gastgewerbliche Betrieb. Die rein manuelle Zubereitung blieb also auch hier durch die Jahrhunderte gleich, hingegen wurden in kulinarischer Hinsicht riesige Fortschritte erzielt. Die Herstellung von Kunsteis wurde durch die Erfindung der Ammoniak-Eismaschine, die erstmals an der Pariser Ausstellung von 1867 gezeigt wurde, popularisiert. Heute gibt es keine moderne Wohnung mehr, die nicht über einen Kühlschrank verfügt, und in den gleichen Behältern, in denen die niedlichen Roheiswürfel hergestellt werden, gelingt es auch, wohlschmeckende «Glacen» oder, wie man eigentlich sagen sollte, *Speiseeis* zuzubereiten.

Nach der französischen Revolution waren es wiederum einige Italiener, die sich der kühlenden Materie annahmen. Unter ihnen ragte ein gewisser Tortoni besonders hervor, brachte er es doch vom einfachen Eisverkäufer bis zum berühmten Cafetier der Seinestadt. Dieser Tortoni war es auch, der die *Cassata* in Paris populär machte. Er ließ sich besondere Formen anfertigen und verkaufte seine *Napolitaner Schnitten* mit großem Erfolg. Seine Lieblingskomposition bestand aus Vanilleeis, Erdbeeren und einer feinen Schokolademasse. Eine große Spezialität bildete ursprünglich das sogenannte *Käseeis,* das nach einem Rezept aus der *Cuisine bourgeoise* (1746) wie folgt zubereitet werden konnte:

Ein Schoppen sehr dicke Sahne, ein halber Liter Milch, ein Eigelb und dreiviertel Pfund Zucker läßt man fünf- oder sechsmal aufwallen. Dann gießt man einige Essenzen, wie Orangen-, Zitronen- und Bergamottenessenz, daran und stellt diese Mischung in einer Form in einen Kübel voll kleingeklopftes Eis. Das Eis überstreut man mit Salz oder Salpeter. Will man das Käseeis servieren, so taucht man die Form in heißes Wasser, stürzt sie und serviert sofort.

In der Schweiz waren es – wie könnte es anders gewesen sein! – die Bündner Zuckerbäcker, die uns mit der Zubereitung der Wunderspeise vertraut machten. Sie brachten die Rezepte aus Sizilien mit, zogen aber auch an der Heimat vorbei nach Deutschland, Polen und Skandinavien. Der fachtüchtige Giacomo Perini gab um die Mitte des 19. Jahrhunderts erstmals sein Buch *Der Schweizerzuckerbäcker* heraus. Im Vorwort schreibt er:

«Der Schweizerzuckerbäcker» reicht ferner seinen Gästen alle Arten kühlender, künstlicher Getränke, als Limonade, Bavaroise, Orgeade, Orangeade, verschiedenerlei Fruchtwasser und alle möglichen Arten von Gefrorenem, als Sorbets, Gramolaten, Obst-, Blüten-, Liqueur-, Wein- und Rahmgefrorenes.

Aufschlußreich über die Entwicklung der Gefriermaschine ist das Kapitel *Die neuesten Pariser Eisbüchsen.* Es heißt da:

Die Société d'Encouragement hat im Juni 1845 auf die Erfindung eines Apparates, welcher durchaus einfach, in jeder Haushaltung anwendbar sein und das Eis zu einem so billigen Preise liefern sollte, daß das Pfund nicht über 15 Centimes koste, einem Preis von 1200 Francs gesetzt.

Zugleich war aber auch bestimmt worden, daß durch die zur Erzeugung der künstlichen Kälte verwendeten Mischungen keine Gefahr für Leben und Gesundheit bei der Anwendung entstehen könne.

Nach den Angaben des Autors sollen diese Bedingungen kurz darauf erfüllt worden sein. Einen wesentlichen Fortschritt aber erbrachten erst die späteren Erkenntnisse des Schweizer Physikers Pictet (1846 – 1929). Die moderne Gaststätte bedient sich allerdings heute bedeutend besserer Maschinen, und erst durch diese wurde es möglich, tatsächlich jede Art von Speiseeis und aller Spezialitäten einwandfrei herzustellen. Weder Salz noch Salpeter, weder Pottasche noch Ammoniak kommen mit unserem Eis in Berührung. Was sich Réaumur erträumte, ist also erst in den letzten Jahren Wirklichkeit geworden.

Die uns heute bekannten Rezepte zur Speiseeisbereitung gehen in die Hunderte. Die einfachste und doch immer beliebte Sorte ist das Vanilleeis, das der große Escoffier wie folgt zubereitete:

In einer Kasserolle 300 Gramm Zucker und 10 Eigelb bearbeiten, bis die Masse das Band zieht. Dann nach und nach mit 1 Liter kochender Milch, in welcher man eine Vanilleschote 20 Minuten ziehen ließ, auffüllen und auf dem Feuer bewegen, bis die Masse den Löffel überzieht, wobei man das Aufkochen vermeidet, da dieses Zersetzung herbeiführt. Dann durch ein Haarsieb in eine Terrine passieren und bis zum völligen Erkalten in Bewegung halten. Nachher kann man diese erkaltete Crème mit etwas Rahm verfeinern.

Diese Vanillecrème setzt man nun in der Gefrierbüchse in die Maschine ein oder gießt sie in kleine Gefrierformen und bringt sie zum Gefrieren.

Das durch tüchtiges Rühren mit der Maschine hergestellte Speiseeis wird natürlich geschmeidiger und bekömmlicher als das im Kühlschrank gefrorene. Setzt man der Milch anstatt eine Vanilleschote ein anderes Aroma bei, z. B. Kaffeepulver, Tee, gemahlene Haselnüsse usw., so erhält man die entsprechende Eissorte.

Bei der Zubereitung von Frucht- und Likörgefrorenem benötigt man stets einen zweiunddreißiggrädigen Zuckersirup, was bei einem Liter Wasser etwa eineinviertel Kilo Zucker ausmacht. Diesen Sirup vermischt man mit passierten Früchten oder Fruchtmark, wobei auf einen Liter Sirup dreiviertel Liter Mark kommen. Dieser Mischung setzt man meistens Zitronen- und Orangensaft, sowie zwei bis drei Eiweiße zu. Das Gefrieren geschieht wie üblich mit der Maschine. Das Likörgefrorene benötigt einen Zusatz von einem Deziliter Likör auf einen Liter Sirup. Auch hier wird immer Zitronensaft und meistens noch einer anderer Zusatz sehr geschätzt. (Zu Rumeis gibt man noch Tee bei, zu Kirscheis gestoßene Nüsse usw.)

Zur Zeit des zweiten Empire kamen in Frankreich auch noch andere Eisnovitäten auf, unter anderem die *Parfaits* und die heute dominierenden *Coupes*. Die *Parfaits* bestanden ursprünglich aus einer Kaffeemischung; heute verwendet man jedoch die verschiedensten Aromen. Die Zusammenstellung besteht aus Eigelb und einem achtundzwanziggrädigen kalten Zuckersirup. Diese wird auf schwachem Feuer auf den Siedepunkt gebracht, passiert und unter beständigem Rühren zum völligen Erkalten gebracht. Dann parfümiert man sie mit Rum oder Cognac und aromatisiert mit der gewünschten Substanz, z. B. Tee, Kaffee, Schokolade usw., und zieht steifgeschlagene Sahne darunter. Diese hochfeine Masse wird in Bombenformen gefüllt und im weiteren genau wie diese behandelt. Im Prinzip ist ein *Parfait* nicht anderes als eine Bombe aus einer einzigen Eissorte.

Und nun lassen wir einmal einige delikate *Coupes* oder, wie wir sie auf Geheiß Dudens eigentlich nennen sollten, *Eisbecher* auffahren. Der berühmteste aller Eisbecher ist zweifelsohne die unter dem Namen *Pêches Melba* bekannte Kreation von Großmeister Escoffier. Er widmete diese harmonische Komposition der australischen Nachtigall Nellie Melba anläßlich einer Lohengrin-Premiere in London. Das Gericht besteht aus einem Sockel von feinem Vanilleeis, auf das man geschälte, in Vanillesirup gekochte Pfirsiche legt, die dann mit einem mäßig dicken Himbeerbrei überzogen werden. Würde man den Himbeerbrei mit Kirschwasser parfümieren und gestoßene Mandeln über das ganze streuen, so erhielte man eine *Coupe Cardinal*. Eine nicht minder herrliche Leckerei ist die *Coupe Belle Hélène*. Hier legt man halbierte, ebenfalls in Vanillesirup gekochte Birnen auf das Vanilleeis und überstreut sie mit gehackten Pralinés; außerdem reicht man eine heiße Schokoladensauce dazu. Ganz ähnlich ist die populäre *Coupe Danemark.* Auch die abwechslungsreiche *Coupe Jacques* hat ihre Verehrer. Sie besteht aus je einer Kugel Zitronen- und Erdbeereis. Zwischen beiden Kugeln richtet man einen Eßlöffel Fruchtsalat an, welchen man mit Kirschwasser parfümiert hat. Die dem russischen Kaiserhof gewidmete *Coupe Romanoff* besteht ebenfalls aus Vanilleeis, das mit in Maraschino getränkten Erdbeeren garniert wird.

Vortrefflich sind die variantreichen Eisbomben, die dem begabten Confiseur viele Möglichkeiten bieten, sein Können unter Beweis zu stellen. Trachtete man noch vor zweihundert Jahren danach, diese Kühlgerichte in der Form von Früchten, aber auch von Fischen und selbst Wildschweinköpfen aufzutischen, so änderte sich das im Laufe der Zeit vollständig. Auch die vor etwa neunzig Jahren aufgekommene Form eines Kanonengeschoßes konnte sich nicht behaupten, denn heute herrscht durchweg eine wohl konische, aber recht breite Form vor. Diese hat den Vorteil, daß sie sich sehr schön ausgarnieren und besser zerteilen läßt. Eine *Bombe* besteht immer aus mehreren Sorten Eis. Eine Sorte wird zum Austreichen der Form verwendet, die weiteren Sorten zum Füllen. Wir kennen auch Bomben, bei denen die Form mit Biskuit ausgelegt wird. Zum Formen der Bomben verwendet man im allgemeinen feinere Eissorten, der Fachmann spricht direkt von einem «Bombenteig». Nachdem die Bombe gefüllt ist, wird obenauf ein Papier gelegt und die Form gut verschlossen. Dann wird sie im Tiefkühler gefroren oder in mit Salz vermischten kleinen Eisstückchen vergraben und während etwa drei Stunden gut durchgefroren. Von Zeit zu Zeit muß man das Wasser abgießen und durch Eis und weiteres Salz ersetzen.

Eine schon unseren Großeltern recht gut bekannte Zusammenstellung ist die *Fürst Pückler-Bombe,* die dem Reiseschriftsteller und Feinschmecker gleichen Namens gewidmet wurde. Sie besteht aus geschlagener Sahne, die mit kleingeschnittenen Makronen und Zucker vermischt und mit Maraschino parfümiert wurde. Die Sahne wird in drei Teile geteilt. Den ersten Teil färbt man mit Erdbeermark rot und gibt ihn zuerst in die Bombenform. Darauf folgt der nächste, weißbleibende Teil. Den dritten vermischt man mit vierzig Gramm geriebener Schokolade. Nach dem Anrichten der gefrorenen Bombe garniert man mit Schlagsahne.

Auch die nach dem russischen Diplomaten Nesselrode (1780 – 1862) benannte Bombe erfreut sich eines fast hundertjährigen Bestehens. Sie wird aus einer dünnen Wandung Vanilleeis und einer Füllung von mit Kastanienpurée versetzter Schlagsahne zusammengestellt. Weniger anspruchsvoll, trotz dem pompösen Namen, ist die *Bombe à l'Impératrice.* Hier wird die Formwandung mit Johannisbeerglace bestrichen, das Innere mit süßem Reis und Fruchtsaft gefüllt.

Eine weitere große Eisspezialität ist die *Omelette en surprise.* Das paradoxe Süßgericht hat eine umstrittene Entstehungsgeschichte. Vor allem hat es sich schon eine Namensänderung gefallen lassen müssen, hieß es doch ursprünglich *Omelette à la Norvégienne*. Dieses merkwürdige Omelette tauchte erstmals im zweiten Kaiserreich in Paris auf. Nach einer Quelle soll Graf Benjamin von Rumford (1783 – 1814) der Erfinder gewesen sein; nach einer anderen jedoch soll ein chinesischer Koch das Rezept im Jahre 1866 einem französischen Kollegen aus Dankbarkeit mitgeteilt haben. Der Philanthrop Rumford, der sich durch die Erfindung von Sparherden und billigen Volkssuppen verdient gemacht hat, wird wohl kaum so extravagante Ideen entwickelt haben. Die Zubereitung dieser Prunksüßspeise geht folgendermaßen vor sich: Auf eine möglichst lange Platte wird ein der Form angepaßter, etwa zwei Zentimeter dicker Biskuitboden oder eine entsprechende Lage von Löffelbiskuits gelegt. Dieser Belag wird mit Maraschino oder auch Rum, Arrak, Kirsch usw. parfümiert und je nach Wunsch und Möglichkeit noch mit kandierten oder frischen Früchten – heute vornehmlich mit tiefgekühlten – belegt. Dann wird eine möglichst feste Eismasse, die auch aus mehreren Sorten bestehen kann, hügelförmig über die Biskuits angerichtet. Das Ganze wird nun hübsch mit steifgeschlagenem Eiweißschnee überzogen und mit dem Spritzbeutel schön verziert. Hierauf wird der leckere Berg mit Zucker bestäubt und dann für einen kurzen Augenblick in einen sehr heißen Backofen gestellt. Der Schnee soll eine leicht bräunliche Farbe annehmen, die Hitze darf jedoch nicht bis zum Eis vordringen.

Eine weniger komplizierte Überraschungsspeise ist die *Orange en surprise*. Sie besteht aus einer sauber ausgehöhlten Orange, die mit einem feinen, mit Curaçao parfümierten Orangeneis gefüllt ist.

Der Fachmann kennt nun noch eine ganze Menge anderer Zubereitungsarten für Speiseeis, die aber sehr oft nur wenig voneinander abweichen. So führt die französische Küche die mit der sizilianischen *Cassata* eng verwandten *Biscuits glacés*. Die *Cassata* ist eigentlich eine Bombe in einer anderen Form, nämlich in der einer länglichen Kassette, woher auch ihr Name stammt. Die Formwände werden mit irgendeiner guten Sorte Eis überzogen, in die Mitte kommen dann Früchte und weitere Sorten Eis. Die Kassette wird dann verschlossen und wie eine Bombe gefroren. Später wird sie angerichtet, mit Schlagrahm dekoriert und dann in gleichmäßigen Scheiben serviert. Ursprünglich wurde diese Cassata mit Vanilleeis und gesüßtem Tomatenpurée zusammengestellt, eine merkwürdige und doch nicht üble Komposition für Liebhaber. Recht oft werden anstatt der üblichen Kassetten auch Tortenformen verwendet. Gipfelpunkt der heutigen Eisgourmandise scheint der pompöse *Vacherin glacé* zu sein, dessen stolze Mutter die *Meringue glacée* und dessen Vater ein starkduftender Käse ist. Allerdings, dies sei zu seinen Gunsten doch gesagt: Vom Vater hat er nur die Form, denn kein Käsehauch bestreicht das herrliche Gebilde; die Mutter trug den Sieg davon, und wir lassen es uns gerne gefallen.

Die bereits erwähnten Sorbets waren noch zu Beginn unseres Jahrhunderts als sogenannte «Verteiler» bei größeren Festessen in Mode. Sie bestanden aber damals nur aus feingeklopftem Roheis, Zucker und Südwein oder Champagner. Man ging dann dazu über, sie aus ganz leichtem Weineis, wobei man Samos, Porto und Sauternes den Vorzug gab, herzustellen. Sie wurden zwischen Entrées und Braten serviert und galten sowohl als appetitfördernd wie auch als verdauungsanregend. Heute sind sie von dieser Doppelpflicht befreit und führen als beliebtes Konditoreigetränk ein würdigeres Dasein. Anstatt sie mit Wein und Likören zu parfümieren, kann man sie auch mit Sirup und Traubensaft versüßen, ja selbst unser Süßmost eignet sich als vorzüglicher Zusatz. Eine ähnliche Rolle spielen die *Granités,* die immer aus einfachem Fruchtsafteis bestehen, dem nicht weiteres zugesetzt wird. Sie werden ohne Rühren in der Maschine gefroren und haben ein leicht körniges Aussehen.

Die amerikanische Eiszubereitungsmethode unterscheidet sich wesentlich von der unsrigen. Dort verwendet man keine Eier, sondern fast nur allerfeinsten Rahm und Trockenmilch. Dadurch wird die Glace nicht so schwer. Außerdem wird die Eismasse noch einer Gährung unterzogen und in Tiefkühlanlagen bei fünfundzwanzig Grad unter Null gleichmäßig gefroren. Die Liebe der Amerikaner zu allem Eisgekühlten ist bekannt. Charakteristisch ist das Wortspiel: I scream, you scream, we all scream for Ice-Cream».

MARZIPAN

Leugnen Sie doch nicht! Auch Sie haben schon vor einem Zuckerbäckerladen gestanden, mit den Augen die ausgestellten farbigen Marzipanleckereien verschlingend. Wie oft mögen wir als Kinder unsere Nasen an den kalten Fensterscheiben platt gedrückt haben! Und wenn dann auf dem Festtagstisch eine Kristallschale mit den zartfarbigen Schleckereien aufgestellt wurde, so konnte man vor Aufregung kaum noch die Suppe herunterbringen. Hielt man endlich das heißbegehrte Stück figürlicher Süßigkeit in den Händen, so knabberte man, im Glücke schwelgend, sorgsam Molekül um Molekül ab. Während sich die Mutter mehr als berechtigten Zweifeln über die Verdaulichkeit des Süßstoffes hingab, gerieten Vater und Onkel in einen gelehrten Streit über die etymologische und kulinarische Entstehung des Marzipans. Der Onkel vertrat die Ansicht, es sei nach seinem Erfinder, einem gewissen Marzo, so benannt worden, der Vater hingegen wußte mit Bestimmtheit, daß man es ursprünglich *Marci panis* nannte. Die mittelalterlichen Bäckergesellen, die sich auch gerne *Markusbrüder* nannten, hätten es ihrem Schutzpatron, dem heiligen Markus, geweiht. Nun, es schossen sowohl der Onkel als auch der Vater an den Tatsachen vorbei. Wohl hat ein italienischer Zuckerbäcker namens Frangi das bekömmliche *Frangipane* erfunden, aber vergeblich hielte man Ausschau nach seinem Landsmann «Marzo». Und auch die Markusbrüder mußten sich nicht erst die Mühe nehmen, eine Erfindung zu machen, um den Schutzpatron der Lagunenstadt Venedig zu ehren. Diese Mühe hatten ihnen längst vorher andere abgenommen. Den Grundstein zu dem übersüßen Mandelteig legten die griechischen Confiseure, deren Torten schon zur Zeit des Perikles (493 – 429) als unübertreffbar galten. Ganz besonders wurden die Süßigkeiten der Insel Samos gerühmt.

Archestratos, der berühmteste vorchristliche «scriba cocorum» und Busenfreund eines der Söhne des Perikles, lobt in seiner *Hedypatheia* (Gutesserei) die Mandelkuchen Athens, die dank dem darin verwendeten Honig die köstlichste aller Süßigkeiten seien. Kamen ursprünglich solche Leckerbissen nur auf die Festtafel, so wurden sie während des Zerfalls des Staates zum alltäglichen Genuß. Der gestrenge Platon sah sich sogar veranlaßt, gegen die Patissiers und Confiseure zu wettern. Die Griechen hatten die Backkunst aus dem Orient übernommen und gaben sie an Rom weiter. Aus dem Mandelkuchen wurde später Nougat – immer noch mit Honig zubereitet – und erst mit der Erfindung des Zuckers begann die kulinarische Umwälzung. Da man in Sizilien schon im 12. Jahrhundert

Zucker – das indische Salz – fabriziert haben soll, ist es einleuchtend, auch dort die Wiege des echten Marzipans zu suchen. Diese Vermutung liegt um so näher, als die sizilianischen Köche schon viele Jahrhunderte vor Christi Geburt Weltruf besaßen. So soll nach Athenäus *(Deipnosphi-stai)* der Bäcker Mithaikos eine *Anweisung zur Kochkunst nach siziliani-scher Art* geschrieben haben. Nun hat man bekanntlich ins christliche Zeitalter nicht nur Rezepte übernommen, sondern auch Sitten und Gebräu-che. Die Mandelkuchen, die man ehedem den Göttern opferte, wurden nun auf die Ostertafel gestellt, und da man sie im März buk, so nannte man sie fortan *Märzenbrot,* also *Panis Martius,* was auf Italienisch wieder-um *Marzapane* lautete.

Unter dieser Bezeichnung, und nur unter dieser, kann ich die süße Mandelkomposition bis tief ins Mittelalter verfolgen. Im Jahre 1404 wurde in Deutschland Marzipan sogar schon fabrikmäßig hergestellt. In seinem im Jahre 1552 erschienenen Konfitürenbuch gibt der berühmte Astrolog und Arzt Michel de Nostredame (Nostradamus) ein Rezept, das heute noch befolgt wird. Er schreibt dazu:

Diese Torte wird von Hermolad Barbarus «Marzapan» genannt und dient zur Arznei und ist auch gar lieblich zu essen zu jeder Zeit. Es heißt dann im Original weiter: Es kan aber wol sein/das etlich meiner spotten werden/das ich so ein geringe sachen beschreib/welche doch ein jeder Apotheker machen kann./So solt du wissen/das ich dieses gethan hab/vil mehr deß gmainen mans/ unnd der weibs-personen halber/welche geren newe ding erfaren wollen.

Wir ersehen daraus, daß es also keine Kunst war, Marzipan herzustellen. Da die Apotheker in Frankreich das Alleinverkaufsrecht für Zucker besa-ßen, befaßten auch sie sich mit der Herstellung des Marzipans. 1570 gibt uns ein päpstlicher Leibkoch an, wie man Marzipan mit allerhand Farben appetitlich gestalten kann. Wie beliebt das schwer verdauliche Zuckerzeug war, geht daraus hervor, daß es im 14. Jahrhundert in Frankreich üblich war, daß der Prozeßgewinner dem Richter Geschenke aus Marzipan mach-te. Daß sich die französische Kochkunst dieses begehrten Artikels an-nahm, liegt auf der Hand. Im ersten modernen französischen Kochbuch, das im Jahre 1651 erschien, finden wir auch schon einige Variationen des Rezeptes. So wurde ein *Massepain royale* wie folgt zubereitet:

Mandeln werden in heißes Wasser getan und in dem Augenblick, in dem dieses kocht, abgenommen und abgezogen. Sie werden alsdann in frisches Wasser gewor-fen, das man öfters wechselt, um sie weiß zu bekommen. Sie werden abgetrocknet und im Mörser gestoßen. Drei Viertelpfund gestoßener Zucker werden immer mit einem Pfund Mandeln vermengt und gekocht. Will man den Teig in der Kasserolle stehen lassen, läßt man ihn nicht ganz trocken werden. Will man ihn gleich gebrauchen, so läßt man ihn bei kleinem Feuer im Backofen trocknen, und damit er nicht anbrennt, muß man ihn beständig rühren. Will man sehen, daß er trocken ist, faßt man darauf, ist er gar, läßt man ihn erkalten, formt ihn, schlägt Eiweiß zu Schnee, taucht das Marzipan hinein, und wenn man Puderzucker hat, so tut man diesen darauf und trocknet das Marzipan so. Alsdann legt man es auf Papier, macht einen Teig von Eiweiß, Puderzucker und Orangenblütenwasser, das je nach Bedarf zugegossen wird, solange diese Masse zu steif ist. Man legt kleine Stückchen dieser Masse auf das Marzipan. Will man das Marzipan mit einer Masse von Eiweiß, Orangenblütenwasser und Puderzucker glasieren, läßt man es nicht ganz trocknen, und dies ist das wahre Marzipan.

Ungefähr auf die gleiche Art bereiteten es damals auch die Bündner Zuckerbäcker. Nach einem Rezept aus dieser Epoche setzten sie jedoch merkwürdigerweise der Marzipanmasse manchmal etwas Zimt zu. 1751 gab der Zuckerbäcker des polnischen Königs Stanislaus ein vorbildliches Werk über die süße Kunst heraus. Hier finden wir bereits sechs verschiedene Rezepte angegeben, darunter auch eines, um Marzipan nach deutscher Art herzustellen. Obschon dieses Buch künstlerisch hervorragende Modelle zeigt, um Früchte aus Teig oder Fruchteis nachzuahmen, kam man nicht auf die Idee, auch die Marzipanmasse figürlich zu formen. Meist wurde der Teig ausgerollt, in dünne Streifen geschnitten und so gebacken oder höchstenfalls zu anspruchslosen Ringen geformt. Erst das 19. Jahrhundert brachte hier besonders phantasiebegabte Künstler auf den Plan, und in der Neuzeit stoßen wir auf verblüffend gute Imitationen von Früchten, Fleischwaren und niedlichen Tieren.

Soviel Loblieder nun auf das so angenehme Marzipan auch gesungen wurden, so gab es doch immer prominente Stimmen, die ihm Feindschaft schworen. So hat der vor über hundert Jahren verstorbene Kunsthistoriker Karl Friedrich von Rumohr in seinem hervorragenden gastronomischen Werk, das er *Geist der Kochkunst* nannte, folgendes geschrieben:

Darum verdirbt das Gebiß solcher Menschen, die von Marzipanen und Mandeltorten häufig Gebrauch machen. Ja, ganze Ortschaften bringen durch den Gebrauch des Mandelgebäcks ihre äußeren und inneren Verdauungswerkzeuge auf das sträflichste in Unordnung. Ich habe sogar von einer Frau gehört, die an dem Marzipan sich tot gegessen.

Eine ergötzliche Geschichte weiß uns ein französischer Chronist zu erzählen, bei der außer dem Marzipan noch Honoré de Balzac, der Dichter der *Comédie humaine*, eine Rolle spielt. Im März des Jahres 1844 soll es in Paris plötzlich geheißen haben, Balzac habe sich als Patissier etabliert. Auf der Börse, im Theater, in allen Salons war dieses Gerücht Hauptthema. In der Seinestadt selbst wurden Tausende von Flugblättern verteilt, auf denen H. de Balzac mitteilte, daß er in der Rue Vivienne 38bis einen Laden eröffnen werde, dessen einziger Zweck es sei, ein Geheimrezept des Marzipans von Issoudan (Dept. Indre) auszuwerten. Dieses Rezept, das von keinem lebenden Confiseur, Koch oder Konfitürenmacher nachgeahmt werden könne, sei seit hundert Jahren im Besitze einer Familie gewesen, und diese Familie habe seit vielen Jahren stets große Mengen Marzipan durch Vermittlung des französischen Gesandten an den Harem des Sultans liefern müssen.

Das Rätselraten war natürlich nicht gering, und es stellte sich dann heraus, daß Balzac den süßen Mandelteig zwar nicht selbst anrührte, aber immerhin das Patronat über die Backstube übernommen hatte. Der Zulauf soll riesig gewesen sein, freilich nur kurze Zeit, denn auch der begeisterteste Magen hält eine Überfütterung mit Marzipan nicht lange aus.

Einen ausgezeichneten Ruf in der Herstellung von feinem Marzipan hatte außer einigen deutschen Hansestädten noch Flandern. Natürlich waren unsere Zuckerbäcker auch nicht müßig und machten sich an die Ausbeutung eigener Rezepte. In einem alten Kochbuch finde ich folgende Vorschrift:

Während man ½ kg geschälte süße Mandeln sehr fein zerreibt oder stößt, feuchtet man dieselben mit ein wenig Baseler Kirschwasser an, vermengt sie mit ½ kg Staubzucker, röstet die Masse ab, bringt sie in Form von Kringeln, Halbmonden, kleinen runden Kuchen, Sternen, Herzen usw., überbäckt sie ein wenig in einem gelind geheizten Ofen mit guter Oberhitze oder in einem Tortenblech, das man mit einem kohlenbelegten Deckel zudeckt, und glasiert das Marzipan zuletzt mit einer Kirschwasser-Glasur.

Bis zur Mitte des 17. Jahrhunderts war Marzipan ein großer Luxus, was in erster Linie daher rührte, daß der Zucker sehr teuer war. Dieses Konfekt kam nur an besonderen Festtagen auf die Tafel. So finden wir auf einer Abrechnung des Jahres 1655 über ein von der Leipziger *Alma Mater* gegebenes Festessen, bei dem für 1 Taler und 6 Groschen Marzipan gekauft wurde, die Bemerkung des Dekans, «wegen der fürstlichen Abgesandten». Übrigens machte sich gerade im 17. Jahrhundert eine grundsätzliche Geschmacksänderung bemerkbar. Hatte im 16. Jahrhundert eine Mahlzeit fast nur aus Fleisch und Alkohol bestanden, so wurde sie im Laufe des folgenden Jahrhunderts weniger substantiell, es wurde mehr Abwechslung in die Speisefolge gebracht, und vor allem wurden mehr Süßigkeiten gegessen. Bei einem Festschmaus des Jahres 1568 wurden für Süßigkeiten 8 Gulden ausgegeben, bei der gleichen Personenzahl und dem gleichen Anlaß hundert Jahre später dagegen 27 Gulden. Ein Mengenvergleich ist ebenfalls aufschlußreich: Das Verhältnis zwischen Süßigkeiten und Fleisch war im 16. Jahrhundert 1:4, im 17. Jahrhundert jedoch

Titelbild des Brandenburgischen Kochbuches (1723)

überstiegen die Ausgaben für Dessert und Konfekt bei weitem diejenigen für Fleisch.

Heute ist die Herstellung des Marzipans fast «industrialisiert», das heißt der Konditor bezieht meist von einer Fabrik die fertige Marzipanmasse, die er dann je nach Geschmack und Gutdünken verarbeitet.

Man sollte meinen, die Menschheit hätte sich mit der Erfindung des übersüßen Marzipans zufrieden gegeben, aber weit gefehlt, denn jeder Italienfahrer weiß, daß man dort unten eine weitere Schleckerei pflegt. Es ist der *Torrone*, den man nirgends in so wundervoller Qualität erhält wie in Alba, einem reizenden Städtchen in der Provinz Cuneo.

Hier stieß ich einst auf ganze Berge dieser Köstlichkeit, und so machte ich mich auf die Socken, um dem Rezept auf den Grund zu kommen. Die Hersteller, meist kleinere Fabrikanten, die damit auf Jahrmärkten ihren Lebensunterhalt verdienen, rückten mit ihrer «Geheimformel» nicht gerne heraus. Immerhin konnte ich feststellen, daß es eine Mischung aus dem allerfeinsten Akazienhonig, Eiweiß, Mandeln und Nüssen ist. Es braucht vor allen Dingen emsige Bienen, um eine gute Qualität hervorzubringen. Auch dieser *Torrone,* der seinen Namen von der ursprünglich turmartigen Form her hat, kann auf eine lange Vergangenheit zurückblikken. Die ältesten Spuren entdeckte ich in dem äußerst seltenen Bankett-Buch des wackren Christoph Messisbugo, das erstmals im Jahre 1549 erschien. Dieser Christoph war der Haushofmeister des Kardinals Hippolit von Este, und für ihn schrieb er das besagte Werk. Ordentlich und ausführlich ist hier notiert, was alles auf die Tafel des geistlichen Würdenträgers kam, und besonders, was an den verschiedenen Banketten zu Ehren hoher Besucher aufgetragen wurde. Er geht in der Genauigkeit sogar so weit, aufzuschreiben, welche Musikstücke gespielt, wie diese vorgetragen wurden, und wann sich die Herrschaften zur Ruhe begaben. Hier fand ich nun auf der Speisefolge eines Banketts, das am 20. Mai 1529 serviert wurde, den ersten Hinweis auf Torrone. Don Hippolito, damals noch Erzbischof von Mailand, gab dieses Fastenessen, das aus über hundert Gängen bestand, zu Ehren seines Bruders Herkules, Herzog von Chartres, nachmalig Herzog von Ferrara. Da man nur vierundfünfzig Teilnehmer zählte, ist anzunehmen, daß niemand hungrig vom Tische ging. Die neunte Tavola bestand immer noch aus tausend Austern und ... frischen Früchten. Der Autor schreibt, daß alle geglaubt hätten, das Mahl sei nun beendet, aber man hätte lediglich die Tischtücher und Servietten gewechselt, jedem Gast Händewaschwasser gebracht, dann Messer, Salzfäßlein und Bretzel eingesetzt, und der Tanz sei von neuem losgegangen. Man hätte auch – wie pikant! – fünfzehn nackte Figuren aufgestellt, und zwar acht männliche und sieben weibliche. Immerhin seien sie mit Lorbeer und Grünzeug geschmückt gewesen. «Coprivano le parti che naturalmente si nascondono», schreibt unser Christoph fromm, womit nicht gesagt sein will, daß niemand so rohköstlerisch veranlagt war, daß er sich nicht am Lorbeer und Grünzeug gütlich tat. Nun folgte eine ganze Serie feiner Salate und dazu eine andere Attraktion. Bei der zwölften «Tafel» soll eine herrlich gekleidete Jungfrau himmlisch gesungen haben, und während sie sang, aß der Herr Erzbischof (laut Menu) Sardellen und Kirschsuppe mit «Möcken», welche man mit Zucker und Zimt bestreut hatte. Der vorletzte Gang dieses üppigen Mahles aber bestand aus den berühmten *torroni*; sie wurden, in Stücke zerteilt, in fünfzehn Schüsseln aufgetragen. Nachdem gab es noch verschiedene Nüsse und zum Abschluß hundert parfümierte Zahnstocher, nochmals frische Servietten und außerdem kleine Messer, die wohl zum weiteren Zuspitzen der *stecchi* gedient haben mögen.

Da bei allen weiteren Banketten immer wieder *torroni* erscheinen, darf angenommen werden, daß es zum guten Tone gehörte, die Schleckerei aufzutischen.

Unsere Kirchweihleckerei war *Türkischer Honig,* der eng mit dem *Torrone* verwandt ist und sehr wahrscheinlich sogar dessen Vater war. Die Türken verstanden es schon vor vielen Jahren, Tafelaufsätze aus Süßigkeiten herzustellen, und sie gaben ihnen vorwiegend die Form von Türmen; was also liegt näher, als hier eine Verbindung zu suchen?

Nougat ist auch heute noch ein Kindertraum. Irgendwo las ich, er sei eine französische Erfindung, die einem Wortspiel ihre Benennung verdanke. Das ist eine Fehlleitung, denn dieser Name kommt ganz einfach von einer den Römern schon bekannten Zusammensetzung, bei der Nüsse die Hauptrolle spielten, und welche sie *nucatus* nannten. Diese Variante besteht aus Honig, Mehl und Nüssen. *(Nucula* heißt Nußkern.)

Die heutigen Bonbons kennt man bei uns seit dem Beginn des 17. Jahrhunderts, und die weltberühmten Schweizer Pralinés gehen auf die Erfindung eines Leckermaules des 18. Jahrhunderts zurück, der in den Diensten des Marschalls von Plessis-Praslin stand und die niedlichen Dinger kurz *praslins* nannte, woraus dann *pralins* und später *pralinés* wurden. Und jetzt, meine verehrten Leserinnen, knabbern Sie vergnüglich darauf los!

PLUM-PUDDING

Habent sua fata... botelli» möchte der Bibliophile in Abänderung des geflügelten Wortes ausrufen, wenn er die Geschichte des Puddings erfährt. Wahrlich, ist es nicht eine unglaubliche Metamorphose, die der geisterhaft brennende Plumpudding durchlief? Stammt er doch von der für unsere Generation für immer mit einem fleischlosen Mittwoch verbundenen Blutwurst ab. Dieses einfache, in Friedenszeiten gewiß schmackhafte Darmfüllsel ist die Ahnfrau sämtlicher Puddings, ob sie nun süß, herb, hell, dunkel, flammend oder nicht flammend sind. Schon bei Homer finden wir einen mit Blut gefüllten Geißenmagen erwähnt. Die alten Griechen füllten Därme mit Mehl und Blut, und der Erzschlemmer Apicius verfeinerte dieses seltsame Gemengsel mit Nierenfett, Pinienkernen und Mandeln und nannte es *botellus*. Von den Italienern wurde das Rezept durch die Jahrhunderte hindurch gerettet, und heute bereiten sie ihren *budino* fast so abwechslungsreich zu wie die Engländer. Bei den Franzosen wurde der *botellus* zum *boudin,* und als solchen kennen wir ihn ja auch in der Schweiz. Merkwürdig ist vor allem, daß der *boudin* in Frankreich genau so eine weihnachtliche Spezialität ist wie sein süßer Bruder in England. Spuren des Original-Botellus lassen sich auch in der Schweiz und in Deutschland nachweisen. Hier ein Klosterküchenrezept aus der Mitte des 14. Jahrhunderts:

Nimm drei gesottene schmale Schweinsdärme. Dazu nimm ungesottene Schweinsflaumen (Nierenfett) als groß und lang die Därme sind, schneid das in feine Stücke, schlag zwei Eier dazu und nimm ein wenig schönes Brot und Pfeffer und Salz zu der Masse. Damit siede die Därme auf und fülle sie damit und stecke die drei kleinen in einen großen Darm. Was aber von dem Mengsel übrig bleibt, das gieße in den großen Darm und verbinde beide, die kleinen und den großen, an beiden Enden besonders. Dann sied es gar und gieb es heiß hin.

Hier fehlt das Blut, und darum haben wir es mit einem *boudin blanc* zu tun, also mit einem Vorläufer der Leberwurst.

Die alte englische Küche übergeht die zum Pudding gewordenen Boudins vollständig. So enthält die berühmte *Forme of Curry,* die vom Küchenmeister Richards II. im Jahre 1390 niedergeschrieben wurde, und deren einhundertsechsundneunzig interessante Kochanweisungen ich durchging, kein einziges Puddingrezept. Vermutlich wurde dieses Gericht erst im Laufe des 15. Jahrhunderts übernommen, möglicherweise sogar aus der bäuerlichen Küche Irlands, die einen *putagan* kennt. Im 16. Jahrhundert findet man denn auch die Puddings als Bauernkost aufgeführt. Allerdings scheinen sie sich nun schnell und erfolgreich eingebürgert zu haben, denn um die Mitte des 17. Jahrhunderts gab es in London schon eine Pudding-Straße. Der *Plumpudding* – erst gegen Ende des letzten Jahrhunderts tauchte die Bezeichnung *Christmas-Pudding* auf – entwickelte sich nach und nach aus dem *Marrow-Pudding,* einem heute noch bekannten Rezept, in welchem Ochsenmark verwendet wird. Allerdings ist die Wandlung des Rezeptes vom Altertum zur Neuzeit nicht gerade neu, denn schon Pollux, der Lehrer des Commodus, und Aristophanes von Byzanz erwähnen ein ähnliches süßes Gericht. Damals wurde das Gemisch von Mehl, Fett, Milch, Eiern, Käse, Hirn und Honig in Feigenblätter eingewickelt und gekocht. Wenn wir auch dem Spötter nicht recht geben können, der schrieb: «Die Engländer haben über fünfzig Religionen und kennen nur eine Sauce», so müssen wir doch zugeben, daß die englische Küche mit ihren Puddings zu wohlfeilen Lorbeeren kam. Zu Beginn des letzten Jahrhunderts führte ein gutes Kochbuch bereits an die hundert verschiedene Zubereitungsarten auf, und am Ende des gleichen Jahrhunderts gab es sogar schon eine Pudding-Monographie mit genau tausend Rezepten. Unter dem Namen *Poding* stoße ich erstmals 1701 auf ein deutsches Rezept, aber es blieb lange das einzige. Den Ruhm, die Popularität der englischen Puddings auf dem Kontinent verbreitet zu haben, dürfen nicht die Köche, sondern zwei Schriftsteller für sich in Anspruch nehmen, nämlich Fielding (1707–1754) und Smollet (1721–1771). Die anschaulichen Schilderungen des zeitgenössischen englischen Lebens scheinen den kontinentalen Lesern das Wasser im Munde zusammengezogen zu haben, denn sie wurden begeisterte Verehrer der warmen oder kalt aufgetragenen Speise. Heute stellen wir außer dem flammenden *Christmas-Pudding* fast nur noch kalte Variationen auf unseren Tisch, und damit ging wieder einmal ein Stückchen Küchenromantik verloren. Im folgenden wollen wir einen Streifzug durch die Rezeptologie des begehrten Gerichts unternehmen.

Christmas-Pudding *(Rezept aus dem Jahre 1865): Man hackt ein Pfund Rindsfett, ein Pfund entkernte Rosinen, ein Pfund Korinthen fein und vermischt es gut. Dann gibt man das Weiche eines Englischbrotes (Kastenbrot), welches man zuvor gut in Milch getränkt hat, hinzu, fügt außerdem noch einen gehäuften Eßlöffel Zucker* und zwei gutgeschlagene Eier bei. Nun würzt man mit geriebener Muskatnuß, einem Teelöffel gemahlenen Zimt, einem Teelöffel Würzgemisch und verfeinert mit zwei Gläschen Zitronensaft. Wenn all dies gut gemischt ist, kocht man die Masse vier Stunden lang in einem Tuch eingebunden oder aber in einer Puddingform. Man stürzt und serviert.

Zu diesem Pudding serviert man meistens eine *Brandy-Butter*, also eine *Cognac-Butter*, die man wie folgt zubereitet:

Man rührt ein Viertelpfund Butter mit Puderzucker recht schaumig und fügt nach und nach ein Gläschen Cognac bei. (Zucker nach eigenem Belieben.)

Das Rezept, nach welchem zu Beginn unserers Jahrhunderts in den englischen Luxushotels *Plumpudding* hergestellt wurde, lautet:

500 Gramm Rindsnierenfett, 250 Gramm Mehl, 250 Gramm Brotbrösel, 200 Gramm Malagatrauben, 200 Gramm Sultaninen, 200 Gramm Korinthen, 150 Gramm Puderzucker, 150 Gramm Zitronat, 100 Gramm kandierte Orange, 10 Gramm Salz, 15 Gramm Mischgewürze (Zimt, Nelken, Muskat und Ingwer, alles fein gemahlen), 2 Deziliter Milch, 4 frische Eier, 1 Deziliter Rum sowie die gehackte Rinde einer ganzen Zitrone.

Die innige Vermischung des Ganzen geschieht auf bekannte Art. Später wird es in eine gut gebutterte Serviette eingewickelt, gut verschnürt und dann in kochendes Wasser gelegt, wobei zu beachten ist, daß dieses Wasser ständig, das heißt ungefähr fünf Stunden, wirklich kochen muß. Den fertigen Pudding dressiert man auf eine entsprechend große Platte und übergießt ihn kurz vor dem Servieren mit einem Deziliter angewärmten Arrak, welchen man sofort anzündet. Brennend wird er dann aufgetragen. Als Beigabe eignet sich die oben erwähnte Brandy-Butter *oder eine dem kontinentalen Magen zuträglichere* Sabayon au Rhum.

In England ist und bleibt der Plumpudding eine äußerst beliebte Familienküchenspezialität. Keine englische Hausfrau läßt es sich nehmen, nach ihrem eigenen Rezept einen Berg voll dieser Puddings herzustellen. Kunterbunt werden oft Früchte und Gewürze zugesetzt, und nicht selten gibt auch der Vater noch seinen Segen in Form von alkoholischen Zusätzen zu der Masse. Dieser Puddingberg wird nun nicht sofort verzehrt, sondern er wird als säuberlich verpackter Vorrat an einem trocken-kühlen Ort aufgehängt. Für jedes Familienmitglied wird wenigstens ein Stück aufbewahrt, das dann mit einem gewissen Zeremoniell am Geburtstag des Betreffenden aufgetragen wird. Der Kenner behauptet übrigens, daß ein Plumpudding mehrere Monate alt sein müsse, um zu einem Genuß zu werden. Wehmutsvoll gedenken wir des leckeren Christmas-Puddings, der seine zwölf Monate auf dem runzligen Buckel hatte, und den uns vor langer Zeit eine charmante Landsmännin lichterloh flammend auf den Tisch der guten Stube stellte. Es knisterte im Fire-place, und vor uns züngelten die geisterhaft-blauen Flammen. Durch die Flammen aber blickte ich in die hellen Augen des Töchterleins Lulu und verbrannte mir dabei Herz und Finger. Gott, war das herrlich! Das war bestimmt der süßeste Christmas-Pudding, den ich je kostete.

MERKWÜRDIGE LECKERBISSEN

Abwechslung macht das Leben süß, ist ein leichthin gebrauchtes Sprichwort, dessen Sinn aber dem ureigensten Instinkt des Menschen entspringt, nämlich dem Verlangen nach Neuem. Diesem ewigen Forschen nach Anderem, Unbekanntem, ist schließlich die Entwicklung der Menschheit zu verdanken. Daß man auch auf dem Gebiete der Ernährung überall und immer wieder nach neuen Gaumenkitzeleien Ausschau hält, ist nichts Neues und in diesem Buche wohl genügend belegt, und daß nicht alles Forschen schnurstracks zur Kochkunst führt, darf als ebenso bekannt vorausgesetzt werden. Denken wir nur an die futuristische Küche mit ihren blaugefärbten Spaghetti und andern Absurditäten. Wer Muße hat, sich in die Kochkunstliteratur der Völker zu vertiefen, wird mit Schmunzeln feststellen können, daß alles, was auf dieser krummen Erde «fleucht und kreucht», irgendwo als Leckerbissen geschätzt wird. Geht man der Sache auf den Grund, so wird man ebenso erstaunt, aber vielleicht weniger schmunzelnd herausfinden, daß die absonderlichsten Speisen aus rein ernährungshygienischen Gründen gegessen werden und ganz selten etwas mit Schlemmerei oder gar Liebhaberei zu tun haben. Von diesem Gesichtspunkt aus betrachtet, wird uns sogar die stark überwürzte Kocherei der Antike und des Mittelalters verständlich, denn die so überaus reichlich verwendeten Gewürze hatten in erster Linie eine antiseptische Wirkung auszuüben und waren außerdem noch als Verdauungsbeihilfe gedacht. Was wir heute an Gewürzen einsparen, ersetzen wir prompt durch Rauchwaren, Apéritifs, Spirituosen (Kaffee-Kirsch) und durch allerlei der Chemie entsprungene Pillen und Pülverlein.

Wenn wir sehen, daß die Eskimos rohe Walroßleber essen, so soll das bei uns keine Gänsehaut hervorrufen, sondern uns als Beweis gelten, daß der Körper nach allen Aufbaustoffen verlangt, deren er bedarf, ganz gleich, wo dieser Körper lebt, und ob dessen «Besitzer» nun einmal etwas von Vitaminen gehört hat oder nicht.

Die Chinesen verschmausen Haifischflossen, Regenwürmer und Schwalbennester, verabscheuen dafür aber unseren Käse, den wir bekanntlich dann am liebsten haben, wenn er «läuft». Die japanische Speisekarte strotzt nur so von Absonderlichkeiten, und in Tokio gibt es mehr Spezialitätenrestaurants als irgendwo anders. Bären-, Fuchs-, Eber- und Affenfleisch finden wir noch einigermaßen in Ordnung, hingegen stimmt uns geröstete Krähe oder giftiger Kugelfisch schon gar nicht verlangend, und das als große Delikatesse ausgeschenkte Blut von Schlangen kann uns sogar Entsetzen einflößen. Aber sachte, sachte! Das gleiche Entsetzen packt den Japaner, wenn er sieht, wie wir mit dem größten Behagen Schnecken verspeisen. Auch unsere Blutwurst scheint mir, genau betrachtet, ein merkwürdiger Leckerbissen zu sein. Der besagte giftige Kugelfisch kann übrigens nur von besonders gewandten Köchen zubereitet werden, die sogar im Besitze einer polizeilichen Erlaubnis sein müssen. Die giftigen Teile wie Eierstock, Blut und eine zwischen dem Fleisch und der Haut sich befindende Substanz, müssen mit aller Sorgfalt entfernt werden. Gegessen wird der Fisch meist in gekochter Form; aber auch eingemacht, mit Meerrettich als Beigabe, soll er vorzüglich munden. Auch aus Walfisch bereiten die Japaner ein ausgezeichnetes Gericht, und zwar handelt es sich um die Haut des Meerungeheuers, die, in kleine Scheiben geschnitten und recht gut gewässert, zu einer köstlichen Delikatesse verarbeitet wird. Die Zeit der *austerity* hat sogar die Engländer mit Walfischfleisch bekanntgemacht, und wenn sie so gut kochen könnten wie die Franzosen (meine Bescheidenheit verbietet mir zu schreiben «wie wir»), so hätten sie, anstatt die Regierung für diese kulinarische Novität zu verwünschen, eine insulare Spezialität daraus gemacht. Wem solche Bissen komisch vorkommen, der sei daran erinnert, daß man in Marokko Heuschrecken ißt und bei uns Froschschenkel, die aber auch wieder nicht schlechter sind als die in Australien beliebten Schmetterlinge. Unsere Vorfahren ergötzten sich an Eidechsen, Bibern und Fischottern, und die alten Engländer hatten eine geradezu kindische Vorliebe für Schwäne. Dürfen wir es da den Arabern verargen, wenn sie das Fleisch des Kamels als das Herrlichste rühmen, das einen Gaumen erfreuen kann? Kamelfleisch macht stark, mutig und gescheit; frische Kamelmilch ist ein fabelhaftes Abführmittel, kalte Kamelmilch ein entsprechendes Gegenmittel. Die Römer liebten eine Art Feldmäuse, die in Kastanienwäldern lebten; sie züchteten diese sogar und mästeten sie in speziellen Behältern *(glinarium)*; am vortrefflichsten sollen sie jedoch frischgeboren, also lebend, gewesen sein. Man packte sie am Schwänzchen, tunkte sie in eine herrliche Sauce, bei welcher Honig die Hauptkomponente war, hielt sie hoch und ließ sie dann im weitgeöffneten Munde verschwinden. Scheußlich, und doch nicht schlimmer als die von napolitanischen Kindern mit Entzücken lebend verspeisten *frutti del mare.*

Die Extravaganzen der römischen Kaiser haben wir bereits beleuchtet; sie entsprangen einer entarteten Schlemmerei und gehören demnach nicht hierher. Das Fleisch des Esels lobten die alten Griechen in alle Himmel, und die Lappländer mischen ihrem Essen Baumrinde bei, wofür andere Völker sich wieder an Tonerde ergötzen. Daß im ersten und zweiten Weltkrieg dem Brot in einigen Ländern Sägemehl beigemischt wurde – wenn auch nicht offiziell – das piffen die Spatzen von den Dächern; im Gegensatz hierzu brach in der Schweiz beinahe eine Revolution aus, als man dem Brotteig...Kartoffelmehl beimengte.

Indische Kulis haben eine besondere Vorliebe für die Mettadratte, und afrikanische Eingeborene delektieren sich am Abok, einer anderen Rattenart. Wen da ein Gruseln überkommt, der blättere in der *Cuisinière assiégée ou l'art de vivre en temps de siège,* die 1871 in Paris das Licht der Welt erblickte. Auf Seite dreizehn wird ihm die Katze als Leckerbissen empfohlen, auf Seite zwanzig der Hund, auf Seite siebenundzwanzig kommt endlich die Ratte an die Reihe. Vorsichtigerweise wird dem Leser empfohlen, den gefährlichen Trichinenträger mehrere Tage zu marinieren, ehe man ihn auf den Tisch bringt. Mit dieser Rattenspeise hatte ich ein köstliches Erlebnis. Eines Tages wurde ich für eine amerikanische Zeitung interviewt. Der Interviewer, einer der bekanntesten Auslandsjournalisten, berichtete auch etwas über das merkwürdige Kochbuch und sein Rattenrezept. Er hob hervor, daß ich das Rezept wohl besitze, jedoch nicht verwende. Wenige Tage nachdem unser Zwiegespräch in der amerikanischen Zeitung erschienen war, schickte man mir eine holländische Zeitung zu,

in welcher die Geschichte ebenfalls stand; hier las ich nun mit entsetzten Augen, daß eines meiner Lieblingsgerichte «Rattenragout» sei. Nun folgte Schlag auf Schlag! Der Berliner *Telegraf* schrieb an der ominösen Stelle wörtlich: «Schraemli hat sich vor allem durch sein Rezept für gebratene Ratten einen Namen gemacht.» Ein belgisches Journal feierte mich als Nachkomme des genialen Koches, der, nach der Kapitulation von Paris, dem Kanzler Bismarck die *Filets de rat aux champignons* unter dem Namen *Délices de Sole à la Cambarcérés* auftragen ließ. Eine ägyptische Zeitung schaltete sich ein, und eine spanische Gazette glaubte mir Verbesserungsvorschläge unterbreiten zu können: Sie schlug die Zugabe von *Sherry* vor. Aus Deutschland bekam ich geradezu kiloweise Briefe. Fast alle enthielten eine Bitte, angefangen vom bescheidenen Wunsche des Briefmarkentauschens – den ich prompt erfüllte – bis zum dringenden Gesuch um sofortige Adoption, dem ich allerdings nicht nachkam, denn das «Kind» war vier Jahre älter als ich, und meine Frau war trotzdem dagegen. Obschon heute einige Jahre seit dieser Episode vergangen sind, geistert die Rattengeschichte immer noch im europäischen Blätterwalde herum, und erst kürzlich brachte eine napolitanische Zeitung meine «Lebensgeschichte» in der gleichen Woche sogar zweimal; wie man sieht: Tote Ratten können also Geschichte machen.

Wer nun jemals in die Verlegenheit kommen sollte, wirklich Ratten essen zu müssen, der merke sich folgendes: Die Ratten werden getötet und abgezogen wie Hasen. Das Fleisch wird zugeschnitten, wobei alle Innereien weggeworfen werden. Die reinen Fleischstücke werden in rotem Burgunder unter der Beigabe von Pfefferkörnern, Lorbeerblatt und geschnittenen Karotten einige Tage mariniert. Nachher werden sie in frischem Burgunderwein (die Marinade wird nicht verwendet) unter den üblichen Beigaben gedünstet und, mit in Butter zubereiteten Pilzen überdeckt, serviert. Als Beigabe eignen sich Salzkartoffeln, die jedenfalls dann das einzige sein werden, was noch erhältlich ist. Sollten aber wider Erwarten noch irgendwo Teigwaren aufzutreiben sein... so werfe man die fertigen Rattenfilets zum Fenster hinaus.

Ganz und gar untafelmäßig, selbst für den vernarrtesten Schlemmer, ist Menschenfleisch, und doch gibt es Bücher, die sich mit diesem Problem eingehend auseinandersetzen. Unter den Kannibalen scheinen da ganz besondere, feinschmeckerische Vorurteile zu herrschen; so behaupten die Kenner, daß das Fleisch der Europäer fade sei, das der gelben Rasse aber ranzig schmecke; lediglich Negerfleisch habe den geschätzten «Hautgoût», was ja wohl stimmen mag. Über die Zubereitungsarten wird heftig gestritten: Die großen Gourmands wünschen, daß es in Stücken, die nicht größer als eine Hammelkeule sein dürfen, mindestens zwölf Stunden am Spieß geröstet werde, was natürlich bei sehr kleinem Feuer zu geschehen habe. Sobald das Fleisch knusprig sei, solle man würzen. Von Zeit zu

Zeit sei es mit frischem Palmenöl zu übergießen. Als Beigabe eigne sich am besten ein nicht zu scharfer *Pilaw*.

Das beste Stück am Mensch soll nicht etwa das Herz sein – wie von uns Kulturmenschen fälschlicherweise angenommen wird – sondern die Handballen, in zweiter Linie der Allerwerteste und in dritter die «Rippli». Doch genug von dieser «Gastronomie der Wilden». Wenn kannibalische Feinschmecker behaupten, Menschenfleisch schmecke wie unreife Bananen und habe eine leichte Tendenz zur Fadigkeit, so wundere ich mich darüber nicht, denn nur fade Menschen lassen sich selber auffressen, die mutigen hauen vorher zu oder ab.

Vielleicht neigt man zur Ansicht, daß unsere Zeit keine ausgefallenen Leckerbissen mehr auf die Tafel kommen läßt. Falsch! Ich habe Kenntnis von einem Menu, das sich wie folgt zusammensetzte: *Omelette mit frischen Veilchen als Füllung, Seehecht in Eukalyptos-Sauce, Roastbeef mit Schnupftabak überstreut, junge Erbsen in Chartreuse-Likör, Salat mit Eau de Cologne angemacht, Fruchtkuchen mit Aprikosen und Senf* und zum Schluß: *Kaffee mit Tomatensauce.*

Wegen dieser Speisenfolge soll niemand auf dem Kopf stehen. In Polen ißt man einen Weichkäse, der ebenfalls mit Tabak bestreut wird, und ob man nun Schnaps oder Tomatensauce in den Kaffee gießt, zum Teufel ist er in beiden Fällen.

Die in unseren Restaurants oft spaßhaft bestellten Elefantenkoteletten sind ebenso oft in der Nähe von zoologischen Gärten gegessen worden, wie etwa Bärenbraten in Bern. Es mag interessieren zu hören, daß unsere Kochbücher bis Ende des letzten Jahrhunderts Rezepte zur Verwendung des Bärenfleisches brachten. Einzig mit dem Vogel Strauß scheinen die Köche nicht fertig geworden zu sein, scheint sein Fleisch doch zäher als Leder zu sein. Dem Känguruh hingegen wird wieder viel Gutes nachgerühmt. Eine Känguruhschwanz-Suppe ist besser als jede *Oxtail*, und ein gespickter Känguruhrücken ist ein geradezu fürstliches Essen.

Daß Pilze nicht jedermann in kulinarische Begeisterung versetzen, weiß man aus eigener Erfahrung, daß man aber in Sibirien den giftigen Fliegenpilz als Delikatesse schätzt, ihn dazu noch von Frauen ausgiebig vorkauen läßt, kommt uns doch etwas seltsam vor.

Noch manchem ähnlichen problematischen «Happen» wäre nachzuspüren, doch lassen wir es mit der Feststellung bewenden, daß wirklich schon alles, von der abgelaufenen Schuhsohle bis zum Elefant am Spieß, von gewandten Küchenmeistern zubereitet und von «Kennern» verspeist wurde.

Fürstlichkeiten beim Schmaus (Aus: «Banchetti» von Messisbugo, Ferrara 1549)

DAS GASTMAHL
DES TRIMALCHIO

Im Grunde genommen macht nicht die Beschreibung des Gastmahls, das der reichgewordene Protz Trimalchio seinen Freunden gab, das *Satiricon* zur prickelnden Lektüre, sondern die recht schlüpfrige Erzählung des «Drum und Dran». Sein Verfasser, Petronius, von dessen Leben wir nur wenig wissen, war der Gigolo am Hofe Neros, ein grundgescheiter Tunichgut. Tacitus illustriert ihn wie folgt:

Er war ein Mann, der den Tag mit Schlafen, die Nacht mit Visitenmachen und Vergnügen hinzubringen pflegte. Wie anderen ihre Tätigkeit, so hatte ihm sein Nichtstun einen Namen gemacht. Dabei galt er aber nicht, wie so viele, die ihr Vermögen durchbringen, für einen gemeinen Schlemmer und Verschwender, sondern für einen Meister in raffiniertem Wohlleben, und seine Worte und Taten fanden um so mehr Beifall, je mehr sie das Gepräge einer gewissen unbekümmerten Lässigkeit trugen, weil man sie für Äußerungen einer arglosen Naivität hielt. Als Prokonsul von Bithynien und später Konsul erwies er sich jedoch als tätiger und seinen Aufgaben gewachsener Mann. Darauf wandte er sich, sei es tatsächlich oder scheinbar, seinem liederlichen Leben zu und wurde von Nero in den kleinen Kreis seiner nächsten Vertrauten gezogen, wo er die Rolle als tonangebender Meister seines modischen Lebensgenusses spielte, indem Nero nichts als geschmackvoll und genußreich anerkannte, was Petronius nicht dafür erklärt hatte. Dadurch erregte er den Neid des Tigellinus, der in ihm einen Konkurrenten von überlegener Genußwissenschaft sah. Er faßte also den Kaiser bei seiner Grausamkeit, der all seine sonstigen Neigungen nachstehen mußten, warf dem Petronius vor, daß er mit Scaevinus (einem der Mitverschworenen Pisos und dessen intimsten Freunde) befreundet gewesen sei, bestach einen Sklaven, den Angeber zu machen, schnitt ihm zugleich die Gelegenheit zur Verteidigung ab und ließ den größeren Teil seiner Hausssklaven verhaften. Petronius selbst wurde unter Arrest gestellt. Nicht lange ertrug er das Schwanken zwischen Furcht und Hoffnung. Doch beeilte er sich nicht besonders, sein Leben von sich zu werfen, sondern ließ seine geöffneten Adern nach Laune bald wieder verbinden, bald wieder öffnen und unterhielt sich mit seinen

Freunden, aber keineswegs über ernste Dinge oder in der Absicht, sich in den Ruf der Seelengröße zu bringen. Daneben erfreute er von seiner Dienerschaft die einen mit reichen Geschenken, während er die anderen peitschen ließ, hielt regelmäßig Tafel, legte sich schlafen, kurz, tat alles, um seinen obwohl erzwungenen Tod als zufällig erscheinen zu lassen. Er setzte eine ausführliche Schrift auf über die sinnlichen Ausschweifungen des Kaisers mit namentlicher Angabe der Lastergenossen beiderlei Geschlechtes und unter Beschreibung jedes Unzuchtaktes. Diese Schrift schickte er Nero versiegelt zu.

Der ältere Plinius weiß noch hinzuzufügen, daß Petronius bei seinem Tode ein kostbares murrinisches Trinkgefäß, das er für dreihunderttausend Sesterzien (etwa siebzigtausend Franken) gekauft hatte, zerschlug, um es nicht in die Hände des darauf begierigen Nero fallen zu lassen.

Nun, wer sich für das erwähnte «Drum und Dran» interessiert, der nehme sich die *Satiren* selbst vor; da sie in vielen Sprachen übersetzt wurden – fast wie unser glorreicher *Apicius* – dürften keinerlei philologische Schwierigkeiten entstehen.

Petronius kleidete seine *Satiricon* in eine Erzählung, in der ein junger Freigelassener namens Encolpius die Rolle des Erzählers übernimmt. Dieser Encolpius und sein Freund sind in das Haus des reichen Trimalchio eingeladen. Trimalchio hatte sich aus dem Sklavenstand durch Glücksfälle und Gaunereien zu größtem Wohlstand emporgeschwungen und nahm jede Gelegenheit wahr, mit seinen Reichtümern groß zu tun. Und nun einige Szenen des berühmten Gastmahls:

Nachdem auf ein Musikzeichen die Tische gesäubert waren, wurden drei weiße Schweine in den Speisesaal geführt, die mit Halftern und Schellen geziert waren. Der Führer stellte das eine als zweijährig, das zweite als dreijährig, das dritte aber als schon sechsjährig vor. Ich meinte es kämen Jongleure mit Schweinen, um, wie es in den Zirkussen Brauch ist, einige Kunststücke vorzuführen. Aber Trimalchio machte meinen Vermutungen ein Ende und fragte: «Welches wünscht ihr sogleich zum Mahle hergerichtet? Bauern machen ein Hahnragout und derlei Schlächtereien; meine Köche pflegen selbst Kälber im Kessel zu braten.» (Womit er andeuten wollte, daß er über solch große Kessel verfüge.) Und sogleich ließ er einen Koch rufen und befahl, ohne auf unsere Entscheidung zu warten, das größte Schwein zu schlachten...

Er hatte noch nicht alles herausgepoltert, als die Anrichte mit dem Riesenschwein den Tisch einnahm. Wir brachen in Staunen aus über die Schnelligkeit und schworen, selbst ein Hahn hätte so schnell nicht gebraten werden können, zumal uns das Schwein viel größer schien, als vorher das Wildschein gewesen war. Dann sah es Trimalchio immer mehr an und sagte: «Wie? wie? Das Schwein da ist nicht ausgeweidet? Wahrhaftig, es ist es nicht! Ruf den Koch herein, ruf ihn!» Als der Koch traurig bei

Tische stand und sagte, er hätte es vergessen, das Schwein auszuweiden, schrie Trimalchio: «Was? vergessen? Als wenn er keinen Pfeffer und Kümmel beigegeben hätte! Runter mit den Kleidern!» Ohne Verzug wird er entkleidet und steht nun jammervoll zwischen zwei Marterknechten. Alle fingen an für ihn zu bitten und sagten: «So was kann vorkommen; bitte, gib ihn frei! Wenn er's noch einmal tut, dann wird sich keiner von uns für ihn verwenden.» Ich konnte mich vor grausamer Wut nicht beherrschen, wandte mich zum Ohr des Agamemnon hin und sagte: «Es muß wahrhaftig ein ganz nichtsnutziger Sklave sein. Wie kann einer vergessen, ein Schwein auszuweiden? Ich würde ihm bei Gott nicht verzeihen, wenn er es bei einem Fisch verfehlt hätte.» Nicht so Trimalchio. Der nahm wieder heitere Miene an und sagte: «Weil du also ein so schlechtes Gedächnis hast, so nimm das Schwein vor unseren Augen aus!» Der Koch nahm seine Tunika wieder auf und schnitt den Leib des Schweines hier und dort mit vorsichtiger Hand auf. Und sogleich kollerten aus den Schnittwunden, die sich durch den Druck erweiterten, Bratwürste und Karbonaden heraus.

Das Hausgesinde applaudierte unaufgefordert und rief wie aus einem Munde: «Hoch Gaius!» Der Koch wurde mit einem Trunke und mit einem silbernen Kranze beehrt, erhielt auch auf einer Schüssel einen Becher von korinthischem Erz gereicht...

Plötzlich wurde es an der Zimmerdecke laut und der ganze Raum erdröhnte. Bestürzt sprang ich auf; ich fürchtete daß irgend ein Jongleur von der Decke herunterkommen würde. Nicht weniger erstaunten die anderen Gäste und reckten die Hälse voller Erwartung, welch neue Kunde vom Himmel kommen werde. Aber siehe da, plötzlich schob sich die Täfelung der Decke auseinander und ein gewaltiger Reif, offenbar von einer Tonne, senkte sich herab, an dessen Rand goldne Kränze mit Flaschen voll wohlriechender Essenzen hingen. Während wir aufgefordert wurden, diese als Geschenke entgegenzunehmen, blickte ich wieder auf den Tisch. Da war schon ein Speisebrett mit mancherlei Kuchen aufgetragen worden. Die Mitte nahm ein vom Konditor gefertigter Priap ein, der, wie das üblich ist, in seinem reichlich weiten Schurz verschiedene Arten von Früchten und Weintrauben emporhielt. (Priapus war einer der zahlreichen Götter der Fruchtbarkeit, der zu allerlei Zweideutigkeiten herhalten mußte.)

Wir griffen allzu eifrig nach dem Priapus, merkten aber enttäuscht, daß die Früchte Attrappen waren. Jedoch stellte da eine neue Überraschung die Heiterkeit wieder her; denn alle Kuchen und alle Früchte spritzten schon beim leisesten Druck Safran aus, und die lästige Flüssigkeit spritzte uns bis ins Gesicht...

Nach einer Pause befahl Trimalchio, den Nachtisch aufzutragen. Die Sklaven räumten alle Tische fort, brachten andere und streuten mit Rötel und Safran gefärbte Sägespäne, außerdem – was ich vorher noch nie gesehen hatte – zerriebenes Frauenglas (Gips) auf den Boden. Man brachte dann Krammetsvögel aus Weizenmehl mit einer Füllung von Rosinen und Nüssen. Dann folgten Quitten mit Stacheln, so daß sie wie Igel aussahen. Das konnte man sich noch gefallen lassen, aber ein ungeheuerlicherer Gang bewirkte, daß wir lieber hätten sterben mögen. Denn als uns eine gemästete Gans, wie wir meinen mußten, garniert mit Fischen und allerlei Vögeln, aufgetragen wurde, sagte Trimalchio: «Freunde, alles was hier aufgetragen wird, ist aus einer Masse gemacht: so wahr ich zu wachsen hoffe – an Vermögen, nicht am Leib! – so hat mein Koch dies alles aus einem Schwein gemacht. Unglaublich, was für ein kostbarer Mensch er ist! Auf Wunsch macht er aus Schweinshoden einen Fisch, aus Pökelfleisch eine Turteltaube und aus dem Hüftenstück eine Henne.»

So also ging es bei der *Cena Trimalchionis* zu. Im Jahre 1702 wurde – während des Karnevals – das ganze Gastmahl als Theaterstück am Hofe in Hannover aufgeführt. Die Königin Charlotte von Preußen nahm daran teil und veranlaßte Leibniz, für die Fürstin Luise von Hohenzollern-Hechingen eine Beschreibung der Aufführung zu liefern. Das Fest war von einer solchen Ausgelassenheit, daß der König seiner Gemahlin Charlotte und den übrigen Teilnehmern ein Jahr lang grollte. Das erinnert uns daran, daß die Kaiserin Josephine, die erste Gemahlin des großen Napoleons, einst das Gastmahl des Heliogabalus imitierte und hierzu sämtliche exotischen Vögel der Hauptstadt abschlachten ließ; da sich darunter auch der Lieblingspapagei des Korsen befand, gab es Krach in dieser Liebesehe.

Bankette haben es in sich. Ein verstorbener Freund erzählte mir, daß er einst zu einem Hasenpfeffer eingeladen worden sei, der herrlich von Geschmack gewesen sei und Veranlassung gab, dem Weine reichlich zuzusprechen. In vorgerückter Stunde habe sich der Gastgeber dann bereit erklärt, den Eingeladenen noch das Fell dieses zarten Hasen zu zeigen. Leise schwankend stiegen sie in den Keller; dort sah mein Freund zu seinem Entsetzen das aufgespannte Fell seiner eigenen Katze hängen! Fortan verzichtete er auf jedes pfefferartige Gericht.

Das *Symposion* des Plato ist nicht weniger berühmt als jenes des Trimalchio, – das übrigens nur eine Fiktion gewesen ist – da aber bei Plato das Kulinarische gar keine Rolle spielt, lasse ich ihn aus dem Spiele. (In meiner Sammlung ist Platos «Bankett» natürlich trotzdem vertreten, und zwar mit einem Exemplar der von Hans Erni illustrierten Ausgabe (Zürich 1941), der noch einige «dessins refusés» beigegeben sind.)

Große Bankette sind seit der römischen Kaiserzeit nicht etwa seltener geworden, sondern sie sind heute eine Selbstverständlichkeit. Im Zeitalter der Massen wird in Massen gereist und in Massen gespeist.

Im Jahre 1905 fand in Paris ein von der Zeitung *Le Matin* organisiertes Bankett statt, an welchem rund fünfzigtausend Gäste teilnahmen. Der

pagina 85.

Ein römisches Gastmahl

Preis des Gedecks war drei Franken fünfzig, wofür man folgendes erhielt:

Hors d'œuvre *(Verschiedenes)*
Entrées *(Schinken, Würste und so weiter)*
Rôtis *(Hammelkeulen und Hähnchen,*
  dazu verschiedene Gemüse)
Desserts *(Drei verschiedene Käse,*
  Gebäck und Früchte)
Café et Liqueurs
Vins *(Weißer Burgunder, roter*
  Bordeaux und Champagner)

Als Gegenstück zu diesem so billigen Festmahl erinnern wir an jene Schmausereien, die pro Kopf der Teilnehmer auf einige tausend Franken kamen, und von denen eines von Ludwig Bemelmans in seinem *Hotel Splendid* geschildert wird. (Die Schilderung beruht auf Tatsachen.)

Aus den blutigen Schauspielen der Gladiatoren Roms sind heute Vorträge eines Trachtenchores geworden; aus dem unausgeweideten Schwein des Trimalchio aber wurde ein dünner Schübling. Anstelle der goldnen Pokale, die einst die Kaiser beim Abschied ihren Gästen in die Hände drückten, drückt man uns heute am Schluß des Festes eine Garderobenmarke in die Hand.

KLEINE UND GROSSE VERRÜCKTHEITEN

Recht langweilig wäre unser Leben, wenn wir nicht hie und da einmal – natürlich nur ein klein wenig – verrückt sein dürften. Mit einer entzückenden Verrücktheit leicht angeschlagen, liebt der Mann die Frau, die Frau den Mann. Allerdings soll diese kleine Verrücktheit sich nicht einnisten; wird sie zu einer täglichen Marotte, wirkt sie banal.

Wenn Sie, verehrter Leser, dafür bekannt sein sollten, daß Sie an Ihrem Stammtisch immer nur Mineralwasser trinken, so werden Sie bestimmt zur Sensation des Abends, wenn Sie einmal – so ganz aus heiterem Himmel – anstatt Mineralwasser einen *Nikolaschka-Pillenkallen* verlangen. (Erich Maria Remarque läßt einen Helden ständig *Calvados* trinken: Nach der dritten Flasche wird die Sache aber schon fade.) Machen Sie die Probe aufs Exempel. Es ist klar, daß kein Mensch weiß, was ein *Nikolaschka-Pillenkallen* ist. Bestimmt ist es etwas ganz Verrücktes. Ihnen sei das Geheimnis anvertraut:

Man gießt in ein Cognacgläschen einen sehr guten alten Cognac. Auf das Gläschen legt man eine nicht zu dünne Scheibe Salami. Auf diese häuft man einen Kaffeelöffel französischen Senf. Schluß! Aus!

Wie man das trinkt? Sehr unkompliziert. Man nimmt die Scheibe Salami, steckt sie in den Mund, beißt einige Male hinein, gießt den Cognac nach, schließt die Augen und schluckt das Ganze langsam – die Augen ja nicht öffnen – hinunter.

Beim nächsten Stammtisch verlangen Sie einen *Prairie-Oyster*. Das ist eine Spezialität, die der Engländer «in the morning after the night before» besonders zu schätzen weiß. Wenn Sie Austern nicht gerne haben, müssen Sie es unbedingt bestellen, denn es befindet sich nicht ein Molekül dieser neckischen Perlenproduzentin in dem ungemischten Gemisch.

In ein kleineres Weinglas – oder in ein Cocktailglas, so man hat – gibt man einen guten Eßlöffel Worcestersauce und kippt dann ein frischgelegtes Eigelb nach. Letzteres bestreut man liebevoll mit Salz und Paprika. Dieses getan, gießt man

Sui ipsius cõplacentia.
Pulmentum fatuis prẹsens mea decoquit olla:
Adsit stultoꝝ sordida turba precor:
Adsit qui speculo vultum / faciemꝗ frequenter
Inspicit: & semper cui sua facta placent.

Sapie ꝑ
ꝓie confi
dere

Ne innitaris pru=
dẽtię tuę. Astut⁹
oia agit cũ cõsilio
qui aũt fatuus ẽ
aperit stulticiam
Cũ sua cuiꝗ pla=
cent facta atꝗ ne
gotia soli. Hinc
stultis tota est ter
ra repleta viris.

Hic bene pulmentũ posita cõtundit in olla: puer.iii
Atꝗ coquit fatuis sua pulmentaria crassis: c.ne imitaris
Qui se prudentem fors estimat / atꝗ decorum: de consti.
Cui sua sola placent: & quẽ vesania ductat: i.iiii.   Ad Ro.viii

Aus: Stultifera navis / Basel 1497

1 Löffelchen Estragonessig nach und deckt das Ganze mit einer hauchdünnen Olivenölschicht zu.

Wer in den Ruf kommen will, ein «ganzer Mann» zu sein, ergreift das Glas und stürzt den Inhalt – aber bitte nicht das Glas! – hinunter. Um den zu erwartenden Tränenstrom nicht sichtbar werden zu lassen, empfiehlt es sich, noch längere Zeit mit geschlossenen Augen sitzen zu bleiben, dabei das Getränk laut lobend. Manchmal fällt noch ein anderer darauf herein.

Alexandre Dumas brachte die Leute mit etwas anderem in Harnisch. Er bestellte einen *Rôti à l'Impératrice*. Sehen Sie, das hört sich nicht anders an wie etwa Schnitzel à la Holstein, und doch! Hier steckt was drin. Überreden Sie einmal Ihre Frau, Ihnen einen solchen Braten vorzusetzen; die Zubereitung ist denkbar einfach:

Man entkernt eine schöne grüne Olive und steckt in die entstandene Öffnung ein zurechtgeschnittenes Sardellenfilet. Hierauf gibt man die Olive in eine ausgenommene Lerche; diese steckt man nun in eine Wachtel, diese wiederum in ein Perlhuhn, welches man dann in einem schönen Fasan unterbringt. Den herrlichen Vogel von Phasis drückt man zärtlich in einen Truthahn und schließt diesen schlußendlich in ein nicht zu großes Spanferkel, dessen Bauch man nun säuberlich verschließt. Das ganze Paketchen wird nun in eine gut gebutterte Bratenpfanne getan und unter beständigem Begießen mit den eigenen Säften bei kleiner Hitze langsam gebraten. Hat man das Gefühl, daß alles schön gar sei, so verfährt man im umgekehrten Sinne, das heißt man nimmt den Truthahn aus dem Ferkel, den Fasan aus dem Truthahn und so fort. Schließlich gelangt man zum kulinarischen Höhepunkt der ganzen Brotzelei, nämlich der Olive, in deren Innerm sich eine Symphonie des Wohlgeschmacks angesammelt hat.

Der raffinierte Schlemmer verzichtet dabei auf alles Getier – Alexandre Dumas empfahl sogar, all dies aus dem Fenster zu werfen – und ergötzt sich an der gefüllten Olive. Diese muß aber unter allen Umständen heiß genossen werden.

Die Herren Alexander haben es an sich. Denken Sie an Alexander den Großen, an Grimod, an Dumas und bei dem folgenden Rezept an Alexander Viard, einen Meisterkoch, den unser Freiherr von Rumohr schon in die heißeste Hölle verdammte. Dieser kochende Alexander machte seine Rezepte derart einfach, daß kein Mensch wagte sie nachzukochen; aber man sprach doch darüber, und so wurde er ein berühmter Mann. Hier eine Kostprobe:

Buntscheckiges Kapphuhn: *Man braucht zu diesem Vorgericht zwei schöne junge Hühner, die viel Brustfleisch haben. Man schneidet die vier Bruststücke und die*

Flügel genau weg, auch die vier Keulen, an welchen man alle Haut läßt; man spickt die Bruststücke mit feinem Speck, schneidet sie schön zu, bedeckt die Flügel mit, daß diese nicht können gesehen werden; in eine Kasserolle legt man Speckschnitten, Kalbfleischschnitten, zwei Zwiebeln in Scheibchen geschnitten, desgleichen gelbe Rübchen, zwei Nägelein, ein Lorbeerblatt, ein wenig Thymian, ein Büschel Petersilie und Schnittlauch, die Bruststücke darüber, mit einem Butterblatte bedeckt, und eine nicht gar große Kelle Gallerte daran. Man entbeint die vier Keulen völlig, und füllt sie mit vier gehackten Trüffeln, die durch Butter gezogen und mit Salz, Pfeffer und Spezereien gewürzt sind; die Keulen vereinigt man wieder mit Nadel und Faden, so daß sie am dicken Ende rund und platt werden. Man schneidet die Krallen nicht gar am Ende der Pfoten ab und steckt sie in die Keulen, so daß nun die Krallen herausschauen. Dann setzt man eine Kasserolle übers Feuer, worin ein Stück Butter, der Saft einer Zitrone und etwas Pfeffer und Salz befindlich ist, man tut die Keulen hinein und läßt sie erstarren; hernach kocht man sie unter einem Deckel und läßt sie wieder erkalten; man spickt zwei darunter durch und durch mit Trüffelriemchen und die zwei anderen ebenso mit rotgesottner Zunge. Man tut sie mit der Brühe, in welcher sie gekocht haben, und die man durchgeseiht hat, in eine Kasserolle. Man nimmt die Fasern von den untern Bruststücken weg und legt sie mit ein paar Körnchen Salz und etwas lauer Butter in eine silberne Schüssel. Drei Viertelstunden vor dem Auftragen setzt man die Bruststücke übers Feuer und einen Deckel voll Glut darüber. (Im Falle, daß die kochende Person jetzt schon in Weißglut ist, genügt es, wenn diese die Hände über die Kasserolle hält.) Die Keulen erhält man warm. Beim Auftragen läßt man die Bruststücke abtropfen und überzieht sie. Die untern Bruststücke wendet man in der Butter. In der Schüssel legt man zwischen jedes Bruststück eine Keule und die untern Bruststückchen in die Mitte. Zur Sauce braucht man eine spanische Jus mit Geflügeljus gekocht.

Daß kein Zeitgenosse dieses Alexanders auf die gute Idee kam, ihn selbst mit einer der getrüffelten Keulen zu erschlagen!

Alexander Viard war ein Mann; Gott sei dank, könnte man sagen. Eine Vertreterin des zarten Geschlechts aber ging hin und übertrumpfte ihn. Nicht mit Keulen und saftigen Brüsten, sondern nur mit Phantasie. Dieses Mädchen schrieb ein *Boudoir-Kochbuch*. Dagegen ist nichts einzuwenden, denn die Liebe geht ja nicht durchs Boudoir, sondern durch den Magen. Vom Boudoir scheint diese Evastochter allerhand verstanden zu haben; aber sie war einseitig in ihrer Kunst – der Kochkunst bitte! Irgend jemand muß ihr ins Ohr geflüstert haben, daß das Geheimnis in einer Sellerieknolle begraben liege. Ausgerechnet Sellerie!

In des Mädchens Boudoir – oh pardon – Kochbuch wollte ich sagen, geht es toll zu. Kostproben zu Diensten? Hier sind sie!

Aphroditische Träume. *In dreiviertel Liter kochenden Rahm legt man eine mittelgroße, geschälte, abgewaschene und in kleine Stückchen zerschnittene Sellerie-*

knolle, nimmt den Rahm vom Feuer und läßt ihn auf einer heißen Herdstelle eine Stunde mit dem Sellerie ziehen, damit Letzterer dem Rahm das Aroma gibt. Dann seiht man den Rahm durch und läßt ihn abkühlen. Nun schlägt man vier Eidotter mit 125 Gramm Zucker schaumig, zieht den Rahm darunter, gibt die Menge in zierliche Becher, die man ins kochende Wasserbad stellt, das die Becher ungefähr bis zur Hälfte bespülen muß. Jetzt legt man einen Deckel darüber, auf dem glühende Holzkohlen sind (eigentlich gehörten die glühenden Kohlen auf das Haupt des Träumenden!), und läßt den Schaum stocken. (Mir stockt der Atem.) Nach dem Erkalten reicht man ihn (gemeint ist wohl der Rahm) in den trockenen, abgeputzten Bechern.

In einem Traumbuch las ich einmal, daß man den Gegenstand, von dem man träumen möchte, unter das Kopfkissen legen müsse. Was träumt man wohl, wenn man «Sellerierahm» darunter tut?

Zerpflückte Nixenkörper. Man schneidet geschälten und gewaschenen rohen Sellerie in kleine Würfel und dämpft ihn in Butter weich. Dann gibt man übriggeblie-benen Fisch beliebiger Sorte, den man völlig entgrätet und auch in kleine Stückchen zerpflückt hat, dazu, träufelt nach Geschmack Zitronensaft darüber, vermengt alles gut, gießt saure Sahne darüber und läßt die Masse auf warmer Herdstelle gut heiß werden. Dann serviert man sie schnell als Zwischengericht.

Wohlan! Ich allerdings habe mir Nixenkörper anders vorgestellt; Böck-lin wohl auch!

Flackernde Begierden. Drei ganze Eier werden mit einer langzinkigen Gabel stark geschlagen, worauf man eine Messerspitze Selleriesalz, einen gehäuften Teelöffel Zucker, ein Stückchen frische Butter und einen Eßlöffel starken Sellerie-Rum hinzufügt, die Omelette in einer Pfanne mit ein wenig Butter bäckt, auf eine heiße Schüssel legt und während des Servierens ein halbes Weinglas Rum um dieselbe gießt und anzündet.

Die große Frage wäre hier, ob die Begierden mit mehr Eiern oder mehr Rum wachsen, und wann der Zeitpunkt gekommen ist, da sie – die Begierden – anfangen zu flackern?

Doch verlassen wir dieses flackernde Dämchen und schauen uns nach einer andern Verrücktheit um. Da lebte im 17. Jahrhundert einmal ein Mann, der allen Büchern der erlaubten Wollust die Krone aufsetzen wollte und ein Monstrum zurechtstutzte, das er *Haus-Feld-Arzney-Koch-Kunst-und Wunderbuch* nannte, und das rund zweitausend Seiten umfaßt. Wer dieses Buch genau studiert, dem bleibt kein menschliches Geheimnis verschlossen: Vom Erziehen der Kinder über den Bau von Mausefallen bis zur Kunst, eine Nonne zum Heiraten zu überreden, ist alles ausführlich beschrieben. Eine genaue Anleitung, wie man anonyme Briefe schreibt – eine Kunst, die auch heute noch Geistesschwache interessiert – ist genau so vorhanden, wie das Rezept zu einem *purgierend Wein und Bier*. Gegen alle Krankheiten sind hier die Heilrezepte angegeben, und man wundert sich nur, daß eine CIBA trotzdem zu Geld kommen konnte.

Wie der Mann mit den Kranken umgeht, interessiert uns hier weniger; eher schon, wie er kocht. Der Kerl scheint mir seine Lehrzeit in des Teufels Küche gemacht zu haben. Hier der Beweis:

Wie man einen Indianischen Hahn zubereitet. *Indianische Hühner sollen / ehe mans abtut / einen halben Tag aushungern / hernach um und um gejagt / alsdann ein Glas Essig / mit Ingber und Salz vermischt / eingeschüttet / an einem Strick erwürgt / zwey oder drey Tag hangen gelassen / hernach gerupft / ausgenommen / geputzt / und erstlich in siedend / darnach in kalt wasser gestoßen / darauf Pfeffer und Salz ein wenig ausgerieben / mit gequelltem Speck / Zimmet und Nägelein gespickt / am Spieß gestecket / und fein sanft gebraten.*

Also: Wenn das Tierlein gut tot ist, dann wird es «sanft» gebraten. Meister Schnurr, so hieß der Verfasser, ging mit den Truthähnen nicht gerade zart um, was er aber mit den armen Gänsen unternimmt, das geht auf keine Kuhhaut. Wenn man eine Gans bei lebendigem Leibe braten will, so verfahre man wie folgt:

Man berupfe sie bis an Hals und Kopf, mache rings um sie ein Feuer, aber nicht zu nahe, auf daß sie nicht ersticke, sondern nur allgemach brate. Setze zu ihr ein Gefäß voll Wasser, darunter Honig und Salz vermischet ist, damit sie oft trinken möge. Darnach nimm Äpfel, schneide sie klein, koche sie in einer Bratpfanne, beträufle damit oft die Gans, daß sie desto eher gebraten werde; rücke das Feuer näher zu ihr, aber doch eile nicht zu geschwind. Und wenn sie anhebt zu kochen, läuft sie inwendig im Feuer umher und begehrt zu fliegen; da sie es wegen des Feuers nicht zuwege bringen kann, trinkt sie ohne Unterlaß, sich zu laben und zu kühlen. Und wenn sie heiß geworden, bratet und kochet sie auch inwendig, du mußt ihr aber ohne Unterlaß das Haupt und Herz mit einem feuchten Schwamm erkühlen. Und wenn sie anfängt zu fallen und zu zappeln, so nimm sie hinweg vom Feuer, lege sie in eine Schüssel und gib sie den Gästen zu essen, so ist sie gebraten und lebt noch und schreit, wenn man von ihr schneidet, welches sehr lustig zu sehen.

Für uns Menschen des 20. Jahrhunderts ist das eine furchtbare Grausamkeit, und ein Mensch, der so etwas heute empfehlen würde, wäre der Verachtung aller Mitmenschen ausgesetzt. Auch heute passieren noch leicht verhütbare Grausamkeiten den Tieren gegenüber; der wahre Schlemmer wird zwar auf einen Leckerbissen nicht gerne verzichten, aber unnötige Quälereien entschieden ablehnen. Um die Kochkunst

wieder reinzuwaschen und diesen blutigen Balthasar in Vergessenheit geraten zu lassen, sei hier das Lieblingsrezept des Gastrosophen Charles Monselet eingeflochten, das zwar leicht verrückt, aber doch ganz herrlich zu essen ist:

Vol-au-Vent à la Monselet. 500 Gramm frische Champignons schneidet man in nicht zu dünne Scheiben, wäscht sie, läßt sie gut abtropfen und sautiert sie in geklärter Butter. Man salzt und pfeffert nach Geschmack. Hierauf fügt man ebenso viele, in dicke Scheiben geschnittene Trüffeln hinzu und läßt das Ganze 8 Minuten kochen. Nun gießt man ein gutes Glas trockenen Champagner hinzu und läßt diesen etwa um die Hälfte einkochen. Jetzt fügt man 3 Eßlöffel starke Kraftbrühe (Consommé) und 5 Eßlöffel süßen Rahm hinzu. Nun recht langsam kochen lassen, vorher aber noch ein kleines Gemüsesträußchen (bouquet garni) und eine hauchzarte Idee Basilikum beifügen. Schmecken Sie ab: sobald die Sauce den Geschmack der Gemüse angenommen hat – was aber ebenfalls nur hauchzart der Fall sein darf – gibt man noch 3 Eßlöffel Holländische Sauce bei. Alles gut verrührt und dann in den frisch aus dem Ofen kommenden Vol-au-Vent füllen und auftragen.

Da Trüffeln bei uns eine teure Angelegenheit sind, empfiehlt es sich – sofern man dieses Gericht zu seiner Lieblingsspeise machen will – mit der Gemeindeverwaltung ein Steuerabkommen zu schließen. Weil unsere Steuerkommissäre geborene Feinschmecker sind, wird man ohne weiteres auf das nötige Verständnis stoßen.

Eine Verrücktheit, die gar keine ist, nennen die Holländer *Rijstafel*, und andere Leute *Curry*. Ich selbst nenne es *Apicianisches Märchen*, denn schließlich verdient dieser stolze Römer auch ein kulinarisches Denkmal. Wie man einen körnigen Reis kocht, steht überall geschrieben: Patna-Reis ist in diesem Falle der bevorzugte. Auch wie man eine Curry-Sauce macht, und wie man ein Hühnchen zubereitet, ist bekannt. Weniger bekannt sind die typischen – eben die verrückten Beilagen, die dazu gereicht werden. Diese Liste mag auch einmal einem normalen Bürger zustatten kommen:

Gehacktes Eiweiß, gehackter Eidotter, gebackene Fisch-Chips (Kroepoek), Mango-Chutney, in Würfel geschnittene und im schwimmenden Öl gebackene Eierpflanzen, geraffelte Kokosnuß, sehr feingehackte Orangenschalen, ebensolche Grapefruitschalen, Zwiebeln, Pepperoni und Ananas-Stückchen; geröstete und dann gehackte Nüsse und Mandeln, Rosinen und in Scheibchen geschnittene und dann gebackene Bananen.

Was man nun mit all dem Zeug anfangen soll? Auf den Teller häuft man einen hübschen Berg des gekörnten Reises, gibt ein Löffelchen von jeder Zutat darüber, legt das Fleisch obenauf und übergießt mit einer Kaskade von Curry-Sauce. Kaum ist dies geschehen, vermischt man das Ganze und dann: «ran an den ... Curry!»

Genügen Ihnen diese Zutaten nicht, so können Sie die Zusammenstellung nach Lust und Laune erweitern; bitte aber nur Eß- und Genießbares!

Ehe wir nun wieder ganz normal werden, noch eine kleine Verrücktheit, die aber recht gut schmeckt:

Gefüllte Weinblätter. *Schöne zarte Weinblätter werden von den Stielen befreit und in Salzwasser blanchiert. Dann werden Zwiebeln recht fein gehackt und eine Mischung aus zwei Teilen Zwiebeln und einem Teil sauberen Reis gemacht. Man fügt nun etwas feingehackte Petersilie und Dill bei, salzt und vermischt das Ganze mit Olivenöl. Diese Füllung streicht man nun auf die ausgebreiteten Weinblätter, und zwar legt man diese mit der rauhen Seite nach innen auf den Tisch, häuft ein Kaffeelöffelchen voll Füllung darauf und rollt diese Füllung in das Weinblatt ein. Es soll ein kleines Päckchen entstehen. Nun gibt man in eine Schmorpfanne Olivenöl und legt die Päckchen dicht nebeneinander hinein, beschwert sie mit einem Teller oder einer Porzellanplatte, damit die Blätter nicht auseinandergehen können. Jetzt gibt man Saft von 1-2 Zitronen und soviel heißes Wasser oder Bouillon hinzu, daß die Flüssigkeit gerade noch den Tellerrand erreicht. Die Schmorpfanne stellt man dann in den Backofen und läßt 1-1½ Stunden, das heißt bis der Reis gar ist, dünsten. (Das Wasser muß vollständig verdunstet sein.) Man läßt die Blätter in der Pfanne liegen bis sie erkaltet sind und serviert sie dann mit Zitronenstückchen als Beigabe.*

Wer ums Himmelswillen mag wohl gefüllte Weinblätter lieben? Etwa ein Walliser Weinbauer oder ein rheinischer Kellereibesitzer?

Dieses Rezept entstammt der türkischen Küche und soll das Lieblingsgericht schöner Haremsdamen gewesen sein.

VOM NEKTAR DER DENKER

Vorliegendes Kapitel ist aus meinem Buch «Frohes Kochen» entlehnt; veranlaßt, es auch hier zu bringen, wurde ich durch die Zuschrift einer großen Tageszeitung, die mich bat, einmal den Gründen nachzugehen, warum man in der Schweiz selten einen guten Kaffee vorgesetzt bekomme. Nun kann ein Thema auch den fleißigsten Schriftsteller ermüden, und nachdem ich in Fach- und Tageszeitungen und selbst übers Radio alles versucht habe, um diesem bekannten Übelstand entgegen zu wirken, könnte ich eigentlich mit verschränkten Armen der Sache ihren Lauf lassen.

Es wurde mir aber entgegengehalten, daß in einem Schlemmerbuch auch der Kaffee vertreten sein müsse, und daß die Leser des vorliegenden Buches sehr wahrscheinlich die dankbarste Gemeinde darstellten. So soll es denn sein! Ich bitte meine Leser dringend, der Kaffeezubereitung die ihr gebührende Wichtigkeit beizumessen. Ein Tag, der mit einer Tasse schlechten Kaffee begonnen wird, endet nicht gut; das leckerste Mahl wird zur unangenehmen Erinnerung, wenn nicht ein herrlich duftendes Täßchen des «Nektars der Denker» es beschließt.

Ließ sich bis heute nicht einwandfrei feststellen, wann man den Kaffee erstmals in seinem Heimatlande Abessinien trank, so wissen wir doch wenigstens genau, wann er seinen Einzug in das glückliche Arabien hielt. Aus einem von Scheik Abel-el-Kadr verfaßten Loblied, das in Manuskriptform in Paris aufbewahrt wird, erfährt man, daß ein Mufti von Aden namens Dschemal-Eddin-Dhabani den Kaffeebaum in Jemen einführte. Er hatte gegen Mitte des 15. Jahrhunderts Abessinien bereist und dort die köstliche Infusion kennen gelernt. Von den vielen Tugenden des heißen Trankes war er restlos begeistert, besonders aber imponierte er ihm als Verscheucher des Schlafes. So empfahl er dann, zurückgekehrt, allen religiösen Gemeinschaften den Anbau und die Kultur des merkwürdigen Baumes. Fortan wurde der Kaffee zum Lieblingstrank der Derwische, die nun ihre Nächte betend verbringen konnten, ohne befürchten zu müssen, daß der Schlaf sie übermanne. Korandeuter und andere Gelehrte wurden ebenfalls enthusiastische Freunde des schwarzbraunen Nektars, dem sie bald den Ehrennamen *Wein des Islam* beilegten. Gegen Ende dieses Jahrhunderts gab es dann auch schon ansehnliche Plantagen in der Nähe von Aden und dem heute so berühmten Orte Mokka. Erst im 16. Jahrhundert begann jedoch der eigentliche Siegezug: von Aden nach Mekka, von hier nach Medina, Konstantinopel und Kairo. Das erste Kaffeehaus wurde 1554 in Konstantinopel errichtet, es folgten andere, und bald nannte man sie *Schule der Weisheit* – ein Ehrentitel, der ihnen bis in unsere Tage gebührt. Die Venezianer brachten den Kaffee nach Westeuropa, und die Türken schleppten ihn bis vor Wien. In Marseille wurde die erste Kaffeestube 1671 eröffnet, und nur ein Jahr später schenkte ihn der unternehmungslustige Armenier Pascal auf der Messe von St. Germain öffentlich aus. Obschon die Bohnen noch sehr teuer waren, verlangte er nur drei Sous für die Tasse. Dieses erste eigentliche Kaffeehaus war ganz nach türkischen Vorbildern erstellt und wurde zur Sensation der Messe. Die Pariser, welch einige Jahre vorher durch den Gesandten der Hohen Pforte, Solima Aga, mit dem exotischen Fremdling erstmals bekanntgemacht worden waren, scheinen allerdings keine große Vorliebe für ihn entwickelt zu haben, denn als Pascal nach Paris zog, um dort den Kaffeeausschank groß aufzuziehen, machte er schmählich Pleite. Später versuchten andere ihr Glück, und die Geschichte lehrt uns, daß der Erfolg schließlich doch kam; so besaß Paris im Jahre 1754 bereits sechsundfünfzig Cafés, und gegen Ende des 18. Jahrhunderts waren es sogar schon über sechshundert. Bald wurde das *Café littéraire* geboren, eine moderne «Schule der Weisheit». London hatte gegen Ende des 17. Jahrhunderts an die dreihundert Kaffeehäuser, von denen das von Assekuranten besuchte *Lloyds* weltberühmt wurde. In Italien waren es unsere Bündner Zukkerbäcker, welche die neuartige Gaststätte popularisierten, und zwar lange ehe man bei uns so weit war. Französische Flüchtlinge machten uns dann damit vertraut, und bald war in Europa kein Land mehr, das dem aromatischen Aufpeitscher nicht seinen Tribut zollte.

Doch im gleichen Maße, wie sich seine Beliebtheit von Land zu Land verbreitete, erstanden ihm Neider und Feinde. Seinem einzigartigen Triumphzug nachhinkend, begeiferten ihn dumme und gelehrte Besserwisser und Weltverbesserer. Ein erstes Todesurteil wurde ihm schon 1511 in der heiligen Stadt Mekka gesprochen. Die Ärzteschaft von Marseille, die ihn frühzeitg kennenlernte, rückte ihm mit pseudowissenschaftlichen Greuelmärchen zu Leibe und erklärte ihn kurzerhand als Gift. Kalifen, Könige und Fürsten lobten und verdammten ihn in kunterbunter Reihenfolge. Ein englischer König hob sämtliche Kaffeehäuser als Orte der Verschwörung auf. Auch in Bern wurden sie eines Tages geschlossen, da man über Tagesneuigkeiten gesprochen habe. Der alte Fritz führte den Kaffeebrennzwang ein und forderte unverschämte Abgaben auf jedes Pfund. Er hetzte ein Heer von Kaffeeriechern auf sein Volk, aber trotzdem konnte er des braunen Gesellen nicht Meister werden. 1722 war der Ausschank von Kaffee in Zürich auf Zunftstuben und bei öffentlichen Gastmählern untersagt. Ja, was dem einen recht war, durfte dem andern nicht einmal billig sein, denn oft war der Kaffeegenuß dem Städter gestattet, der Landbevölkerung jedoch verwehrt. Der Landgraf von Hessen ließ Kaffeetrinker mit hohen Geldbußen und Zuchthausstrafen belegen, und selbst in Luzern war 1770 der Kaffeegenuß bei Strafe von dreißig Gulden verboten. 1775 wurde daselbst das erste Kaffeehaus eröffnet, zu dem Studenten, Bediente, Mägde und Handwerksgesellen aber keinen Zutritt hatten. Der wilde Kampf gegen das uns so liebe Genußmittel erinnert lebhaft an die mittelalterlichen Hexenprozesse. Aber auch Napoleons unselige Idee der Kontinentalsperre war ein schwerer Schlag gegen den guten Kaffee, denn der Schwarzhandel trieb die Preise in schwindelhafte Höhen, und kluge Köpfe – oder waren es dumme? – suchten und fanden Ersatzmittel. Über den Wert oder Unwert, über die Tugenden oder Untugenden des Weines der Denker wird zwar auch heute noch gestritten, aber immerhin mit fairen Waffen.

Ursprünglich wurden lediglich getrocknete, aber ungeröstete Bohnen während längerer Zeit gekocht und der sich so ergebende grünlichwässerige Absud genossen. Seltsamerweise fand auch diese Brühe ihre Liebhaber, ja ohne diese würden wir vielleicht den Kaffee überhaupt nicht mehr kennen. Der abessinische Volksstamm der Gallas hat eine besondere Art, den Kaffee zu genießen. Sie zerstoßen die gerösteten Bohnen zu einem feinen Mehl, vermischen dieses dann innig mit Butter und formen aus dem Teig Bälle in der Größe von Billardkugeln. Auf ihren großen Wanderungen – sie sind immer noch Nomaden – leben sie in erster Linie von dieser Kalorien und Vitalität spendenden Nahrung. Etwas Ähnliches wird von den Eingeborenen des Victoriasee-Gebietes erzählt. Sie bereiten aus Kaffeepulver hauchdünne Waffeln, die als große Delikatesse gelten. Übrigens ist diese Art des Genusses gar nicht so abwegig, denn bekanntlich stehen auch auf den Theken der «American-Bars» geröstete Bohnen zur freien Bedienung der Gäste bereit, ein Brauch, den wir von den Yankees übernahmen. Im Orient wird das Kaffeepulver auch heute noch oft mit Mandeln, Moschus, Muskatblüten und dergleichen aromatisiert, was vom kulinarischen Standpunkt aus jedenfalls nicht empfehlenswerter sein dürfte als unsere neuzeitlichen Zusätze. Die beliebteste Art, den Kaffee zu genießen, ist und bleibt auf der ganzen Welt doch in Form des uns so geläufigen Getränkes. Es ist ganz reizend, festzustellen, wie sich das Wesentliche der Zubereitung im Laufe der Jahrhunderte durchsetzte, Verschiebungen in geschmacklicher Hinsicht jedoch immer wieder in Kauf genommen werden mußten. Vor zweihundertundfünfzig Jahren gab ein «Schriftsteller» seinen Lesern kund und zu wissen:

Erstlich muß man haben eine große Kanne mit eynem Röhrchen / sie mag von Zinn oder auch von Kupfer / so inwendig verzinnet ist / gemacht seyn: man nehme dazu gemeinglich einen Kessel von zwey Maaß Wasser / den setze mit Regen-Wasser über Feuer / selbiges zu koche / und / nachdem ich die tinctura schwach oder stark haben will / thu ich eyn Loth oder anderhalb von dem Coffeepulver dazu. Wenn er wohl aufgekocht ist / ziehe ich es vom Feuer ab / und lasse es eyn wenig stehen /damit das Pulver sich zu Grunde geben könne. Einige / ja viele Menschen gebrauchen bei dem Coffee Zucker und Honig / weil aber dieses den Trank nicht verbessert / sondern verschlimmert / kann ich wahrlich nicht dazu raten / denn es machet unser Geblüte zähe / drum ist das beste / solches fahren zu lasse. Einige mengen noch etwas darunter von Zimmet und Cardamon / die Reichen schütten dazu Zucker mit grauen Ambra vermischt / welches nicht ohne Annehmlichkeit genützet wird.

Damit ihm niemand seinen Kaffee verderbe, bereitete ihn Beethoven selbst; er nahm pro Tasse sechzig Bohnen, womit er des Guten entschieden zuviel tat. Auch Ludwig XV. soll den Erwecker aller guten Geister selbst gebraut haben, was natürlich zu vielen Nachäffereien in höfischen Kreisen führte. Justus von Liebig, der große Chemiker (1803-1873), hatte seine eigenen Ansichten vom «potu coffea». In einer lesenswerten Abhandlung endeckte ich folgendes:

Man bringt das Wasser mit drei Viertel des Kaffeepulvers, welches man zur Bereitung verwenden will, zum Sieden und läßt diese Mischung volle zehn Minuten kochen. Nach dieser Zeit wird das zurückbehaltene Viertel Kaffeepulver eingetragen und das Kochgeschirr sogleich vom Feuer entfernt; es wird bedeckt und fünf bis sechs Minuten ruhig stehen gelassen; beim Umrühren setzt sich alsdann das auf der Oberfläche schwimmende Pulver leicht zu Boden und der Kaffee ist jetzt, vom Pulver abgegossen, zum Genusse fertig.

Fürst Pückler, der raffinierte Feinschmecker, dessen Name in jedem Buch der Kochkunst steht, hinterließ der Nachwelt das echte arabische Mokkarezept:

Man nimmt für jede Person eine Handvoll sorgfältig gelesener Kaffeebohnen, von der kleine blassen Bohne, die nicht viel größer als eine Erbse ist. Sie werden schnell geröstet, bis ihre Farbe etwas dunkelt, die Feuchtigkeit aber noch nicht verdampft ist. Noch in voller Rösthitze werden sie gemahlen. Unterdessen wird ein Kaffeetopf mit so viel Tassen Wasser, als Personen da sind, angefüllt, zum Kochen gebracht. Kocht er, so nimmt man bei vier Personen z. B. eine Tasse Wasser heraus, schüttet dafür drei Tassen mit Kaffeepulver hinein und rührt alles mit einem Stabe um. Der Topf kommt nun wieder auf das Feuer, und sowie der Kaffee aufkochen will, nimmt man ihn ab, stößt den Boden etwas auf den Tisch und setzt ihn dann wieder auf. Dies wird sechsmal wiederholt und währenddem ein ganz kleines Stückchen Muskatblüte hinzugetan. Der Kaffeetopf muß von Zinn oder Silber ohne Deckel sein, sonst kann der Kaffee an der Oberfläche keinen Rahm bilden, wie er es tun muß. Wenn das Gefäß zum letztenmal vom Feuer gehoben wird, gießt man die ausgeschöpfte Tasse Wasser wieder hinzu. Nun wird, ohne ihn umzurütteln, der Topf hereingebracht und der Kaffee augenblicklich in die Tassen gegossen, wo er seine weiche Rahmdecke auf der Oberfläche beibehält. So bereitet, erfüllt sein Duft das ganze Zimmer und ist entzückend für den Gaumen.

Brillat-Savarin hat mit dem seinem Temperament sehr abträglichen Elixier recht trübe Erfahrungen gemacht, denn er mußte ihm von einem Tag zum anderen entsagen. Immerhin wollen wir doch noch seine Meinung über die beste Zubereitungsart hören. Er schreibt:

Man schlug vor, Kaffee zu machen, ohne ihn zu rösten oder zu pulvern, ihn mit kaltem Aufguß zu machen, oder ihn während drei Viertelstunden kochen zu lassen, an freier Luft, oder bei hermetischem Verschluß und so weiter. Ich habe alle diese Methoden geprüft, die man bis heute vorgeschlagen hat, und bin endlich nach vollständiger Kenntnisnahme bei der Dubelloyschen Methode stehengeblieben, die darin besteht, daß man kochendes Wasser über den Kaffee gießt, der in einem Gefäß aus Silber oder Porzellan sich befindet, das mit kleinen Löchern durchbohrt ist. Man erhitzt diese erste Abkochung aufs neue bis zum Kochen, gießt sie nochmals über und hat nun einen möglichst guten und klaren Kaffee. Ich habe auch versucht, Kaffee in einem Kessel mit Hochdruck zu bereiten, aber ich bekam einen so bittern und dicken Kaffee, daß er höchstens gut war, den Schlund eines Kosaken zu kratzen.

Was Brillat-Savarin damals nicht wissen konnte, ist, daß wir heute eine Menge Leute haben, die mit Kosakengaumen behaftet sind und glauben, eine tintenschwarze Expreß-Brühe sei immer und in jedem Falle der wirkliche «Kaffee». Das von ihm erwähnte System wurde zum «Filterkaffee» und hat sich bis heute behauptet. Obwohl auch dieses System nicht als das beste angesprochen werden kann – ich könnte eine ganze Anzahl Mängel anführen – hat es doch den eminenten Vorzug, daß man einen wirklich frischen Kaffee bekommt.

WAS EIN FEINSCHMECKER VOM KAFFEE WISSEN SOLLTE

Vor allem möchte ich festhalten, daß der Laie wohl Liebhaber einer guten Tasse Kaffee sein kann, jedoch niemals Kenner des Rohproduktes, denn hierzu gehören Talent und große Erfahrung.

Daraus resultiert, daß wir uns einem tüchtigen Fachmann anvertrauen müssen, wenn wir guten Kaffee einkaufen wollen. Unsere Großmütter waren noch stolz darauf, rohen Kaffee einzukaufen und ihn selbst zu rösten. So lieblich ja schließlich der herrliche Röstduft ist, – ich selbst liebe ihn unbändig – so abwegig ist dies heute ganz besonders dort, wo er ständig frisch geröstet zu haben ist. Bekanntlich besteht fast jeder gute Kaffee aus mehreren Sorten, die nur vom gewiegten Kenner in das richtige Mischverhältnis gebracht werden können. Ein Zuviel oder Zuwenig beim Mischen oder Rösten, eine Anzahl schlechter Bohnen – die man bezeichnenderweise «Stinker» nennt – und der Traum vom guten Kaffee ist ausgeträumt.

Die Bezeichnung des Kaffees geschieht nach dem Produktionsland, respektive nach dem Verschiffungshafen. Die einzelnen Sorten unterscheiden sich durch Farbe, Form, Geschmack und Aroma; so gibt es gelbe, gelb-grüne, grün-gelbe und blaue Bohnen und vielerlei Farbnuancen. In der Form können sie rund, flach, groß oder klein sein, außerdem unterscheidet man leichte, schwere, harte, weiche und säuerliche Kaffees. Die Bewertung geschieht nicht so sehr nach Angebot – denn dieses gesunde Marktsystem wird hier oft künstlich ausgeschaltet – sondern in erster Linie nach Geschmack und Aroma. (Es ist bekannt, daß Brasilien Tausende von Tonnen Kaffee verbrennt oder ins Meer schaufeln läßt, nur um die Preise hoch halten zu können.) Da sich jedoch der Geschmack des Konsumenten von Zeit zu Zeit ändert, oft auch von Land zu Land grundverschieden ist, wird es fast zur Unmöglichkeit, genau festzuhalten, welcher Kaffee der absolut beste sei. Der von unseren Großeltern so heiß verehrte «Mokka» ist es aber auf keinen Fall, genießt er doch im Gegenteil einen recht zweifelhaften Ruf. Lassen wir einmal einige der wichtigsten Sorten aufmarschieren:

Costa-Rica: *In der Farbe stahlgrau bis blau, steht bei Kennern in hohem Ansehen und ist wegen seiner angenehmen Säure beliebt. Von ihm wird oft behauptet, daß er der beste sei.*

Porto-Rico: *Hat einen kräftigen, beinahe bittern Geschmack, soll oft sogar besser sein als Costa-Rica und ist auch entsprechend teuer.*

Menado: *Ein ganz wunderbarer, aromatischer Kaffee, großbohnig, dunkelgelb.*

Columbia: *Zählt ebenfalls zu den besten Kaffees der Welt. Kräftig im Geschmack, von grünlicher Farbe.*

Guatemala: *Ein milder, blaugrauer Kaffee, der sich durch schöne, große Bohnen auszeichnet.*

Santos: *Wird fast ausschließlich zur Verbesserung von Mischungen verwendet, voll und fein im Aroma.*

Sumatra: *Gute Mittelsorte mit großen, gelben Bohnen.*

Java-Robusta: *Eine Sorte, die unserem Geschmack gar nicht entspricht, jedoch in Holland sehr beliebt ist.*

Mokka: *So benannt nach dem im arabischen Imamat Jemen liegenden unbedeutenden Hafenörtchen Mocha. Mokkakaffee enthält in der Regel sehr viele schlechte Bohnen (Stinker), auch unterliegt gerade dieser Kaffee wegen seinem einstigen Renommé vielen Verfälschungen und üblen Kniffen.*

WIE MAN GUTEN KAFFEE ZUBEREITET

Zwei Menschentypen können niemals guten Kaffee kochen, nämlich Geizhälse und Verschwender. Anscheinend aber herrschen diese zwei Spielarten des homo sapiens bei uns vor, denn so gut unsere Küche im allgemeinen ist, so wenig berühmt ist die Schweiz für ihren Kaffee. Während ich mich aus beruflichen Gründen mit dieser Merkwürdigkeit befassen mußte, kam ich zur Einsicht, daß dies weder an der Qualität des Kaffees, noch am Wasser oder am Geschirr liegt, sondern in der Regel an einer stoischen Nonchalance. Dadurch, daß der Kaffee in normalen Jahren recht billig ist, wird er zur quantité négligeable degradiert und entsprechend behandelt; diese Feststellung bezieht sich ganz speziell auf das Gastgewerbe.

Die ganze Kunst des Kaffeekochens kann man eigentlich in einigen knappen Ratschlägen zusammenfassen, die da lauten:

Nur kleinste Quantitäten frisch gerösteten Kaffee kaufen und kurz vor dem Gebrauch mahlen. Gerösteten Kaffee nie in einem Papiersack aufbewahren, sondern in einer gut verschließbaren Büchse. Die Bohnen in zweckmäßiger Feinheit mahlen lassen; jede Zubereitungsart verlangt nach entsprechendem Pulver.

Absolut frisches Leitungswasser verwenden, also kein Wasser aus dem Boiler, aber auch nicht aus dem ewig siedenden Wasserkessel. Das Wasser nur ganz kurz aufwallen lassen. Wasser, das zu lange gekocht hat, beeinträchtigt den Geschmack ebenso stark wie abgestandenes Wasser.

Zur Zubereitung des Aufgusses möglichst nur Porzellan verwenden. Sämtliches Geschirr, also Kanne und Tasse, gut vorwärmen. Den fertigen Kaffee nicht zum Kochen kommen lassen. Man bereite nur das Quantum, welches man sofort benötigt. Muß man ihn ausnahmsweise aufbewahren, so stelle man ihn in ein Wasserbad, dessen Temperatur konstant bleibt. Jeder, auch der beste Kaffee, verliert nach einer halben Stunde sein vortreffliches Aroma. Aufgewärmter Kaffee ist eine gastronomische Kulturschande.

Für einen starken Kaffee, so wie er nach dem Essen beliebt ist, rechnet man 75 Gramm Pulver auf einen Liter Wasser. Alles, was über 75 und unter 50 Gramm ist, entspricht nicht mehr dem normalen Geschmack. Auf eine einzelne Tasse darf man 10-15 Gramm feines Pulver nehmen. – Recht schwierig scheint es mir, die beste Zubereitungsmethode anzugeben, da ich eine ganze Anzahl kenne, die empfehlenswert sind. Im modernen Haushalt treffen wir auf ausgezeichnete Kleinmaschinen, denen man höchstes Lob spenden darf. Herrlich mundet der mit der Glaskugelmaschine zubereitete Trank, doch ist auch gar nichts gegen den mit Papier-Filter oder den in elektrischer Expreßmaschine hergestellten Kaffee einzuwenden. Die einfachste, geschmacklich aber hervorragende Zubereitungsmethode ist folgende: Man entnimmt der Leitung genau so viel frisches Wasser, wie man gerade benötigt, bringt es möglichst in einem irdenen Wassertopf zum Kochen. In eine inwendig vollständig trockene, vorgewärmte Porzellankanne gibt man das dem Wasser entsprechende Quantum feingemahlenes Kaffeepulver. Sobald das Wasser nun einmal aufgewallt hat, gießt man etwa ein Drittel über das Pulver, deckt die Kanne wieder zu und wartet einige Minuten, während denen das Wasser auf dem Siedepunkt bleiben soll. Hierauf übergießt man mit dem restlichen Wasser. Nach einigen Minuten weiteren Wartens ist der Kaffee servierbereit. Auf den Tisch gehört ein feines Haarsieb, dessen Verwendung freigestellt ist.

FREUD UND LEID DER ZICHORIE

Bei der Niederschrift dieser Zeilen beschleicht mich ein etwas unbehagliches Gefühl, bin ich mir doch vollkommen bewußt, das der Name *Zichorie* auf den Kaffeeliebhaber wirkt wie das bekannte rote Tuch auf den nicht minder bekannten Stier. Würde mir daher so ein empörter Verehrer des «Weines der Denker» seine Entrüstung kundtun, so würde ich mir ganz schüchtern erlauben, darauf hinzuweisen, daß die Zichorie einige tausend Jahre lang ein unangefochtenes und ehrenwertes, wenn auch bescheidenes Dasein auf dieser mißgünstigen Welt fristete. Ihr großes Leid begann erst mit der «Erfindung» des Kaffees, und hauptsächlich die napoleonische Kontinentalsperre ist schuld daran, daß sie zum erbitterten Streitobjekt zwischen Feinschmeckern und Volkswirtschaftlern wurde.

Die zur Korbblütlergattung gehörende legendäre *Cichorium Intybus*, deren Heimat Asien ist, kennen wir vom Hotelmenu her unter dem Namen *chicorée*. Im Volksmund wird sie meist *Wegwarte, Sonnenwirbel* oder *Sonnenwedel*, aber auch *Hindläufte* und *Verfluchte Jungfrau* genannt. Schon frühzeitig hat sich die Sage dieser anspruchslosen Pflanze bemächtigt. So soll ihr Besitzer dem Hasse der Mitmenschen ausgesetzt sein; nach einer andern Version jedoch soll die Berührung mit der Wurzel den Haß in Liebe umwandeln. Rührend hört sich das Geschichtchen von dem schönen Mädchen an, dessen Herzallerliebster im Krieg gefallen war. Sieben lange Jahre weinte sie um ihn; als man sie dann aufforderte, den Dahingegangenen nun endlich zu vergessen, entgegnete sie:

> *Eh daß ich laß das Weinen stehn,*
> *Will ich lieber auf die Wegscheid gehn,*
> *Ein Feldblum' dort zu suchen.*

Und so wurde aus der lieblichen Jungfrau eine zartblaue Blume. Als Pflanze wohl Sinnbild der Beharrlichkeit, als Blume ein Sinnbild der Treue.

Gut zweitausend Jahre ehe man auf den Gedanken kam, die Wurzel der Zichorie zum Kaffeesurrogat zu degradieren, war die Pflanze den

Ärzten und Köchen wohlbekannt. So gibt u. a. auch Theophrast (370-287 v. Chr.) eine eingehende Beschreibung. Galenus (130-210 n. Chr.) allerdings war ihr nicht gut gesinnt. Im Frühmittelalter gelangte sie über die Alpen zu uns. Kaiser Karl der Große empfahl in einer im Jahre 812 erschienenen Verordnung ihren Anbau. Wie Prof. Hartwich in seinem prachtvollen Werke über die menschlichen Genußmittel darlegt, scheint die Pflanze eine Zeitlang nicht mehr kultiviert worden zu sein. So soll sie Albertus Magnus (1206-1280) nur als verwildert gekannt haben. Der deutsche Arzt Walter H. Ryff, Autor der weitverbreiteten *Teutschen Apothek*, räumt ihr in seinen verschiedenen Werken recht breiten Raum ein. So lese ich in der im Jahre 1540 zu Straßburg erschienenen Ausgabe:

> Dise Sonnenwürbel oder Wegwart blüet umb sant Johans tag / gemeynklich auff den straßen / die durch gute fruchtbare äcker ziehen. Das kraut und erste bleter ligen auff der erden ausgespreyt / wie des Pfaffenröhrlins / doch von farben grawer / rauer und kleyner zerschnitten / daher etlich meynen / Pfaffenröhrlin werden zu blawer Wegwart.

Daß man damals noch nicht daran dachte, aus der Wurzel Kaffee-Ersatz zu brauen, beweist uns folgender Passus des gleichen Werkes:

> Die Wurtzel dises Krauts ist lag wie des Fêchels / die wirt in etlichen Apotheken auch eyngemacht und eyngebeyzt / und Cicorea genant / ist kalter Complexion / zu mancherley krankheyt und zufällen wol zu brauchen.

In dem vom gleichen Verfasser im Jahre 1543 zu Frankfurt gedruckten *Confect-Büchlin* finde ich ein Rezept, wie man die Blumen der «Wegluegere» einmachen soll. Über die Heilwirkung wird gesagt:

> Dise Conserven ist ein sonder krefftige nützliche Latwerg der Lebern / die selbigen zu reynigen unnd in aller verstopfung zu eröffnen. Sie füret auch aus die überflüssige gallen unnd schleim durch den Stulgang / unnd reyniget auch alle glider des inngeweyds vonn solcher materi / dardurch die faulen feber / unnd vil andere dergleichen gebrechen hinweg getriben un benommen werden.

Wir sehen, daß der gute Doktor Ryff sämtlichen Teilen der Zichorie viel Rühmliches nachzusagen weiß. Balthasar Pisanelli, der gelehrte Bologneser Arzt, warnt in seinem *Trattato dei cibi et del bere* (1584) seine Kollegen davor, den Saft der Wegwarte Fieberkranken zu verabreichen. Recht mittelalterlich mutet uns das von ihm empfohlene Mittel gegen Herzklopfen an, schreibt er doch vor, dem davon Befallenen zerstoßene Sonnenwirbel auf die linke Brustwarze zu legen.

Daß die Zichorie im 16. und 17. Jahrhundert wieder eifrig kultiviert wurde, finden wir in den Werken einiger Agrarschriftsteller bestätigt. Der berühmteste unter ihnen, Olivier de Serres, dessen vorbildliches Werk *Le Théâtre d'agriculture et Mésnage des champs* von 1600-1873 immer wieder nachgedruckt wurde, empfiehlt, die Aussaat in den Monaten Juni und Juli, und zwar nur bei Neumond, vorzunehmen. Dieser Autor hält die Zichorie für absolut ungenießbar, wenn sie nicht vorher im Sande gebleicht wurde, ein Verfahren, das ja heute noch üblich ist. Als Heilmittel für kranke Augen empfiehlt er den destillierten Absud der gekochten Blätter. Aber nicht nur einfache Heilwirkung wurde der Wegwarte nachgerühmt, sie soll auch wahrhaft wundertätige Eigenschaften besitzen. Hierüber berichtet Balthasar Schnurr in seinem schaurig-amüsanten *Kunst und Wunderbuch* (1625) folgendes:

Es schreiben etliche / wenn man Sonnenwirbel samlet / wen die Sonne im Löwen ist / und verwickelt ihn darnach in ein Lorbeerblat / und thut einen Wolfszahn darzu / und trägt als so bey sich / so kan einem niemand etwas zu wider reden / sondern müssen ihm allezeit gute Wort geben: Und so einem etwas gestolen wär / so sol man dieses zu Nacht unter sein Haupt legen / so sol er den sehen / der es genommen hat.

Salat blieb merkwürdigerweise während einigen Jahrtausenden die beliebteste küchenmäßige Zubereitungsart. Die Römer scheinen diese Anrichtweise erst später von den Griechen übernommen zu haben, da es in den frühesten Zeiten kein Römer wagte, Salat zu essen, denn Salat war der Venus geheiligt, und die ihm zugeschriebenen Eigenschaften wollte niemand auf sich einwirken lassen. Das Apicius-Kochbuch aus der altrömischen Kaiserzeit verrät uns, daß man damals die Zichorie mit Honig und Essig als eine Art *Hors d'œuvre* liebte. Die Kochbücher des Spätmittelalters übergehen die Pflanze vollständig, was vielleicht damit zusammenhängt, daß ihre Kultur noch nicht wieder aufgenommen worden war. Ein altes Schweizer Kochbuch bringt folgendes Rezept:

Sonnenwirbel-Omlettes: Koche Sonnenwirbel auf der Chaufretten, hacke ihn rein, thue ein wenig Mehl nebst einer achtel Maß Nidlen und 2 Eyer dazu, mache Omelettli und backe sie.

Die heutige Küche macht einen deutlichen Unterschied zwischen dem wilden und dem kultivierten Sonnenwedel. Die wilde Zichorie wird, hauptsächlich auf dem Lande, immer noch als Salat gegessen, genau wie der Löwenzahn. Besonders in Zeiten der Teuerung werden Wiesen und Äcker danach abgesucht. Die Blätter werden in sehr feine Streifen geschnitten und mit einer guten Sauce vermischt. Den Gemüsezüchtern ist es gelungen, innerhalb der Familie *Cichorium* verschiedene Variationen heranzuziehen. So unterscheidet der Koch hauptsächlich drei Arten, nämlich: 1. die gekrauste Zichorie (chicorée frisée), 2. die flämische Zichorie und 3. die Brüsseler Zichorie. Letztere ist die gebleichte Spielart, meist unter dem Namen Endivie bekannt. Die auch bei uns gut eingebürgerte gekrauste Zichorie stellt schon fast wieder eine eigene Familie dar, zu der auch der Eskariol gehört.

Stehen wir der Zichorie als Heilmittel skeptisch, als Gemüse gleichgültig und als Salat wohlwollend gegenüber, so nehmen wir unbedingt einen ablehnenden Standpunkt ein, wenn es sich um den Genuß in Form von «Kaffee» handelt. Tatsächlich kann sich der Feinschmecker mit der Zichorienbrühe nie und nimmer abfinden oder gar anfreunden. Selbst, daß man schon vor hundert Jahren, genau wie jetzt wieder, krampfhaft versuchte, dieses billige Ersatzmittel durch ein noch billigeres zu ersetzen, macht uns dieses garantiert koffeinfreie Getränk nicht wertvoller.

Es sollen die Holländer gewesen sein, die erstmals auf die unglückliche Idee kamen, die getrocknete Zichorienwurzel zu rösten und als Kaffee-Ersatz zu verwenden. Allerdings besteht die Möglichkeit, daß man den Ersatz vor dem Original kannte. So soll, nach Prof. Hartwich, der Paduaner Prospero Alpino in seiner Beschreibung der ägyptischen Pflanzen (1592) den Geschmack des Kaffees dem der Zichorienwurzel nahekommend geschildert haben. Nun glaube ich aber annehmen zu dürfen, daß, wenn dieser Trank wirklich bekannt gewesen wäre, auch andere Werke der gleichen Epoche, von denen ich mehrere sehr berühmte vor mir habe, darauf hingewiesen hätten. Schon gegen Mitte des 17. Jahrhunderts beginnt man den Zichorienkaffee in der Familie zu trinken. Im Jahre 1763 nehmen Major v. Hein und der Kaufmann Chr. G. Förster in Braunschweig die Fabrikation im großen auf. Nachdem sie für Preußen das ausschließliche Privileg erhalten hatten, die Pflanze anzubauen und zu verarbeiten, gründeten sie 1770 in Berlin eine weitere Fabrik. Trotzdem machten die beiden Herren keine guten Geschäfte. Erst die napoleonische Kontinentalsperre half dieser Ersatzindustrie auf die Beine. Hundert Jahre nach der Gründung der ersten Fabrik konnte Deutschland bereits 52 000 Zentner Zichorie, die in 130 Fabriken hergestellt wurden, exportieren. Zu Beginn des 19. Jahrhunderts hatte sich der «Wegluegere-Kafi» in der Schweiz schon so gut eingebürgert, daß ein bäuerliches Frühstück ohne ihn kaum denkbar war. Der letzte Krieg, der uns teilweise vor die gleichen Probleme stellte wie zu den Zeiten der Sperre, brachte es mit sich, daß man dem Anbau dieser bitteren Pflanze wieder erhöhte Aufmerksamkeit schenkte. Wer die Wurzeln der *Cichorium Intybus* kunstgerecht verwenden will, der merke sich folgendes: Die Wurzeln müssen sauber gewaschen und dann schnell im Ofen getrocknet werden. Hierauf schneidet man sie in dünne Scheibchen, die man in einer Rösttrommel oder in einer eisernen Pfanne unter beständigem Rühren bis zu dem gewünschten Grade langsam röstet. Der so gewonnene «Kaffee» wird dann in der Mühle möglichst fein gemahlen. In «guten» Zeiten wird dieser Röstprozeß unter Beigabe von Zuckersirup und Fett durchgeführt. Die im Handel erhältliche Zichorie wird einem speziellen Wasserdampfverfahren ausgesetzt, daher die Feuchtigkeit und das Zusammenballen.

Ob der Zichorienkaffee «gesund» oder «ungesund» ist, wollen wir hier nicht näher prüfen. Wenn er manchen Nachteil des echten Kaffees bestimmt nicht hat, so kann er sich aber auch nicht rühmen, nur eine einzige von dessen Tugenden zu besitzen. Verlangsamt schon der Bohnenkaffee die Verdauung, so ist dies beim Ersatz noch in erhöhtem Maß der Fall. Lustigerweise – und das wird niemand bestreiten wollen – wird der Zichorienfreund recht aufgeregt, wenn er eine Tasse echten Kaffee getrunken hat; der Bohnenkaffee-Amateur aber gerät geradezu in wallende Erregung, kaum daß seine Lippen am Zichorientrank genippt haben.

Kennen Sie die Anekdote, die vom Kanzler Bismarck und Dutzenden von anderen berühmten Leuten erzählt wird? Nein? Bitte, hier ist sie: Im deutsch-französischen Krieg kam Bismarck mit seinem Gefolge in die Nähe von Sedan. Bismarck hatte Lust auf einen guten Kaffee und begab sich in ein kleineres Kaffeehaus. Zum Erstaunen seiner Begleiter frug er die dienstfertige Wirtin, ob sie auch Zichorie im Haus habe. Sie bejahte freudig. «Gut», sagte Bismarck, «bringen Sie mir Ihren gesamten Vorrat her, ich werde ihn Ihnen abkaufen.» Als die brave Frau endlich ihr ganzes Lager Wegwartkaffee vor dem großen Herrn aufgestapelt hatte, sagte dieser gelassen: «So, Frauchen, nun gehen Sie in die Küche und machen mir einen recht starken Kaffee!» Tableau!

DIE LITERATUR DER GURGEL

P ersönlich würde ich nicht wagen, mich als Weinkenner ansprechen zu lassen, besäße ich – außer den im Keller liegenden staubigen Beweisstücken – nicht auch die entsprechenden literarischen Belege in der Bibliothek. Ja man könnte sogar behaupten, daß man, um Weinkenner zu werden, erst einmal Bibliophile sein muß. Wer in seinen Regalen keinem Büchlein über die Tugenden des Rebensaftes Obdach gewährt, kann daher nicht überzeugend als Önophile auftreten. Zum Weinkennertum gehört nicht nur die Zunge, die ja nicht dem «homo sapiens» allein vorbehalten ist, sondern auch Verstand, sogar sehr viel Verstand. Sehr interessant ist es, festzustellen, daß sich zu allen Zeiten die größten Geister bemüht haben, ihren Mitmenschen Wissenswertes über die Rebe, ihre Kultur und ihren Saft zu vermitteln. Durch mehrere Jahrtausende läßt sich das geschriebene Wort vom Wein verfolgen, und sollte überhaupt über ein Thema noch mehr geschrieben worden sein, so wohl nur über die Liebe.

Nicht wenige Schriftsteller verdanken ihren Ruhm der Beliebtheit der behandelten Materie. Wer wüßte wohl heute noch etwas von Decimus Magnus Ausonius, hätte er nicht vor eintausendfünfhundert Jahren ein Loblied auf die Mosel und ihre Weine gesungen? Allerdings haben die Menschen viele Tausende von Jahren mit Liebe und Eifer Reben gezüchtet, ohne einen Blick in ein önologisches Lehrbuch werfen zu können. Lange bevor man die Kunst des Schreibens beherrschte, wurde das Geheimnis der Weinbereitung entdeckt. Zahlreiche Sprichwörter und Sentenzen aus dem Alten Testament und den heiligen Schriften anderer Völker, besonders der Perser und Chinesen, lassen dies vermuten. Unser Wissen vom Wein beginnt gemeiniglich mit der zur Genüge geschilderten häuslichen Szene im Hause Noah, bei der die bessere Hälfte zum Glück nicht zugegen war. Der 1639 verstorbene, schreibfrohe Johannes Koller scheint es auch nicht besser gewußt zu haben. In seiner monströsen «Oeconomia ruralis domestica», deren mir vorliegende Ausgabe den Honoratioren der schönen Stadt Zürich gewidmet ist, schreibt er:

Noah war der erste Weinherr / der hat die ersten Weinberge in der Welt nach der Sündfluth angelegt / und hat Gott diese edle Gabe den Menschen nach der Sündfluth / sonderlich zu dem Ende gegeben / daß sich der Mensch / wann er müde / matt und schwach ist / durch den Wein ein wenig wieder erholen und stärken sollte / denn der Wein ist das edelste Gewächs / daß aus der Erde komt / dafür wir Gott dancken / und denselben keineswegs übermäßig zu unserem eigenen Verderben brauchen sollten.

Der gute Autor versäumt denn auch nicht, den rebenumkränzten Noah, eine pralle Traube haltend, auf dem Titelblatt darzustellen. Die Erfahrungen des Weinherrn Noah, seien sie nun angenehm oder unangenehm gewesen, kamen der Menschheit leider nicht zustatten, denn er legte sie nicht schriftlich nieder. Lassen wir also ihn und das Alte Testament – das immerhin schon zehn verschiedene Weinbenennungen enthält – zur Seite, und nehmen wir gleich das erste wirkliche Lehrbuch über den Weinbau zur Hand. Es wurde uns von dem römischen Staatsmann Cato, der von 234 bis 149 v. Chr. lebte, hinterlassen. In seiner *De agricultura* wird erstmals Brauchbares geboten. Wir finden die Beschreibung von acht Rebsorten. In zahlreichen Kapiteln wird die Kultur des Weines behandelt. Später schreibt der vielseitige Varro (116-27 v. Chr.) seine *Drei Bücher über die Gutswirtschaft.* Diese von ihm im Alter von achtzig Jahren verfaßte Schrift nennt uns bereits zehn Arten von Reben, ohne allerdings im übrigen so ausführlich zu sein wie Catos Arbeit. Nicolas Jensen, der berühmte venezianische Drucker, gab diese beiden sowie die ähnlichen Werke des Columella (2 v. Chr. bis 65 n. Chr.) und des Palladius (4. Jahrhundert n. Chr.) unter dem Titel *Scriptores Rei rustica* im Jahre 1472 heraus. Columella hatte mit seiner Arbeit seine Vorgänger unbedingt übertroffen. Sie fällt durch ausgezeichnete Formulierung und Klarheit auf. Hier finden wir nun schon eine Beschreibung von achtundfünfzig Traubensorten.

Habe ich den unvergleichlichen Homer übergangen, so kann ich es mir doch nicht versagen, eine Verneigung vor dem Epikuräer Virgil (70-19 v. Chr.) zu machen, hat er doch in seiner auf Veranlassung des Mäcenas entstandenen «Georgica» auch dem Rebbau ein Kränzlein gewunden. Könnten die folgenden Verse nicht gestern geschrieben worden sein?

Andere Mühsal noch geziemt dem Pflanzer der Reben / Nie wird solche genügend erschöpft. Brich jeglichen Boden / Drei-, viermal in des Jahres Verlauf und die Scholle zermalme / Rastlos mit dem gewendeten Karst: entlaste des Laubes / Alles Gehölz: stets kehret im Kreislauf Pflanzern die Arbeit / Stets hinrollet das Jahr, durcheilend die vorigen Bahnen.

Cajus Plinius Secundus (23-79 n. Chr.) schenkte uns im XIV. Buche seiner *Historia naturalis* eine hervorragende Monographie des Weinbaues.

Die meisten Kapitel kann man heute noch gelten lassen. So weiß er, daß süße Weine wenig bukettreich sind, leichte helle Weine jedoch eine angenehme Blume haben. Er unterscheidet vier Weinfarben, nämlich weiß, gelb, rot und schwarz. Wir begnügen uns bekanntlich mit deren zwei, obschon wir zugeben müssen, daß zwischen der Farbe eines gelagerten Rheinweines und eines spritzigen Neuenburgers, oder eines jungen Zürcher Rotweins und eines alten Burgunders ein gewaltiger Unterschied besteht. Seine Darlegungen über einen guten Weinkeller, über die dort zu beobachtende Sauberkeit und Ordnung sind heute bei uns zum Teil gesetzlich festgelegt. Dies erstaunt uns wenig, wenn wir wissen, daß den Römern die Weinbereitung genau so gut bekannt war, wie sie es uns heute ist. Wohl mußten sie auf die Errungenschaften unserer Chemie verzichten, doch behalfen sie sich – durchaus nicht immer zum Nachteil des Weines – mit natürlichen Mitteln. Die *Historia naturalis* wurde im Jahre 1469 von Johann von Speyer (da Spira), dem ersten Drucker des stolzen Venedig, herausgegeben. Sie ist das erste Druckwerk, das sich mit dem Weinbau eingehend befaßt. Kurze Zeit darauf erschien zu Köln am Rhein, verfaßt von dem Mönch Bartholomeo de Glanvilla, *De Proprietatibus Rerum.* Das in neunzehn Bücher eingeteilte Werk behandelt in zahlreichen Abschnitten u. a. auch den Rebensaft vom Weinberg bis in den Keller. Die oft nachgedruckte und auch in andere Sprachen übersetzte Schrift *Von den Eigenschaften der Dinge* erlebte um 1480 herum auch eine Ausgabe zu Basel und ist deshalb mit großer Wahrscheinlichkeit als das erste «Weinbuch» der Schweiz anzusprechen.

1471 erschien – erstmals gedruckt – das zwischen 1304-09 entstandene Lehrbuch über den Landbau von Petrus de Crescentiis. Dieser im Jahre 1230 zu Bologna geborene glänzende Beobachter der Lebensvorgänge legte seine Erfahrungen noch im hohen Greisenalter nieder. Sein *Opus Ruralium Commodorum* wurde zum geschätztesten Agrarbuch des Mittelalters. König Karl V. von Frankreich, dem wir auch die Enstehung des ersten französischen Kochbuches verdanken, ließ das Werk 1373 ins Französische übersetzen. Die 1493 von Peter Drach zu Speyer herausgegebene Ausgabe wurde mit 313 Holzschnitten geziert, wodurch sie zu einem der interessantesten Wiegendrucke wurde. Die erste deutsche, durch Johann Schott gedruckte Ausgabe erschien 1518 in Straßburg.

Noch berühmter als das Werk des Peter von Creszenz wurden die Bücher seines Zeitgenossen Arnoldo Bachuone. Dieser schreibtüchtige Alchimist, Astrologe, Arzt und Tausendsassa ist uns unter dem Namen Arnoldus Villanovanus besser bekannt. Er soll 1230 zu Villanova in Katalonien geboren und im Jahre 1314 bei einem Schiffbruch im Mittelmeer umgekommen sein und galt als der größte Gelehrte seiner Epoche. Obwohl er an die Heilkraft des Steins des Weisen glaubte, brachte er es doch zum Leibarzt verschiedener Päpste. In einem alten französischen

Aus: Villanova / Weintraktat
(Hans Zainer, Ulm 1499)

Destillierbuch wird er sogar als der Erfinder der Destillation gefeiert, was er allerdings nicht war. Immerhin führt er den Alkohol unter dem Namen *aqua vitae* in die *Materia Medica* ein. Bis heute konnte noch nicht genügend abgeklärt werden, welche der seinen Namen tragenden Schriften auch wirklich von ihm geschrieben wurden. So darf als sicher angenommen werden, daß er wohl der Kommentator und Herausgeber, jedoch niemals der Verfasser der berühmten medizinischen Lehrgedichte der Salerner Schule war. Gedruckt wurden diese Gesundheitsregeln erstmals 1474 unter dem Titel *Regimen sanitatis Salernitatum*. Nach den Angaben kompetenter Bibliophilen sollen diese Regeln gegen Ende des 11. Jahrhunderts von dem Arzt Johann von Mailand in Versform gebracht worden sein. Ich selbst besitze eine alte Ausgabe, in welcher dieser Johanne de Mediolano als Autor figuriert. Merkwürdigerweise bezeichnen aber die allermeisten Ausgaben Villanova als Urheber. Zwischen meiner Gastronomica beherberge ich aber noch ein anderes «Gesundheitsregiment», und zwar das von dem Mailänder Arzt Magninus verfaßte. Er widmete diese *Regimen sanitatis* dem Bischof Andrea Ghini Malphigi, der dieses Amt von 1329-34 in Arras innehatte. Elf Seiten dieses interessanten Werkes sind dem Wein vorbehalten. Doch viel wichtiger als alle bisher aufgezählten Schriften, die den Weinbau immer nur als Teilgebiet behandeln, ist für uns der *Tractatus de vinis*, der ebenfalls dem Arnoldus zugeschrieben wird. Der Gesamtkatalog der Wiegendrucke zählt eine ganze Reihe von Ausgaben auf, ohne allerdings Anspruch auf Vollständigkeit erheben zu können. Es ist nicht einmal ganz genau nachzuweisen, wann die erste Ausgabe überhaupt erschien. Die erste deutsche Übersetzung stammt aus dem Jahre 1478. Karl Sudhoff schreibt darüber in seinem Werk *Deutsche medizinische Inkunabeln*:

Der kleine Tractat des großen Vorläufers der Renaissance der Naturwissenschaften kam in mehrfacher Hinsicht den Zeitbedürfnissen in der zweiten Hälfte des 15. Jahrhunderts entgegen und erfreute sich darum einer großen Verbreitung durch vielfache Drucklegungen. In jener weinfrohen Zeit heiteren Lebensgenusses war die Frage des Weinkelterns, Gärenlassens, Klärens und Klarerhaltens und eventuell wieder Gebrauchfähigmachens trüber oder sauer gewordener Weine von vornherein des Interesses weiter Kreise sicher. Auch die Anweisungen zur bekömmlichen Gestaltung des Weingenusses durch allerhand Zusätze, zur Herstellung von Würzweinen und richtigen arzneilichen Getränken aller Art waren willkommen, und über dies alles bringt die kleine Abhandlung des Katalanen Arnoldus in der Übersetzung W. von Hirnkofens, die dem Bürgermeister und dem Rate der Stadt Nürnberg gewidmet ist, autoritative Auskunft. Die dünnen Heftchen wurden fleißig benutzt und verbraucht, kein Wunder, daß fast jeder dieser Drucke eine Seltenheit geworden ist.

Das Sammlerglück hat mir eines dieser «Heftchen» in die Hände gespielt; es handelt sich um ein Exemplar der ersten illustrierten Ausgabe, welche im Jahre 1499 von Johann Zainer in Ulm gedruckt wurde. Im ganzen existieren nur noch vier Exemplare dieses interessanten Büchleins.

Inzwischen waren der Öffentlichkeit nun auch die ersten Kochbücher in gedruckter Form übergeben worden, und sofort traten Siebenmalgescheite auf den Plan, welche die Weisheiten von Küche und Keller vereinten. Knappe Angaben über den Wein hatte man seit Apicius (1. Jahrhundert n. Chr.) in jedem Kochbuchmanuskript gefunden. Gegen die Mitte des 16. Jahrhunderts – vielleicht angeregt durch das *Hochlöbliche Tractat* – wurde dem Wein, dem Bier und dem Essig viel mehr Platz eingeräumt, und aus der ehemaligen *Küchenmeisterei* wurde eine *Koch- und Kellermeisterei*. Abgesehen von einigen unbedeutenden Neuerscheinungen brachte das 16. Jahrhundert nur Nachdrucke.

Dem französischen Edelmann Oliver de Serres war es vorbehalten, das erfolgreichste Werk überhaupt, das sich auch mit dem Weinbau beschäftigte, herauszugeben. Es erschien im Jahr 1600 zu Paris unter dem Titel *Le Théâtre d'Agriculture et Mesnage des champs*. Fast dreihundert Jahre wurde diese glänzende Arbeit immer wieder nachgedruckt, darunter auch einige Male in der Schweiz. Die mir vorliegende Ausgabe stammt aus dem Jahre 1651 und wurde für Samuel Chouet in Genf gedruckt.

1607 kam in Florenz eine kleine Schrift heraus, die erzählte, wie man den Wein «auf französische Art» machen soll, und ein Jahr später zu

Rom eine gelehrte Abhandlung, betitelt *Trattato della natura del vino.* Das schon oben zitierte Hausbuch des Johann Koller erschien im Jahre 1627. Dieses umfassende, an eine alte Chronik mahnende Monumentalwerk behandelt unter vielen anderen Gebieten auch den Weinbau mit fast fanatischer Genauigkeit. So vergißt es nicht einmal zu erwähnen, wieviel man einem Weinbergaufseher zahlen und welche Naturalgaben man ihm verabfolgen soll.

Eines der kuriosesten Stücke meiner Sammlung ist das schon mehrfach erwähnte *Kunst-, Haus- und Wunderbuch* von Balthasar Schnurr. Das mit interessanten Stichen gezierte Buch behandelt in mehreren Kapiteln auch Wein, Bier, Essig und Branntwein. Über die Tugend des Weines weiß der Autor folgendes zu berichten:

> *Wein mäßiglich genützt / macht lebendig / und erquickt natürliche Wärme / verdäwt die Speiß / treibt alle Überflüssigkeit zum Stulgang / reinigt die Natur von allen bösen Dünsten / Unreinigkeiten und Cholera / adelt das Blut / stärkt das Hirn / erkläret die Augen / schärpfet die Sinn und Vernunft des Menschen / macht schön lauter Farb.*

Das 18. Jahrhundert brachte, wie auf allen Gebieten der Fachliteratur, auch zum Thema «Wein» eine ganze Reihe gute Werke hervor. Ein recht merkwürdiges Weinbuch ist das zu Eßlingen im Jahre 1756 erschienene eines unbekannten Autors. Es nennt sich *Der wohlerfahrene Wein-Gärtner, und sorgfältige Wein-Schenck, welcher eine gründliche Anweisung zum Weinbau, und nöthigen Unterricht zur Erhalt- und Verbesserung der Weine mitheilte: samt einem Anhang von curieusen, sehr geheimen Künsten und besonderen Wissenschaften, so zum Wein-Acker-Garten-Bau usw. usw.* Der Autor legt großen Wert darauf, mitzuteilen, wie man verdorbene Weine wieder genießbar machen kann. Aber es werden auch ergötzliche Rezepte preisgegeben, wie man ohne Wein Wein machen kann. Amüsant liest sich auch die Anweisung:

> *Veltliner-Wein nachzumachen. Man zerläßt in etwas rothem Wein Zucker, zu 1. Maaß 1. Vierling, und läßt selbigen verschaumen, hernach mischt man diesen unter 1. Maaß rothen Wein, darinnen man etliche Stund zuvor 2 oder 3 Kien-Spän hat liegen lassen, so wird man nachgehends erfahren, wie der Geschmack sey, als ein natürlicher Veltliner. NB. Dieses war eines Wirths in der Schweiz Secretum mit welchem er viel gewonnen.*

Das älteste in der Schweiz gedruckte Weinbüchlein, das ich besitze, stammt aus dem Jahre 1763 und wurde zu St. Gallen herausgeben. Es enthält nicht nur eine «richtige Ausrechnung des Weins, sondern auch einen historischen Bericht des Weinlaufs von 284 Jahren her.» Wir vernehmen, daß anno 1426 der Wein am wohlfeilsten war. Man konnte ein Fuder Wein für 1 Gulden haben.

War es bis zu Beginn des 19. Jahrhunderts immerhin noch möglich, den Überblick über die Weinliteratur nicht zu verlieren, so ändert sich das nun gründlich. Jedes Land bemüht sich, eine umfassende Darstellung seines Weinbaues und des bei ihm wachsenden Tropfens zu geben. Frankreich, Deutschland und Italien waren hierbei führend. In der Schweiz entstanden nur einige kleinere unbedeutende Schriften. Den imposantesten Band, der mir je zu Gesicht gekommen ist, leistet sich Portugal. Das von der Regierung herausgegebene großformatige Werk *Viticultura e Vinicultura* erschien, mit 102 Stichen und vielen Photos geziert, im Jahre 1896. Ein hochfeudal in Leder gebundenes Exemplar wurde mit der goldgeprägten Widmung dem Bundespräsidenten Adolf Deucher übergeben. Es führt nun, immer noch mit seinem Exlibris geschmückt, ein beschauliches Dasein in meiner Bibliothek.

Nach dem zweiten Weltkrieg haben die Franzosen die Initiative zur Herausgabe einer ganzen Reihe von Luxusbüchern über den Rebensaft ergriffen. Prachtwerke von nie gesehener Schönheit sowohl im Druck

Aus: Crescentius/Von dem nutz der Ding (Straßburg 1518)

als auch in der Illustration machen dem Sammler viel Freude. Dadurch angeregt, haben es sogar einige aufgeschlossene Schweizer Weinproduzenten unternommen, bibliophile Herrlichkeiten zu publizieren, für die ihnen der Liebhaber dankbar ist.

Dem Fachmann und auch dem Amateur stehen wieder Berge von geistreichen Plaudereien und gründlichen Lehrwerken zur Verfügung. Die Schweiz hat sowohl ihre kleine Weinfibel als auch ihr dickleibiges *Buch vom Wein*. Es macht dem Buchhändler ganz besonderen Spaß, den Interessenten hier zu beraten, denn auch er – wie könnte es anders sein? – liebt mit dem guten Buch auch den guten Tropfen.

MENSCH UND WEIN

ls der große Wunderarzt und Tausendsassa Arnoldus da Villanova im Jahre 1310 sehr gegen seinen Willen auf einer Mittelmeerreise an die unwirtlichen Küsten Afrikas verschlagen wurde, schrieb er aus purer Langeweile ein recht ergötzliches Büchlein über den Wein. Nicht nur, daß dieses *Liber de vinis* die erste Monographie über den köstlichen Rebensaft war, es gibt uns auch noch amüsante Kunde vom Geschmack der Zeit und vor allem von den Möglichkeiten, die ein gewiegter Weinhändler damals hatte. Neiderfüllt werden die Nachfahren dieses ehrbaren Berufes feststellen, daß man einundvierzig Sorten Wein aus dem gleichen Fasse entnehmen konnte und damit sämtliche Gebrechen – deren es nicht weniger gab als heute – bestimmt und sicher kurieren konnte.

Hätte ich einen Wein auf Grund des *Loblichen Tractats von beraytung und brauchung der wein zu gesundhayt der menschen* auszuwählen, so würde ich von den einundvierzig aufgeführten Varianten nur deren sechs auftischen lassen, in der sicheren Annahme, damit dem Geschmack jedes Trinkenden zu entsprechen.

Wein, darin gold geleschet ist, würde die Nationalbank von allem überflüssigen Gold befreien und dem Bürger wieder einmal das Dasein vergolden.

Wein von Augentrost, zu latein Eustrasia genannt, der damals garantiert allen Leuten die Augen öffnete, würde auch den letzten Parlamentarier sehend machen. *Wein, der die gedechtnuß widerbringt und wider die vergessenhait gut ist,* sollte jeder säumige Steuerzahler trinken, aber *Wein, der den gantzen leyb sterckt,* müßte das Steueramt jenen spendieren, die den Steuerzettel ausgerechnet am Geburtstag bekommen. *Gewässerter Wein – Ist vast gesund,* heißt es da. Mit diesem Tropfen würde ich die Alkoholgegner erfreuen, jene Leute, die die andern um ihre rote Nase beneiden. Den *Rosenwein* jedoch würde ich unseren charmanten Frauen kredenzen, auf daß die Lieblichkeit des Duftes die ihnen angeborene Lieblichkeit noch steigern und beim trauten Zusammensein ihr süßes Lächeln verklären möge. (Ein anderes Rezept, das mich wohl noch reizen könnte, müßte allerdings erst umgearbeitet werden, lautet es doch: *Wer*

ainen, der von natur weiß ist, rott machen wolle. Einige Hektoliter der
könnte, müßte allerdings erst umgearbeitet werden, lautet es doch: *Wer
ainen, der von natur weiß ist, rott machen wolle.* Einige Hektoliter der
umgekehrten Tinktur dürften Europa bestimmt nicht schaden und selbst
in Rußland noch Abnehmer finden.)

Da es nun immer wieder heißt, früher seien die Menschen besser
gewesen, soll hier anhand der sechshundertjährigen Schrift bewiesen
werden, daß wenigstens in bezug auf Wein schon damals eine nette
Aufschneiderei gang und gäbe war. Arnoldus schreibt da so herzig:

*Ain wein, dem man, wenn man will, ainen yeden geschmack geben mag, welherlay
man gern hat. Und es ist ain hofliche sach. Am maisten gepürlich den herrn, die
sich erzaigen wollen, als ob sy wunderbar und mancherlay wein haben.*

Hundertfünfzig Jahre später wurde es für den Aufschneider noch leichter. Anstatt mit Kräutern und Pulvern verschiedene Weine vorzutäuschen,
konnten sie es mit gedruckten Etiketten tun, ein Trick, der anscheinend
noch immer nicht ausgestorben ist.

Doch was nützt es uns, in die Zeiten Wilhelm Tells zurückzudenken?
Unsere Gaumen sind nun einmal empfindlicher und unsere Zungen gezü-
gelter geworden, und dies kann nicht ohne Einfluß auf den uns zusagenden
Wein sein.

TRAUBEN UND WEIN

Rund viertausend verschiedene Traubensorten gibt es, die wir mit annähernd zehntausend meist schönklingenden Namen belegen. Mindestens
eine dieser Sorten muß man nun nehmen, wenn man Wein machen will,
denn so will es das Lebensmittelgesetz, und daran kann kein Chemiker
etwas ändern. Es gibt Gegenden, wo man mehrere Sorten Trauben nimmt,
was nicht unbedingt ein Vorteil, aber auch nicht immer von Nachteil ist.
So läßt sich z. B. der König der Weine, der vornehme Champagner, in
seiner hervorragenden Qualität nur aus einem Traubengemisch herstellen.
Der *Châteauneuf du Pape* stammt ebenfalls von verschiedenen Erzeugern,
und selbst unser *Dôle* hat nicht immer nur einen Vater. Daß diese viertausend

Selbstporträt von Prof. Hasenclever, die berühmte «Weinprobe» malend

Trauben unser Gehirn mit zehntausend Namen verwirren, ist vielleicht ein starkes Stück, daß sie sich aber darüber hinaus, je nachdem, wo sie wachsen, wie sie leben, und wie man sie behandelt, zu etwa fünfzigtausend grundverschiedenen Säftchen pressen lassen, ist einfach toll. Können uns schöne Frauen durch saisonbedingte Metamorphosen verblüffen, so sind diese köstlichen Früchte geradezu imstande, uns in sprachloses Staunen zu versetzen. Aus dieser Vielfalt nun den Tropfen herauszufischen, der gerade uns ein Fest verschönert, das ist demnach nicht so einfach.

Als der große Galenus, der Vater der modernen Medizin, noch die Erde unsicher machte, bestimmte man solche schwierigen Fragen anhand des Temperamentes, der *Complexionen* des Individuums. Heute müßte man jedem einzelnen Komplex und erst noch dessen Untergattung, dem «Spleen», nachjagen. Tatsächlich ist Weintrinken eine Handlung, die man nur auf psychologischem Wege ergründen kann, denn vom solennen Ritus bis zur ekstatischen Begeisterung sind alle Nuancen der Gefühlsäußerung möglich.

DER WEIN
DER FRAU

Großgewachsene blonde Frauen im Alter von zwanzig bis dreißig Jahren sollen mittelschwere Rotweine trinken; haben sie Lust zu weißen Gewächsen, so dürfen es nur spritzige sein, denn stille, schwere Weißweine werden ihnen gefährlich. Kleine blonde Frauen dürfen sich an einen schweren Burgunder heranwagen, vor spritzigen Weinen aber seien sie bewahrt. Muß die Farbe einmal weiß sein, so darf der Saft der Rieslingrebe entstammen. Die mit einem göttlichen Funken von Dämonie beschenkten pechschwarzen Frauen lieben im allgemeinen keinen Wein, sondern trinken von Jahr zu Jahr, recht unstet, ein anderes Getränk. Sie könnten sich viel Kummer ersparen, wenn sie konstanter wären und ihr Herz ein Leben lang dem Nektar der Gironde oder unserem Rheintaler schenken würden. Wenn man ihnen schwere Rheinweine zu trinken gibt, muß man damit rechnen, daß sie etwas ganz Dämonisches oder etwas ganz Liebevolles anstellen: Wer aber weiß das im voraus?

Wenn solche Frauen die Dreißigergrenze überschritten haben, so kann man ihnen ohne Bedenken Champagner einflößen, doch achte man darauf, daß er *brut* ist und von hevorragender Qualität. Eine billige Abweichung werden sie uns nie verzeihen.

Vollschlanke Frauen sind die dankbarsten Weintrinkerinnen, auch haben sie dank der Harmonie ihres Körpers einen besonders ausgeprägten Sinn für harmonisch abgestimmte, körperreiche Weine. Der schwerste Burgunder der besten Kreszenz oder ein rassereiner *Pinot noir* kann diese Frauen zu Gesellschafterinnen machen, deren Witzigkeit selbst einem Antonius gefallen hätte. Frauen, die zur Korpulenz neigen, jener körperlichen Fülle, die alle Cäsaren begeisterte, tun gut daran, sich an leichte, mit einer pikanten Säure durchsetzten Gewächse zu halten oder nur recht herben Schaumwein zu trinken. Ihre Elastizität, ihr Teint und ihr gesamtes Wohlbefinden hängt weitgehend von ihren Getränken ab. Dem griechischen Typus, jenen herrlichen Frauen, die vor unserem geistigen Auge die Antike in ihrer Blütezeit wiedererstehen lassen, raten wir als bevorzugtes Getränk die gottvollen Schloßabzüge von Bordeaux oder die in einem Felsenkeller des Piemont gereiften blutroten Kinder der Nebiolotraube an. Ein Barolo *Opera Pia*, der ein Dezennium im dortigen Schloßkeller verträumt hat, scheint mir gerade gut genug.

Wem der Herrgott ein anderes Näschen verschrieben hat, der lasse von den eben genannten Weinen die Finger. Ein Stupsnäslein greife zu den Weinen, die der Waadtländer nicht als Wein anerkennen will, nämlich zum *Neuenburger,* denn mit ihm und vielleicht noch mit *Asti spumante* wird es sein Glück erträumen. Die frauliche «Knabenfigur», nach der wir uns einst die Köpfe verrenkten, lasse sich mit schweren Weißweinen verwöhnen, und ·jede Frau, ganz gleich welchen Alters, die Liebeskummer hat – das soll es bis ins höchste Alter geben – wähle zwischen zwei Sorten. Wünscht sie im Liebeskummer heroisch zu schwelgen, so trinke sie Moselwein, wünscht sie ihn schmerzlos zu überwinden, so halte sie sich an «Champagner Demi-sec».

Frauen, die Männerhosen tragen und die Tabakspfeife rauchen, sollen nur alkoholfreien Traubensaft trinken, so neutralisieren sie wenigstens eine Ecke ihrer männlichen Seele; Frauen jedoch, die schönen Knaben Mutter sein wollen, greifen gelegentlich zu einem Gläschen alten Cognac. Wird aber eine kleine Prinzessin erwartet, so spendiere der Herr Papa hin und wieder eine Pulle Schampus.

DER WEIN
DES MANNES

Und die Männer? Nun, für diese wankelmütigen Geschöpfe, die sich schon an der Mutterbrust wie Gourmets gebärden und glauben, einen

Unterschied zwischen links und rechts herausgeschmeckt zu haben, seien einige markante Wahrsprüche hier festgehalten.

Füllet keinen jungen Wein in alte Schläuche.

Wein ist ein Geschenk der Natur, darum soll man ihn ehren und mit Andacht genießen.

Der Trank der Freude sei Wein; der Zornige soll Wasser trinken, das beruhigt ihn und andere.

Einen Weintrinker erkennt man nicht an der roten Nase, sondern an der Freude, die er auch anderen Dingen abgewinnen kann.

Wer mit seinen Weinkenntnissen prahlt, mag wohl ein handfester Trinker sein, mehr aber meistens nicht.

Wähle Wein genau so vorsichtig aus wie eine Frau, beides erspart viel Ärger und Geld.

Behandle einen guten Wein wie eine gute Frau, daß heißt: Fasse ihn nicht grobschlächtig an, schüttle ihn nicht, lasse ihn zeitweise in Ruhe, und wenn Du ihn schon trinkst, so sage ihm ein paar nette Worte: Selbst Weine hören das gerne.

Weintrinkende Männer kann man spielend katalogisieren, und zwar auf Grund ihrer – Krawatten. Farbenfrohe, dickgebundene Krawatten deuten auf Weißwein hin; meistens werden trockene Tropfen bevorzugt. Die farbenstumpfe, überdick zusammengeschlungene Krawatte verrät einen Landweintrinker, der das rote Gewächs liebt. Eine elegant gebundene, in der Farbe nicht zu grelle Krawatte, mit einer Perle verziert, ist das Beweisstück für einen Moselwein- und Champagnerliebhaber. Steckt in der Krawatte mehr als nur eine Perle, so kommen nur Rhein- und Bordeauxweine edelster Provenienz in Frage. Eine auffallend dünn gebundene Krawatte in recht frischen Farben läßt auf ein bacchanalisches «Greenhorn» schließen. Nach einiger Überlegung entscheidet er sich meistens für Ovomaltine.

Die großen Weinkenner tragen die Krawatte nie ganz am Kragen angeschlossen, meistens sieht man den Kragenknopf. Dieser funkelt zudem noch leuchtend auf, wenn besonders gute Tropfen kredenzt werden. Schwierige Gesellen sind die Männer mit Fliegen. Ein steif abstehender Schlips läßt nicht auf große Kennerschaft schließen, weit herunterhängende Flügel sind untrügliche Zeichen dafür, daß der Träger die allerbesten Weine der Welt trinken würde – hätte er das Geld dazu. Leute, die Schuhriemen an Stelle von Schlipsen tragen, sind mit Vorsicht zu behandeln. Sie trinken alles mit Kennermiene, vom hundertjährigen Tokayer bis zur flüssigen Schmierseife, sie belohnen aber den Spender mit einem gottergebenen Augenaufschlag. Männer mit verschlissener Krawatte sind dankbare Zecher, Männer mit Fettflecken auf der Krawatte sind Junggesellen, und Männer ohne Krawatte sind – beinahe hätte ich gesagt keine Männer, aber das wäre doch übertrieben – nein, Männer ohne Krawatten sind eben – krawattenlos.

Genau wie eine Masse zusammengeraffter Bücher noch lange keine Biblio-thek ergibt, so ist auch eine Vielzahl von Flaschen noch kein Weinkeller im Sinne des Liebhabers. Die Zusammenstellung eines guten Kellers ist Sache des Temperaments, des Wissens und nicht zuletzt auch der verfügbaren Mittel. Große Kenner konzentrieren ihre Liebe auf recht wenige Marken, nur Snobs kaufen alles zusammen. Mein guter Rat beim Einkaufen lautet: Nur Weine kaufen, die man wirklich gerne trinkt, und keine Flasche mehr, als man sich leisten kann. Große Jahrgänge bevorzugen, mittelmäßige dem allgemeinen Konsum überlassen.

Sonnen wir uns einmal im Gedanken, daß wir unseren Keller, unbeschadet aller finanziellen Erwägungen, zusammenstellen könnten. Wir würden ihn dann mit folgendem versehen: Einige Bordeaux und Burgunder, zwei bis drei Rhein- und Moselweine, zwei italienische und natürlich ein halbes Dutzend Schweizer Weine. Zumindest ein Champagner und auch eine Sorte Schaum-wein müßten herbei, und dazu noch drei ausgesuchte Südweine. Vielleicht ließen wir uns noch zu einem Tokayer verleiten, der in seiner höchsten Vollen-dung, der sogenannten «Essenz», ein geradezu himmlisches Getränk sein kann. So ausstaffiert könnten wir Fürsten und Könige empfangen, und auch der verwöhnteste Gourmet wäre befriedigt, vorausgesetzt, daß wir gute Jahrgänge erwischen und jeden Tropfen zur richtigen Zeit, im richtigen Glase, zum richtigen Gastmahl und erst noch in der richtigen Temperatur kredenzen.

Allen Ehemännern, welche die Aufgabe haben, für den richtigen Tropfen zu einem netten Feste zu sorgen, seien ein paar Verse aus Joseph von Lauffs köstlicher *Brixiade* nicht vorenthalten:

> *Wer zuckerfreien Wein nicht ehrt,*
> *Mit schlechtem sich den Kopf beschwert,*
> *Daß alles um und um sich dreht*
> *Und torkelnd er nach Hause geht,*
> *Dabei gleich wie im Nebel schwimmt,*
> *Ein Stück Laterne mit sich nimmt*
> *Und lästerlich und übereilt*
> *Daheim das liebe Weib verkeilt,*
> *Dieweil es zorn- und grambeschwert*
> *Im Bett den Rücken ihm gekehrt –*
> *Dem bleibt fortan und für und für*
> *Verlegt, verrammelt hier die Tür.*

Der lieblichen Gemahlin jedoch, die den Löwenanteil wohl schmun- zelnd dem Gatten überläßt, sei dieser Vierzeiler in Erinnerung gerufen:

O duftige Blume im Weine,
Du blühest im Alter mir fort,
Wenn längst mit trügendem Scheine
Die Rose der Liebe verdorrt.

Da die Schweiz Wert darauf legt, zu Europa zu gehören, dürfen ihre guten Weine natürlich nicht übergangen werden. Heute sind Schweizer Weine ein Säftchen, an dem auch Gott Bacchus nicht achtlos vorbeiginge. Wer solch auserlesene Tropfen besitzt, der lege sie seelenruhig neben all die anderen, und zwar die leichten roten Landweine zu den Bordeauxwei- nen, die schweren Rotweine zu den Burgundern, die Walliser Weißweine zu den Rheinweinen, die Waadtländer jedoch zu den Saarweinen oder den trockenen Bordeauxweinen. Riesling-Sylvaner neigt zur Mosel. Die großen Spezialweine aber, soweit sie trocken sind, gehören zum Rhein hinüber, und die süßlichen verdrängen gar den Château d'Yquem oder selbst den Champagner. Wer als Ausländer die Schweiz bereist, lasse sich ja keinen fremden Wein aufschwatzen: Die Schweiz hat nicht nur hohe Berge, schöne Frauen und gescheite Männer, sie hat auch sehr, sehr gute Weine. Probatum est!

VON DEN BESTEN TROPFEN

Die menschliche Begeisterung für den goldenen Saft prallreifer Reben dürfte am Tage der ersten Kostprobe geboren worden sein. Ob dieser köstliche Schluck vor zehn- oder zwanzigtausend Jahren genossen wurde, das allerdings entzieht sich unserem Wissen. Wüßten wir beispielsweise, daß der gute Noah von dem so oft bespöttelten Mißgeschick auf einer Weinprobe ereilt wurde, so wäre das ein Beweis dafür, daß man von Anbeginn darauf erpicht war, vom Guten das Beste herauszufinden. Sicher aber ist, daß die Weinprobe bis auf den heutigen Tag nichts von ihrem Nimbus eingebüßt hat. Selbst in unserem als nüchtern verschrienen Zeitalter schwebt noch ein Hauch des Geheimnisvollen über diesem solennen Akt. Vielleicht liegt das nur daran, daß wir die Natur des Weines immer noch nicht restlos ergründet haben.

Wurde der Wein im Altertum als der Trank der Götter gepriesen, so ist er heute das bevorzugte Getränk zur Besiegelung ehrlicher Freundschaften; das Leben des Kulturmenschen unseres Jahrhunderts ist ohne dieses köstliche Naß kaum vorstellbar. Den besten Tropfen im Keller zu haben war noch nie rein winzerlicher Ehrgeiz; nach seinem Besitz strebten sowohl Kaiser und König als auch der behäbige Bürger. Hohe und niedere geistliche Würdenträger waren der Rebe und ihrem Saft seit jeher wohlgesonnen. So hat der auch heute in hohem Ansehen stehende *Châteauneuf du Pape* den Kardinälen des in Avignon residierenden Papstes Urban V. (1362-1370) derart gut gemundet, daß sie sich weigerten, dem Papste nach Rom zu folgen. Als Urban sich in einem Briefe an Petrarca hierüber beklagte, schrieb ihm dieser:

Die Kirchenfürsten schätzen die Weine der Provence sehr und sie wissen, daß die französischen Weine im Vatikan rarer sind als Weihwasser.

Welch belebenden Klang hat doch heute noch das bescheidene Wörtchen «Nektar»! Nicht jeder, der es ausspricht, weiß, daß man damit im Altertum den Wein aus Chios bezeichnete. Übrigens ist das der gleiche Wein, den Cäsar mit seinen Freunden zum Lobe der Götter und auf

Siegesfeiern trank, und an der selben Sorte ergötzten sich viele Jahrhunderte später noch die Dogen des mächtigen Venedig. Homer rühmt den Wein Kretas, was kein Wunder ist, sollen ihn doch selbst die Seligen im Himmel getrunken haben. Der mit der Konsolidierung der römischen Eroberungen so stark beschäftigte Kaiser Augustus gab dem Veltliner vor allen anderen Weinen den Vorzug. Im 4. Jahrhundert verfaßte Ausonius sein in die römische Literatur eingegangenes Loblied auf die Mosel und ihre herrlichen Weine. Von Plinius erfahren wir, daß bei einem Gastmahl, welches Cäsar aus Anlaß seines dritten Konsulates gab, zum ersten Male vier Sorten Wein auf die Tafel gesetzt wurden, und zwar falernischer, chiischer, lesbischer und mamertiner. Aber Tausende von Jahren vorher begnügte man sich schon nicht mit einer Sorte Wein, denn die alten Ägypter unterschieden schon deren sechs; derjenige aus dem Delta des Nils war der bevorzugte. Um die Auswahl noch zu vermehren, vermischte man die einzelnen Sorten untereinander, also unser «Vin fédéral» hatte seinen Vorläufer.

Daß man einen guten Tropfen schon vor Beginn unserer Zeitrechnung entsprechend honorierte, ist uns ebenfalls überliefert worden. Ein besonders gesegnetes Weinjahr war das Jahr 121 v. Chr. Die Amphore Wein stieg von fünfzehn Sesterzien auf hundert. Hundersechzig Jahre später war dieser unter Konsul Opimius gewachsene Wein immer noch zu haben, nur kostete die Amphore tausend Sesterzien, so daß ein Liter auf etwa

Château La Grange

zwölf Goldfranken kam. Solch alte Weine sind uns auch in der neueren Zeit nichts Unbekanntes. Im Jahre 1888 macht Dr. C. Schmitt in Wiesbaden sehr interessante analytische Versuche mit alten Weinen; unter anderen untersuchte er einen Hochheimer des Jahrgangs 1706, also einen Wein, der hundertzweiundachtzig Jahre vorher gewachsen war. Der Kostprobenbefund lautete: «Klar hochgedeckt, Firne aufgezehrt, ziemlich firne Blume». Von den zweihundertfünfzig Kabinettweinen, die der gelehrte Önologe untersuchte, stellte er den 1859 Hochheimer in den ersten Rang, schreibt er doch:

Ein solcher Wein kann nicht beschrieben werden: die Sprache reicht nicht aus, um von seinen Wundern zu erzählen. Einen Begriff davon bekommt nur der Glückliche, dem es beschieden ist, Geruch und Geschmack an ihm zu laben.

Es war den alten Römern also wohlbekannt, daß ein Wein, um den Höhepunkt seiner Tugenden zu erreichen, bejahrt sein müsse; so trank man keinen Wein, der nicht fünfzehn Jahre lang in einem nach Norden orientierten Keller geruht hatte. Aber nicht jeder Tropfen, der alt schmeckte, war es auch. Findige Köpfe hatten schon längst herausgefunden, daß man durch Räuchern der Natur nachhelfen könne, und was die Griechen in ihrer *apotheka* taten, ahmten die Römer fleißig im *fumarium* nach. Der Argrarschriftsteller Columella (1. Jahrhundert n. Chr.) empfahl sogar, diese Räucherkammer über dem Badezimmer anzubringen, damit die dort erzeugte Hitze nicht nur das Badezimmer erwärme, sondern auch den Wein dem Rauch aussetzte.

Von Italiens Weinen erfreuten sich damals die Falerner der größten Beliebtheit, die besonders in Horaz einen begeisterten Verehrer fanden. Der *Falerno faustiano* wächst auf den Hügeln der einstigen Villa Ciceros. Von einzelnen Jahrgängen wurde behauptet, sie seien so stark gewesen, daß man sie habe anzünden können; so etwas nennt man allerdings «Weintrinker-Latein». Die Gewächse des Vesuvs standen ebenfalls in nicht geringem Ansehen.

Im Mittelalter wurde der *Monte Fiascone* berühmt. Die Legende erzählt, daß der Augsburger Domherr Johann Fugger die Welt bereiste, um die besten Tropfen ausfindig zu machen. Er schickte dann und wann einen ihm treu ergebenen Diener voraus, damit dieser eine Vorprobe abhalte. Stieß der pflichteifrige Geist nun auf eine Taverne, die einen rechten Schluck zum Ausschank brachte, so schrieb er behend ein «Est» an die Türe. Als der gute Prälat nun einstmals in Montefiascone einzog, fand er auf der Wirtshaustüre fein säuberlich aufgemalt: «Est, est, est.» Erwartungsvoll betrat er den Gastraum, und des klugen Dieners Gutachten wurde ihm «in natura» bestätigt. Er setzte dem prickelnden Muskateller jedoch mit einem solchen Eifer zu, daß ihn der Schlag traf und man ihn in der Kirche San Flavinio beisetzen mußte. Seinem letzten Wunsch gemäß wurde sein Grabstein alljährlich um die Pfingstzeit mit dem köstlichen Rebensaft begossen. Noch heute nennt man den Wein des kleinen Städtchens *Est, est, est.*

Martin Luther hat sein schönstes Lied «Ein feste Burg ist unser Gott» in Oppenheim bei einer Flasche Niersteiner gedichtet. (Daß er sich nicht an einer Flasche Oppenheimer Goldberg gütlich tat, bleibt mir ein Rätsel. Dieser Wein, dessen Jahrgang 1943 so herrlich ist, daß er direkt im Himmel gewachsen sein könnte, muß selbst die lahmste Zunge zum Singen bringen.) Zu seiner Zeit standen die auf Kirchländereien wachsenden Weine hoch im Kurs, und das mit Recht, denn die geistlichen Herren strebten konsequent nach Qualität. Heute noch ist die Kirche im Besitze der besten Weingärten Europas, und der «Vinum theologicum» hat nichts von seinem Rufe eingebüßt. Der Moselwanderer wird sich mit Vergnügen der köstlichen Tropfen erinnern, die in den Weinbergen der hohen Domkirche zu Trier wachsen.

Wen ein gütiges Geschick je in die *Augusta trevororum* führt, der nehme es nicht eilig. Er wird auf der ganzen Welt nicht so viele gottvolle Tropfen vereinigt finden, wie in den Kellern dieser Römerstadt. Allein die Hohe Domkirche, das bischöfliche Konvikt und die Vereinigten Hospitien können mit Variationen aufwarten, die einen Weinliebhaber veranlassen könnten, seine Zelte für immer an den Gestaden der muntren Mosel aufzuschlagen. Man notiere sich nur die folgenden Kinder Mosellas: Dom-Avelsbacher, Thiergärtner unterm Kreuz, Trierer Augenscheiner, Zeltinger Himmelreich, Zeltinger Stirn, Piesporter Goldtröpfchen, Bernkastler Doktor, Erdener Treppchen, Wehlener Sonnenuhr und Josephshöfer. Da letzterer mein Lieblingstrank aus jener Gegend ist, bitte ich sehr, eine Pulle auf mein Wohl zu leeren. (Es können auch zwei sein!)

Wer diesen himmlischen Stoff untersucht hat, versäume aber nicht, seine Schritte auch moselaufwärts nach der bescheidenen Saar zu lenken. Hier lasse er sich den besten Jahrgang des Scharzhofbergers, der Ayler und Wiltinger Kupp und schließlich den Serriger Vogelsang vorsetzen. Er verlasse aber Trier nicht, ehe er seine Schritte nicht auch moselabwärts gelenkt hat; dort fließt die kleine Ruwer, die man fast in die Tasche stecken kann. Hier wähle er einen Maximin-Grünhäuser und einen Karthäuser-Hofberg. Erst wenn er alle diese Tröpflein gekostet hat, versteht er, warum unsere Dichter den Rebensaft bis in alle Ewigkeit besingen werden.

In Frankreich standen nicht immer Burgunder und Champagner im Vordergrund, sondern es waren die Weine von Marseille und Paris, die dem Publikumsgeschmack am besten entsprachen. Burgunder, den Wein, den man heute gerne recht lange im Keller schlummern läßt, ließ man früher kaum über sechs Jahre alt werden. Baron von Vaerst erzählt jedoch

Château d'Yquem

in seiner *Gastrosophie,* daß er im Jahre 1837 zu Paris einen Clos de Vougeot trank, der volle sechzig Jahre alt war, und daß er sich nichts Köstlicheres vorstellen könne. Immerhin sei dieser Wein so hoch im Preise gekommen, daß ihn nur Millionäre erwerben konnten.

Vaerst wußte nicht, was wir heute wissen, nämlich daß er seinen Wein damals recht billig trank. Werfe ich einen Blick in eine alte Weinkarte – es liegt mir eine solche aus dem Jahre 1908 vor – so staune ich höchstens, daß die Weine heute so billig sind.

Ich lese auf dieser pompösen Karte die folgenden Preise:

1893er Geisenheimer Mäuerchen Beeren-Auslese	*Mark 30.–*
1904er Rauenthaler Cabinet, Trocken-Beeren-Auslese	*Mark 40.–*
1893er Hattenheimer Nußbrunnen, Trocken-Beeren-Auslese	*Mark 50.–*
1862er Schloß Johannisberger Auslese	*Mark 60.–*
1893er Steinberger Cabinet, Trocken-Beeren-Auslese	*Mark 70.–*

All dies sind Weine des Rheingaus, das Beste, was Deutschlands Boden und Sonne an den Ufern des Rheines wachsen läßt. Die Mosel- und Saarweine brachten es damals nicht ganz so weit, denn eine Flasche

1904er Piesporter Auslese kam auf fünfundzwanzig Mark und eine Scharzhofberger auf nur zwanzig Mark. Nach dem ersten Weltkrieg kehrte sich das Blättchen jedoch, und es wurden für die Weine der Mosel geradezu phantastische Preise bezahlt. Ich erinnere mich an eine Weinversteigerung in Trier, an welcher ein Ruwerwein (Jahrgang 1921) den Ersteigerer auf hundertzwanzig Goldmark die Flasche zu stehen kam. Er wurde gekauft, er wurde getrunken – leider beides nicht von mir!

Auf der gleichen Karte stehen auch französische Weine, die zweiunddreißig Mark (Château Margaux) und fünfunddreißig Mark (Château d'Yquem Jahrgang 1869, also neununddreißig Jahre alt) kosteten: Aber auch dies sind keine Spitzenpreise.

Um dem Leser eine Vergleichsmöglichkeit zu geben, sei noch verraten, daß der billigste Wein auf dieser Karte eineinhalb Mark kostete; zu diesem Preise konnte man eine Flasche Königsbacher (Rheinpfalz) oder eine Flasche Laubenheimer (Rheinhessen) haben. Der billigste Moselwein kostete eine Mark sechzig und der billigste Saarwein zwei Mark. Genau soviel kostete aber auch der billigste Bordeauxwein.

Frankreich ist das Land, das vom Herrgott eindeutig bevorzugt wird. Die Auswahl an hervorragenden Weinen ist derart groß, daß man sich fast nicht getraut, auch nur einige zu nennen. Manchen der wundervollen Schloßabzüge der Gironde möchte man nur kniend genießen. Denken Sie an Château Lafite, Château Latour, Château Margaux und an die Perle aller Weißweine, den Château d'Yquem. Gewichtig meldet sich die «Côte d'or» des Burgunds zu Wort mit ihrem Romanée-Conti, Chambertin, Musigny, Clos de Tart, Clos Vougeot und Corton. Die weißen Montrachet, Meursault und Chablis wollen aber auch nicht übergangen sein.

Der berühmte deutsche Weinkenner Wilhelm Hamm schrieb vor etwa hundert Jahren, daß kein Schweizer Wein an den Veltiner heranreiche. Den *Completer* bezeichnete er als den besten Wein der Schweiz. Heute müßte dieser Schriftsteller seine Hefte revidieren, denn wir sind auf nicht wenige Weine stolz. Der Zürcher liebt seine nicht gerade pausbackigen, aber recht frohmütigen Rebenkinder mit Fug und Recht. Den Stolz des Waadtländers auf seinen *Dézaley de la Ville* kennt man; fragen Sie aber nie einen Neuenburger, welches der beste Wein sei, denn für ihn gibt es da nichts zu fragen.

Können sich die Schweizerweine im allgemeinen mit den Spitzengewächsen Frankreichs und Deutschlands nicht messen, so erheben sie heute doch Anspruch, mit manchem Gewächs in den vordersten Reihen zu stehen. Als dem Rheinwein bester Herkunft vollkommen ebenbürtig dürfen wir den *Goût du Conseil* der Walliser Domäne Mont d'Or nennen; es gibt Jahrgänge, die selbst seinen «großen Bruder» vom Rheine neidisch machen.

So sehr man das Loblied der guten Tropfen singt, so sehr distanziert

Clos Vougeot

man sich von den schlechten; ja man beschimpft diese und nennt sie Kutscher, Rachenputzer, Flöhpeter, Dreimännerwein (einer, der ihn trinkt, zwei die diesen festhalten müssen), Lacrimae petri (er ging hinaus und weinte bitterlich), Strumpfwein (er zieht die Löcher zusammen), Kanonenwein (er zieht die Rohre zusammen). Loreleywein (ich weiß nicht was soll es bedeuten) und Lohengrinwein (nie sollst du mich befragen). Eselswein nennt man ihn, wenn er einschläfert; Hirschwein, wenn er zum Brüllen reizt; Löwenwein, wenn er zornig macht; Elsterwein, wenn er uns zärtlich werden läßt; Fuchswein, wenn er boshaft macht und endlich Affenwein, wenn er zu übertriebener Lustigkeit führt.

MAIENTRANK UND ANDERE FEUCHTE KÖSTLICHKEITEN

latos Zeitgenosse Hippokrates, der griechische Arzt und Urvater aller Mediziner, könnte leicht in den Verdacht kommen, der Erfinder der Bowle gewesen zu sein, denn noch heute kennen wir eine Würzmischung, die seinen Namen trägt. Dieser *Hippokras* war ein im Mittelalter sehr beliebter Trank. Ein jetzt noch gültiges Rezept wurde im Jahre 1376 von Taillevent niedergelegt. Erfinderische Zungen versuchten, dieses scharfe Getränk zu verbessern und gingen dazu über, zartduftende Kräuter als würzende Beigabe zu verwenden. Im 16. Jahrhundert stoßen wir erstmals auf ein flandrisches Rezept, das als Zutat zum Wein unter vielen andern Kräutern auch *asperula odorata* angibt. Bis dahin wurde es eigentlich eher als Gewürzbeigabe zu Wildpret verwendet und unter dem Namen *Herzensfreud* zur Maienzeit in schönen Buchenwäldern gepflückt. In einem Kräuterbuch aus dem Jahre 1664 findet das bescheiden-liebliche Kräutlein schon eine besondere Würdigung, heißt es doch: «Im Mayen, wann das Kräutleyn noch frisch ist und blühet, pflegten es viele Leut in den Wein zu legen und darüber zu trinken; soll auch das Herz stärken und erfreuen.»

Vorerst aber dominierten beim Weingemisch noch Maßliebchen, Erdbeerblätter, Veilchenblüten und Schafgarbenblättchen. Die Zubereitungsvorschrift für die Mai-Bowle mußte noch manche Wandlung durchmachen, bis dieser Trank zum erklärten Lieblingsgetränk der Familie und besonders der studentischen Jugend wurde. Erst am Ausgang des letzten Jahrhunderts gelangte sie, nach rigorosem Ausschluß aller geschmacktötenden Beigaben, zu kulinarischen Meisterehren. Bei uns kam der Trank erst reichlich spät zu Ansehen. Es waren ausländische Studenten, die unsere jungen Früchte in die Geheimnisse dieser frühlingshaften Mixologie einweihten. Naheliegend war dann, daß die süffige Mischung zur «pièce de resistance» einer jeden frohen Maifahrt wurde. Frohe und wehmütige Erinnerungen tauchen bei den «Alten Herren» auf, wenn man auf Maifahrt und Maitrank zu sprechen kommt.

An den Ufern der lieblichen Mosel, deren leicht säuerliche Weine sich zur Zubereitung des frischen Trunkes besonders gut eignen, wird ein ganz besonderer Kult damit getrieben. Hier rühmt sich jeder Gastwirt, ja jeder aufgeweckte Familienvater, im Besitze des einzig wahren «Geheimrezeptes» zu sein.

Die Zürcher Studenten tranken und trinken auch heute noch ihre Maibowle am liebsten an einem der idyllischen Winkel am stillen See. Allerdings wandelt jede Verbindung ihre eigenen Wege. Die Aufgabe der Füchse aber ist es, die nötigen Büschel unerblühter *Waldmeisterli* herbeizuschaffen, und des Fuchsmajors heiliges Privileg bleibt es dann, den Maitrank feierlich und unbeeinflußbar zu brauen. Erscheinen dann die «A.H.'s» zur vereinbarten Stunde am trauten Ort des Stelldicheins, so schlagen ihnen meist nicht nur die leisen Wogen des veschwignen Sees entgegen, sondern häufiger noch die hohen Wellen studentischer Begeisterung. Das auf der romantischen Insel Ufenau mit größtem Erfolg angewandte «Geheimrezept» für den goldenen Frühlingstrank lautet wie folgt:

Mehrere noch nicht blühende, aber schon am Tage vorher gepflückte Bündel Waldmeister hängt man mit den Köpfen nach unten so in eine mit drei Flaschen leichtem Weißwein gefüllte Weinkanne, daß die Stiele nicht mit eintauchen. Nach etwa zehn Minuten entfernt man den Waldmeister und fügt eine in Scheiben geschnittene Orange ohne Kerne hinzu. Die Orange darf nicht ausgepreßt werden, damit der Wein seine goldene Farbe behält. Kein Zucker!

Nach dem gleichen Rezept setzte man diese Bowle vor einem halben Jahrhundert auch in den literarischen Kreisen Deutschlands an. Eine kleine poetische Einlage möge dies beweisen:

Maibowlenrezept *von Johannes Trojan*

Eine gute Maikrautbowle
Willst du machen? Nun so hole
Einen leichten Moselwein,
Aber gut sei er und rein.
(Ob er gut und rein zu nennen,
Mußt du freilich schmecken können.)
Schlechter Wein gibt schlechten Trank,
Der nicht froh macht, sondern krank.
Denn vor allem merke du:

Gar kein Wasser misch hinzu,
Weder Selters noch gemeines,
Denn es ist ein Feind des Weines.
Maikraut wirf hinein recht viel,
Aber nicht mit Stumpf und Stiel,
Sondern putz' vorher es sauber,
Dann erst richtig wirkt sein Zauber.
Tu' auch keinen Gundermann
Und kein Ahlbeerblatt daran!
Es gehört da nicht hinein.
Höchstens schnitzle in den Wein
Ein paar Apfelsinenscheiben,
Oder laß es lieber bleiben.
Nur vor einem ist mir bange:
Daß das Maikraut allzulange
Bleib' im Wein und ihn verderbe,
Weil er strenge wird und herbe.
Fleißig kosten immerzu
Mußt du ohne Rast und Ruh',
Bis genug gewürzt zu nennen
(Freilich mußt du's schmecken können)
Ist der Trank, den du gebraut.
Schnell hinaus dann mit dem Kraut!
Zucker nimm, so viel notwendig,
Und, ich bitt' dich, sei verständig,
Mach' die Bowle nicht zu süß!
Sehr von Wichtigkeit ist dies.
Eine Bowle, dergestalt
Angesetzt, gib ja recht kalt!
Hast, wie ich dich angeleitet,
Du die Bowle zubereitet
Und dich vorgesehen klug,
Daß vorhanden ist genug,
Werden all, die davon tranken,
Andern Tages dir noch danken
Für den wundervollen Trank.
Sage, gibt es schönern Dank?

In der guten Zürcher Familie wird das aromatische Bacchusgeschenk im Wonnemonat Mai mit Behagen getrunken. Die jüngere Generation durchstreift den nahen Bergrücken nach den würzenden Kräutern, und des Abends muß der Vater seine Braukünste unter Beweis stellen. Die Mutter hat mit vorsichtigen Händen dem alten Buffet sein Prunkstück, die Bowlenschüssel, entnommen und behutsam die dazu passenden Kristallkännchen bereitgestellt.

Obwohl sich so ein Bowlerezept sehr einfach anhört, hat doch schon mancher eifrige Hausherr anstatt des süßen belebenden Trunkes eine bittere «Suppe» zustande gebracht, wobei er die Richtigkeit des Virgil'schen Ausspruches «latet anguis in herba» am eignen Fleisch erfahren durfte.

Wer sich je daran machen will, eine kunstgerechte Bowle – gleich welcher Art – zu brauen und sich vor seinen leiblichen Nachkommen nicht blamieren will, der halte sich strikt an die folgenden Ratschläge:

1. *Die zur Verwendung gelangenden Weine müssen sehr kalt sein, daher muß man sie rechtzeitig aufs Eis legen.*
2. *Sämtliche Weine müssen vor der Verwendung probiert werden, damit sich kein unerwünschter Geschmack einschleichen kann. (Korkgeschmack usw.)*
3. *Wenn Zucker verwendet wird, so muß dieser vorher in Wein vollständig aufgelöst werden, sonst wird die Bowle zur trüben Brühe.*
4. *Sämtliche Früchte müssen gartenfrisch sein (sofern es sich nicht um Konserven handelt), sie dürfen also weder angefault noch matschig sein. Gerade die schönsten Exemplare, die aufzutreiben sind, sind für eine Bowle gut genug. Beeren müssen z.B. noch hart sein, dürfen also keine schwammige Masse bilden.*
5. *Die Schüssel nicht offen stehen lassen, da sonst das herrliche Aroma in die Lüfte steigt und, da wir ihm nicht nachsteigen können, für uns verloren ist.*
6. *Der Bowlelöffel ist lediglich zum Eingießen da, also nicht zum Probieren; nicht, um damit in der Schüssel stürmische Wellen auszulösen und nicht einmal, um ihn darinnen stehen zu lassen; merkwürdigerweise gibt er auch bei längerem Stehenlassen kein Aroma ab.*
7. *Niemals – und hier werfe ich meine ganze Autorität in die Bowle – Eisstücke in das Getränk, selbst wenn sie lauwarm wäre, denn sonst ziehen sich sämtliche guten Geschmacksstoffe indigniert zurück. Wenn eine Bowle nicht kalt genug ist, so muß man sich anders helfen. Einmal, indem man sie in ein größeres Gefäß stellt und den Zwischenraum mit kleinen Eisstückchen ausfüllt, auf welche man dann reichlich grobes Salz streut, oder indem man eine größere Karaffe mit kleinen Eisstückchen füllt, und diese dann in die Bowle stellt. Selbst nasse Tücher um die Bowleschüssel zu wickeln, ist besser, als Eisstückchen hinein zu werfen.*
8. *Man verwende nicht zu große Gläser oder fülle diese nicht ganz voll. (Abgestandene Bowle ist scheußlich.)*
9. *Mit Zucker und anderen Beigaben wie Likören und Spirituosen gehe man stets vorsichtig um. Der Katzenjammer, den eine zu süße oder zu starke Bowle bereiten kann, läßt eine tagelange Seekrankheit geradezu zu einem Vergnügen werden.*

GEHEIMREZEPTE DER BOWLEN-BRAUKUNST

Waldmeister-Bowle für ein Familienfest *(für sechs bis acht Personen)*. In eine Bowleschüssel gibt man einen Liter leichten Weißwein und 250 Gramm feinen Zucker. Mit einem Eßlöffel – also nicht dem Bowlelöffel – rührt man nun solange, bis der Wein ganz klar ist, das heißt bis sich der Zucker vollständig aufgelöst hat. Hierauf hängt man zwei Büschel sauber gewaschenen, leicht angewelkten Waldmeister an einem Zwirnfaden derart in die Bowle, daß nur die Blätter Kontakt mit der Flüssigkeit haben, die Stiele dagegen sich die Sache aus der Vogelschau betrachten können. Nach fünfundzwanzig bis dreißig Minuten sollte der Wein das angenehme Aroma der Maikräuter übernommen haben, und dann entfernt man sie wieder. Nun gießt man noch zwei Liter des gleichen Weißweines, einen halben Liter hellen Rotwein und eine Flasche Schaumwein hinzu. Ehe man allerdings das schäumende Naß hineinfließen läßt, vergewissere man sich noch einmal, ob die Süße den gewünschten Grad erreicht hat; sollte dies nicht der Fall sein, so entnimmt man der Schüssel einige Bowlenlöffel voll Flüssigkeit, gibt sie in eine Porzellanschüssel und fügt das vermutete Manko an Zucker hinzu, um wiederum solange zu rühren, bis der Wein klar ist. Dieses Konzentrat gießt man zur Bowle zurück. Sollte sich einmal eine Bowle als zu süß herausstellen, so muß man eben noch Wein nachgießen.

Wer einer solchen Bowle ein kleines Krönlein aufsetzen will, der füge ihr beim Hineinhängen der Maikräuter auch noch gleich ein Pfund Walderdbeeren bei, sofern die Natur die Reife der beiden Aromaträger koordiniert hat, was nicht immer der Fall zu sein pflegt.

Ananas-Bowle *(für sechs bis acht Personen)*. Man schält eine frische Ananas und schneidet sie in Scheiben. Diese wiederum zerteilt man in kleinere Stückchen und gibt sie in eine Porzellanschüssel. (Will man Konserven-Ananas verwenden, was ohne weiteres möglich ist, so achte man darauf, daß diese nicht bitter sind. Durch sehr langes Lagern erhalten sie einen Nachgeschmack, der sich in der Bowle ungünstig auswirkt.) Man rechnet für diese Bowle etwa zehn schöne Scheiben Ananas. Über die Ananasstückchen gießt man nun zwei Gläschen alten Malaga oder weißen Portwein und zwei Gläschen Ananassaft, den man in jedem Delikatessengeschäft kaufen kann. (Unter Gläschen verstehe ich hier immer Südweingläser mit einem Fassungsvermögen von ungefähr 50 Gramm.)

Die Schüssel deckt man nun gut zu und läßt sie auf Eis etwa zwei bis drei Stunden ziehen. Hierauf gibt man in die Bowleschüssel 250 Gramm Zucker und einen Liter jungen Weißwein und rührt solange, bis sich der Zucker vollständig aufgelöst hat. Dann gibt man das Ananas-Konzentrat hinzu, fügt noch zwei Liter Weißwein, einen halben Liter leichten Rotwein und eine Flasche Schaumwein hinzu.

Auch diese Bowle muß natürlich vor Hinzugießen des Schaumweins abgeschmeckt werden. (Der richtige Bowlenbrauer trinkt selten etwas von der fertigen Bowle, er hat seinen Bedarf schon beim Probieren gedeckt.)

Harrys Pineapple-Cup. Die Engländer nennen, nachdem sie uns das Wort «Bowle» großzügig abgegeben haben, ihre Bowle «Cup», wofür wir uns dadurch revanchiert haben, daß wir um ihren «Cup» meistens schlecht Fußball spielen. Ein «Cup» ist bei feuchter Auslegung immer stärker als unsere Bowle, das kommt daher, daß die Engländer auch im Trinken ihre eigenen Wege gehen; wer sich gerne in Gefahr begibt, der beteilige sich an diesem männerhaften «Cup-Spiel».

In die Bowle-Schüssel gibt man halbierte Ananas-Scheiben, etwa zehn an der Zahl. Man übergieße diese mit drei Deziliter Arrak und einer Flasche weißem Bordeauxwein, (es muß nicht gerade Château d'Yquem sein) und füge einen Vanillestengel von fünf Zentimeter Länge bei. Decke dies gut zu und stelle es an einen kühlen Ort. Nach Verlauf einer Stunde nimmt man Ananas und Vanillestengel heraus und gießt drei weitere Flaschen weißen Bordeauxwein bei. Sofort auftragen und die Wirkung abwarten!

Erdbeer-Bowle (für sechs Personen). Walderdbeeren sind dank ihrem wundervollen Aroma bei der Bowlenzubereitung vorzuziehen, doch ist gegen die Verwendung der Gartenerdbeeren und neuerdings der tiefgekühlten Erdbeeren nichts einzuwenden.

Wir leben in einem hygienischen Zeitalter, und deswegen müssen die Erdbeeren gewaschen werden. Nach dem Waschen tropft man sie gut ab und legt sie auf eine Porzellanplatte, die man, wenn immer möglich, eine halbe Stunde der Sonne aussetzt. Sie werden so rasch trocken und erholen sich von dem nassen Schock. Das Aroma erleidet keinen Schaden. Die Sonne kann hier nicht gut durch einen Föhn ersetzt werden, wohl aber durch eine Höhensonnenlampe.

In die Bowleschüssel gibt man 250 Gramm Zucker und einen Liter leichten Weißwein und rührt dieses klar. Hierauf gibt man ein Kilo schöne, nicht zerquetschte Wald- oder Gartenerdbeeren hinzu und läßt sie auf Eis ein bis zwei Stunden ziehen. Kurz vor dem Auftragen gießt man nun noch einen Liter Weißwein und zwei Flaschen Schaumwein hinzu. Will man tiefgekühlte Früchte verwenden, so muß man sie vorerst einmal auftauen lassen. Man nimmt sie aus dem Paket und legt sie in eine saubere Schüssel; in einem normal temperierten Raum werden sie vier Stunden benötigen, um aufgetaut zu sein. Ein Nachhelfen durch Hitzeeinwirkung vermeide man möglichst. Diese Erbeeren können samt ihrem Saft dem Wein beigegeben werden. Man nimmt anstatt einem Kilo frischen Erdbeeren zwei Pakete

at le long le rostiras et tourneras ta broche
u feu ainsi que la chair. Les conuient menger
ous chaulx/mais cest vne simple inuétion a
ng ieu a astuce ioyeuse des cuysiniers.

¶ Oeufz cuytz soubz les cendres.

Iligément tu couuriras les oeufz
frais soubz les cédres chauldes em
pres du feu/tellemét q soyent cuytz
egalemét tant dug quartier q daul
tre. Et quát cómácerôt a suer cógnoistras qlz
ont frais a cuytz/a lors les peuly bailler a ta;
le/sont fort bôs a sains apstes en ceste facó/
vng chascû en peut menger ardimét/princi;
alemét a la pmiere table quant sont molletz
insi q auôs dit pl⁹ amplemét en leur chapitre.

¶ Oeufz boillis a toute la coque.

Es oeufz frais mettras dedans
vng pot ésemble de leaue fraiche
et quát aurôt boilli vng petit les
mettras dehors a psenteras a ta;
le/sont tresbons a sains et nourrissent bien.

¶ Oeufz frais a la florentine.

Etz les oeufz frais leuee la coque en
la poille feruct duple lung aps saul
tre/a serre les a ioing auec tô cuillier
de to⁹ quartiers et les reduys au rôd
tant q pourras. Et quât cómácerôt prédre cou
leur serôt cuytz/a doyuét estre tédres a molletz
pat dedâs/cculx icy sont de pire cócoction que
les dessusditz.   ¶ Oeufz coques.

Es oeufz frais tôpras la coque par
dessus/puis en la poille bien feruent
duyle ou beurre les mettras a toute
leur coque réuertees/cest adire du bout
q ledit oeuf sera rôpu mettras dedâs
duyle feruent et ladite coque sera p dessus. Et
quât serôt cuytz, les mettras dedâs vng plat
a toute leur coque et presenteras a table/sont
de semblable qualite que les susditz

¶ Oeufz perdus.

Es oeufz entiers mettras sur les
charbons ardens/et quant seront
chaulx les tôpras auec la queue
de tô cuillier ou auec aultre cho

se. Et quant seront cuytz et nettement mys
sur quelque plat les surfondras de persil a vin
aigre. Nostre pôpony ne les cuyroit iamais ai;
si/car il se pleint grandemét quât a pdu deux
oeufz ou quât se rôpet en tournât pres du feu.

¶ Oeufz farcis.

Ille ou gratuse de bon a gras for
maige/a mesle auec ce vny peu
de mente a du persil deccoppes me
nuemét/bien peu de raysins pas
sis/aulcûement de poyure pille/
deux roup doeufz crus ioing tout ensemble/et
metz ce farsim dedans les oeufz cuytz a la flo
rétine cóe auôs dit cy dessus p vng petit trou
cypressemét fait/par leql par auant tu autas
fait pssir dehors tout roup q pouuoyt estre des
dans icculx. Et fais les aps cuyre de rechief
iusques a ce que ledit farsim puisse estre cuyt.
Doyuent estre tournes souuct/a quant serôt
cuytz a bien apstes les surfôdras de vctiust ou
du iust dorange ensemble du ginge¦bre.

¶ Oeufz a facon de petis pastes.

Istris gentement ta farine et
puis lestend bien deliemét sur
quelque tableau/a dedans icel
le separeemét toutesfoys metz
tes oeufs frais vng chascun a
parsoy/a inspargis par dessus vng peu de suc
cre de sel a despices. Aps ce fait les iuosuitas
bien apoint vng chascun ainsi q beaulx petis
pastes et puis les feras boillir ou frire/mais
plus louables sont fris q boillis/et garde bien
que ne soyêt durs pource q tout oeuf dur est de
mauuais alimét a de cócoction difficile.

¶ Des boletz/fonges/champignons ou
moucerons.

Es choses quon menge inuti
lement ainsi q dit le Pline/et
auec vne folle hardiesse a dâ
gereuse psumpció sont les bo
letz/fonges/champignôs ou
moucerôs viande delectable forment et selon
aulcuns asses bonne/mais par exemples in;
numerables trop est crimineuse et dangereus

tiefgekühlte. Das Zuckerquantum muß aber um mindestens die Hälfte reduziert werden; außerdem gießt man ein Gläschen guten Cognac bei.

Die kalte Ente. *Sie ist nicht von Fleisch und Blut, trotzdem aber gut! Ob sie einstmals als «Kaltes End» zu Buche stand oder gar «Kalte Hände» versinnbildlichen sollte, ist meinem Spürsinn entgangen; bekannt ist mir, daß sie am Strande der Mosel das snobistische Getränk ist und von den Herren Kommerzienräten der «guten alten Zeit» hektoliterweise getrunken werden konnte, ohne daß diese deswegen mit einem buckligen Kater behaftet worden wären. Die Berühmtheit dieses Getränkes gleicht derjenigen des Steinbutts; denn genau wie ihm hat man auch ihr ein spezielles Gefäß konstruiert, nämlich den «Kalte Ente-Krug». Es ist eine gefällige Weinkanne, in deren Innerem ein Glaszylinder steckt, der zur Kühlung mit kleinen Eisstückchen gefüllt wird.*

In diesen Krug gießt man zwei Flaschen guten Moselwein und hängt die spiralförmig geschnittene Schale einer sauberen Zitrone in die leckere Flüssigkeit. Sobald der Wein nun das südliche Aroma voll eingefangen hat, wirft man die Schale in hohem Bogen hinaus und gießt zwei Flaschen trocknen Schaumwein nach. Fertig ist die Laube!

Es gibt Leute, die dieser Bowle etwas Zucker beifügen, aber diese Banausen könnten niemals Kommerzienräte werden.

Variationen der Kalten Ente:

Lindenblüten-Bowle. *Man rührt in der Bowleschüssel einen Liter Weißwein mit 150 Gramm Zucker klar, hängt ein großes Büschel Lindenblüten an einem Zwirnfaden knapp zehn Minuten hinein und gießt eine Flasche Schaumwein nach.*

Rosen-Bowle. *Von acht herrlichen Rosen legt man die Blätter in die Bowleschüssel, übergießt mit drei Gläschen Grand Manier und stellt die Schüssel für drei Stunden aufs Eis. Nachher gießt man drei Flaschen Schaumwein nach und trägt sofort auf.*

Gurken-Bowle. *Man schält eine schöne Gurke, schneidet sie in zwei Zentimeter dicke Scheiben und steckt diese an einen silbernen Spieß. Den Spieß legt man in die Bowlenschüssel, überstreut mit 100 Gramm Zucker und übergießt mit einer Flasche leichtem Rotwein. Nach einer halben Stunde nimmt man den Spieß heraus und gießt zwei Flaschen Schaumwein hinzu. Die Bowle eignet sich nicht nur zum Trinken, sie kann von der Dame des Hauses auch zu einem erfrischenden Bade benutzt werden. Die Wirkung ist bestimmt animierender als das ehemals kaiserlich-römische Eselinnenmilch-Bad.*

KRAMBAMBULI

Trotzdem Anakreons, des lebensfrohen Griechen, Wein- und Trinklieder unsterblich sind, trotzdem selbst ein Goethe, Schiller, Uhland – und vor und nach ihnen tausend andere große Geister – dem Stimmungsmacher Alkohol ihr Loblied gesungen haben, muß die Welt doch neidlos anerkennen, daß nicht eines dieser Lieder sich des Erfolges rühmen darf, der dem *Krambambulisten* des biederen Danzigers Chr. Friedr. Wedekind beschieden war. Auch er selbst hätte sich das nie träumen lassen, denn vorsichtigerweise hatte er es unter dem fast lächerlichen Pseudonym *Crescentius Koromandel* veröffentlicht. Heute, nach über zweihundert Jahren, ist es noch in jedem frohmütigen Liederbuche zu finden, und wenn es angestimmt wird, so ist das ein sicheres Zeichen, daß kein engherziger Philister die Runde beherrscht. Aber wohl die wenigsten der buntbebänderten Jünglinge, deren hellen Kehlen das Lied immer wieder entsteigt, haben schon am Glase des süßen Krambambuli genippt. Daß es sich um irgend etwas Alkoholisches handeln muß, verrät uns zwar die dritte Strophe, die da lautet:

> *Reißt mich's im Kopf, reißt mich's im Magen,*
> *Hab ich zum Essen keine Lust,*
> *Wenn mich die bösen Schnupfen plagen,*
> *Hab ich Katarrh auf meiner Brust:*
> *Was kümmern mich die Medizi?*
> *Ich trink mein Glas Crambambuli!*

Doch hiermit ist weder unsere Wißbegierde noch unser Durst gestillt, ja ganz im Gegenteil.

Der Name *Krambambuli* führt uns nach Polen: Dort soll er die Bezeichnung für einen überaus starken Danzinger Schnaps gewesen sein. Doch lange ehe man den Namen kannte, wurde dieser Vorläufer vieler Liköre schon kunstgerecht zusammengestellt. Die älteste Spur entdeckte ich in einem vor mehr als vierhundert Jahren gedruckten Destillierbuch, das leider von einem wohl alkohollüsternen Bücherwurm (im zoologischen Sinne) recht unschön durchbohrt ist. Dieses Krambambuli-Lebenswasser sollte wie folgt hergestellt werden:

Nim der edlen wolriechenden roten gedörtenn Rosenbleter/die noch frisch un guts geruchs/nit bleych/oder von feuchte verwelckt seind/1 Loth/blümlin von der

spitzigen Salbey/Rosemarin blümlin/Burretsch/und der großen Welschen Ochsen-
zung blümlin/iedes ein halb Loth/der weißen meyblümlin/oder meyreißlin/so die
Apotheker und gemeynen kreutler «Lilium connuallium» nennen/3 Loth/Melissen
oder Mutterkraut/frischer schelfen von gelben wolriechenden Citrinaten/oder Ju-
denöpffeln/Braun Bathonien blümlin/roter graß Nägelin/jedes 2 Loth/Muscat nüß
unnd plüt/iedes ein quinten/Cardamömlin/Cubeblin iedes ein halb quinten/weiß
und gelb wolriechends Sandels/iedes ein halb Loth.

    Dies obgemelte stück abgewegen/stoß reyn zu pulver/nimm ein köstlichen
brantenwein/der wol un recht geschaffen gedistilliert sei/von clarem wolriechenden ungeschwefelten fiernen wein/den recificier ein halb maß/darin laß von den
großen Zibeben 4 Loth klein zerhackt/und von iren inneren kernlin gereynigt wol
erbeytzen/vast geheb mit wachs unnd ein bläßlin un Läder verbunden/daß es nit
verriech.

    Für dieses Destillat würde man sich heute wohl kaum noch begeistern,
doch übersehe man nicht, daß der Branntwein damals ein noch junges
Genußmittel war. Bis zum 15. Jahrhundert wurde er nämlich mehr oder
weniger nur als Medizin genossen – daher der Name *acqua vitae*. So
erlaubte man beispielsweise in Nürnberg erst im Jahre 1496 die Abgabe
an Gäste, und diese war noch rationiert. Die Kunst des Destillierens, die
aus Italien über unsere Pässe in die Schweiz und nach Deutschland
gelangte, wurde bald zur ausgesprochenen Spezialität einiger weniger
Städte, unter denen nördlich der Alpen Danzig unbestreitbar den ersten
Rang einnahm. Der *Danziger Lachs* oder das an einen Märchentrank
erinnernde *Danziger Goldwasser* haben die Weiblichkeit viele hundert
Jahre erfreut, und gerade das letztere wurde überhaupt zu einem Begriff
in der Likörfabrikation. *Goldwasser* und Walzer waren einst so untrennbar
miteinander verbunden wie heute Cocktail und Samba. Zur Zeit der
Entstehung des *Krambambulisten* galt als unerläßliche Zutat für die Danziger Spezialität das folgende «Herbarium»:

    Aloe-Holtz, gelbes Sandel-Holtz, Gewürtz-Nägelein, Muscatenblumen, Musca-
tennüsse, Wachholderbeere so über Nacht in Essig gelegen, Citronen-Schaalen,
Cardobenedicten-Kraut, Ehrenpreiß, braune Bethonien, Lachen-Knoblauch, Jo-
hanniskraut, Geiß-Rauten, Wurtzeln von Angelick, Alant, Pinellen, Galgant, Zitt-
wer, Baldrian, Entian, rothe Rosen, Borragen, Ochsenzungen, blaue Violen, Rosma-
rin-Blumen und Saffran.

    Anscheinend war Krambambuli ein Männertrank, denn gerade unter
diesem Rezept folgt eine Vorschrift zur Herstellung eines *Weiber Aqua-
Vitae*. Im Lauf der Jahrhunderte entwickelte sich aus diesem *rosoglio* ein
stark gesüßter, meist tiefroter Kräuterlikör, dessen Komposition sich eigentlich verblüffend wenig änderte. Auch heute noch aromatisiert man

den Krambambuli-Likör mit Rosmarin, Veilchenwurzel, Kardamon, Angelikawurzel, Nelken, Macis usw.

Doch das Schicksal des Krambambuli hing nicht von seiner Zusammensetzung und auch nicht von seiner Zuckerdosis ab, denn es wurde weitab von seiner Geburtstätte, nämlich in Indien, entschieden. Und das kam so: Gegen Ende des 17. Jahrhunderts brachten englische Matrosen aus Ostindien ein Rezept zur Bereitung eines glühend heißen Trankes mit, das man dort *pantscha* nannte. *Pantscha* bedeutet *Fünferlei,* und zwar Alkohol (meist Rum oder Arrak), Gewürz, Fruchtsaft, Zucker und Wasser oder Tee. Da dem sprachbequemen Engländer das Wort *pantscha* viel zu kompliziert war, änderte er es kurzerhand in *punch* ab, und unter diesem Namen eroberte das Getränk fast über Nacht die ganze Welt. Um die Mitte des 18. Jahrhunderts herum schlug die Todesstunde für Warmbierabende und Likörkränzchen, und an ihrer Stelle wurden «Punschiaden» abgehalten. Auf die Gabe, einen guten Punsch zu brauen, hielt man sich allerhand zugute, und in der zeitgenössischen Kunst und Literatur spielte er eine nicht geringe Rolle. So ist Hogarths *Punschgesellschaft* ja geradezu weltberühmt geworden. Ein ganz großer Verehrer des belebenden Warmtrankes war E.T.A. Hoffmann, der aller Wahrscheinlichkeit nach auch den Namen *Krambambuli* auf den von ihm besonders geschätzten flammenden Punsch übertragen hat. Bekanntlich war Hoffmann Ostpreuße und verlebte viele Jahre in Polen, wo seine Warschauer Punschabende eine Art Berühmtheit erlangten. Duftende Punschdünste durchziehen einige seiner Dichtungen, so z. B. die *Elixiere des Teufels* und *Abenteuer der Silvesternacht.* Vielleicht aber war es auch ein lustiger Studiosus, der die gute Idee hatte, diese feuerspeiende Punschbowle *Krambambuli* zu nennen. Wie dem aber auch immer sein möge, Tatsache ist, daß vor nahezu einhundert Jahren der Name Krambambuli auf einen Punsch überging, dessen von mir aufgestöbertes Originalrezept folgendermaßen aussieht:

In eine Kupferkasserolle gibt man drei Flaschen guten Rotwein und bringt diesen auf kleinem Feuer auf den Siedepunkt. Dann stellt man die Kasserolle auf den Tisch, klemmt ein Stück Zucker von der Größe einer Männerfaust in eine gesäuberte Feuerzange, gießt in einen silbernen Suppenschöpfer guten Arrak, mit dem man dann den Zucker durchtränkt und anzündet. Nach und nach gießt man nun die ganze Flasche Arrak, immer mit dem Suppenschöpfer, über den brennenden Zucker, bis der letzte Tropfen im Punsch verschwunden ist. Nun gibt man noch sechs Gewürznelken und den Saft von drei Orangen hinzu und rührt sorgfältig um. Dann füllt man das heiße Getränk in große Tassen, welche man auf mit spiritusgetränktem Salz bestreute Untertassen stellt. Hierauf werden alle Lichter gelöscht, das Salz angezündet und dann das Crambambulilied gesungen.

Ob diese Mischung nicht allen Wünschen gerecht wurde, weiß ich nicht, jedenfalls tauchten im Laufe der Zeit auch andere Variationen auf, und heute versteht man in Fachkreisen unter dem Namen *Krambambuli* eine Kategorie von flambierten Getränken, die nicht immer heiß getrunken werden müssen, wie das nachfolgende Rezept beweist:

In ein blankes Metallgefäß gießt man nach Belieben Rotwein. Quer über das Gefäß legt man zwei silberne Löffel so, daß sie ein großes, gut mit Cognac getränktes Stück ausgehöhlten Hutzucker tragen können. Man zündet den Zucker an und läßt ihn herabtropfen, immer wieder mit einem Löffel Cognac daraufgießend, bis der Zucker ganz zerschmolzen ist. Nun rührt man um, gießt dann recht vorsichtig eine Flasche Champagner bei und serviert kalt.

Der Zufall hat mir das Getränkebüchlein einer unserer Offiziersmessen des ersten Weltkrieges in die Hände gespielt. Dort finde ich das Rezept für den Silvesterpunsch einer Park-Abteilung, das ich meinen Lesern nicht vorenthalten will.

Man erhitze vier bis fünf Flaschen leichten Rotwein in einem irdenen Gefäß, nehme dasselbe vom Feuer und stelle es auf den Tisch. In einen groblochigen Schaumlöffel lege man vorher in Arrak oder Rum getränkte Zuckerstücke (Hutzukker). Diesen Löffel halte über den heißen Wein und zünde den getränkten Zucker an. Darauf übergieße schluckzessive mit einem Bowlenlöffel (nicht aus der Flasche) den Zucker mit Arrak, resp. Rum (etwa eine halbe Flasche) und lasse denselben

so lange brennen, bis der geschmolzene Zucker (etwa 700 Gramm) in den Wein
geträufelt ist. Durch Zusatz von etwas Orangenschale sowie einiger Nelken kann
man dem Trunk einen würzigen Geschmack verleihen: jedoch hüte man sich, Wasser
hineinzugießen, da das Getränk durch den geringsten Wasserzusatz verdorben wird.

Die Zeiten haben sich geändert. Aus den männerfaustgroßen Stücken Hutzucker sind atomhafte Sacharintabletten geworden, die heute jeder zweite Bürger als Kampfmittel gegen die Zuckerkrankheit bei sich trägt. Starke Männer trinken Tomatensaft, und zarte Frauen lieben Whisky. Der gute Krambambuli aber wird noch von einigen Unentwegten – von ihnen aber gottlob besonders feierlich – gebraut. Wer noch etwas für den Silvesterabend-Nimbus übrig hat und über keinen Hutzucker verfügt, der halte sich an folgende Zubereitungsvorschrift, für deren Vortrefflichkeit ich gerne bürge:

In eine Kasserolle gibt man zwei Flaschen schweren Rotwein und zwei Liter
frisch abgekochten dünnen Tee. Das Ganze läßt man auf kleinem Feuer auf den
Siedepunkt kommen und stellt es dann zur Seite. Währenddessen hat man in einer
anderen kleineren Kasserolle 300 Gramm Grießzucker mit drei Deziliter Arrak gut
verrührt und leicht angewärmt. Ist der Zucker gänzlich aufgelöst, so zündet man
den Arrak an, läßt ihn ein Weilchen brennen und gießt ihn dann noch brennend
in den heißen Punsch.

Dieses Rezept genügt für zwanzig Punschgläser. Um aber auch dem allereinsamsten Junggesellen zu ermöglichen, in der schicksalhaften Geisterstunde einen höllischheißen Krambambuli zu brauen, spendiere ich folgendes Rezept:

In eine kleine Kasserolle gibt man vier Teelöffel Grießzucker, ein halbes Wermut-
glas voll Curaçaolikör, zwei Wermutgläser voll Whisky oder Cognac und ein Wer-
mutglas voll frisches Wasser. Das Ganze läßt man langsam auf den Siedepunkt
kommen und zündet es dann an. Nun gießt man es brennend in eine andere Kasserol-
le und wiederholt dieses Hin- und Hergießen mehrere Male. Zum Schluß gießt
man es in ein angewärmtes Punschglas.

Dieses Getränk nennt man in der modernen Bar *Blue Blazer,* es ist sozusagen ein nach Amerika ausgewanderter Großenkel des alten feudalen Krambambuli. Und wem er schmeckt, der stimmt in die siebente Strophe des alten Liedes ein:

Crambambuli soll mir noch munden, wenn jede andere Freude starb,
Wenn mich Freund Hein beim Glas gefunden und mir die Seligkeit verdarb;
Ich trink mit ihm in Kompagnie,
Das letzte Glas Crambambuli, Crambimbambuli, Crambambuli!

VOM STARKEN GEIST

Ein vorsichtiger Mann wird seine Nase wohl zuerst in dieses Kapitel hineinstecken, womit natürlich nicht bewiesen ist, daß er zu den «schwachen Geistern» gehört; schließlich kann man ein Buch lesen, wie es einem gerade in den Kram paßt.

Über den «starken Geist» einige nette Worte zu schreiben, ist an und für sich nicht schwer; schwierig jedoch scheint es mir zu sein, sich so auszudrücken, daß die netten Worte nicht zu einem hastigen Griff nach der starkgeistigen Flasche verleiten.

Berühmtheiten müssen es sich gefallen lassen, daß man sie karikiert und mit Spottnamen belegt; auch unserem «Geist» geht das nicht besser. Die endlose Skala seiner Benennungen geht von Fusel über Schnaps, Sprit, Gügs, Teufelsgesöff geradewegs zu «Lebenselixier», wobei dieses Wort den ersten wissenschaftlichen Namen, nämlich *aqua vitae,* widerspiegelt.

Vielleicht kommt es uns heute spaßhaft vor, daß man den ersten Schnaps «Lebenswasser» nannte, doch darf man nicht vergessen, daß wohl vorerst nur dessen wohltuende, stärkende und belebende Eigenschaften auffielen; gar bald aber wird man entdeckt haben, daß der Kerl auch Krallen hat, und machte sich flugs daran, diese zu stutzen. (Bekanntlich haben wir heute sogar Vereine, die sich dieser «Maniküre» widmen.)

Die Geschichte des Branntweins läuft parallel mit jener der Destillation, wobei letztere aber das Erstgeburtsrecht in Anspruch nehmen darf. Tatsächlich ist die Destillationskunst einige tausend Jahre alt. Sie war bestimmt den Ägyptern im 5. Jahrhundert vor Christi Geburt schon bekannt, obwohl sie keine alkoholischen Flüssigkeiten brannten, sondern sich darauf beschränkten, aromatische Parfums herzustellen. Diese spielten bei der sorgfältigen Pflege, welche sich die Damen jener Zeit angedeihen ließen, eine bedeutende Rolle.

Die Entwicklung dieser Kunst ging ganz empirisch vor sich; ein findiger Kopf entdeckte, daß man Meerwasser trinkbar machen könne, wenn man es in einem verschlossenen Gefäß koche und den sich am Deckel des Gefäßes ansammelnden Niederschlag verwende. Plinius schildert das Destillieren von Harzöl. Er empfiehlt, Harz in ein Gefäß zu geben, dieses mit Wolltüchern zu bedecken und ins Feuer zu stellen. Die sich entwickelnden Dämpfe würden sich nun im Wolltuch verfangen; indem man dieses auswringe, erhalte man die Ausbeute an ätherischem Öl. Dieses Rezept verrät uns natürlich auch, daß die Römer die Brennblase noch nicht kannten; daß sie aber schon erfunden war, wissen wir durch einen Memphis Fund; auf einem Bas-Relief ist eine Destillationsanlage dargestellt, die sich von der heute noch von den Bauern der Charente bevorzugten *Alambics* kaum unterscheidet.

Als die eigentlichen Erfinder der alkoholischen Destillation gelten die Araber, deren Sprache das Wort Alkohol entlehnt ist. «Al kuhl» bedeutet bei ihnen «Augenschminke», ursprünglich sogar nur «feines Pulver».

Ich kann mir gut vorstellen, daß jemand, der einige Schlucke des damaligen Weinderivats zu sich genommen hatte, die Welt nur noch wie durch einen Schleier sah, etwa so, «wie wenn man ihm den Schminktopf über die Augen gegossen hätte.» Die Araberinnen lieben es heute noch leidenschaftlich, sich zu schminken, und zwar machen sie dies hauptsächlich an Händen und Füßen und erst in zweiter Linie im Gesicht. Wer sieht, wie ein solch ebenmäßig gebautes Naturkind seine ockerfarbenen Glieder zur Schau stellt, jeder Zoll eine kleine Königin, der wird auch für unsere Mädchen, die sich der Kosmetik vielleicht zu stark bedienen, etwas Verständnis aufbringen: Übertreibung ist nun einmal das Privileg der Jugend.

Ein Dokument aus dem 3. Jahrhundert nach Christus gibt uns erstmals Kunde von der Verwendung alkoholischer Flüssigkeiten bei der Destillation. Das Geheimnis kam aber wohl erst mit den zurückkehrenden Kreuzrittern nach Europa; in Frankreich gehen die ersten Spuren bis in das 12. Jahrhundert zurück. Zweifelsohne aber wurden Arnoldus Villanova und sein Schüler Lulli, beide Anhänger der Salerner Schule, die aber in Montpellier praktizierten, zu Herolden des Feuerwassers. Arnoldus war der Berufenste, um es in die «Materia medica» einzuführen; irrtümlicherweise wird er als der eigentliche Erfinder angesprochen. Diese beiden Gelehrten, die sich eines weltweiten Rufes erfreuten, waren auf der Suche nach dem «Stein der Weisen» und müssen wohl eine zeitlang geglaubt haben, seiner Entdeckung nahe zu sein. In seiner Abhandlung über die Erhaltung der Jugend *(De conservanda juventute),* die er im Jahre 1309 niederlegte, singt Arnoldus ein hohes Loblied auf den Schnaps: «Diese dem Weine entzogene Flüssigkeit, welche aber weder dessen Farbe, Geruch noch Geschmack hat, verdient den Namen ‚Lebenswasser‘, weil sie uns ein langes Leben beschert. Sie verlängert unsere Gesundheit, erhält uns bei gutem Humor, stärkt das Herz und konserviert die Jugendlichkeit. Sie heilt die Wassersucht, die Kolik, Lähmungen und ist ein gutes Mittel gegen Nierensteine.»

Was Wunder, daß die Herstellung dieses Allerweltsmittels geheim gehalten wurde und nur den Apothekern zum Verkauf überlassen werden konnte. Die Brenner verbargen ihre Brennhäfen und befürchteten, als Zauberer oder Hexenmeister angeklagt zu werden. Es vergingen viele Jahrzehnte, teilweise Jahrhunderte, bis man auch anderen Berufen den

Verkauf von Destillaten erlaubte. In Frankreich war der Verkauf bis 1676 den Apothekern allein überlassen; 1514 erlaubte man aber den Essig- und Senffabrikanten, Branntwein zu brennen. 1587 endlich durften auch die Saucenmacher sich an dem guten Geschäft beteiligen.

In Deutschland wurde der Schnaps erstmals 1360 erwähnt, und zwar gleich im Zusammenhang mit einem Verbot, womit man wohl annehmen darf, daß sein Genuß ziemlich verbreitet war. Die Frankfurter Behörden untersagten in diesem Erlaß den Zusatz von gebrannten Wassern zum Wein, eine Unsitte, die ja auch heute noch in manchen Ländern herrscht.

Erst im Jahre 1480 wurde ein Buch gedruckt, das einen Abschnitt über das Destillieren enthielt. *(Summa perfectionis magisterii.)* Der Autor gab zwei verschiedene Methoden der Destillation an: Eine warme und eine kalte, wobei es sich bei der letzteren aber nur um eine einfache Mazeration mit nachfolgender Filtration handelte. Eine komplette Monographie erschien im Jahre 1500, verfaßt von dem Straßburger Arzt Hieronymus Braunschweig. Er nannte es *Das buch der rechten kunst zu distellieren die eintzigen ding.* Da es mit zahlreichen Holzschnitten versehen war, fand es großen Anklang und wurde bald in mehrere Sprachen übersetzt und nachgedruckt. (Auch mein «alter Freund» Heinrich Steiner beteiligte sich wieder recht munter am Plagiat.)

Der Baseler Professor und Arzt Johann Wecker, Ehemann der Kochbuchautorin Anna Wecker, schaltete sich auch in den Run nach dem «brennten Wein» ein und schrieb ein Büchlein, das er *von mancherley kunstlichen wassern* (Basel 1570) nannte. Dieses scheint mir das erste in der Schweiz herausgekommene Druckwerk über den Branntwein zu sein.

Daß man zuerst nur Wein brannte, ist naheliegend. Da die Brennmethoden aber noch sehr primitiv waren, – man kannte noch keine Rektifikation – konnte das Resultat kaum hervorragend sein. Das von Arnoldus so gerühmte «Lebenswasser» war in Wirklichkeit nichts anderes als eine stinkende, brennende, den Mund ätzende Flüssigkeit, die wohl eher den Namen «Höllenwasser» verdient hätte.

Gerieben wie die alten Panscher waren, verwendeten sie dieses trübe Wasser nicht so, wie es die Brennblase verließ, sondern vermischten es, genau wie ihre Weine, mit allerhand aromatischen Kräutern, Wurzeln, Blumen und selbst mit Goldpartikelchen. Arnoldus soll der erste gewesen sein, der ihm Zucker zusetzte, womit dann der Likör geboren war. Die Italiener hatten eine Vorliebe für eine Rosentinktur, die heute noch als *Rosoglio* auf dem Lande getrunken wird. Wir ersehen daraus, daß gleichzeitig mit dem Weinbrand auch der Likör zur Welt kam; die «bunten Schnäpse» mußten also nicht warten, bis schmachtende Swing-Boys sie mit amerikanischem Akzent an schmierigen Theken verlangten. (Dies allen Tanten ins Stammbuch!)

Mit der Verbesserung der Brennmethoden, der Erfindung besserer Destillationsapparate und der Rektifikation wurde aus der fuseligen Flüssigkeit ein salonfähiges Getränk. Daß der Schnaps zu einem gefährlichen Genußmittel wurde, in einzelnen Ländern sogar zu einem verrufenen «Volksgetränk», liegt nicht an ihm selbst, auch nicht an den Männern, die über ihn schrieben, sondern an etwas anderem. Eine andere Erfindung hat der Verbreitung von Wein, Schnaps, Bier und so weiter Vorschub geleistet, und es hat mich immer gewundert, wieso man diese «teuflische» Erfindung nie angegriffen hat. Würde man nämlich die Produkte dieser Erfindung mit einem Schlag auf der ganzen Welt vernichten, so wäre das Problem vorerst einmal gelöst: Es würde dem Schnaps an den Kragen gehen, auch dem Wein, sogar der Milch und dem Mineralwasser. Erraten Sie, welche Erfindung da gemeint ist? Es ist die Flasche!

Im Laufe der Jahrhunderte haben sich die Brenner bemüht, Spezialitäten zu kreieren; ganze Länder haben um die Ehre gekämpft, den besten Schnaps herzustellen, und fast jedes Land kann mit einer Besonderheit auftrumpfen. Die Spitze halten die Franzosen mit ihrem Cognac, Armagnac, Calvados und ihren feinen Likören. Die britischen Inseln bringen den besten Whisky und Gin hervor, die Holländer ihren Genever, die Deutschen den ähnlichen Steinhäger, die Schweden ihren Caloric-Punch, die Dänen ein Aquavit und die Russen ihren Wodka. Die Schweizer sind auf ihren Kirsch stolz, dessen Herstellung sie von den Elsässern erlernt haben. Die Jugoslawen schwören auf ihren Slivovitz und die Ungarn trumpfen mit einer besonders monströsen Flasche für ihren Barrack auf. Liköre werden auf der ganzen Welt gebraut; manche munden genau so, als ob sie Arnoldus hinterlassen hätte. Es gibt tatsächlich Likörfabrikanten, die nicht glauben wollen, daß in den vergangenen vierhundert Jahren Fortschritte gemacht worden sind.

Der berühmteste aller Branntweine ist zweifelsohne der Cognac, der sich mit vollem Namen *Eau de vie de vin de Cognac* nennt. Trotz seiner Berühmtheit ist er nicht der älteste französische Weinbrand, denn bereits hundert Jahre ehe sein Name in die Welt drang, brannte man im Elsaß und sogar in Paris schon guten Schnaps.

Cognac ist ein Destillat aus frischvergorenen Weißweinen der Charente, und zwar aus einer gesetzlich genau vorgeschriebenen Region. Er soll absolut rein gebrannt sein, doch darf ihm ein Minimum an Karamelzucker zugesetzt werden. Böse Zungen behaupten aber, daß sie leicht noch den Geschmack von Mandelschalen, Lindenblüten, Tee und ähnlichem herausschmecken. Sicherlich fällt es diesem berühmten Herrn schwer, einen ehrbaren Lebenswandel zu führen, aber wir wollen doch das beste hoffen!

Bis zum Jahre 1622 fanden die Weine dieser französischen Landesgegend schlanken Absatz. Der größte Teil wurde nach England und Skandinavien verschifft; infolge von größeren Umpflanzungen auf andere

Rebstöcke vertrug der Wein die Reise übers Meer jedoch nicht mehr, und die Nachfrage ging stark zurück. Die betrübten Bauern machten sich daran, ihre Weine zu Essig zu verarbeiten und begannen, genau wie die anderen Bauern, sie auch zu brennen. Im Verlaufe der nächsten sechzig Jahre ging der eigentliche Weinhandel fast ganz ein, und selbst der kleinste Winzer wurde zum Schnapsbrenner. Was ihnen noch Sorgen bereitete, war der schleimig-brenzlige Geschmack, den ihr Destillat, wie übrigens auch dasjenige anderer Regionen, aufwies. Zwar wurde im Jahre 1800 von einem gewissen Adam ein Apparat erfunden, der den unangenehmen Brenngeschmack vollständig wegbrachte. Mit den unerwünschten Aromas aber gingen auch die erwünschten Bukettstoffe verloren, und das Erzeugnis schmeckte nach überhaupt nichts mehr. Die Charentaiser Bauern hüteten sich sehr, diese Brennmethode anzunehmen, sondern gingen ihre eignen empirischen Wege weiter. Durch langwierige Versuche, gestützt auf gegenseitige Erfahrungen und oft durch den Zufall unterstützt, kamen sie darauf, daß sich der Brandgeschmack bei mehrmaligem Brennen vollständig verliere. Sie fanden auch heraus, daß das Destillat nicht die gleiche Qualität von Anfang bis zu Ende aufwies, und daß zwischen den ersten Tropfen, welche den Brennhafen verließen, und der später herauströpfelnden Flüssigkeit große Unterschiede bestanden. Auf diesen Erfahrungen basiert auch heute noch die Brennkunst: Man unterscheidet den Vorlauf (tête), den Mittellauf (cœur) und den Nachlauf (queue). Vorlauf und Nachlauf werden abgeschieden, was im richtigen Moment zu geschehen hat. Der Mittellauf ergibt das feine Produkt, das durch mehrmaliges Destillieren zu großer Vollkommenheit gebracht wird. Vorlauf und Nachlauf werden ebenfalls wieder gebrannt, um die noch vorhandenen Tugenden vollends auszunützen. Gebrannt wird auf eine Stärke von fünfundsechzig bis etwa siebzig Grad. Da dies für den allgemeinen Geschmack zu stark ist, wird der Cognac nach Bedarf auf sogenannte Trinkbranntweinstärke reduziert. Dies geschieht dadurch, daß destilliertes Wasser, vorzugsweise destilliertes Regenwasser, zugesetzt wird. (In der Schweiz darf ein Branntwein nicht weniger als vierzig und nicht mehr als fünfundfünfzig Volumenprozent Alkohol enthalten. In anderen Ländern ist die untere, manchmal auch die obere Grenze leicht verschoben).

Die in der Charente gebrannten Weine zeichneten sich mit der Zeit durch ihr wundervolles Aroma und ihre belebenden Eigenschaften aus; sie wurden in Eichenfässern gelagert, wodurch sie mit der Zeit ein bernsteingelbes Aussehen erhielten, und diese goldgelbe Farbe trug nicht wenig zu ihrer Beliebtheit bei. Man hat ausgerechnet, daß ein solches Faß imstande ist, im Verlauf von fünfundzwanzig Jahren ein Pfund Extrakt auf den Hektoliter Weinbrand auszuscheiden. Durch das Lagern geht allerdings ein geringer Teil des Alkohols verloren, aber auch das trägt nur zur Hebung der Qualität bei.

Die Region – mit dem reizenden Städtchen Cognac als Mittelpunkt –, die ihren Weinbrand als *Cognac* in den Handel bringen darf, umschließt die Charente und die Charente-Inférieure; beide Départements sind in Zonen eingeteilt, von denen das Herzstück die *Grande Champagne* bildet. Das Erzeugnis dieses relativ kleinen Stückchens Erde, mit so illustren Namen wie Cognac, Segonzac und Jarnac, darf allein Anspruch erheben, als *Fine Champagne* angesprochen zu werden. (Heute allerdings bezeichnet gerade der Franzose jeden Cognac mit «fine». Der Ausländer ist viel kritischer eingestellt und weiß über diese Materie meistens mehr zu berichten als der Einheimische.) An die *Grande Champagne* schmiegt sich wie ein verwöhntes Kätzchen die *Petite Champagne* an, und immer größere Kreise ziehend folgen dann *les Borderies, les fins Bois, les bons Bois, les Bois ordinaires* und die *Bois communs,* auch *Bois à terroir* genannt.

Schon diese Einteilung muß dem Laien klar machen, daß es zwischen den einzelnen Destillaten große Unterschiede geben muß und daß «Cognac» ein weitgedehnter Begriff sein kann.

Es war Maurice Hennessy, vom heute noch existierenden Hause gleichen Namens, der die glückliche Idee hatte, die Altersbezeichnung beim Cognac mit Sternchen anzuzeigen. Erstmals geschah dies in der zweiten Hälfte des letzten Jahrhunderts; heute ist es ganz allgemein eingeführt und sogar gesetzlich verankert, denn seit 1947 ist es untersagt, zahlenmäßige Angaben über das Alter des Cognac zu machen. Aus den drei ***, die jeder Kulturmensch kennt, sind inzwischen allerlei geheimnisvolle Buchstaben enstanden, so daß das Entziffern einer Cognacflaschen-Aufschrift für den Laien zu einer akrobatischen Geistesübung wird. Wer könnte wohl ohne weiteres erraten, daß RDA *Réserve des anges* zu bedeuten habe? Der Ahnungslose könnte sich über VSOP den Kopf zerbrechen, würde er sich mit seinem französischen Wortschatz an des Rätsels Lösung wagen, denn dies steckt im Englischen und heißt *very superior old product,* aber von andern wieder mit *very soft old pale* ausgelegt wird. Immerhin kann man nach diesem Code einer Menge Anschriften zu Leibe rücken; so stellt sich VO als *very old* heraus usw. Trifft man aber auf ein VVSO so soll man den Mut nicht sinken lassen, hier ist nur das «very» wiederholt. Manche Häuser haben ihre eignen Bezeichnungen, wie *cordon bleu* und ähnliches. In Wirklichkeit sind sich die Herren Cognacfabrikanten über die tatsächlichen Altersbezeichnungen selbst am wenigsten einig, und oft hat man den Eindruck, daß der eine oder andere nicht nur seinen Konkurrenten, sondern auch seinen Konsumenten ein Schnippchen schlagen will. Ein Dreistern-Cognac sollte nicht unter zehn Jahren im Fasse gelagert haben; demnach sind Einstern- und Zweistern-Produkte «jüngere Leute». Sobald die rätselhaften Buchstaben auftauchen,

Aus: Chimie du goût et de l'odorat, Paris 1755

sollte man auf ein höheres Alter schließen dürfen. Das Maximum eines Cognac liegt bei den soliden «Fünfzig» herum, sehr oft mit XO *(Extremely old)* oder nur mit EXTRA bezeichnet.

Aber alles hat seine Grenzen, und der sagenhafte *Napoléon* muß sich auch innerhalb dieser Grenzen halten. Ein Cognac, der älter als fünfzig Jahre ist, verliert an Aroma und allgemeinem Wohlgeschmack. Die oft gerühmte, ins Dunkelbraune gehende Farbe ist kein gültiger Altersbeweis, denn hier kann Karamelzucker nachgeholfen haben. Auch bei längster Faßlagerung gibt das kostbare Limousinenholz nicht mehr Farbe ab, als nötig ist, um den Brand schön goldig schimmern zu lassen. Die Cognacfabrikanten haben ihren Mutter-Cognac, den sie hegen und pflegen, und den sie periodisch verjüngen, wobei sie aber darauf achten, daß seiner wundervollen Harmonie nichts abgeht. Die Kunst, ein außergewöhnliches Produkt hervorzubringen, liegt einmal beim Brenner und dann beim Kellermeister *(Maitre de chais)*. Die Zunge des Kellermeisters ist hierbei ausschlaggebend.

Cognac trinkt man nicht eisgekühlt – ein Fehler der Deutschen – und auch nicht flambiert – eine gastronomische Entgleisung vieler Schweizer –, sondern in Zimmertemperatur. Der Cognac selbst darf sechzehn bis achtzehn Grad haben; sobald er bedeutend wärmer ist, z. B. dreißig Grad, verliert er an Wohlgeschmack. Im Winter darf man das Glas sogar ein wenig anwärmen, das ist aber auch das äußerste Zugeständnis.

Daß er seinen ganzen Charme erst dann über uns ergießen kann, wenn er aus einer großen Trinkschale genossen wird, weiß man. Aus einem Fingerhutgläschen mögen ihn Kutscher trinken, es geht schneller. Die oben stark zulaufenden Gläser sind nach meiner Ansicht aber auch nicht das ideale Trinkgefäß, denn man muß sich beim Trinken zu stark nach hinten lehnen, ein Anblick, der nicht besonders kultiviert wirkt.

Der Vollständigkeit halber erwähnen wir noch, daß sich nur der in der limitierten Zone der Charente wachsende Wein – der bald nach der ersten Gärung gebrannt wird – *Cognac* nennen darf, daß man diesen Branntwein also weder in Deutschland, der Schweiz noch an einem anderen Orte in Frankreich herstellen kann. Weinbrand allerdings kann man überall brennen. Den Franzosen war diese Angelegenheit derart wichtig, daß sie den Deutschen im Artikel 274 des Versailler Vertrages die Bezeichnung «Kognak» für deren Produkte untersagten.

Cognac ist unbestreitbar der König aller Branntweine; der Weltruf der Häuser Hennessy, Courvoisier, Martell, Bisquit-Dubouché und wie sie alle heißen mögen, ist wirklich verdient.

Der «große Bruder» des Cognac ist der Armagnac. Als die alten Eidgenossen den Armagnaken bei St. Jakob an der Birs begegneten, war deren Ruf noch nicht durch ihren Weinbrand gesichert: Sie erfreuten sich vielmehr des Rufes, elende Brandstifter zu sein.

Dieser herrliche Weinbrand, hergestellt aus Weinen, die im Département du Gers wachsen, hat sich ebenfalls durch Gesetze gegen Fälschungen geschützt. Sein vom Cognac etwas abweichender Geschmack hängt in erster Linie von der andersartigen Bodenbeschaffenheit seiner Heimat ab; zudem wird er in Kastanienfässern gelagert und weniger stark gebrannt als «Monsieur Cognac». Sein Produktionsgebiet wird ebenfalls in Regionen eingeteilt, und zwar in *Bas-Armagnac, Ténarèze* und *Haut-Armagnac.* Die Produkte von Bas-Armagnac erfreuen sich des besten Rufes.

Oft wird gestritten, ob wohl der Cognac oder der Armagnac das bessere Getränk sei; bekannter ist bestimmt der Cognac, was aber nicht ausschließt, daß ein feingebrannter, gut abgelagerter Armagnac irgend einem Cognac haushoch überlegen ist. Im Ausland trifft man meistens auf einen ausgezeichneten Armagnac, was wohl damit zusammenhängt, daß diese Gegend, um der Konkurrenz des Cognac zu begegnen, nur allerbeste Produkte exportiert. (Bekanntlich aß man in normalen Zeiten den besten Schweizer Käse noch lange nicht in der Schweiz.)

Man trinkt den Armagnac aus dem gleichen Glase wie den Coganc, er darf jedoch einige Grade wärmer sein. (Aber bitte keine Übertreibung!)

Ein heruntergekommener Abkömmling des Weines, geboren im 18. Jahrhundert, ist der *Marc,* oder auf Deutsch *Trester.* Er wird aus den Traubenrückständen (Trebern) gebrannt und kann nie und in gar keinem Falle – allen Liebhabern zum Trotz – ein Edeldestillat sein. Abfall bleibt Abfall, selbst wenn er aus des Königs Küche käme! In der Schweiz gibt es Fanatiker dieses Schnapses; ich mag mit ihnen nicht rechten, aber ihren Gaumen traue ich nicht. Was der Franzose *Marc* nennt, heißt beim Italiener *Grappa,* und damit habe ich alles gesagt. Eine Klasse unter dem Trester steht der Hefenbranntwein, den ich hier nur nenne, um meinem Abscheu Ausdruck zu verleihen; sein Name besagt, daß er aus den von der Gärung herrührenden Hefenrückständen destilliert wird, und seine Umschreibung als «Drusen» macht ihn um keinen Deut besser.

Hingegen ist der *Calvados* eine gut mundende Spezialität, deren Wiege in der Normandie steht. Calvados ist ein Derivat des Apfelweins und stellt geschmacklich eine Synthese zwischen Cognac und dem lieblichen Aroma eines frischgepflückten Apfels dar, ein Schnäpslein, das auch holden Frauenlippen keinen bitteren Stempel aufdrückt.

Kirschwasser, Zwetschgenwasser, Pflümliwasser, Himbeergeist und wie sie alle heißen mögen, sind farblose Branntweine von einer oft erstaunlichen Qualität. Sie haben sich als treue Begleiter zu einem guten Täßchen Kaffee etabliert und werden fuchsteufelswild, wenn man sie in diesen Kaffee hineingießt. Wer sich als Barbar vorstellen will, der tue es ruhig auch weiterhin.

Ein an einem Dachpfosten hängender Eiszapfen, dessen monotones Tröpfeln der Lateiner *stilla* nannte, stand dieser Kunst Pate. Wenn man den Brennhafen mit dem Brenngut füllt, das Feuer seine belebende Kraft ausübt, die Dämpfe sich durch das schlangenähnliche Rohrwerk pressen, gleichzeitig aber eine erwünschte Abkühlung erfahren, tröpfelt der Niederschlag – tick, tick, tick – in das untergestellte Gefäß. Von der Bedächtigkeit, mit der diese Tropfen niederfallen, ja von der Bedächtigkeit, mit der der Brenner zu Werke geht, kann man auf die Qualität schließen. Beim Brennhafen darf es keine Eile geben; hier darf nur Zuverlässigkeit und Gewissenhaftigkeit regieren. Ob der schottische Brenner seinen mit Torf gefeuerten Hafen betreut, aus welchem er aus «Gerstensaft» seinen unvergleichbaren *Whisky* hervorzaubert, oder ob der Innerschweizer Bauer sein Kirschengut wasserhell der kleinen Wunderblase entfliehen sieht: Es ist der Stolz der Tradition, der sie beschwingt und zum goldenen Siegel für ein sauberes Produkt wird.

INHALT

Meister der Kelle 7
Taillevent 11/Carême 15/Soyer 23/Escoffier 27
Gourmand, Gourmet und Sybarit 39
Meister der Gabel 45
Lucullus 46/Brillat-Savarin 49/Grimod de la Reynière 58/
von Rumohr 70/von Vaerst 79
Analytik der Speisekarte 85
Die Literatur des Gaumens 95
Das Kochbuch der römischen Kaiserzeit 97/Das Buch von der
erlaubten Wollust 106/Frühe italienische Kochbücher 110/ Dis
Buch sagt von guter Spise 114/Die Küchenmeisterei 116/Wie
man vor fünfhundert Jahren bei uns kochte 119/Teure Koch-
bücher 120/Die Bücher des ersten Küchenformators 122
Musik im Kochtopf 131
Der heruntergekommene Suppentopf 141
Der Fasan der Meere 145
Kleines Loblied auf das Ei 153
Die Kunst des Tranchierens 163
Vom Salz zur Sauce 175
Rund um den Senftopf 181
Sex-Appeal und Salat 185
Vom Schnee zum Speiseeis 191
Marzipan 201
Plum-Pudding 209
Merkwürdige Leckerbissen 213
Das Gastmahl des Trimalchio 219
Kleine und große Verrücktheiten 225
Vom Nektar der Denker 235
Freud und Leid der Zichorie 243
Die Literatur der Gurgel 249
Mensch und Wein 257
Von den besten Tropfen 265
Maientrank und andere feuchte Köstlichkeiten 273
Krambambuli 281
Vom starken Geist 287

PERSONEN- UND SACHREGISTER

Abd-el-Kadr, Scheich 235
Adam (biblisch) 7
Adam, Erfinder, um 1800 291
Alberoni, Kardinal 83
Albertus Magnus 244
Aldus Manutius 99
Alexander der Große 192, 227
Alkmene 43
Al Kuhl 288
Alpino, Prospero (Padua) 246
Altes Testament 249
Amphitryon 43
Anakreon 281
Anthus, Antonius (Pseud. f. Blumröder) 39
Antonius 48, 261
Apiciana = bibliograph. Aufstellung d.
    Apicius-Ausg. 105
Apicius 8, 47, 49, 78, 97ff., 112, 154, 176, 182,
    209, 220, 246, 253
Aqua vitae 252, 282, 287
Archestratos 96f., 201
Aristophanes 176
Aristophanes von Byzanz 210
Armagnac 294f.
Artus, König 168
Artusi, Pellegrino 114
Athenäus 7, 96, 99f., 202
Auber 138
Augustus, Kaiser 49, 266
Aulus Vitellius 46
Ausonius Decimus Magnus 249

Bachuone Arnaldo (=Villanova) 251
Bacon 193
Baden (bei Zürich) 127
Baedeker 133
Bagration, Prinzessin 21
Bailly, Mr., Maison/Confiserie 18, 19
Balzac, H. de 51, 203
    «Banchetti» 137 (Abb.), 206
    «Barbier von Sevilla» 138
Basel 251

Basset 166
Bayard, Ritter 62
Beauvilliers, A. 78
Béchamel, Marquis de 178
Beethoven 133, 238
Béhague, H. de 166
Bemelmans, Ludwig 223
«Benedictiones ad mensas» 129
Berchoux, Joseph 22, 76, 148 (Abb.)
Berlioz, Hector 134
Bern / Bärenbraten, Kaffeehäuser 217, 236
Berner Kochbuch 158
Bernhard, Sarah 29
«Bibliothèque d'un Gourmand» 65
Bibliothèque Nationale (Paris) 14, 121
Bismarck 216, 247
Blumröder, Julius (= Antonius Anthus)
    39, 81
Böcklin 229
Bonnefoy 91
Borgia, Cesare 164
«Boudoir-Kochbuch» 228
Brahms 138
«Brandenburg, Kochbuch» 205 (Abb.)
Brandt, Dr. Edward 102, 103
Brillat-Savarin 31, 40, 49ff., 56, 76, 78, 88, 1
    239
Britisch. Museum, Bibliothek 117
Brunschweig, Hieron., Straßburg 289

Caelius 102
«Café Littéraire» 236
Caligula, Kaiser 48
«Calvados» 295
Campeggio, Kardinal Lorenzo 147
«Carafa» 138
Carême, Antoine 15ff., 78, 124, 177
Carlton-Ritz-Hotel, London 31
Caruso 138
Cäsar 265ff.
Cato 39, 146, 250
Cervio, Vincenzo 164f.

Chapelle, Vincent de la 91
Charlotte von Preußen, Königin 222
Chateaubriand, Vcte. F. R. de 88, 169, 171
Chesterfield, Lord of 91
Chevet, Maison 30
«Chimie du Goût et de l'Odorat» 293 (Abb.)
Chouet, Sam. (Genf) 253
Christian VIII. König von Dänemark 78f.
Cicero 267
Cognac 290ff.
Coelius – «Celi» 101
Coltelli, Procopio 192
Columella 182f., 250, 267
Commodus 210
Cotta, J. G., Tübingen 168
Coupe Romanoff 197
Crescentius, Petrus de 251, 255 (Abb.)
Crescentius Koromandel (Pseud. für
    Wedekind) 281
Cuisinier François 124
Cuisinier Impérial (Gedicht) 76
Cuisinier méthodique 127
Cumberland 184
Currificis de Nurenberga 117
Cussy, Marquis de 22, 51, 56, 67

Danziger Goldwasser/-Lachs 282
Dauphin de Viennois 13
Deipnosophistai 7
Delbergue 126
Den Haag 119
Desdier, Prior Christ. 109
Deucher, Adolf, Bundespräs. 255
Drusen 295
Dinckmut, Konrad, Ulm 118
Domitian, Kaiser 147
Don Carlos, Thronprät. v. Spanien 82
Drach, Peter, Speyer 251
Dschemal-Eddin-Dhabani, Mufti 235
Dubarry 178
Dumas, Alexandre, Vater 41, 136, 150,
    182, 227
Dumas, Alexandre, Sohn 189, 227

Ehrenlegion, franz. 32
Eiffelturm (Diners a. d.) 31
Ekkehard IV., St. Gallen 129
Elzevier, Amsterdam 124, 126

Emy 194
«Endlich allein» 139
Epikuros, Epikureer 42f., 97
Epulario 112
Erni, Hans 222
Esau 132
Escoffier, Auguste 27ff., 92, 97, 196
Eumäos 163

Fahrenheit 193
Faison doré 30
Fatout, Buchhändler, Paris 126
Favre, Josef 29, 39, 142
Ferrara, Herzog Herkules von 206
Feuerbach, Ludwig 54
Fielding 210
«Forme of Curry, The» 129, 210
Förster, Chr. G., Braunschweig 247
Fraisse 91
Frangi, Frangipane 201
Franz I., Frankreich 177
«Frascita und Giuditta» 139
«Frederike» 139
Friedrich der Große 142
Fugger, Johann, Domherr 267
Fulda, Kloster 101f.
«Fürst Pückler Bombe» 197

Galen(us)182, 185, 244, 260
Galla, Abessinien 236
Gasterea 7
Genlis, Mme de 60
Georg IV., König v. England 20
Georg Müller Verlag 81
Gesner, Conrad, Zürich 145f.
Giarratano 102
Gilliers, Joseph 193
Glanvilla, Bartholomeo de 251
Goethe 82, 142f., 161, 281
Gouffé, Jules 91
Gounod 135
«Graf v. Luxemburg, Der» 139
«Grand Ecuyer tranchant» 165
Grappa 295
Graves 7
Grimod de la Reynière 22, 40, 43, 51,
    58ff., 76, 78, 81, 141, 150, 168
Guillet, Constant 91

Hamm, Wilhelm 270
Händel 133
Hartwich, Prof. 244, 246
Hasenclever, Prof. 259
Hedypatheia 96f., 201
Hein, Major von 247
Heliogabalus 48, 222
Henessy, Maurice 292
Henri IV., König v. Frankreich 88, 122, 178
Herakles 43
Herriot 32
Hessen, Landgraf von 237
Hippokrates 36, 107, 273
Hippolit von Este, Kardinal 206
Hoffmann 51
Hoffmann, E. T. A. 283
Hogarth, W. 283
Hohenzollern-Hechingen, Fürstin Luise 222
Homer 45, 139, 163, 185, 250, 266
Horaz 175
«Horti Luculliani» 47
Hôtel du Luxembourg 30
Hotel National, Luzern 31
Hôtel du Palais d'Orsay 32
Hôtel de la Ville (Paris) 19
Humboldt, Wilh. v. 76
Hummelberg, Gabriel 104
«Il Trinciante» 165
«Imperator» (Pass.-Dampfer) 32

Jean Paul 81
Jenson, Nicolaus, Venedig 250
Johann XXII, Papst 183
Johanna von Evreux 13
Johanne de Mediolano 253
Josephine, Kaiserin 222
«Journal des Gourmands et des Belles, ou
  l'Epicurien Français» 66
«Journal Helvétique» 61
«Jury Degustateur» 64
Juvenal 147

Kaffeehaus, Erstes 236
Kaffeesorten, wichtigste 240f.
«Kalte Köchin» 187
Karl der Große 163, 182, 244
Karl V., röm.-deutsch. Kaiser 13, 147, 251
Karl VI. 183

Katharina die Große (Rußland) 132
Katharina von Medici 192
Katillos 127
«Kellermeisterei» 253
Kerasos 47
Kleist, Heinrich von 43
Kleopatra 48
Kochkunst-Ausstellung, 1. französische 29
«Kochmeisterei» 253
Koller, Johannes 249, 254
König, Joseph 72
Konklave 113
Kostproben-Preisgerichte 65
Kreisler 138
«Küchenmeisterei, Deutsche» 108, 116ff.,
  121, 253
«Kulinarischer Zirkus» 26
«Liber de vinis» 257
«Libro de Guisados» 129
Liebenau, Theodor von 116
Liebig, Justus von 238
Lind, Jenny 135
«Lion d'Argent» (Lausanne) 52
Lloyds 236
Louis XIII., Frankreich 166
Louis XVI., Frankreich 53
Lucullus, Licinius 46
Ludwig IX., Frankreich 182
Ludwig XI., Frankreich 183
Ludwig XII., Frankreich 183
Ludwig XIV., Frankreich 142, 178
Ludwig XV., Frankreich 8, 238
Ludwig XVI., Frankreich 62
Ludwig, Emil 53
«Lustige Witwe, Die» 139
Luther, Martin 268
Luzern, Kaffeegenuß Kaffeehaus, erstes 23

Mac Mahon, General 30
Macaire 37
Magninus, Mailand 252
Maire, Restaurateur «Maistre des garnison
  de cuisine du Roi» 13
«Make-up» 186
Malortie, Freiherr von 81, 139
Malpighi, Bischof 252
«Manche, Archives de la» 14
«Manuel des Amphitryons» 66

Marc 295
Marc Aurel, Kaiser 154
«Markusbrüder» 201
Markus Gavius 101
Martial 101
Mascagni 138
«Massepain Royale» 202
Massonio, Salvatore 185
May, Karl 89
Mazarine, Bibliothèque 14
Melba, Nellie 32, 196
Messisbugo, Ferrara 137 (Abb.), 206
Meyerbeer 135
Mistinguette 37
Mithaikos 202
Mithridates 46
Moleschott 54
Molière 43
Monselet, Charles 41, 53, 93, 232
Monte Pincio, Rom 46
Montmireil, Mtre., Küchenchef 88
Montpellier, bei St. Maurice 107
Morgan, Lady 21
Morgand, Buchhändler, Paris 126
Mornay, H. v. 178
München, Staatsbibliothek 119
Murat, König 19
Napoleon I. 20, 147, 222, 237
Napoleon III. 91
Napoléon Cognac 294
Nero 48, 132, 219ff.
Nesselrode 197
Nightingale, Florence 26
Niklaus V., Papst 101
Nofretete 132
Nola, Roberto de 129
Nostradamus 202
«Notabel Boeccken van Cokeryen» 129
Nougat 207

Odysseus 163
Offenbach 138
«Olla Podrida» 143
Orloff, Fürst 31
Ouzeaux 31

Paganini 138f.
Palladius, Rutilius Taurus 182f., 250

«Pantscha» 283
Paracelsus 54
Parmentier, Antoine Auguste 87
Pascal, Armenier 236
«Pastissier François» 122
Patti, Adelina 134
Paul III., Papst 113
«Pêches Melba» 196
Perikles 163, 201
Perini, Giacomo 195
Peters, Noël, Paris 91
Petit, Pierre 166
«Petit Moulin Rouge» 29
Petrarca 265
Petronius 8, 49, 219f.
Philipp VI. von Valois 13
Pichon, Baron J. de, 11, 14, 95,
    121f., 166
Pictet 195
Pisanelli, Balthasar 244
Piso 219
Pius V., Papst 112
Platina di Cremona 106ff.
«Platine en François», Lyon 278 (Abb.)
«Platiniana» bibliogr. Aufstellung 109
Plato 201, 222, 273
Plautus 43
Plessis-Praslin, Marschall v. 207
Plinius 183, 192, 220, 266, 287
Plinius der Jüngere 48
Plinius Secundus Cajus 250
Poincaré 32
Pojarski 36, 87
Pollux 210
Pompadour 178
Potemkin 132
«Praliné» 207
Priapus 221
Puccini 131, 139
Pythagoras 153

«Quelques Fleures» 187

Raimbault, A. T. 78
Réaumur 193ff.
Reboul, Henri 32
Reform-Club (London) 23
Reger, Max 135

Reinhardsgrimma 76
Remarque, E. M. 225
Rétif de la Bretonne 64
«Rhombus Maximus» (zool.) 145
Richelieu, Herzog von 177
Rigaud, Benoist, Lyon 109, 119 (Abb.)
Ritz, Cäsar 31
Rohant, Ulysse 29
Rosselli, Giovanni 112
Rossini 136, 138
Rothschild (Paris) 21
Rubens 178
Rumford, Graf Benjamin von 198
Rumohr, Freiherr K. F. von 10, 54,
    70ff., 78, 203, 227
Rumpoldt, Markus 8, 125 (Abb.)
Ryff, Walter H. 244

Sacchi, Bartholomeus, genannt Platina di
    Cremona 106
Salverte, Charles de 166
«Sapa» 142
Sarasate 138
Savonarola 114
Savoy Hotel, London 31
Scaevinus 219
Scappi, Bartolomeo 112f.
Schall, Karl 82
Schiller 281
Schlosser, Frau Rat 161
Schmitt, Dr. C., Wiesbaden 267
Schnurr, Balthasar 245, 254
Schöffer, Peter, Mainz 117
Schola Salernitana 182
Schott, Johann, Straßburg 251
Schubert 135
«Schulen der Weisheit» 236
Scinà, Domenica 96
Seneca 48, 101
Serres, Oliver de 245, 253
Sevigné, Mme de 146
Smollet 210
Solina, Aga, Gesandter d. Hoh. Pforte 236
«Soubise, Marquise de» 87, 178
Soyer, Alexis 23ff.
«Spanisch-Brötli» 127
Spartianus Aelius 101
«Spectator, The» 23

Spindler, Herr 166
Spira, Johannes de 251
Staindl, Balthasar, Dillingen 123 (Abb.)
Stanislaus, König v. Polen 203
Steiner, Emanuel, Winterthur 124
Steiner, Heinrich, Augsburg 108ff., 289
Steward, Lord 20
St. Gallen 254
St. Germain 14
St. Jacob an der Birs 294
Stohrer, Patissier, Paris 57
«Stultifera navis» 226 (Abb.)
Sudhoff 117, 253
Sueton 48
«Summa perfectionis magisterii» 289
Swift, Jonathan 150
«Swing-Boys» 289
Sybarit – Sybaris 43
«Symposium 1851, London» 26

Tacitus 182, 219
Taillevent 11ff., 89, 121, 183, 273
Talleyrand, Prinz 19, 20, 22, 31
Theophrast 244
Tiberius, Kaiser 99
Tieck, Ludwig 76
Tigellinus 219
Tigranes I. 46
«Times, The» 26
Tirel (= Taillevent) 14, 95
«Toast» 142
Tortoni, Cafetier, Paris 194
«Tranchierbuch» 168
«Trattato de la natura del Vino» 254
«Trenchier-Büchlein, neu vermehrt»
    165 (Abb.)
«Trester» 295
«Tribunal Gastronomique» 65
Trimalchio 163, 219ff.
Trojan, Johannes 274
Tuilerien 19

Uhland, Ludwig 281
Urban V., Papst 265
d'Uxelles, Marquis 127

Vaerst, Baron Eugen von 79ff., 269
Varenne, F. P. de La 122

Vatel 21, 146
Varro 250
Venedig, Herzogin von 164
«Verbindung deutscher und französischer
  Kochkunst ...» 78
Verdi, Giuseppe 134
Vergil 250, 276
«Versailler Vertrag» 294
Verus 48
«Viandier, Le» 14
Viard, Alexandre 76, 227f.
Vicaire, Georges 14, 95, 109, 117, 165
Victoria, Königin v. England 26
Villanova, Arnaldo 108, 252 (Abb.),
  251ff., 257, 288, 289
«Viticultura e Vinicultura» 255
Vlacq, Adrian, Den Haag 124
Vogt, Carl 53
«Volksküche, Dublin 1848» 25
Vollmer 102
Vontet, Jacques 66, 156 (Abb.),
  165, 171 (Abb.)
«Clos Vougeot» 271 (Abb.)
Vouillème 117

Wagner, Peter, Nürnberg 117ff.
Wagner, Richard 133
«Waldmeister(li)» 274
Wecker, Anna, Basel 129

Wecker, Johann, Basel 289
Wedekind, Chr. Fried., Danzig 281
«Wegluegere-Kafi» 247
«Wein des Islam» 236
Wiel, Dr. Josef 183
Wilhelm II., deutscher Kaiser 32
«Wilhelm Tell» 258
Wilhelmine, Königin 150
Willems, Alphons 124, 126
«Wohlerfahrene Weingärtner, Der» 254
«Worcestershire-Sauce» 154
Württemberg, Prinz von 21

Xenophon 190

d'Yquem, Château 269 (Abb.), 270

Zainer, Hans, Ulm 252f.
«Zarewitsch, Der» 139
Zenker, F. G. 78
Zenninger 117
Zeus 43
«Zigeunerliebe» 139
«Zika 1930» 33
Zobeltitz, Fedor von 60
Zobeltizt, Martha von 60
«Zuckerbäcker, Graubündner» 83, 194, 236
«Zuppa Pavese» 142f.

Copyright	© by Harry Schraemli, CH-6052 Hergiswil am See
	Deutsche Lizenzausgabe durch Ceres-Verlag, Bielefeld
Grafische Gestaltung	Hans-Jürgen Geyer, Agentur für visuelle Kreativität, Bielefeld
Satz	H & P Fotosatz GmbH, Bielefeld
Produktion	Manfred Wolters Litho & Druckservice 4531 Lotte 2

Alle Illustrationen stammen aus der Sammlung des Autors.

ISBN 3-7670-0220-5